OEUVRES

COMPLÈTES

DE J. RACINE.

TOME CINQUIÈME.

DE L'IMPRIMERIE DE P. DIDOT, L'AINÉ,

CHEVALIER DE L'ORDRE ROYAL DE SAINT-MICHEL,

IMPRIMEUR DU ROI.

ŒUVRES
COMPLÈTES
DE J. RACINE

AVEC LES NOTES

DE TOUS LES COMMENTATEURS.

ÉDITION PUBLIÉE

PAR L. AIMÉ-MARTIN.

TOME V.

A PARIS

CHEZ LEFÈVRE, LIBRAIRE,

RUE DE L'ÉPERON, N° 6.

M DCCC XX.

OEUVRES DIVERSES
EN PROSE.

LETTRE DE M. RACINE

A L'AUTEUR

DES HÉRÉSIES IMAGINAIRES

ET DES DEUX VISIONNAIRES [1].

Monsieur,

Je vous déclare que je ne prends point de parti entre M. Desmarêts et vous. Je laisse à juger au monde quel est le visionnaire de vous deux. J'ai lu jusqu'ici vos lettres avec assez d'indifférence, quelquefois avec plaisir, quelquefois avec dégoût, selon qu'elles me sembloient bien ou mal écrites. Je remarquois que vous prétendiez prendre la place de l'auteur des Petites Lettres [2]; mais je remarquois en même temps que vous étiez beaucoup au-dessous de lui, et qu'il y avoit une grande différence entre une Provinciale et une Imaginaire.

Je m'étonnois même de voir le Port-Royal aux mains avec MM. Chamillard [3] et Desmarêts. Où est

---

[1] On peut voir l'histoire de ces Lettres et des circonstances qui les firent naître, dans les Mémoires de Louis Racine, placés à la tête de cette édition. — [2] Les Provinciales.

[3] C'étoit un docteur de Sorbonne. Barbier d'Aucourt lui adressa quelques lettres intitulées les Chamillardes. Tous ces écrits polé-

cette fierté, disois-je, qui n'en vouloit qu'au pape, aux archevêques, et aux jésuites? Et j'admirois en secret la conduite de ces pères, qui vous ont fait prendre le change, et qui ne sont plus maintenant que les spectateurs de vos querelles. Ne croyez pas pour cela que je vous blâme de les laisser en repos. Au contraire, si j'ai à vous blâmer de quelque chose, c'est d'étendre vos inimitiés trop loin, et d'intéresser dans le démêlé que vous avez avec M. Desmaréts, cent autres personnes dont vous n'avez aucun sujet de vous plaindre.

Et qu'est-ce que les romans et les comédies peuvent avoir de commun avec le Jansénisme? Pourquoi voulez-vous que ces ouvrages d'esprit soient une occupation peu honorable devant les hommes, et horrible devant Dieu? Faut-il, parceque Desmaréts a fait autrefois un roman et des comédies [1], que vous preniez en aversion tous ceux qui se sont mêlés d'en faire? Vous avez assez d'ennemis : pourquoi en chercher de nouveaux? Oh! que le provincial étoit bien

---

miques, ces Imaginaires, ces Visionnaires, ces Chamillardes, s'accordoient mal avec la modestie et l'humilité dont les pères de Port-Royal faisoient profession. On n'aime point à voir ces pieux solitaires, qui sembloient avoir renoncé au monde, s'engager dans des querelles et faire des pamphlets, même pour la religion. La vanité, dans ces sortes d'ouvrages, est toujours à côté du zèle, la vérité n'y gagne presque rien, et la charité y perd toujours beaucoup. (G.)

[1] Le roman est intitulé Ariane; c'est un ouvrage bizarre, et même licencieux. Desmaréts est auteur d'un autre roman qui a pour titre Roxane; mais il ne publia que la première partie. (G.)

plus sage que vous! Voyez comme il flatte l'Académie, dans le temps même qu'il persécute la Sorbonne. Il n'a pas voulu se mettre tout le monde sur les bras; il a ménagé les faiseurs de romans; il s'est fait violence pour les louer: car, Dieu merci, vous ne louez jamais que ce que vous faites. Et, croyez-moi, ce sont peut-être les seules gens qui vous étoient favorables.

Mais si vous n'étiez pas content d'eux, il ne falloit pas tout d'un coup les injurier. Vous pouviez employer des termes plus doux que ces mots d'*empoisonneurs publics*, et de *gens horribles parmi les chrétiens*. Pensez-vous que l'on vous en croie sur votre parole? Non, non, monsieur: on n'est point accoutumé à vous croire si légèrement. Il y a vingt ans que vous dites tous les jours que les cinq propositions ne sont pas dans Jansénius, cependant on ne vous croit pas encore.

Mais nous connoissons l'austérité de votre morale. Nous ne trouvons point étrange que vous damniez les poëtes: vous en damnez bien d'autres qu'eux. Ce qui nous surprend, c'est de voir que vous voulez empêcher les hommes de les honorer. Hé! monsieur, contentez-vous de donner les rangs dans l'autre monde: ne réglez point les récompenses de celui-ci. Vous l'avez quitté il y a long-temps. Laissez-le juger des choses qui lui appartiennent. Plaignez-le, si vous voulez, d'aimer des bagatelles, et d'estimer ceux qui les font; mais ne leur enviez point de misérables honneurs, auxquels vous avez renoncé.

Aussi-bien il ne vous sera pas facile de les leur ôter : ils en sont en possession depuis trop de siècles. Sophocle, Euripide, Térence, Homère, et Virgile, nous sont encore en vénération, comme ils l'ont été dans Athènes et dans Rome. Le temps, qui a abattu les statues qu'on leur a élevées à tous, et les temples même qu'on a élevés à quelques uns d'eux, n'a pas empêché que leur mémoire ne vînt jusqu'à nous. Notre siècle, qui ne croit pas être obligé de suivre votre jugement en toutes choses, nous donne tous les jours des marques de l'estime qu'il fait de ces sortes d'ouvrages, dont vous parlez avec tant de mépris; et malgré toutes ces maximes sévères que toujours quelque passion vous inspire, il ose prendre la liberté de considérer toutes les personnes en qui l'on voit luire quelques étincelles du feu qui échauffa autrefois ces grands génies de l'antiquité.

Vous croyez, sans doute, qu'il est bien plus honorable de faire des *Enluminures*, des *Chamillardes* et des *Onguents pour la brûlure*[1], etc. Que voulez-vous? tout le monde n'est pas capable de s'occuper à des choses si importantes. Tout le monde ne peut pas écrire contre les jésuites. On peut arriver à la gloire par plus d'une voie.

Mais, direz-vous, il n'y a plus maintenant de gloire à composer des romans et des comédies. Ce

---

[1] L'*Onguent pour la brûlure* est un poëme burlesque contre les jésuites, en dix-huit cents vers : on l'attribue à Barbier d'Aucourt, auteur des *Chamillardes*, des *Gaudinettes*. Racine se moque avec raison de ces titres indécents et très ridicules. (G.)

que les païens ont honoré, est devenu horrible parmi les chrétiens. Je ne suis pas un théologien comme vous; je prendrai pourtant la liberté de vous dire que l'Église ne nous défend point de lire les poëtes; qu'elle ne nous commande point de les avoir en horreur. C'est en partie dans leur lecture que les anciens pères se sont formés. Saint Grégoire de Nazianze n'a pas fait de difficulté de mettre la Passion de Notre-Seigneur en tragédie. Saint Augustin cite Virgile aussi souvent que vous citez saint Augustin.

Je sais bien qu'il s'accuse de s'être laissé attendrir à la comédie, et d'avoir pleuré en lisant Virgile. Qu'est-ce que vous concluez de là? Direz-vous qu'il ne faut plus lire Virgile, et ne plus aller à la comédie? Mais saint Augustin s'accuse aussi d'avoir pris trop de plaisir aux chants de l'église. Est-ce à dire qu'il ne faut plus aller à l'église?

Et vous autres, qui avez succédé à ces pères, de quoi vous êtes-vous avisés de mettre en françois les comédies de Térence [1]? Falloit-il interrompre vos saintes occupations pour devenir des traducteurs de comédies? Encore, si vous nous les aviez données avec leurs graces, le public vous seroit obligé de la peine que vous avez prise. Vous direz peut-être que vous en avez retranché quelques libertés. Mais vous dites aussi que le soin qu'on prend de couvrir les passions d'un voile d'honnêteté, ne sert qu'à les

---

[1] Cette traduction est de Le Maistre de Sacy. Il n'a traduit que trois pièces, l'*Andrienne*, les *Adelphes*, et le *Phormion*.

rendre plus dangereuses. Ainsi, vous voilà vous-mêmes au rang des *empoisonneurs*.

Est-ce que vous êtes maintenant plus saints que vous n'étiez en ce temps-là? Point du tout. Mais en ce temps-là Desmarêts n'avoit pas écrit contre vous. Le crime du poëte vous a irrités contre la poésie. Vous n'avez pas considéré que ni M. d'Urfé, ni Corneille, ni Gomberville, votre ancien ami, n'étoient point responsables de la conduite de Desmarêts. Vous les avez tous enveloppés dans sa disgrace. Vous avez même oublié que mademoiselle de Scudéry avoit fait une peinture avantageuse du Port-Royal dans sa Clélie. Cependant j'avois ouï dire que vous aviez souffert patiemment qu'on vous eût loués dans ce livre horrible. L'on fit venir au désert le volume qui parloit de vous. Il y courut de main en main, et tous les solitaires voulurent voir l'endroit où ils étoient traités d'*illustres*. Ne lui a-t-on pas même rendu ses louanges dans l'une des *Provinciales*, et n'est-ce pas elle que l'auteur entend, lorsqu'il parle d'une *personne qu'il admire sans la connaître*?

Mais, monsieur, si je m'en souviens, on a loué même Desmarêts dans ces lettres. D'abord l'auteur en avoit parlé avec mépris, sur le bruit qui couroit qu'il travailloit aux apologies des Jésuites. Il vous fit savoir qu'il n'y avoit point de part. Aussitôt il fut loué comme un homme d'honneur, et comme un homme d'esprit.

Tout de bon, monsieur, ne vous semble-t-il pas

qu'on pourroit faire sur ce procédé les mêmes réflexions que vous avez faites tant de fois sur le procédé des Jésuites? Vous les accusez de n'envisager dans les personnes que la haine ou l'amour qu'on avoit pour leur compagnie. Vous deviez éviter de leur ressembler. Cependant on vous a vu de tout temps louer et blâmer le même homme, selon que vous étiez content ou mal satisfait de lui. Sur quoi je vous ferai souvenir d'une petite histoire que m'a contée autrefois un de vos amis. Elle marque assez bien votre caractère.

Il disoit qu'un jour deux capucins arrivèrent à Port-Royal, et y demandèrent l'hospitalité. On les reçut d'abord assez froidement, comme tous les religieux y étoient reçus. Mais enfin il étoit tard, et l'on ne put pas se dispenser de les recevoir. On les mit tous deux dans une chambre, et on leur porta à souper. Comme ils étoient à table, le diable, qui ne vouloit pas que ces bons pères soupassent à leur aise, mit dans la tête de quelqu'un de vos messieurs, que l'un de ces capucins étoit un certain père Maillard, qui s'étoit depuis peu signalé à Rome en sollicitant la bulle du pape contre Jansénius. Ce bruit vint aux oreilles de la mère Angélique[1]. Elle accourt au parloir avec précipitation, et demande qu'est-ce qu'on a servi aux capucins, quel pain et quel vin on leur a donnés? La tourière lui répond qu'on leur a donné du pain blanc et du vin des messieurs. Cette

---

[1] Angélique Arnauld, abbesse de Port-Royal, et sœur du grand Arnauld.

supérieure zélée commande qu'on le leur ôte, et que l'on mette devant eux du pain des valets et du cidre. L'ordre s'exécute. Ces bons pères, qui avoient bu chacun un coup, sont bien étonnés de ce changement. Ils prennent pourtant la chose en patience, et se couchent, non sans admirer le soin qu'on prenoit de leur faire faire pénitence. Le lendemain ils demandèrent à dire la messe, ce qu'on ne put pas leur refuser. Comme ils la disoient, M. de Bagnols entra dans l'église, et fut bien surpris de trouver le visage d'un capucin de ses parents, dans celui que l'on prenoit pour le père Maillard. M. de Bagnols avertit la mère Angélique de son erreur, et l'assura que ce père étoit un fort bon religieux, et même dans le cœur assez ami de la vérité. Que fit la mère Angélique? Elle donna des ordres tout contraires à ceux du jour de devant. Les capucins furent conduits avec honneur de l'église dans le réfectoire, où ils trouvèrent un bon déjeûner qui les attendoit, et qu'ils mangèrent de fort bon cœur, bénissant Dieu qui ne leur avoit pas fait manger leur pain blanc le premier.

Voilà, monsieur, comme vous avez traité Desmarêts, et comme vous avez toujours traité tout le monde : qu'une femme fût dans le désordre [1], qu'un

---

[1] On a pu croire qu'ici l'auteur avoit eu en vue la duchesse de Longueville. Cette princesse, si fameuse par ses intrigues pendant les troubles de la Fronde, s'étoit jetée depuis peu de temps dans la vie pénitente, sous la direction de MM. Singlin et de Sacy, et tous les amis de Port-Royal la prônoient comme un modèle de sagesse et de piété. (*Anon.*)

homme fût dans la débauche, s'ils se disoient de vos amis, vous espériez toujours de leur salut; s'ils vous étoient peu favorables, quelque vertueux qu'ils fussent, vous appréhendiez toujours le jugement de Dieu pour eux. La science étoit traitée comme la vertu : ce n'étoit pas assez, pour être savant, d'avoir étudié toute sa vie, d'avoir lu tous les auteurs; il falloit avoir lu Jansénius, et n'y avoir point lu les propositions.

Je ne doute point que vous ne vous justifiez par l'exemple de quelque père : car, qu'est-ce que vous ne trouvez point dans les pères? Vous nous direz que saint Jérôme a loué Rufin comme le plus savant homme de son siècle, tant qu'il a été son ami; et qu'il traita le même Rufin comme le plus ignorant de son siècle, depuis qu'il se fut jeté dans le parti d'Origène. Mais vous m'avouerez que ce n'est pas cette inégalité de sentiments qui l'a mis au rang des Saints et des docteurs de l'Église.

Et, sans sortir encore de l'exemple de Desmarêts, quelles exclamations ne faites-vous point, sur ce qu'un homme qui a fait autrefois des romans, et qui confesse, à ce que vous dites, qu'il a mené une vie déréglée, a la hardiesse d'écrire sur les matières de la religion! Dites-moi, monsieur, que faisoit dans le monde M. Le Maistre? Il plaidoit, il faisoit des vers : tout cela est également profane, selon vos maximes. Il avoue aussi dans une lettre, qu'il a été dans le déréglement, et qu'il s'est retiré chez vous pour pleurer ses crimes. Comment donc avez-vous souffert qu'il ait tant fait de traductions, tant de livres sur les matières de la grace? Ho, ho! direz-vous, il a fait auparavant une longue et sérieuse pénitence. Il a été deux ans entiers à bêcher le jardin, à faucher les prés, à laver les vaisselles. Voilà ce qui l'a rendu digne de la doctrine de saint Augustin. Mais, monsieur, vous ne savez pas quelle a été la pénitence de Desmarêts. Peut-être a-t-il fait plus que tout cela. Croyez-moi, vous n'y regarderiez point de si près, s'il avoit écrit en votre faveur. C'étoit là le seul moyen de sanctifier une plume profanée par des romans et des comédies.

Enfin, je vous demanderois volontiers ce qu'il faut que nous lisions, si ces sortes d'ouvrages nous sont défendus. Encore faut-il que l'esprit se délasse quelquefois. Nous ne pouvons pas toujours lire vos livres. Et puis, à vous dire la vérité, vos livres ne se font plus lire comme ils faisoient. Il y a long-temps que vous ne dites plus rien de nouveau. En combien de façons avez-vous conté l'histoire du pape Honorius? Que l'on regarde ce que vous avez fait depuis dix ans, vos Disquisitions, vos Dissertations, vos Réflexions, vos Considérations, vos Observations, on n'y trouvera aucune chose, sinon que les propositions ne sont pas dans Jansénius. Hé! messieurs, demeurez-en là. Ne le dites plus. Aussi-bien, à vous parler franchement, nous sommes résolus d'en croire plutôt le pape et le clergé de France, que vous.

Pour vous, monsieur, qui entrez maintenant en lice contre Desmarêts, nous ne refusons point de

DES HÉRÉSIES IMAGINAIRES.

lire vos lettres. Poussez votre ennemi à toute rigueur. Examinez chrétiennement ses mœurs et ses livres. Feuilletez les registres du Châtelet. Employez l'autorité de saint Bernard, pour le déclarer visionnaire. Établissez de bonnes règles pour nous aider à reconnoître les fous : nous nous en servirons en temps et lieu. Mais ne lui portez point de coups qui puissent retomber sur les autres; sur-tout, je vous le répète, gardez-vous bien de croire vos lettres aussi bonnes que les *Lettres Provinciales :* ce seroit une étrange vision que celle-là. Je vois bien que vous voulez attraper ce genre d'écrire : l'enjouement de M. Pascal a plus servi à votre parti que tout le sérieux de M. Arnauld. Mais cet enjouement n'est point du tout votre caractère, vous retombez dans les froides plaisanteries des *enluminures;* vos bons mots ne sont d'ordinaire que de basses allusions. Vous croyez dire, par exemple, quelque chose de fort agréable, quand vous dites, sur une exclamation que fait M. Chamillard, que *son grand O n'est qu'un o en chiffre;* et quand vous l'avertissez de ne pas suivre le grand nombre, *de peur d'être un docteur à la douzaine,* on voit bien que vous vous efforcez d'être plaisant; mais ce n'est pas le moyen de l'être.

Retranchez-vous donc sur le sérieux, remplissez vos lettres de longues et doctes périodes, citez les Pères, jetez-vous souvent sur les injures, et presque toujours sur les antithèses : vous êtes appelé à ce style, il faut que chacun suive sa vocation.

Je suis, etc.

PREMIÈRE RÉPONSE

A LA LETTRE PRÉCÉDENTE,

PAR M. DUBOIS[1].

Monsieur,

J'ai lu ce que vous répondez à l'auteur des *Hérésies imaginaires* et des *Visionnaires*. Vous déclarez d'abord que vous ne prenez point de parti entre lui et Desmarêts; je vous déclare aussi que je n'y en prends point; mais je ne veux pas dire, comme vous, *que je laisse à juger au monde lequel des deux est le visionnaire*. Je ne voudrois pas que le monde crût que je ne susse pas faire un jugement si aisé, et que, voyant d'un côté l'auteur des Lettres, qui ne cite que les saints pères, comme vous lui reprochez; et

---

[1] Nous croyons devoir publier les deux réponses suivantes, parcequ'elles sont absolument nécessaires à l'intelligence de la seconde lettre de Racine. Nicole ayant gardé le silence, deux jansénistes zélés osèrent prendre sa défense. Le premier est M. Dubois, connu par quelques traductions de Cicéron, et dont madame de Sévigné parle comme d'un homme d'esprit et d'une agréable conversation. Sa réponse passe pour la meilleure. La seconde est de Barbier d'Aucourt, auteur d'une mauvaise satire contre les tragédies de Racine, et d'une critique assez ingénieuse des *Entretiens d'Ariste et d'Eugène*.

de l'autre côté, Desmaréts, qui ne dit que des folies, je ne puisse pas discerner quel est le *visionnaire* et le fanatique. Mais cela ne doit pas vous faire croire que *je prends parti*, puisque c'est, au contraire, une preuve que je n'en prends point, et que je suis seulement pour la vérité.

Je vous dirai donc, sans aucun intérêt particulier, que le monde rit de vous entendre parler si négligemment d'un ouvrage qui a été généralement approuvé, et qui ne pouvoit pas manquer de l'être, sous le nom de tant de saints pères qui le remplissent de leurs plus beaux sentiments. « J'ai lu vos lettres, « dites-vous, avec assez d'indifférence, quelquefois « avec plaisir, quelquefois avec dégoût, selon qu'elles « me sembloient bien ou mal écrites, » c'est-à-dire selon que vous étiez de bonne ou mauvaise humeur. Mais je ne m'arrête point à cela, et je crois que c'est seulement un préambule pour venir à votre but, qui est de venger la *poésie* d'un affront que vous prétendez qu'elle a reçu. *Le crime du poëte*, dites-vous à tout Port-Royal, *vous a irrité contre la poésie.*

Mais, monsieur, s'il se trouvoit qu'en effet on ne l'eût point offensée, n'auroit-on pas grand sujet de se moquer des efforts que vous faites pour la défendre? Voyez donc tout à loisir si on peut lui avoir fait quelque outrage, puisqu'on n'a pas seulement parlé d'elle. On n'a pas nommé la *poésie* dans toute la lettre; et tout ce qu'on y dit, ne regardant que les poëtes de théâtre, si c'est une injure, elle ne peut offenser que la comédie seulement, et non pas la poésie. Croyez-vous que ce soit la même chose, et prenez-vous ainsi l'espéce pour le genre?

On voit bien dès-là que vous êtes un poète de théâtre, et que vous défendez votre propre cause : car vous auriez vu plus clair dans celle d'un autre ; et vous n'auriez pas confondu deux choses qui sont aussi différentes que le bien et le mal. Mais enfin, puisqu'on a seulement parlé des poëtes de théâtre, qu'a-t-on dit contre eux qui puisse vous mettre si fort en colère? On les a appelés *empoisonneurs des ames*; c'est ce qui vous offense, et je ne sais pourquoi : car jusqu'ici ces poëtes n'ont point accoutumé de s'en offenser. Peut-être avez-vous oublié, en écrivant votre lettre, que la comédie n'a point d'autre fin que d'inspirer des passions aux spectateurs; et que les passions, dans le sentiment même des philosophes païens, sont les maladies et les poisons des ames.

Au moins apprenez-moi comme il faut agir avec vous : car je vois qu'on vous fâche quand on dit que les poëtes *empoisonnent;* et je crois qu'on vous fâcheroit encore davantage, si l'on vous disoit que vous n'*empoisonnez* point, que votre muse est une innocente, qu'elle n'est pas capable de faire aucun mal, qu'elle ne donne pas la moindre tentation, qu'elle ne touche pas seulement le cœur, et qu'elle le laisse dans le même état où elle le trouve.

Ce discours vous devroit flatter bien sensiblement, puisqu'il est tout contraire à celui qui vous a si rudement choqué. Mais, si je ne me trompe, il vous déplaît encore plus que tout ce qu'a pu dire l'auteur des Lettres, et peut-être voudriez-vous à présent ne vous être pas piqué si mal à propos de ce qu'il a dit que les poëtes de théâtre sont des *empoisonneurs d'ames.*

Je ne pense pas aussi que ces poëtes s'en offensent, et je crois qu'après vous il n'y en a point qui ne sachent que l'art du théâtre consiste principalement dans la composition de ces *poisons* spirituels. N'ont-ils pas toujours nommé la comédie *l'art de charmer*, et n'ont-ils pas cru, en lui donnant cette qualité, la mettre au-dessus de tous les arts? Ne voit-on pas que leurs ouvrages sont composés d'un mélange agréable d'intrigues, d'intérêts, de passions, et de personnes, où ils ne considèrent point ce qui est véritable, mais seulement ce qui est propre pour toucher les spectateurs, et pour faire couler dans leurs cœurs des passions qui les *empoisonnent* de telle sorte qu'ils s'oublient eux-mêmes, et qu'ils prennent un intérêt sensible dans des aventures imaginaires?

Mais cet *empoisonnement* des cœurs, qui les rend ou gais, ou tristes, au gré des poëtes, est le plus puissant effet de la comédie; et les poëtes n'ont garde de s'offenser quand on leur dit qu'ils *empoisonnent*, puisque c'est leur dire qu'ils excellent dans leur art, et qu'ils font tout ce qu'ils veulent faire.

Pourquoi donc trouvez-vous si mauvais ce que tous les autres ne trouvent point désagréable? Et pourquoi n'avez-vous pu souffrir que l'auteur des Lettres ait dit, en passant, que les pièces de théâtre sont *horribles, étant considérées selon les principes de la religion chrétienne et les règles de l'Évangile?* Il me semble que la vérité et la politique devoient vous obliger de souffrir cela patiemment. Car enfin, puisque tout le monde sait que l'esprit du christianisme n'agit que pour éteindre les passions, et que l'esprit du théâtre ne travaille qu'à les allumer, quand il arrive que quelqu'un dit un peu rudement que ces deux esprits sont contraires, il est certain que le meilleur pour les poëtes c'est de ne point répondre, afin qu'on ne réplique pas; et de ne point nier, afin qu'on ne prouve pas plus fortement ce qu'on avoit seulement proposé.

Est-ce que vous croyez que l'auteur des Lettres ne puisse prouver ce qu'il avance? Pensez-vous que dans l'Évangile, qui condamne jusqu'aux paroles oisives, il ne puisse trouver la condamnation de ces paroles enflammées, de ces accents passionnés, et de ces soupirs ardents qui font le style de la comédie? Et doutez-vous qu'il ne soit bien aisé de faire voir que le christianisme a de l'horreur pour le théâtre, puisque d'ailleurs le théâtre a tant d'horreur pour le christianisme?

L'esprit de pénitence, qui paroît dans l'Évangile, ne fait-il pas peur à ces esprits enjoués qui aiment la comédie? Les vertus des chrétiens, ne sont-ce pas les vices de vos héros? Et pourroit-on leur pardonner une patience et une humilité évangélique? La religion chrétienne, qui règle jusqu'aux desirs et aux pensées, ne condamne-t-elle pas ces vastes projets d'ambition, ces grands desseins de vengeance, et toutes ces aventures d'amour, qui forment les plus belles idées des poëtes? Ne semble-t-il pas aussi que l'on sorte du christianisme, quand on entre à la comédie? On n'y voit que la morale des païens, et l'on n'y entend que le nom des faux dieux.

Je ne veux pas pousser ces raisons plus loin, et ce que j'en ai dit est seulement pour vous faire connoître à quoi vous vous exposez d'écrire contre l'auteur des Lettres, qui peut bien en dire davantage, lui qui sait les Pères, et qui les cite si à propos.

Vous eussiez mieux fait, sans doute, de ne point relever ce qu'il a dit, et de laisser tout tomber sur Desmaréts, à qui on ne pouvoit parler moins fortement, puisqu'il est assez *visionnaire* pour dire lui-même qu'il a fait les aventures d'un roman avec l'esprit de la grace, et pour s'imaginer qu'il peut traiter les mystères de la grace avec une imagination de roman.

Vous deviez, ce me semble, penser à cela, et prendre garde aussi à qui vous aviez à faire, parcequ'il y a des gens de toute sorte. Ce que vous dites seroit bon de poëte à poëte; mais il n'est rien de moins judicieux que de le dire à l'auteur des Lettres, et à ceux que vous joignez avec lui.

Ce sont des *solitaires*, dites-vous, *des austères qui ont quitté le monde;* et parcequ'ils ont écrit cinq ou six mots contre la comédie, vous invectivez aussitôt contre eux, et vous irritez cette austérité chrétienne, qui pourroit vous dire des vérités dont vous seriez peu satisfait.

Je ne comprends point par quelle raison vous avez voulu leur répondre; et il me semble qu'un poëte un peu politique ne les auroit pas seulement entendus. Est-ce que vous ne voulez pas qu'il soit permis à qui que ce soit de parler mal de la comédie? Entreprendrez-vous tous ceux qui ne l'approuveront pas? Vous aurez donc bien des apologies à faire, puisque tous les jours les plus grands prédicateurs la condamnent publiquement aux yeux des chrétiens et à la face des autels.

Mais vous n'avez pas songé à tant de choses, et vous êtes venu dire tout d'un coup : « Qu'est-ce que « les romans et les comédies peuvent avoir de com- « mun avec le jansénisme ? » Rien du tout, monsieur : et c'est pourquoi vous ne devez pas trouver fort étrange si le jansénisme n'approuve pas la comédie. Ce n'est pas, après tout, que l'auteur des Lettres ait rien dit que vous ne disiez encore plus fortement ; et vous prouvez positivement tout ce qu'il avance, quoique vous ayez dessein de prouver le contraire. Il dit que les poëtes de théâtre ne travaillent pas selon les règles de l'Évangile; et vous soutenez qu'on leur a bâti des temples, dressé des autels, et élevé des statues : il faut donc conclure que les poëtes ont rendu les peuples idolâtres, et qu'eux-mêmes ont été les idoles. Peut-on dire plus fortement qu'ils sont des *empoisonneurs publics*, et que leurs ouvrages sont *horribles*, étant considérés selon les principes de la religion et les règles de l'Évangile?

Tout ce que vous dites ensuite, vos raisonnements, vos comparaisons, vos histoires, et vos railleries, sont des preuves particulières de ce que l'auteur des Lettres n'a dit qu'en général; et il n'y a personne qui n'en pût dire bien davantage, s'il vouloit juger des autres poëtes par vous-même.

Que pensez-vous qu'on puisse croire de votre esprit, quand on vous entend parler des saints pères avec un mépris si outrageant, et quand vous dites à tout Port-Royal : « Qu'est-ce que vous ne trouvez « point dans les Pères? » Comme si les Pères étoient de faux témoins, et qu'ils fussent capables de dire toutes choses. Ils ne disent pourtant pas que la comédie soit une occupation chrétienne, et vous ne trouverez pas non plus dans leurs livres cette manière méprisante dont vous traitez les saints que l'Église honore. Mais vous croyez avoir grande raison, et vous apportez l'exemple de saint Jérôme, comme si ceux de Port-Royal avoient dessein de s'en servir pour justifier une prétendue contradiction dont vous accusez leur conduite. « Vous nous direz, leur dites- « vous, que saint Jérôme a loué Rufin comme le plus « savant homme de son siécle, tant qu'il a été son « ami; et qu'il traita le même Rufin comme le plus « ignorant homme de son siécle, depuis qu'il se fut « jeté dans le parti d'Origène. » Vous devinez mal; ils ne vous diront point cela : ce n'est point leur pensée, c'est la vôtre. Mais quand ils auroient voulu dire une si mauvaise raison et d'une manière si injurieuse à saint Jérôme, vous deviez attendre qu'ils l'eussent dite; et alors vous auriez eu raison de vous railler d'eux, au lieu qu'ils ont sujet de se moquer de vous.

Après ce raisonnement, vous en faites un autre pour justifier la comédie, et il y a plaisir de vous le voir pousser à votre mode. Vous croyez qu'il est invincible; et, parceque vous n'en voyez point la réponse, vous ne pouvez concevoir qu'il y en ait. Vous la demandez hardiment à l'auteur des Lettres, comme s'il ne pouvoit la donner, et comme s'il étoit impossible de savoir ce que vous ne savez pas. « Saint Au-
« gustin, dites-vous, s'accuse de s'être laissé atten-
« drir à la comédie; qu'est-ce que vous concluez de
« là? Direz-vous qu'il ne faut point aller à la comé-
« die? Mais saint Augustin s'accuse aussi d'avoir
« pris trop de plaisir au chant de l'église. Est-ce à
« dire qu'il ne faut point aller à l'église? »

Ce raisonnement prouve invinciblement ce que vous dites, six ou sept lignes plus haut, que vous n'êtes point théologien : on ne peut pas en douter après cela; mais on doutera peut-être si vous êtes chrétien, puisque vous osez comparer les chants de l'église avec les déclamations du théâtre.

Qui ne sait que la divine psalmodie est une chose si bonne d'elle-même, qu'elle ne peut devenir mauvaise que par le même abus qui rend quelquefois les sacrements mauvais? Et qui ne sait au contraire que la comédie est naturellement si mauvaise, qu'il n'y a point de détour d'intention qui puisse la rendre bonne?

Avec quel esprit avez-vous donc joint deux choses plus contraires que n'étoient l'arche d'alliance et l'idole de Dagon, et qui sont aussi éloignées que le ciel l'est de l'enfer? Quoi! vous comparez l'Église avec le théâtre, les divins cantiques avec les cris des bacchantes, les saintes écritures avec des discours impudiques, les lumières des prophètes avec des imaginations de poëtes, l'esprit de Dieu avec le démon de la comédie! Ne rougissez-vous pas et ne tremblez-vous pas d'un excès si horrible?

Non, vous n'en êtes pas seulement ému, et votre muse n'a point peur de cette effroyable impiété, ni des effets malheureux qu'elle peut produire. « Nous « ne trouvons pas étrange, dites-vous, que vous « damniez les poëtes : ce qui nous surprend, c'est « que vous voulez empêcher les hommes de les ho- « norer. » C'est-à-dire que ce misérable honneur que vous cherchez parmi les hommes vous est plus précieux que votre salut : vous ne trouvez pas étrange qu'on vous damne, vous ne pouvez souffrir qu'on ne vous estime pas ; vous renoncez à la communion des saints, et vous n'aspirez qu'au partage des Sophocle et des Virgile. Qu'on dise de vous tout ce qu'on voudra, mais qu'on ne dise point que vous n'avez pas *quelques étincelles de ce feu qui échauffa autrefois ces grands génies de l'antiquité ;* vous ne craignez point de mourir comme eux, après avoir vécu comme eux ; et vous ne pensez pas au misérable état de ces malheureux *génies* que vous regardez avec tant d'envie et d'admiration : ils brûlent perpétuellement où ils sont, et on les loue seulement où ils ne sont pas.

C'est ainsi que les saints pères en parlent ; mais

il vous importe peu de ce qu'ils disent : ce ne sont point vos auteurs, et vous ne les citez que pour les accuser. Vous n'avez cité saint Jérôme que pour faire voir qu'il avoit l'esprit inégal ; vous n'avez cité saint Augustin que pour montrer qu'il avoit le cœur trop sensible ; et vous ne citez saint Grégoire de Nazianze que pour abuser de son autorité en faveur de la comédie. « Saint Grégoire de Nazianze, dites-vous, n'a « pas fait de difficulté de mettre la passion de Notre- « Seigneur en tragédie. » Mais, quoi qu'il en soit, si vous prétendez vous servir de cet exemple, il faut vous résoudre à passer pour un poëte de la Passion, et à renoncer à toute l'antiquité païenne. Voyez donc ce que vous avez à faire. Voulez-vous quitter ces grands héros ? Voulez-vous abandonner ces fameuses héroïnes ? Si vous ne le faites, saint Grégoire de Nazianze ne fera rien pour vous, et vous l'auriez cité contre vous-même. Si vous ne suivez son exemple, vous ne pouvez employer son autorité, et vous ne sauriez dire que, parcequ'il a fait une tragédie sainte, il vous est permis d'en faire de profanes. Tout ce qu'on peut conclure de là, c'est que la poésie est bonne d'elle-même ; qu'elle est capable de servir aux divins mystères, qu'elle peut chanter les louanges de Dieu, et qu'elle seroit très innocente, si les poëtes ne l'avoient point corrompue.

Cette seule raison détruit tous les faux raisonnements que vous faites et que vous concluez, en disant à tous les gens de Port-Royal que *le crime du poëte les a irrités contre la poésie.* On voit bien que vous avez voulu faire une pointe, mais vous l'avez faite de travers; et vous deviez dire, au contraire, que le crime de la poésie les a irrités contre le poëte : car ils n'ont parlé que des poëtes profanes, qui abusent de leur art; et ils n'ont rien dit qui pût offenser la poésie. Ils savent qu'elle n'est point mauvaise de sa nature, et qu'elle est sanctifiée par les prophétes, par les patriarches, et par les Pères. David, Salomon, saint Prosper, ont fait des poésies; et, à leur exemple, ceux de Port-Royal en font aussi : ils ont mis en vers françois les plus augustes mystères de la religion chrétienne, les plus saintes maximes de la morale chrétienne, les hymnes, les proses, les cantiques de l'Église; et ils ont fait de saints concerts que les fidèles chantent, et que les anges peuvent chanter.

Il n'y a donc point de conséquence ni de proportion de ce qu'ils font avec ce qu'ils condamnent; et c'est vainement que vous tâchez d'y en trouver, et que vous comparez la conduite de M. Le Maistre avec celle de Desmaréts. En vérité, vous ne pouvez rien faire de plus contraire à cette gloire que vous poursuivez si ardemment : car quelle estime peut-on avoir pour vous, quand on voit que vous comparez si injustement deux personnes dont les actions sont autant opposées qu'elles le peuvent être?

Tout le monde sait que M. Le Maistre a fait des plaidoyers que les jurisconsultes admirent, où l'éloquence défend la justice, où l'Écriture instruit, où les Pères prononcent, où les conciles décident. Et vous comparez ces plaidoyers aux romans de Desmarêts, qu'on ne peut lire sans horreur, où les passions sont toutes nues, et où les vices paroissent effrontément et sans pudeur!

Pour qui pensez-vous donc passer, et quel jugement croyez-vous qu'on fasse de votre conduite, quand vous offensez tous les juges en comparant le Palais avec le théâtre, la jurisprudence avec la comédie, l'histoire avec la fable, et un très célèbre avocat avec un très mauvais poëte?

Pouvez-vous dire que M. Le Maistre a fait dans sa retraite *tant de traductions des Pères*, et le comparer avec Desmarêts qui fait gloire de ne rien traduire, et qui ne produit que des visions chimériques? Il faut pourtant que vous acheviez cette comparaison si odieuse à tout le monde; et, parceque Desmarêts avoue des crimes qu'il ne peut nier, vous en accusez aussi M. Le Maistre; vous abusez indignement de son humilité, qui lui a fait dire qu'il avoit été dans le déréglement, et vous ne prenez pas garde que ce qu'il appelle déréglement, c'est ce que vous appelez *souverain bien* : c'est cet honneur du siècle que vous cherchez avec tant de passion, et qu'il a fui avec tant de force. Il s'est dérobé à la gloire du monde qui l'environnoit; et il est vrai que, pour s'en éloigner davantage, il a fait toutes les acquisitions qui lui sont le plus contraires.

Mais s'il a *béché la terre,* comme vous dites, avec quel esprit osez-vous en parler comme vous faites? Et quel sentiment pouvez-vous avoir des vertus chrétiennes, puisque vous raillez publiquement ceux qui les pratiquent? Vous parleriez sérieusement et avec éloge de ces anciens Romains, qui savoient cultiver la terre et conquérir les provinces, que l'on voyoit à la tête d'une armée, après les avoir vus à la queue d'une charrue; et vous vous moquez d'un chrétien qui a *bêché la terre* avec la même main dont il a écrit les Vies des saints et les traductions des Pères. Vous ne sauriez voir, sans rire, un homme véritablement chrétien, véritablement humble, et véritablement savant de cette science qui n'enfle point, qui n'empêchoit pas l'Apôtre de travailler de ses mains au même temps qu'il prêchoit l'Évangile.

Mais, après que vous avez bien raillé d'une *longue et sérieuse pénitence*, vous dites, pour achever votre comparaison, que Desmarêts *a peut-être fait plus que tout cela*. Je voudrois de tout mon cœur le pouvoir dire, mais je me tromperois, et je le démentirois en le disant. Il n'a garde de se repentir d'avoir fait des romans, puisqu'il assure lui-même qu'il les a faits avec l'esprit de Dieu; il proteste, en parlant de son roman [1] en vers, qui est rempli de fables impertinentes et de fictions impures, « que Dieu l'a si sen-
« siblement assisté pour lui faire finir ce grand ou-
« vrage, qu'il n'ose dire en combien peu de temps il
« l'a achevé. » Il attribue au Saint-Esprit tous les égarements de son imagination; il prend pour des graces divines, les corruptions, les profanations, et les vio-

---

[1] Clovis, ou la France chrétienne, etc.

lements qu'il fait de la parole divine. Si on le veut croire, ce n'est plus lui qui parle, c'est Dieu qui parle en lui. Il est l'organe des vérités célestes et adorables; c'est un *David*, c'est un *prophète*, c'est un *Michaël*, c'est un *Éliacin*, c'est enfin tout ce qu'un fou s'imagine. Mais il ne se l'imagine pas seulement : il l'écrit, il l'imprime, il le publie, et on le peut voir dans les endroits de ses livres que l'auteur des Lettres a cités.

Si vous aviez fait réflexion sur toutes ces choses, je ne pense pas que vous eussiez pu comparer Desmarêts avec aucun des mortels; il est sans doute incomparable, et il le dit lui-même; et, s'élevant plus haut que l'Apôtre n'a jamais été, il parle bien plus hardiment que lui des choses divines; il ne s'écrie point : *ô altitudo!* Rien ne l'épouvante, et il entre sans crainte dans les mystères incompréhensibles de l'Apocalypse : c'est son livre; il se plaît à dissiper, par ses lumières, les ombres mystérieuses que Dieu a répandues sur ces saintes vérités; et, comme avec l'ombre et la lumière on fait toutes sortes de figures, aussi Desmarêts, avec le feu de son imagination et l'obscurité de l'Apocalypse, forme toutes sortes de visions et de fantômes.

C'est ainsi qu'il a fait cette grande armée de *cent quarante-quatre mille personnes*, dont il parle tant dans *les avis du Saint-Esprit au roi;* et c'est ainsi qu'il a formé toutes ses conceptions chimériques et monstrueuses que l'auteur des Lettres a rapportées, et que vous témoignez avoir lues.

Mais, en vérité, pouvez-vous les avoir lues, et parler de Desmaréts comme vous faites, le défendre publiquement, et inventer pour lui tant de fausses raisons? Ne craignez-vous point qu'on dise que vous êtes un soldat de son armée, et qu'on mette dans le rang de ses visions la comparaison que vous faites de M. Le Maistre avec lui? Je vois bien que tout vous est égal, la vérité et le mensonge, la sagesse et la folie, et qu'il n'y a rien de si contraire que vous n'ajustiez dans vos comparaisons.

Pour vos histoires, elles sont poétiques; vous les avez accommodées au théâtre, et il n'y a personne qui ne sache que vous avez changé un cordelier en capucin. Mais cette fausseté, qui est si publiquement reconnue, et qui ôte la vraisemblance à tout le reste, décrédite encore moins votre histoire que la conduite que vous attribuez à la mère Angélique. On voit bien que ce n'est pas elle qui parle, et que cette sainte religieuse étoit bien éloignée de penser à ce que vous lui faites dire dans un conte si ridicule : aussi n'empêcherez-vous jamais, par de telles suppositions, qu'il ne soit véritable que tous les religieux ont toujours été bien reçus à Port-Royal; et l'on n'a que trop de témoins de la charité et de la générosité avec laquelle on y a reçu les jésuites, même dans un temps où il sembloit qu'ils n'y étoient venus que pour voir les marques funestes des maux qu'ils y ont faits, et pour insulter à l'affliction de ces pauvres filles. On ne peut pas demander une plus grande preuve de l'hospitalité de Port-Royal, ni souhaiter une conviction plus forte de la fausseté de votre histoire. Je ne pense pas aussi que vous l'ayez dite pour la faire croire, mais seulement pour faire rire; et vous n'avez été trompé qu'en ce que vous croyiez qu'on riroit de l'histoire, et qu'on ne rit que de celui qui l'a inventée.

On jugera si vos reproches sont plus raisonnables : voici le plus grand que vous faites à ceux de Port-Royal, et par lequel vous prétendez les rendre coupables des mêmes choses qu'ils condamnent dans les poëtes de théâtre. « De quoi vous êtes-vous avisés, « leur dites-vous, de mettre en françois les comédies « de Térence? » Ils se sont avisés, monsieur, d'instruire la jeunesse dans la langue latine, qui est nécessaire pour les plus justes emplois des hommes, et de donner aux enfants une traduction pure et chaste d'un auteur qui excelle dans la pureté de cette langue. Mais, vous-même, *de quoi vous êtes-vous avisé* de leur reprocher cette traduction plutôt que celle des autres livres de grammaire qu'ils ont donnés au public, puisqu'ils ont tous une même fin, qui est l'instruction des enfants, et qu'ils viennent d'un même principe, qui est la charité?

Vous voulez abuser du mot de *comédies*, et confondre celui qui les fait pour le théâtre, avec celui qui les traduit seulement pour les écoles; mais il y a tant de différence entre eux, qu'on ne peut pas tirer de conséquence de l'un à l'autre. Le traducteur n'a dans l'esprit que des règles de grammaire qui ne sont point mauvaises par elles-mêmes, et qu'un bon dessein peut rendre très bonnes; mais le poëte a bien d'autres idées dans l'imagination : il sent toutes les passions qu'il conçoit, et il s'efforce même de les sentir, afin de les mieux concevoir; il s'échauffe, il s'emporte, il se flatte, il s'offense et se passionne jusqu'à sortir de lui-même pour entrer dans le sentiment des personnes qu'il représente; il est quelquefois Turc, quelquefois Maure, tantôt homme, tantôt femme, et il ne quitte une passion que pour en prendre une autre; de l'amour il tombe dans la haine, de la colère il passe à la vengeance, et toujours il veut faire sentir aux autres les mouvements qu'il souffre lui-même; il est fâché quand il ne réussit pas dans ce malheureux dessein; il s'attriste du mal qu'il n'a pas fait.

Quelquefois ses vers peuvent être assez innocents; mais la volonté du poëte est toujours criminelle; les vers n'ont pas toujours assez de charmes pour *empoisonner*, mais le poëte veut toujours qu'ils *empoisonnent;* il veut toujours que l'action soit passionnée, et qu'elle excite du trouble dans le cœur des spectateurs.

Quel rapport trouvez-vous donc entre un poëte de théâtre et le traducteur de Térence? L'un traduit un auteur pour l'instruction des enfants, qui est un bien nécessaire; l'autre fait des comédies, dont la meilleure qualité est d'être inutiles. L'un travaille à éclaircir la langue de l'Église, l'autre enseigne à parler le langage des fables et des idolâtres; l'un ôte tout le poison que les païens ont mis dans leurs comédies, l'autre en compose de nouvelles, et tâche d'y mettre de nouveaux poisons; l'un enfin fait un sacrifice à Dieu en travaillant utilement pour le bien de l'État et de l'Église, et l'autre fait un sacrifice au démon, comme dit saint Augustin, en lui donnant des armes pour perdre les ames. Cependant vous égalez ces deux esprits; vous ne mettez point de différence entre leurs ouvrages, et vous obligez toutes les personnes justes de vous dire, avec saint Jérôme, qu'il n'est rien de plus honteux que de confondre ce qui se fait pour le plaisir inutile des hommes, avec ce qui se fait pour l'instruction des enfants : *et quod in pueris necessitatis est, crimen in se faccre voluptatis.*

Reconnoissez donc, monsieur, que la traduction de Térence est bien différente des comédies de Desmaréts, et qu'une traduction si pure, qui est une preuve de doctrine et un effet de charité, ne sauroit jamais être un fondement raisonnable du reproche que vous faites à ceux que vous attaquez.

Mais vous les accusez encore avec plus d'injustice et plus d'imprudence, quand vous leur dites : « En « combien de façons avez-vous conté l'histoire du « pape Honorius? » N'est-ce pas là un reproche bien judicieux? vous ne dites point que cette histoire soit fausse, vous ne dites point qu'ils la rapportent mal, et vous les accusez seulement de l'avoir souvent rapportée. Mais je vous demande qui est le plus coupable, ou celui qui prêche toujours la vérité, ou celui qui résiste toujours à la vérité? Et qui doit-on accuser, ou le Port-Royal qui a dit tant de fois une histoire véritable, ou les ennemis du Port-Royal, qui n'ont jamais répondu à cette histoire, et qui bien souvent ont fait semblant de ne la pas entendre?

N'est-ce point cette surdité politique que vous trouvez si admirable dans les Jésuites, et qui vous fait dire : « J'admirois en secret la conduite de ces « pères, qui vous ont fait prendre le change, et qui « ne sont plus maintenant que les spectateurs de vos « querelles? » On ne peut pas vous répondre plus doucement, qu'en disant qu'il est très faux que les Jésuites aient fait prendre le change à Port-Royal, et qu'au contraire le Port-Royal a toujours eu une constance invincible en défendant la vérité contre tous ceux qui l'attaquent. Que si depuis quelque temps les écrits ne s'adressent pas directement aux Jésuites, et s'ils ne sont plus, comme vous dites, que les spectateurs du combat, c'est parcequ'on les a mis hors d'état de combattre. On a ruiné leur dessein; on a découvert leur secret; on a éclairci leurs équivoques; on les a enfin réduits à ne plus répondre; et assurément vous n'avez rien à reprocher au Port-Royal de ce côté-là.

Vous tournez d'un autre; et vous dites à l'auteur des *Imaginaires* qu'il a affecté le style des *Provinciales*. C'est par-là que vous commencez et que vous finissez votre lettre. « Vous prétendiez, lui dites-« vous, prendre la place de l'auteur des Petites Let-« tres. Je vois bien que vous voulez attraper ce genre « d'écrire; mais cet enjouement n'est point du tout « de votre caractère. » Je ne vous réponds pas ce que tout le monde sait, que les sujets sont bien différents, et qu'un enjouement perpétuel seroit peut-être un aussi grand défaut dans les *Imaginaires*, comme il est une grande grace dans les *Provinciales*. Je vous demande seulement pourquoi vous jugez des intentions d'un auteur, qui vous sont cachées, et pourquoi vous n'avez pas voulu juger des actions et des livres de Desmarêts, qui sont visibles à tout le monde? Ce ne peut être que par une raison fort mauvaise pour vous; n'obligez personne à la découvrir, et ne dites point de vous-même que l'auteur des Lettres a voulu écrire comme M. Pascal. Il n'a voulu faire que ce qu'il a fait; il a voulu convaincre ses lecteurs de la fausseté d'une prétendue hérésie, et il les a convaincus d'une manière qui, sans comparaison, est forte, évidente, agréable et très facile.

On peut en juger par les efforts que vous avez faits contre lui, puisque vous avez été chercher des railleries jusque dans l'Écriture Sainte. « Jetez-vous « sur les injures, lui dites-vous, vous êtes appelé à « ce style, et il faut que chacun suive sa vocation. » Vous pensez donc que la vocation porte au mal et aux injures. La Sorbonne diroit absolument que c'est une erreur; mais, pour moi, je dis seulement que c'est une mauvaise raillerie, et peut-être que vous serez plus touché d'avoir fait un mensonge ridicule, que d'avoir outragé la vérité.

Il paroît assez, par la profession que vous faites, et par la manière dont vous écrivez, que vous craignez moins d'offenser Dieu que de ne plaire pas aux hommes; puisque, pour flatter la passion de quelques uns, vous vous moquez de l'Écriture, des conciles, des saints pères, et des personnes qui tâchent d'imiter leurs vertus.

Pour justifier la comédie, qui est une source de corruption, vous raillez la pénitence, qui est le principe de la vie spirituelle; vous riez de l'humilité que saint Bernard appelle la vertu de Jésus-Christ; et vous parlez, avec une vanité de païen, des actions les plus saintes, et des ouvrages les plus chrétiens. Vous pensez qu'en nommant seulement les livres de Port-Royal, vous les avez entièrement détruits; et vous croyez avoir suffisamment répondu à tous les anciens conciles, en disant seulement qu'ils ne sont pas nouveaux.

Désabusez-vous, monsieur, et ne vous imaginez point que le monde soit assez injuste pour juger selon votre passion: il n'y a personne, au contraire, qui n'ait horreur de voir que votre haine va déterrer les morts, et outrager lâchement la mémoire de M. Le Maistre et de la mère Angélique par des railleries et des calomnies ridicules.

Mais, quoi que vous disiez contre des personnes d'un mérite si connu dans le monde et dans l'Église, ce sera par leur vertu qu'on jugera de vos discours; on joindra le mépris que vous avez pour elles, avec les abus que vous faites de l'Écriture et des saints pères; et l'on verra qu'il faut que vous soyez étrangement passionné, et que ceux contre qui vous écrivez soient bien innocents, puisque vous n'avez pu les accuser sans vous railler de ce qu'il y a de plus saint dans la religion et de plus inviolable parmi les hommes, et sans blesser en même temps la raison, la justice, l'innocence et la piété.

SECONDE RÉPONSE

PAR M. BARBIER D'AUCOURT.

1ᵉʳ avril 1666.

Monsieur,

Je ne sais si l'auteur des *Hérésies imaginaires* jugera à propos de vous faire réponse. Je connois des gens qui auroient sujet de se plaindre s'il le faisoit. Ils ont souffert avec patience qu'on ait répondu à M. Desmarêts, et je ne m'en étonne pas : un prophète mérite quelque préférence. Mais vous, monsieur, qui n'avez pas encore prophétisé, il y auroit de l'injustice à vous traiter mieux qu'on ne les a traités. Pour moi, qui ne suis point de Port-Royal, et qui n'ai de part à tout ceci qu'autant que j'y en veux prendre, je crois que, sans vous faire d'affaire avec le père du Bosc, ni avec M. de Marandé, je vous puis dire un mot sur le sujet de votre lettre. J'espère que cela ne sera pas inutile pour en faire connoître le prix. Le monde passe quelquefois trop légèrement sur les choses; il est bon de les lui faire remarquer.

Vous avez grand soin, pour vous mettre bien dans l'esprit du lecteur, de l'avertir, avant toutes choses, que vous *ne prenez point le parti* de M. Desmarêts. C'est fort prudemment fait. Vous avez bien senti qu'il n'y a point d'honneur à gagner. Il commence à être connu dans le monde, et vous savez ce qu'on en a dit en assez bon lieu. Mais, sans mentir, cette prudence ne dure guère. Et comment peut-on dire, dans les trois premières lignes d'une lettre, qu'on ne se déclare point pour Desmarêts, et qu'on laisse à juger au monde lequel est le *visionnaire* de lui ou de l'auteur des *Hérésies imaginaires?* En vérité, tout homme qui peut parler de cette sorte est bien déclaré.

Cela n'étoit pas difficile à voir; mais l'envie de dire un bon mot vous a emporté; et cette manière de dire à celui que vous attaquez qu'il est *visionnaire*, vous a paru si heureuse et si galante, que vous n'avez su vous retenir.

Mais, monsieur, croyez-vous qu'il n'y ait qu'à dire des injures aux gens, et ne savez-vous pas qu'il y a un choix d'injures comme de louanges; qu'il faut que les unes et les autres conviennent, et qu'il n'y a rien de si misérable que de les appliquer au hasard? On a pu traiter Desmarêts de *visionnaire*, parcequ'il est reconnu pour tel, et qu'il a eu soin d'en donner d'assez belles marques. Vous voudriez bien lui faire avoir sa revanche, mais la voie que vous prenez ne vous réussira pas; on dira que vous ne vous connoissez pas en *visionnaires*, et que si jamais vous le devenez, il y a sujet de craindre que vous ne le soyez long-temps avant que de vous en apercevoir. Tout le monde convient, jusqu'aux ennemis de Port-Royal, et aux Jésuites mêmes, que l'auteur des *Hérésies imaginaires* n'a rien qui ressente la *vision*. On ne s'est encore guère avisé de l'attaquer sur cela; et ceux même qui l'ont accusé d'hérésie se sont bien gardés de l'accuser d'extravagance : car, en matière d'hérésie, il est plus aisé d'en faire accroire, et sur-tout quand il s'agit d'une hérésie aussi mince et aussi difficile à apercevoir que celle qu'on reproche aux Jansénistes. Il y a peu de gens capables de démêler les choses: on dispute, on embrouille; l'accusateur se sauve dans l'obscurité. Mais, en matière de folie, dès qu'il y a une accusation formée; il est sûr qu'il y aura quelqu'un de condamné. Le monde s'y connoît, il juge, il fait justice; mais il veut des preuves, et des preuves qui concluent: sinon, votre accusation sans preuve devient une preuve contre vous.

Vous voilà donc, monsieur, réduit à la nécessité de prouver ce que vous avez avancé contre l'auteur des *Hérésies imaginaires:* autrement vous voyez bien où cela va, et vous n'en serez pas quitte pour dire que vous n'avez point jugé, que vous vous êtes contenté de laisser à juger aux autres, et que vous n'avez point appliqué les règles que vous voulez qu'on établisse. Le monde entend ce langage; et si vous n'avez que cela pour vous sauver, je vous tiens en grand danger.

Mais ce n'est pas votre manière que d'entrer dans le détail, et de vous embarrasser à chercher des preuves; et cela est aisé à voir, quand vous dites à l'auteur des *Hérésies imaginaires* que vous avez lu ses lettres, *tantôt avec plaisir, tantôt avec dégoût, selon qu'elles vous sembloient bien ou mal écrites*. Je vois bien ce que vous voulez qu'on entende par-là, c'est-à-dire, que vous louez ce qu'il y a de bon, et que vous blâmez ce qu'il y a de mauvais. Cette sorte de critique est fort prudente : tant que vous parlerez comme cela, vous ne vous compromettrez point. Toutefois vous prenez courage ; et pour faire voir que vous êtes homme de bon goût, et que vous vous y connoissez, vous vous avancez jusqu'à dire qu'il y a grande différence entre les *Imaginaires* et les *Lettres au Provincial*. Voilà un grand effort de jugement, et qui vous a bien coûté. Mais encore, monsieur, ne nous direz-vous rien de plus précis, et ne marquerez-vous point ce que vous trouvez à redire dans les *Hérésies imaginaires?* Vous nous le faites attendre long-temps, et vous ne vous expliquez là-dessus que vers la fin de votre lettre. Mais enfin vous faites bien voir que vous savez approfondir quand il vous plaît. Veut-on donc savoir ce qu'il y a de mauvais dans les lettres de *l'Hérésie imaginaire?* Le voici ; « c'est que les bons « mots des Chamillardes ne sont d'ordinaire que de « basses allusions, comme quand on dit que le grand « O de M. Chamillard n'est qu'un o en chiffre, et « qu'il ne doit pas suivre le grand nombre, de peur « d'être docteur à la douzaine. » Il n'y a personne qui n'y fût attrapé, et on ne se seroit jamais avisé qu'on pût prouver qu'il y a trop de pointes dans les épigrammes de Catulle, parceque celles de Martial en sont pleines. Quoi donc, monsieur! est-il possible que vous n'ayez pas connu la différence qu'il y a des *Imaginaires* aux *Chamillardes?* Et comment avez-vous pu croire qu'elles fussent du même auteur, et même que ces dernières vinssent de Port-Royal? Faut-il donc que vous soyez si malheureux que tous les efforts que vous avez faits contre les *Imaginaires* se réduisent à faire voir que vous n'êtes pas capable de connoître une différence aussi visible et aussi marquée que celle-là? Je ne sais si cela ne feroit point entrer les gens en soupçon sur les louanges que vous donnez aux *Provinciales:* on croira que vous les louez sur la foi d'autrui, et que vous seriez peut-être aussi embarrassé à en marquer les beautés, que vous avez été peu heureux à trouver les défauts des *Hérésies imaginaires*. Quiconque aura bien senti les graces des premières aimera celles-ci, et verra bien que, s'il y a quelque chose qui se puisse soutenir auprès des *Provinciales*, ce sont les *Hérésies imaginaires*.

Il est certain que les *Petites Lettres* sont inimitables. Il y a des graces, des finesses, des délicatesses qu'on ne sauroit assez admirer; mais il est vrai aussi qu'il n'y a pas eu de sujet plus heureux que celui de M. Pascal. On n'en trouve pas toujours qui soient capables de ces sortes d'agréments; et quoique ce soit une extravagance insigne que de prétendre qu'on soit obligé à la créance intérieure du fait de Jansénius, et qu'on puisse traiter comme hérétiques ceux qui n'en sont point persuadés, cela ne se fait pas sentir, et ne divertit pas comme les décisions des casuistes. C'est une grande faute de jugement de demander par-tout le même caractère et le même air; et c'est avec beaucoup de raison que l'auteur des *Hérésies imaginaires*, bien loin *de vouloir attraper ce genre d'écrire*, comme vous lui reprochez à perte de vue, a pris une manière plus grave et plus sérieuse. Cependant, lorsqu'il lui tombe quelque chose entre les mains qui mérite d'être joué, peut-on s'y prendre plus finement, et y donner un meilleur tour? Et quelque sujet qui se présente, peut-on démêler les choses embrouillées avec plus d'adresse et de netteté? Peut-on mieux mettre les vérités dans leur jour? Peut-on pénétrer les replis du cœur humain, et en faire mieux connoître les ruses?

Je ne prétends pas marquer tout ce qu'il y a de beau dans les lettres de l'*Hérésie imaginaire*: cela seroit fort superflu pour les gens qui ont le goût bon, et fort peu utile pour les autres. Et pour vous, monsieur, je ne sais si vous en profiteriez. C'est une mauvaise marque de finesse de sentiment que d'avoir confondu les *Chamillardes* avec les *Hérésies imaginaires*, et les *Enluminures* avec l'*Onguent à la brûlure*; et si vous avez eu si peu de discernement en cela, il est difficile que vous en ayez beaucoup en d'autres choses.

D'ailleurs, je crois qu'on auroit de la peine à vous faire entendre raison sur le sujet de l'auteur des *Hérésies imaginaires*: il vous a touché par où vous étiez le plus sensible. Le moyen de souffrir que l'on maltraite aussi impunément les faiseurs de romans et les poëtes de théâtre! Il est aisé à voir que vous plaidez votre propre cause, et que ce que vous dites sur ce sujet ne vous a guère coûté : cette tirade d'éloquence, ou plutôt ce lieu commun de deux pages, représente parfaitement un poëte qui se fâche; mais encore est-il bon de savoir pourquoi. Dites-nous donc, monsieur, prétendez-vous que les faiseurs de romans et de comédies soient des gens de grande édification parmi les chrétiens? Croyez-vous que la lecture de leurs ouvrages soit fort propre à faire mourir en nous le vieil homme, à éteindre les passions, et à les soumettre à la raison? Il me semble qu'eux-mêmes s'en expliquent assez, et qu'ils font consister tout leur art et toute leur industrie à toucher l'ame, à l'attendrir, à imprimer dans le cœur de leurs lecteurs toutes les passions qu'ils peignent dans les personnes qu'ils représentent, c'est-à-dire, à rendre semblables à leurs héros ceux qui doivent regarder Jésus-Christ comme leur modèle, et se rendre semblables à lui. Si ce n'est là tout le contraire de l'Évangile, j'avoue que je ne m'y connois pas; et il faut entendre la religion comme Desmarêts entend l'Apocalypse, pour trouver mauvais qu'un théologien, étant obligé de parler sur cette matière, appelle ces gens-là des *empoisonneurs publics*, et tâche de donner aux chrétiens de l'horreur pour leurs ouvrages.

Mais bien loin que cela les offense, n'y trouvent-ils pas même quelque chose qui les flatte? Et n'est-ce pas les louer selon leur goût que de leur reprocher de faire ce qu'ils prétendent? Les injures n'offensent que lorsqu'elles nous exposent au mépris ou des autres, ou de nous-mêmes. Or, personne ne croit qu'on ait droit de le mépriser, ni de se mépriser soi-même, pour prêcher contre les régles contraires à celle qu'il s'est proposé de suivre. Ainsi nous voyons que ceux qui cherchent à s'agrandir dans le monde ne s'offensent point des injures que leur disent les philosophes contemplatifs qui prêchent la vie retirée : ils les regardent dans un ordre dont ils ne sont pas, et où l'on juge autrement des choses.

Voilà donc les bons poëtes hors d'intérêt. Les autres devroient prendre peu de part à cette injure : car ils n'*empoisonnent* guère; ils ne sont coupables que par l'intention. Cependant ils murmurent, par un secret dépit, de voir qu'ils n'ont part qu'à la malédiction du péché, et qu'ils n'en recueillent point le fruit : on les reconnoît par-là; et je crois qu'on peut presque établir pour règle que, dès qu'on en voit quelqu'un qui fait ces sortes de plaintes, on peut lire ses ouvrages en sûreté de conscience.

Que s'il y a quelque gloire à bien faire des comédies et des romans, comme il y en peut avoir, en mettant le christianisme à part, et à ne considérer que cette malheureuse gloire que les hommes reçoivent les uns des autres, et qui est si contraire à l'esprit de la foi, selon les paroles de Jésus-Christ, l'auteur des *Hérésies imaginaires* ne veut point la ravir à ceux à qui elle est due, quoiqu'à dire vrai cette gloire consiste plutôt à se connoître à ces choses et à être capable de les faire, qu'à les faire effectivement : elle ne mérite pas qu'on y emploie son temps et son travail; et s'il étoit permis d'agir pour la gloire, ce n'est pas celle-là qu'il faudroit se proposer. La véritable gloire, s'il y en a parmi les hommes, est attachée à des occupations plus sérieuses et plus importantes : car ils ont eu cette justice de régler les récompenses selon l'utilité des emplois, et ils savent bien faire la différence de ceux qui leur procurent des biens réels et solides, et de ceux qui ne contribuent qu'à leur divertissement. C'est ce qu'a voulu dire l'auteur des *Hérésies imaginaires*, quand il a dit que cette occupation étoit peu *honorable*, même devant les hommes.

Mais enfin il n'empêche pas qu'on ne connoisse ce qu'il y a de beau dans les ouvrages de Sophocle, d'Euripide, de Térence, et de Corneille, et qu'on ne l'estime son prix : on peut même dire qu'il s'y connoît; qu'il sait les règles par où il en faut juger. Il n'ignore pas ce qu'il y a de plus fin dans l'éloquence : les graces les plus naturelles, les manières les plus tendres et les plus capables de toucher, se trouvent dans ces sortes d'ouvrages; mais c'est pour cela même qu'ils sont plus dangereux. Plus ceux qui les composent sont habiles, plus on a droit de les traiter d'*empoisonneurs;* et plus vous vous efforcez de les louer, plus vous les rendez dignes de ce reproche.

Que voulez-vous donc dire, et que prétendez-vous par cette grande exagération qui fait la moitié de votre lettre? Que signifient tous ces beaux traits? « Que les romans et les comédies n'ont rien de com- « mun avec le jansénisme; qu'on se doit contenter « de donner les rangs en l'autre monde, sans régler « les récompenses de celui-ci; qu'on ne doit point « envier à ceux qui s'amusent à ces bagatelles, de « misérables honneurs auxquels on a renoncé, etc. », pour ne rien dire du reste : car il faudroit tout copier. En vérité, le zèle de la poésie vous emporte : il est dangereux de s'y laisser aller, on n'en revient pas comme on veut, cela n'aide pas à penser juste, et toute votre lettre se ressent de cette émotion qui vous a pris dès le commencement : car, dites-moi, monsieur, à quoi songez-vous, quand vous avancez que si l'on concluoit « qu'il ne faut pas aller à la co- « médie, parceque saint Augustin s'accuse de s'y « être laissé attendrir, il faudroit aussi conclure, de « ce que le même saint s'accuse d'avoir trop pris de « plaisir aux chants de l'église, qu'il ne faut plus « aller à l'église? » Quoi! s'il faut quitter les choses qui sont mauvaises, et dont nous ne saurions faire un bon usage, faut-il aussi quitter les bonnes, parceque nous en pouvons faire un mauvais? Est-ce ainsi que vous raisonnez? Mais si cette fougue n'est pas heureuse pour le raisonnement, au moins elle sert à embellir les histoires, et il est aisé de connoître celles qui ont passé par les mains de ceux qui savent faire des desseins de romans.

On voit bien que vous avez travaillé à celle des deux capucins. Mais ce n'est pas assez : il est juste que chacun profite de ce qui lui appartient, et que le monde sache ce qu'il y a de votre invention dans le récit de cette aventure. Je ne vous déroberai rien ; ce qui n'est point de vous est fort peu de chose, et vous allez être fort bien partagé.

Il est vrai (car j'ai eu soin de m'en informer) que deux capucins, dont l'un étoit parent de M. de Bagnols, vinrent un jour à Port-Royal demander l'hospitalité. On en donna avis à la mère Angélique ; et, comme on lui demanda si l'on ne leur feroit point quelque réception extraordinaire, à cause de M. de Bagnols, elle répondit qu'on ne devoit rien ajouter pour cela à la manière dont on avoit accoutumé de recevoir les religieux, et que M. de Bagnols ne vouloit point qu'en sa considération on changeât, même dans les moindres choses, les pratiques du monastère.

Voilà, monsieur, comment la chose se passa : de sorte que cette imagination que l'un des capucins fût le père Maillard ou Mulart ; cet empressement avec lequel la mère Angélique *court au parloir ;* ce *cidre* et ce *pain des valets* mis à la place du *pain blanc* et du *vin des messieurs ;* cette reconnoissance du prétendu père Maillard en disant la messe ; tout cela est de votre cru, sans compter l'application des proverbes, et les autres gentillesses de la narration.

Cela ne va pas mal pour une petite histoire ; et, sur ce pied-là, du moindre sujet du monde vous feriez un fort gros roman. Ce que j'y trouve à redire, est que la vraisemblance n'est pas tout-à-fait bien gardée, et qu'il eût été difficile qu'à Port-Royal, où l'on étoit bien averti que c'étoit le père Mulart, cordelier, qui avoit sollicité à Rome la constitution du pape Innocent X, contre les cinq propositions, on eût pu prendre un capucin pour cet homme-là. Mais vous n'y regardez pas de si près, et d'ailleurs c'est là tout le nœud de l'affaire. Car si ce capucin ne passe tantôt pour le pere Mulart, et tantôt pour le parent de M. de Bagnols ; et si, selon cela, on ne lui fait boire tantôt *du cidre*, tantôt du *vin des messieurs*, à quoi aboutira l'histoire? Il faut songer à tout. Vous aviez besoin de quelque chose qui prouvât « qu'on a vu de « tout temps ceux de Port-Royal louer et blâmer le « même homme, selon qu'ils étoient contents ou mal « satisfaits de lui. » Car, en vérité, l'exemple de Desmarêts ne suffisoit pas. Et si vous prétendez qu'on l'ait loué pour une simple excuse de civilité que lui fait M. Pascal, d'avoir cru qu'il étoit l'auteur des apologies des Jésuites, vous n'êtes pas difficile en panégyrique.

Pour l'histoire du volume de *Clélie*, peut-être qu'en réduisant tous les solitaires à un seul, qui n'étoit pas de ceux qu'on pouvoit appeler de ce nom-là ; et le plaisir que vous supposez qu'ils prirent à se voir traiter d'*illustres*, à la complaisance qu'il ne put se défendre d'avoir pour un de ses amis qui lui envoya ce livre, et qui l'obligea de voir l'endroit dont il s'agit ; peut-être, dis-je, que cette histoire approcheroit de la vérité; mais je ne vois pas qu'en cet état-là elle vous pût servir de grand'chose.

Que vous reste-t-il donc qui puisse donner quelque couleur aux reproches que vous faites à ceux de Port-Royal, de ne juger des choses que selon leur intérêt? « On a bien souffert, dites-vous, que M. Le « Maistre ait fait des traductions et des livres sur la « matière de la grace, et on trouve étrange que Des- « marets en fasse sur des matières de la religion. » Sans mentir, la comparaison est bien choisie! M. Le Maistre, après avoir passé plusieurs années dans une grande retraite, et dans la pratique de plusieurs exercices de pénitence et de piété chrétienne, et après avoir joint à ses talents naturels des connoissances qui le rendoient très capable d'écrire sur les plus grandes vérités de la religion, ne s'en est pas toutefois jugé digne, par cette même humilité qui fait qu'il s'accuse de déréglement, quoique, même avant sa retraite, sa vie eût toujours été fort réglée. Il n'a jamais écrit sur les matières de la grace, et n'a rien entrepris que de simples traductions et des histoires pieuses. Et Desmarets, après avoir passé sa vie à faire des romans et des comédies, a sauté tout d'un coup jusqu'au plus haut degré de la contemplation et de la spiritualité la plus fine. Et, sur le témoignage qu'il a rendu lui-même qu'il étoit envoyé pour donner aux hommes l'intelligence des mystères, il a commencé à se mettre en possession du titre et du ministère de prophète, à établir le nouvel ordre des victimes, à leur donner les règles de sa nouvelle théologie mystique; enfin, à débiter cet amas et ce mélange horrible de profanations et d'extravagances qui paroissent dans ses ouvrages. Que dites-vous de ce parallèle? Trouvez-vous que cette réserve et cette modestie si chrétienne de M. Le Maistre soit fort propre pour autoriser les égarements de Desmaréts? Je ne sais s'il vous saura bon gré de vous être avisé de cette comparaison. Il faut qu'il ait soin de se tenir toujours dans cette élévation de l'ordre prophétique, pour n'en pas sentir le mauvais effet; et, pour peu qu'il voulût revenir à la condition des autres hommes, il verroit que c'est un mauvais lustre pour lui que M. Le Maistre.

Vous voyez donc, monsieur, que vous ne faites rien moins que ce que vous prétendez : et je ne pense pas que personne demeure convaincu, sur l'histoire des deux capucins, sur les louanges qu'on a données à M. Desmaréts, ni sur l'exemple de M. Le Maistre, que ceux de Port-Royal ne jugent que selon leurs intérêts. Votre première saillie vous a mis en malheur. Quand on est échauffé, on s'éblouit soi-même de ce qu'on écrit, et l'on se persuade aisément que les choses sont bien prouvées, pourvu qu'elles soient soutenues d'amplifications et de lieux communs. Pour cela, vous vous en servez admirablement. Peut-on rien voir de mieux poussé que celui-ci? « Qu'une « femme fût dans le désordre, qu'un homme fût dans « la débauche, s'ils se disoient de vos amis, vous es- « périez toujours de leur salut; s'ils vous étoient peu « favorables, quelque vertueux qu'ils fussent, vous

« appréhendiez toujours le jugement de Dieu pour
« eux. Ce n'étoit pas assez, pour être savant, d'avoir
« étudié toute sa vie, d'avoir lu tous les auteurs : il
« falloit avoir lu Jansénius, et n'y point avoir lu les
« Propositions. »

Il ne manque rien à cela que d'être vrai. Mais nous en parlons bien à notre aise, nous qui le regardons de sang-froid. Si nous étions piqués au jeu, et que nous nous sentissions enveloppés dans la disgrace commune des poëtes de théâtre et des faiseurs de romans, cela nous paroîtroit vrai comme une démonstration de mathématiques. L'imagination change terriblement les objets. Quand on est plein de la douleur d'une telle injure, il n'est pas aisé de s'en défaire. On a beau parler d'autre chose, on ne songe qu'à celle-là, et l'on y revient toujours. Y a-t-il rien de plus naturel que cette demande, qui sort de la plénitude de votre cœur : *Enfin, que faut-il que nous lisions, si ces sortes d'ouvrages sont défendus ?* Il n'y a personne qui ne crût que c'est là la conclusion d'un discours qu'on auroit fait pour soutenir qu'il est permis de lire des romans et des comédies. Point du tout ; il ne s'agit point de cela. Mais c'est un cœur pressé qui se décharge, et qui fait tout venir à propos.

Cette question me fait souvenir de ce qu'un homme disoit à un évêque qui ne vouloit pas le recevoir aux ordres : « Que voulez-vous donc que je fasse, mon-
« seigneur ? que j'aille voler sur les grands chemins ? »
Cet homme ne connoissoit que deux conditions dans

le monde, celle de *prêtre* et celle de *voleur de grands chemins*. Et vous, vous ne connoissez qu'une sorte de plaisir dans la vie, la lecture des romans et des comédies. Mon Dieu, monsieur! qu'il me semble que vous auriez de choses à faire avant que de songer à lire des romans! Mais vous avez pris votre parti, et il y a grande apparence que vous n'en reviendrez pas sitôt. Je vois à-peu-près ce qu'il vous faut, et je ne m'étonne pas si les *Disquisitions* et les *Dissertations* vous ennuient. Vous n'avez pas besoin d'une fort grande soumission pour vous rapporter de tout cela au pape et au clergé de France. Ce n'est pas là ce qui vous intéresse. Vous trouvez bon tout ce que fera l'auteur des *Hérésies imaginaires;* vous lui donnez tout pouvoir, et vous lui abandonnez même M. Desmarêts, pourvu *qu'il ne lui porte point de coups qui puissent retomber sur les autres* (car c'est là ce qui vous tient au cœur), et qu'il vous laisse jouir en paix de cette *petite étincelle du feu qui échauffa autrefois les grands génies de l'antiquité,* qui vous est tombée en partage.

Mais, monsieur, il semble qu'un homme aussi tendre et aussi sensible que vous l'êtes ne devroit songer qu'à vivre doucement, et à éviter les rencontres fâcheuses. Et comment est-ce que vous n'avez pas mieux aimé dissimuler la part que vous auriez pu prendre à l'injure commune, que de vous mettre au hasard de vous attirer une querelle particulière? Cependant vous ne vous contentez pas d'attaquer celui dont vous croyez avoir sujet de vous plaindre : vous étendez votre ressentiment contre tous ceux qui ont quelque liaison avec lui. Il semble qu'ils soient en communauté de péchés, et qu'en faisant le procès au premier qui se présente, on le fait à tous.

Voudriez-vous répondre comme cela pour tous vos confrères, et n'auriez-vous point assez de votre iniquité à porter? Il est vrai que si vous ne vous étiez avisé de cet expédient, votre lettre auroit été un peu courte. Il a fallu mettre tous les jansénistes en un, et même avoir recours à des choses où ils n'ont point de part, pour trouver de quoi la grossir. Encore avec tout cela n'avez-vous pas eu grand'-chose à dire, et peut-être qu'après avoir bien tout considéré, on trouvera que vous n'avez rien dit. Vous voyez bien à quoi se réduit ce que nous avons vu de votre lettre jusqu'ici. Et croyez-vous encore dire quelque chose, quand vous alléguez la traduction de Térence? N'est-ce pas un beau moyen pour repousser le reproche d'*empoisonneurs*, et pour rendre ceux de Port-Royal coupables du mal que ce livre peut faire, que de dire qu'ils ont tâché d'y apporter le reméde, et qu'ils ont pris pour cela la meilleure voie qu'on pouvoit prendre? Les comédies de Térence sont entre les mains de tout le monde, et particulièrement de ceux qui apprennent la langue latine. Il faut qu'ils passent par-là : c'est une nécessité qu'on ne sauroit éviter. On l'a même reconnue au concile de Trente; et dans l'index des livres défendus, on a excepté expressément ceux que le besoin qu'on a d'apprendre le latin a rendus nécessaires. Que peut-on donc faire de mieux pour les jeunes gens qui ont ce livre entre les mains, et qui tâchent de l'entendre, que de leur donner une traduction qui le leur explique de telle sorte, qu'elle les fasse passer par-dessus les endroits qui seroient capables de les corrompre, qui leur ôte de devant les yeux tout ce qu'il y a de trop libre, et qui supprime à ce dessein des comédies tout entières? S'il y en a qui s'attachent à ce livre par le plaisir qu'ils y prennent, sans se mettre en peine du péril où ils s'exposent, on ne sauroit les en empêcher. Mais peut-on nier que cette traduction ne soit un excellent moyen pour conserver la pureté et l'innocence de ceux qui, ne cherchant dans cet ouvrage que ce qu'on y doit chercher, qui est d'y prendre une teinture de l'air et du style de cet auteur, et d'y apprendre la pureté de sa langue, se tiennent à ce que la traduction leur explique, et sont détournés de lire le reste où le secours de cette traduction leur manque, par la peine qu'ils auroient à l'entendre? Que peut-on donc dire de celui qui, pour avoir un prétexte de traiter d'*empoisonneur* l'auteur de cette traduction, et d'envelopper dans ce reproche tous ceux de Port-Royal, selon le nouveau privilége qu'il se donne, tâche lui-même d'*empoisonner* un dessein qui n'est pas seulement très innocent, mais qui est encore très louable et très utile?

Vous avez bien connu qu'il y avoit là un peu de mauvaise foi; et c'est pour cela que vous avez voulu essayer de prévenir la réponse qu'on vous pourroit faire. Mais vous vous y prenez d'une manière qui mérite d'être remarquée. Vous vous êtes souvenu qu'on avoit dit quelque part que *le soin qu'on prend de couvrir des passions d'un voile d'honnêteté ne sert qu'à les rendre plus dangereuses;* et sans savoir trop bien ce que cela signifie, vous avez cru que vous vous sauveriez par-là, comme si en retranchant les libertés des comédies de Térence, on avoit rendu les passions qui y sont représentées plus dangereuses, en les couvrant d'un voile d'honnêteté.

C'est le plus grand hasard du monde, quand on applique bien ce qu'on n'entend pas : *couvrir les passions d'un voile d'honnêteté*, ce n'est pas ôter d'un livre ce qu'il y a d'impur et de déshonnête. Un même livre peut avoir des endroits trop libres, et d'autres où les passions soient *couvertes d'un voile d'honnêteté;* c'est-à-dire, où elles soient exprimées par des voies qui ne blessent point la pudeur ni la bienséance, qui fassent beaucoup entendre en disant peu, et qui, sans rien perdre de ce qu'elles ont de doux et de capable de toucher, leur donnent encore l'agrément de la retenue et de la modestie. Ce ne sont pas ces endroits déshonnêtes qui empêchent le mal que ceux-ci peuvent faire : ce seroit un plaisant scrupule que de n'oser les ôter, de peur de rendre le livre plus dangereux; et je ne connois que vous qui les y voulussiez remettre par principe de conscience.

Mais d'ailleurs ce n'est pas par ces passions couvertes et déguisées que Térence est dangereux, sur-tout dans les comédies qu'on a traduites; il y a des délicatesses admirables, mais elles ne sont pas de ce genre-là; et dès qu'on en a retranché ce qu'il y a de trop libre, il n'est plus capable de nuire.

Je pourrois ajouter à cela, qu'encore que toutes les comédies soient dangereuses, et qu'il fût à souhaiter qu'on les pût supprimer toutes, celles des anciens le sont beaucoup moins que celles qu'on fait aujourd'hui. Ces dernières nous émeuvent d'ordinaire tout autrement, parcequ'elles sont prises sur notre air ou sur notre tour; que les personnes qu'elles nous représentent sont faites comme celles avec qui nous vivons, et que presque tout ce que nous y voyons, ou nous prépare à recevoir les impressions de quelque chose de semblable que nous trouverons bientôt, ou renouvelle celles que nous avons déja reçues.

Mais nous retomberions insensiblement sur un sujet qui vous importune, et vous ne prenez pas plaisir qu'on parle contre les comédies et les romans. D'ailleurs, je vois que vous n'aimez pas que l'on soit long-temps sur une même matière : c'est ce qui vous a dégoûté des écrits de Port-Royal, et qui fait que vous vous plaignez qu'ils ne disent plus rien de nouveau. Cela ne me surprend point; je commence à connoître votre humeur : vous jugez à-peu-près de ces écrits comme des romans; vous croyez qu'ils ne sont faits que pour divertir le monde, et que, comme il aime les choses nouvelles, on doit avoir soin de n'y rien dire que de nouveau. Il y a d'autres gens qui les lisent dans une disposition un peu différente de la vôtre : ils y cherchent l'éclaircissement des contestations; ils tâchent à profiter des vérités dont on se sert pour soutenir la cause que l'on défend; ils remarquent comme on démêle les difficultés et les équivoques ; ils sont surpris d'y voir que, tandis que ceux qui disent que les propositions sont dans Jansénius demeurent sans preuve sur une chose dont les yeux sont juges, ceux qui nient qu'elles y soient, quoiqu'ils fussent déchargés de la preuve, selon la règle de droit, ont prouvé cent et cent fois cette négative d'une manière invincible; enfin, ils aiment à voir dissiper tout ce qu'on allègue pour la créance du fait de *Jansénius*, en le réduisant à l'espèce de celui d'*Honorius;* et, au lieu que la répétition de cette histoire vous ennuie, ils voient avec plaisir qu'il n'y a qu'à la répéter pour faire évanouir le fantôme de la *nouvelle hérésie*, toutes les fois qu'on le ramène. N'est-il pas vrai, monsieur, que vous avez bien de la peine à comprendre comment il peut y avoir des gens de cette humeur-là? Quoi! on ne se lasse point de lire les écrits de théologie *pleins de longues et de doctes périodes,* où l'on ne fait que *citer les Pères*, et où l'on *justifie sa conduite par leurs exemples!* On peut souffrir des gens qui trouvent dans *les Pères* tout ce qu'ils veulent, qui *examinent chrétiennement les mœurs et les livres*, et qui vont chercher dans saint Bernard et dans saint Augustin des *règles* pour discerner ceux qui sont véritablement sages d'avec ceux qui ne le sont pas!

Je crois, monsieur, qu'il est bon de vous avertir que, si les meilleurs amis de ceux de Port-Royal les vouloient louer, ils ne diroient que ce que vous dites. Je vois bien que vous n'y prenez pas garde; et sous ombre qu'on ne loue point de cette sorte ni les romans ni ceux qui les font, vous croyez ne les point louer. Voilà ce que c'est que de vous être rempli la tête de ces belles idées! Vous ne concevez rien de grand que ces sortes d'ouvrages et leurs auteurs; et vous ne connoissez point d'autres louanges que celles qui leur conviennent. Cet entêtement pourroit bien vous jouer quelque mauvais tour, et vous ne feriez pas mal de vous en défaire. Mais au moins, tant qu'il durera, prenez bien garde qui vous louerez : autrement, en pensant louer quelque père de l'Église, ou quelque théologien, vous courez risque de faire insensiblement l'éloge de La Calprenéde. Cela vaut la peine que vous y songiez.

Cependant, monsieur, je crois que l'auteur des *Imaginaires* peut se tenir en repos, et qu'à moins qu'il ne se fasse en vous un changement aussi prompt et aussi extraordinaire que celui qui s'est fait dans M. Desmarêts, vous ne lui ferez pas grand mal, non plus qu'à tous les autres que vous intéressez dans la querelle que vous lui faites. Vous auriez pu chercher quelque autre voie *pour arriver à la gloire;* et quand vous y aurez bien pensé, vous trouverez, sans doute, que celle-ci n'est pas la plus aisée ni la plus sûre.

PRÉFACE.

Je ne crois pas faire un grand présent au public, en lui donnant ces deux lettres; il en a vu une il y a un an, et je lui aurois abandonné l'autre bientôt après, si quelques considérations ne m'avoient obligé de la retenir. Je n'avois point prétendu m'engager dans une longue querelle, en prenant l'intérêt de la comédie : mon dessein étoit seulement d'avertir l'auteur des *Imaginaires* d'être un peu plus réservé à prononcer contre plusieurs personnes innocentes. Je crus qu'un homme qui se mêloit de railler tant de monde, étoit obligé d'entendre raillerie, et j'eus regret de la liberté que j'avois prise, dès qu'on m'eut dit qu'il prenoit l'affaire sérieusement.

Ce n'est pas que je crusse que son ressentiment dût aller bien loin. J'avois vu ma lettre entre les mains de quelques gens de sa connoissance, qui en avoient ri comme les autres, mais qui l'avoient regardée comme une bagatelle qui ne pouvoit nuire à personne; et Dieu sait si j'en avois eu la moindre pensée! Je savois que le Port-Royal n'avoit pas accoutumé de répondre à tout le monde. Ils se vantoient assez souvent de n'avoir jamais daigné accorder cet honneur à des personnes qui le briguoient depuis dix ans, et je fus fort étonné quand je vis deux lettres qu'ils prirent la peine de publier contre la mienne.

J'avoue qu'elles m'encouragèrent à en faire une

seconde; mais lorsque j'étois prêt à la laisser imprimer, quelques uns de mes amis me firent comprendre qu'il n'y avoit point de plaisir à rire avec des gens délicats, qui se plaignent qu'on les *déchire* dès qu'on les nomme; qu'il ne falloit pas trouver étrange que l'auteur des *Imaginaires* eût écrit contre la comédie, et qu'il n'y avoit presque point de régent dans les collèges qui n'exhortât ses écoliers à n'y point aller: et d'autres des leurs me dirent que les lettres qu'on avoit faites contre moi étoient désavouées de tout le Port-Royal; qu'elles étoient même assez inconnues dans le monde, et qu'il n'y avoit rien de plus incommode que de se défendre devant mille gens qui ne savent pas seulement que l'on nous ait attaqués. Enfin, ils m'assurèrent que ces messieurs n'en garderoient pas la moindre animosité contre moi; et ils me promirent, de leur part, un silence que je n'avois pas songé à leur demander.

Je me rendis facilement à ces raisons. Je crus qu'il ne seroit plus parlé ni de la lettre, ni des réponses; et, sans m'intéresser davantage dans le parti des comédies ni des tragédies, je résolus de leur laisser jouer à leur aise celles qu'ils nous donnoient tous les jours avec Desmarêts et les Jésuites.

Mais je vois bien que ces bons solitaires sont aussi sensibles que les gens du monde; qu'ils ne souffrent volontiers que les mortifications qu'ils se sont imposées à eux-mêmes, et qu'ils ne sont pas si fort occupés au bien commun de l'Église, qu'ils ne songent de temps en temps aux petits déplaisirs qui les regardent en particulier. Ils ont publié, depuis huit jours, un Recueil de toutes leurs Visionnaires, imprimé en Hollande. Ce n'est pas qu'on leur demandât cette seconde édition avec beaucoup d'empressement. La première, quoique défendue, n'a pas encore été débitée à Paris. Mais l'auteur s'est imaginé peut-être qu'on liroit plus volontiers, en deux volumes, des lettres qu'on n'avoit pas voulu lire en deux feuilles. Il a eu soin de les faire imprimer en même caractère que les dix-huit Lettres Provinciales, comme il avoit eu soin de les pousser jusqu'à la dix-huitième, sans nécessité, et il avoit impatience de servir de deuxième partie à M. Pascal.

Il dit déja, dans une de ses préfaces, *que quelques personnes ont voulu égaler ses Lettres aux Provinciales.* Il leur répond modestement à la vérité, mais on trouve qu'il y avoit plus de modestie à lui, et même plus de bon sens, de ne point du tout parler de cette objection, qui apparemment ne lui avoit été faite que par lui-même. On voit peu de fondement à cette ressemblance affectée; et l'on commence à dire que la seconde partie de M. Pascal sera aussi peu lue que la suite du Cid et le supplément de Virgile.[1]

Quoi qu'il en soit, les réponses qu'on m'avoit faites n'avoient pas assez persuadé le monde que je n'avois

---

[1] En 1637, il parut une tragi-comédie d'Urbain Chevreau, intitulée *la Suite et le Mariage du Cid*. La même année, Desfontaines fit jouer *la vraie suite du Cid*. Le supplément de Virgile est un poëme latin faisant suite au XIIe livre de l'*Énéide*; il est de Maffeo Vegio, mort en 1458. (*Anon.*)

point de bon sens. *On n'avoit point encore honte d'avoir ri en lisant ma lettre.* Mais aussi ne falloit-il pas qu'un homme d'autorité comme l'auteur des *Imaginaires*, se donnât la peine de prouver ce qui en étoit. C'est bien assez pour lui de prononcer, il n'importe que ce soit dans sa propre cause. L'intérêt n'est pas capable de séduire de si grands hommes; ils sont les seuls infaillibles. Il dit donc que je suis *un jeune poète;* il déclare *que tout étoit faux dans ma lettre, et contre le bon sens, depuis le commencement jusqu'à la fin.* Cela est décisif : cependant elle fut lue de plusieurs personnes, qui n'y remarquèrent rien contre le sens commun; mais ces personnes étoient sans doute *de ces petits esprits dont le monde est plein.* Ils n'ont que le sens commun en partage; ils ne savent pas qu'il y a un véritable bon sens, qui n'est pas donné à tout le monde, et qui est réservé à ceux qui connoissent le véritable sens de Jansénius.

A l'égard des faussetés qu'il m'impute, je demanderois volontiers à ce vénérable théologien en quoi j'ai erré; si c'est dans le droit ou dans le fait? J'ai avancé que la comédie étoit innocente ; le Port-Royal dit qu'elle est criminelle ; mais je ne crois pas qu'on puisse taxer ma proposition d'hérésie; c'est bien assez de la taxer de témérité. Pour le fait, ils n'ont nié que celui des capucins; encore ne l'ont-ils pas nié tout entier. Mais ils en croiront tout ce qu'ils voudront : je sais bien que quand ils se sont mis en tête de nier un fait, toute la terre ne les obligeroit pas de l'avouer.

Toute la grace que je lui demande, c'est qu'il ne

PRÉFACE.

m'oblige pas non plus à croire un fait qu'il avance, lorsqu'il dit que le monde fut partagé entre les deux réponses qu'on fit à ma lettre, et qu'on disputa long-temps laquelle des deux étoit la plus belle. Il n'y eut pas la moindre dispute là-dessus : et, d'une commune voix, elles furent jugées aussi froides l'une que l'autre. Il ne falloit pas qu'il les redonnât au public, s'il avoit envie de les faire passer pour bonnes. Il eût parlé de loin, et on l'auroit pu croire sur parole.

Mais tout ce qu'on fait pour ces messieurs a toujours un caractère de bonté que tout le monde ne connoît pas ; il n'importe que l'on compare dans un écrit les fêtes retranchées avec les auvents retranchés[1], il suffit que cet écrit soit contre M. l'archevêque : ils le placeront tôt ou tard dans leurs recueils : ces impiétés ont toujours quelque chose d'utile à l'Église.

Enfin, il est aisé de connaître, par le soin qu'ils ont pris d'immortaliser ces réponses, qu'ils y avoient plus de part qu'ils ne me disoient. A la vérité, ce n'est pas leur coutume de laisser rien imprimer pour eux, qu'ils n'y mettent quelque chose du leur. On les

---

[1] Un arrêt du conseil du 19 novembre 1666, rendu sur une ordonnance du prévôt de Paris, avoit fixé la hauteur et la saillie des auvents qu'on étoit alors dans l'usage de construire au-devant des boutiques dans les rues de Paris. Ce fut dans ce même temps que parut l'ordonnance de l'archevêque de Paris, qui supprimoit un certain nombre de fêtes. L'auteur d'une lettre sur l'ordonnance de l'archevêque avoit cru trouver une plaisanterie ingénieuse, en faisant le rapprochement de ces deux circonstances. Cette lettre étoit en vers, et elle fut attribuée à Barbier d'Aucourt. (*Anon.*)

a vus plus d'une fois porter aux docteurs les approbations toutes dressées : la louange de leurs livres est une chose trop précieuse. Ils ne s'en fient pas à la louange de la Sorbonne : les avis de l'imprimeur sont d'ordinaire des éloges qu'ils se donnent à eux-mêmes; et l'on scelleroit à la chancellerie des priviléges fort éloquents, si leurs livres s'imprimoient avec privilége.

SECONDE LETTRE

DE M. RACINE,

OU

RÉPLIQUE AUX DEUX RÉPONSES PRÉCÉDENTES [1].

Paris, ce 10 mai 1666.

Je pourrois, messieurs, vous faire le même compliment que vous me faites : je pourrois vous dire qu'on vous fait beaucoup d'honneur de vous répondre ; mais j'ai une plus haute idée de tout ce qui sort de Port-Royal, et je me tiens, au contraire, fort honoré d'entretenir quelque commerce avec ceux qui approchent de si grands hommes. Toute la grace que je vous demande, c'est qu'il me soit permis de vous répondre en même temps à tous deux : car, quoique vos lettres soient écrites d'une manière bien différente, il suffit que vous combattiez pour la même cause ; je n'ai point d'égard à l'inégalité de vos humeurs, et je ferois conscience de sé-

---

[1] On peut voir, dans les Mémoires sur la vie de Jean Racine, comment il se décida, d'après les conseils de Boileau, à ne pas publier cette seconde lettre. Elle fut trouvée, on ne sait par quel hasard, dans les papiers de l'abbé Dupin, et ses héritiers la firent imprimer.

parer deux Jansénistes : aussi-bien je vois que vous me reprochez à-peu-près les mêmes crimes ; toute la différence qu'il y a, c'est que l'un me les reproche avec chagrin, et tâche par-tout d'émouvoir la pitié et l'indignation de ses lecteurs, au lieu que l'autre s'est chargé de les réjouir. Il est vrai que vous n'êtes pas venus à bout de votre dessein : le monde vous a laissé rire et pleurer tout seuls. Mais le monde est d'une étrange humeur : il ne vous rend point justice ; pour moi, qui fais profession de vous la rendre, je vous puis assurer au moins que le mélancolique m'a fait rire, et que le plaisant m'a fait pitié. Ce n'est pas que vous demeuriez toujours dans les bornes de votre partage : il prend quelquefois envie au plaisant de se fâcher, et au mélancolique de s'égayer ; car, sans compter la manière ingénieuse dont il nous peint ces Romains qu'on voyoit *à la tête d'une armée et à la queue d'une charrue*, il me dit assez galamment « que si je veux me servir de l'autorité de « saint Grégoire en faveur de la tragédie, il faut me « résoudre à être toute ma vie le poëte de la Passion. » Voyez à quoi l'on s'expose quand on force son naturel ! il n'a pu rire sans abuser du plus saint de nos mystères ; et la seule plaisanterie qu'il fait est une impiété.

Mais vous vous accordez sur-tout dans la pensée que je suis un poëte de théâtre, vous en êtes pleinement persuadés ; et c'est le sujet de toutes vos réflexions sévères et enjouées. Où en seriez-vous, messieurs, si l'on découvroit que je n'ai point fait de comédies? Voilà bien des lieux communs hasardés, et vous auriez pénétré inutilement tous les replis du cœur d'un poëte.

Par exemple, messieurs, si je supposois que vous êtes deux grands docteurs; si je prenois mes mesures là-dessus, et qu'ensuite (car il arrive des choses plus extraordinaires) on vînt à découvrir que vous n'êtes rien moins tous deux que de savants théologiens, que ne diriez-vous point de moi? Vous ne manqueriez pas encore de vous écrier que je ne me connois point en auteurs, *que je confonds les Chamillardes avec les Visionnaires*, et que je prends des hommes fort communs pour de grands hommes: aussi ne prétendez pas que je vous donne cet avantage sur moi; j'aime mieux croire sur votre parole, que vous ne savez pas les Pères, et que vous n'êtes tout au plus que les très humbles serviteurs de l'auteur des *Imaginaires*.

Je croirai même, si vous voulez, que vous n'êtes point de Port-Royal, comme le dit un de vous, quoiqu'à dire le vrai, j'ai peine à comprendre qu'il ait renoncé de gaieté de cœur à sa plus belle qualité. Combien de gens ont lu sa lettre, qui ne l'eussent pas regardée si le Port-Royal ne l'eût adoptée, si ces messieurs ne l'eussent distribuée avec les mêmes éloges qu'un de leurs écrits! Il a voulu peut-être imiter M. Pascal, qui dit, dans quelqu'une de ses lettres, qu'il n'est point de Port-Royal. Mais, messieurs, vous ne considérez pas que M. Pascal faisoit honneur à Port-Royal, et que Port-Royal vous fait beaucoup d'honneur à tous deux. Croyez-moi : si vous en êtes, ne faites point de difficulté de l'avouer; et si vous n'en êtes point, faites tout ce que vous pourrez pour y être reçus : vous n'avez que cette voie pour vous distinguer. Le nombre de ceux qui condamnent Jansénius est trop grand : le moyen de se faire connaître dans la foule! Jetez-vous dans le petit nombre de ses défenseurs; commencez à faire les importants; mettez-vous dans la tête que l'on ne parle que de vous, et que l'on vous cherche par-tout pour vous arrêter; délogez souvent, changez de nom, si vous ne l'avez déja fait[1]; ou plutôt n'en changez point du tout : vous ne sauriez être moins connus qu'avec le vôtre; sur-tout louez vos messieurs, et ne les louez pas avec retenue. Vous les placez justement après David et Salomon; ce n'est pas assez : mettez-les devant, vous ferez un peu souffrir leur humilité; mais ne craignez rien : ils sont accoutumés à bénir tous ceux qui les font souffrir.

Aussi vous vous en acquittez assez bien : vous les voulez obliger à quelque prix que ce soit. C'est peu de les préférer à tous ceux qui ont jamais paru dans

---

[1] Allusion à l'usage où étoient la plupart des écrivains de Port-Royal, de prendre des noms supposés. Nicole avoit pris celui de Damvilliers, de Paul Irénée, de Wendrock, etc.; de Sacy avoit traduit les fables de Phèdre, sous le nom du sieur de Saint-Aubin; il prit depuis les noms de Gournay, de Royaumont, de du Beuil, etc. On a cru mal à-propos que ce trait étoit dirigé contre Barbier, puisque celui-ci ne prit le surnom de d'Aucourt que dix ans après la date de cette lettre. (*Anon.*)

le monde, vous les préférez même à ceux qui se sont le plus signalés dans leur parti : vous rabaissez M. Pascal pour relever l'auteur des *Imaginaires* ; vous dites que M. Pascal n'a que l'avantage d'avoir eu des sujets plus heureux que lui. Mais, monsieur, vous qui êtes plaisant, et qui croyez vous connaître en plaisanterie, croyez-vous que le *pouvoir prochain* et la *grace suffisante* fussent des sujets plus divertissants que tout ce que vous appelez les visions de Desmarêts ? Cependant vous ne nous persuaderez pas que les dernières *Imaginaires* soient aussi agréables que les premières *Provinciales* : tout le monde lisoit les unes, et vos meilleurs amis peuvent à peine lire les autres.

Pensez-vous vous-même que je fasse une grande injustice à ce dernier de lui attribuer une *Chamillarde ?* Savez-vous qu'il y a d'assez bonnes choses dans ces *Chamillardes ?* Cet homme ne manque point de hardiesse, il possède assez bien le caractère de Port-Royal : il traite le pape familièrement, il parle aux docteurs avec autorité. Que dis-je ? Savez-vous qu'il a fait un grand écrit qui a mérité d'être brûlé [1] ? Mais cela seroit plaisant que je prisse contre vous le parti de tous vos auteurs ; c'est bien assez d'avoir défendu M. Pascal. Il est vrai que j'ai eu quelque pitié de voir traiter l'auteur des *Chamillardes* avec

---

[1] Le journal de Gorin de Saint-Amour, imprimé en 1662, avoit été condamné, par arrêt du conseil d'état de 1664, à être brûlé par la main du bourreau. Ce livre a été rédigé par MM. Arnauld et de Sacy sur les Mémoires de Saint-Amour. (*Anon.*)

tant d'inhumanité, et tout cela parcequ'on l'a convaincu de quelques fautes; il fera mieux une autre fois, il a bonne intention. Il s'est fait cent querelles pour vos amis; voulez-vous qu'il soit mal avec tout le monde, et qu'il ne soit estimé des jésuites ni des jansénistes? Ne craignez-vous point qu'on vous fasse le même traitement? Car qui empêchera quelqu'un de me répondre, et de me dire, en parlant de vous: « Quoi, monsieur! vous avez pu croire que messieurs « de Port-Royal avoient adopté une lettre si peu digne « d'eux! Ne voyez-vous point qu'elle rebat cent fois « la même chose, qu'elle est obscure en beaucoup « d'endroits, et froide par-tout? » Ils me diront ces raisons, et d'autres encore, et j'en serai fâché pour vous: car votre belle humeur tient à peu de chose; la moindre mortification la suspendra, et vous retomberez dans la mélancolie de votre confrère.

Mais il s'ennuieroit peut-être, si je le laissois plus long-temps sans l'entretenir: il faut revenir à lui, et faire tout ce que je pourrai pour le divertir. J'avoue que ce n'est pas une petite entreprise: car que dire à un homme qui ne prend rien en raillerie, et qui trouve par-tout des sujets de se fâcher? Ce n'est pas que je condamne sa mauvaise humeur, il a ses raisons: c'est un homme qui s'intéresse sérieusement dans le succès de vos affaires, il voit qu'elles vont de pis en pis, et qu'il n'est pas temps de se réjouir; c'est sans doute ce qui fait qu'il s'emporte tant contre la comédie. Comment peut-on aller au théâtre, comment peut-on se divertir, lorsque la vérité est persécutée, lorsque la fin du monde s'approche, lorsque tout le monde a tantôt signé? Voilà ce qu'il pense, et c'est ce qu'allégua un jour fort à propos un de vos confrères : car je ne dis rien de moi-même.

C'étoit chez une personne qui, en ce temps-là, étoit fort de vos amies ; elle avoit eu beaucoup d'envie d'entendre lire le *Tartufe ;* et l'on ne s'opposa point à sa curiosité : on vous avoit dit que les jésuites étoient joués dans cette comédie ; les jésuites au contraire se flattoient qu'on en vouloit aux jansénistes. mais il n'importe, la compagnie étoit assemblée ; Molière alloit commencer, lorsqu'on vit arriver un homme fort échauffé, qui dit tout bas à cette personne : « Quoi ! madame, vous entendrez une comé- « die le jour que le mystère de l'iniquité s'accomplit, « ce jour qu'on nous ôte nos mères ! » Cette raison parut convaincante : la compagnie fut congédiée, Molière s'en retourna, bien étonné de l'empressement qu'on avoit eu pour le faire venir, et de celui qu'on avoit pour le renvoyer... En effet, messieurs, quand vous raisonnerez de la sorte, nous n'aurons rien à répondre, il faudra se rendre : car de me demander, comme vous faites, si je crois la comédie une chose sainte, si je la crois propre à faire mourir le vieil homme, je dirai que non ; mais je vous dirai en même temps qu'il y a des choses qui ne sont pas saintes, et qui sont pourtant innocentes. Je vous demanderai si la chasse, la musique, le plaisir de faire des sabots, et quelques autres plaisirs que vous ne vous refusez pas à vous-mêmes, sont fort propres à faire mourir le vieil homme; s'il faut renoncer à tout ce qui divertit, s'il faut pleurer à toute heure? Hélas! oui, dira le mélancolique. Mais que dira le plaisant? Il voudra qu'il lui soit permis de rire quelquefois, quand ce ne seroit que d'un jésuite; il vous prouvera, comme ont fait vos amis, que la raillerie est permise, que les Pères ont ri, que Dieu même a raillé. Et vous semble-t-il que les Lettres Provinciales soient autre chose que des comédies? Dites-moi, messieurs, qu'est-ce qui se passe dans les comédies? On y joue un valet fourbe, un bourgeois avare, un marquis extravagant, et tout ce qu'il y a dans le monde de plus digne de risée. J'avoue que le Provincial a mieux choisi ses personnages : il les a cherchés dans les couvents et dans la Sorbonne; il introduit sur la scène tantôt des jacobins, tantôt des docteurs, et toujours des jésuites. Combien de rôles leur fait-il jouer! Tantôt il amène un jésuite bon homme, tantôt un jésuite méchant, et toujours un jésuite ridicule. Le monde en a ri pendant quelque temps, et le plus austère janséniste auroit cru trahir la vérité que de n'en pas rire.

Reconnoissez donc, monsieur, que puisque nos comédies ressemblent si fort aux vôtres, il faut bien qu'elles ne soient pas si criminelles que vous le dites. Pour les Pères, c'est à vous de nous les citer; c'est à vous, ou à vos amis, de nous convaincre, par une foule de passages, que l'Église nous interdit absolument la comédie, en l'état qu'elle est: alors nous cesserons d'y aller, et nous attendrons patiemment que le temps vienne de mettre les jésuites sur le théâtre.

J'en pourrois dire autant des romans, et il semble que vous ne les condamnez pas tout-à-fait. « Mon « Dieu, monsieur! me dit l'un de vous, que vous avez « de choses à faire avant que de lire les romans! » Vous voyez qu'il ne défend pas de les lire; mais il veut auparavant que je m'y prépare sérieusement. Pour moi, je n'en avois pas une idée si haute : je croyois que ces sortes d'ouvrages n'étoient bons que pour désennuyer l'esprit, pour l'accoutumer à la lecture, et pour le faire passer ensuite à des choses plus solides. En effet, quel moyen de retourner aux romans, quand on a lu une fois les Voyages de Saint-Amour, Wendrock, Palafox[1], et tous vos auteurs?

[1] Saint-Amour. Louis-Gorin de Saint-Amour, filleul de Louis XIII, recteur de l'université de Paris, fut envoyé à Rome par les évêques partisans des jansénistes, pour défendre leur cause. Il publia, en 1662, en un volume in-folio, le journal de ce qui s'étoit passé à Rome touchant les cinq propositions, depuis 1646 jusqu'en 1653. C'est ce journal que Racine désigne ici sous le titre de *Voyages de Saint-Amour*.

Wendrock. C'est sous ce nom, ou plutôt sous celui de *Guillelmus Wendrockius*, que Nicole publia sa traduction latine des Lettres Provinciales. Des notes et des dissertations très savantes sur le texte même, rendent cette traduction précieuse, et lui donnèrent, dans le temps, une grande vogue.

Palafox. Jean de Palafox, évêque d'Osma, un des prélats qui honorent le plus le clergé espagnol. Son zèle pour les droits de l'épiscopat le brouilla avec les jésuites, lorsqu'il n'étoit encore qu'évêque de Los Angelos, dans le Mexique. Il écrivit contre eux une lettre au pape Innocent X : c'est cette lettre que Racine indique ici. Le grand Arnauld a écrit l'histoire de la vie de Palafox

Sans mentir, ils ont toute une autre manière d'écrire que les faiseurs de romans, ils ont toute une autre adresse pour embellir la vérité : ainsi vous avez grand tort quand vous m'accusez de les comparer avec les autres. Je n'ai point prétendu égaler Desmarêts à M. Le Maistre; il ne faut point pour cela que vous souleviez les juges et le palais contre moi; je reconnois de bonne foi que les plaidoyers de ce dernier sont, sans comparaison, plus dévots que les romans du premier. Je crois bien que si Desmarêts avoit revu ses romans depuis sa conversion, comme on dit que M. Le Maistre a revu ses plaidoyers, il y auroit peut-être mis de la spiritualité; mais il a cru qu'un pénitent devoit oublier tout ce qu'il a fait pour le monde. Quel pénitent, dites-vous, qui fait des livres de lui-même, au lieu que M. Le Maistre n'a jamais osé faire que des traductions! Mais, messieurs, il n'est pas que M. Le Maistre n'ait fait des préfaces, et vos préfaces sont fort souvent de fort gros livres. Il faut bien se hasarder quelquefois : si les saints n'avoient fait que traduire, vous ne traduiriez que des traductions.

Vous vous étendez fort au long sur celle qu'on a faite de Térence; vous dites que je n'en puis tirer aucun avantage, et que le traducteur a rendu un grand service à l'état et à l'Église, en expliquant un

---

et de ses différents avec les jésuites. Les œuvres de ce vertueux et savant évêque ont été recueillies à Madrid en 1762. Cette collection forme treize volumes in-folio. Son histoire de la conquête de la Chine par les Tartares a été traduite en françois. (G.)

auteur nécessaire pour apprendre la langue latine. Je le veux bien ; mais pourquoi choisir Térence? Cicéron n'est pas moins nécessaire que lui, il est plus en usage dans les colléges ; il est assurément moins dangereux : car, quand vous nous dites qu'on ne trouve point dans Térence ces passions couvertes que vous craignez tant, il faut bien que vous n'ayez jamais lu la première et la cinquième scène de l'Andrienne, et tant d'autres endroits des comédies que l'on a traduites : vous y auriez vu ces passions naïvement exprimées ; ou plutôt il faut que vous ne les ayez lues que dans le françois ; et, en ce cas, j'avoue que vous les avez pu lire sans danger.

Voilà, messieurs, tout ce que je voulois vous dire : car pour l'histoire des capucins, il paroît bien, par la manière dont vous la niez, que vous la croyez véritable. L'un de vous me reproche seulement d'avoir pris des capucins pour des cordeliers. L'autre me veut faire croire que j'ai voulu parler du père Mulard. Non, messieurs : je sais combien ce cordelier est décrié parmi vous ; on se plaignoit encore en ce temps-là d'un capucin, et ce sont des capucins qui ont bu le cidre. Il se peut faire que celui qui m'a conté cette aventure, et qui y étoit présent, n'ait pas retenu exactement le nom du père dont on se plaignoit ; mais cela ne fait pas que le reste ne soit véritable. Et pourquoi le nier? Quel tort cela fait-il à la mère Angélique? Cela ne doit point empêcher vos amis d'achever sa Vie qu'ils ont commencée ; ils pourront même se servir de cette histoire, et ils en feront un chapitre particulier, qu'ils intituleront: *De l'esprit de discernement que Dieu avoit donné à la sainte mère.*

Vous voyez bien que je ne cherche pas à faire de longues lettres : je ne manquerois pas de matières pour grossir celle-ci ; je pourrois vous rapporter cent de vos passages, comme vous rapportez presque tous les miens; mais, ou ils seroient ennuyeux, et je ne veux pas que vous vous ennuyiez vous-mêmes ; ou ils seroient divertissants, et je ne veux pas qu'on me reproche, comme à vous, que je ne divertis que par les passages des autres. Je prévois même que je ne vous écrirai pas davantage. Je ne refuse point de lire vos *apologies*, ni d'être spectateur de vos disputes, mais je ne veux point y être mêlé. Ce seroit une chose étrange que, pour un avis que j'ai donné en passant, je me fusse attiré sur les bras tous les disciples de saint Augustin. Ils n'y trouveroient pas leur compte : ils n'ont point accoutumé d'avoir affaire à des inconnus. Il leur faut des gens connus et des plus élevés en dignité ; je ne suis ni l'un ni l'autre : et par conséquent je crains peu ces vérités dont vous me menacez. Il se pourroit faire qu'en voulant me dire des injures, vous en diriez au meilleur de vos amis. Croyez-moi, retournez aux jésuites : ce sont vos ennemis naturels.

ABRÉGÉ

DE

L'HISTOIRE DE PORT-ROYAL.

AVERTISSEMENT

SUR

L'HISTOIRE DE PORT-ROYAL.

On peut considérer cette Histoire comme une réparation éclatante des satires échappées autrefois à la jeunesse de l'auteur, dans ses Lettres sur Port-Royal. Les Lettres étincellent d'esprit, de traits enjoués et malins, de fine plaisanterie; l'Histoire est pleine de simplicité, de sagesse, de gravité: on sent, à l'extrême différence du ton et du style, que les Lettres sont le fruit de la première effervescence d'un talent jeune et brillant, et que l'Histoire est l'ouvrage d'un écrivain mûr et prudent, revenu du monde et des passions, et qui pèse tout dans la balance de la morale et de la vertu. On dit que Boileau regardoit l'Histoire de Port-Royal comme le plus beau morceau qu'il y eût en ce genre dans notre littérature. Il est très permis de révoquer en doute la plupart de ces mots attribués à Boileau par des compilateurs très peu scrupuleux sur l'exactitude historique. Son jugement sur le mérite de l'Histoire de Port-Royal n'est rapporté que par l'auteur du Supplément de Moréri;

et c'est une autorité bien foible. On doit plus de respect au suffrage de l'abbé d'Olivet qui, dans son Histoire de l'Académie françoise, prétend que cet ouvrage de Racine lui donne parmi les écrivains en prose le même rang que ses tragédies lui assurent parmi les poëtes. Mais, avec tous les égards qu'exige l'abbé d'Olivet, on ne peut dissimuler que son opinion est fort exagérée, et dément la sagesse ordinaire du goût de ce judicieux académicien. L'Abrégé de l'Histoire de Port-Royal est recommandable par la clarté, la simplicité, la douceur, le naturel, et toutes les qualités d'un bon esprit qui n'écrit que pour instruire, et semble ne chercher que la vérité. L'histoire d'une communauté religieuse n'est pas un sujet brillant : l'auteur s'est conformé à la modestie du sujet. L'ouvrage ne fut même dans l'origine qu'un simple Mémoire qui ne contenoit qu'un état exact des revenus de l'abbaye de Port-Royal des champs. L'archevêque de Paris avoit exigé ce Mémoire, pour régler le partage des biens de cette abbaye avec la maison de Port-Royal de Paris. Louis Racine en avoit vu les premières copies écrites de la main même de son père; et les fréquentes ratures dont elles étoient chargées lui avoient fait juger, comme il le dit lui-même, que « ces sortes d'écrits, où il faut éviter tout orne-
« ment d'esprit, en se bornant à un style précis et
« pur, coûtoient à Racine plus de peine que d'autres. »

AVERTISSEMENT.

L'archevêque de Paris, très satisfait de ce Mémoire, pria l'auteur d'étendre son travail, et de lui donner de plus amples instructions sur une maison dont on portoit des jugements si différents. Pour se conformer aux intentions du prélat, et pour témoigner sa reconnoissance à une maison où il avoit été élevé, Racine entreprit ce travail; et c'est ainsi qu'un Mémoire sur la recette et la dépense de Port-Royal des champs, devint une véritable histoire.

Quelques éditeurs de Racine ont prétendu que la seconde partie de l'Histoire de Port-Royal n'étoit pas de ce grand poëte: « Nous croyons, dit Luneau de « Boisjermain, que Racine se seroit bien gardé de « faire ici l'éloge des *Imaginaires*, s'il avoit réellement « composé la seconde partie de l'Histoire de Port- « Royal. On ne peut guère en effet se persuader qu'a- « près avoir reproché à l'auteur de ces Lettres, *de* « *louer et blâmer le même homme, selon qu'il étoit con-* « *tent ou mal satisfait de lui* (première lettre de Racine, « page 3), ce poëte n'eût pas évité de tomber dans « la même faute. On doit encore moins présumer « qu'il eût pensé à relever le mérite de cet ouvrage, « dont il prétend que *les meilleurs amis de M. Nicole* « *pouvoient à peine soutenir la lecture.* » (Seconde lettre de Racine, page 65.)

Comment le commentateur n'a-t-il pas vu que si son raisonnement avoit quelque solidité, il étoit également applicable à la première partie de l'Histoire de Port-Royal, dont cependant il ne conteste point l'authenticité? En effet, on lit dans la première partie: « Ces maîtres n'étoient pas des hommes ordinaires; « il suffit de dire que l'un d'entr'eux étoit le célèbre « M. Nicole. » Étoit-il donc si difficile d'observer que le grave historien de Port-Royal étoit bien différent du jeune auteur qui, trente ans auparavant, avoit attaqué ses maîtres dans des lettres satiriques; et que par conséquent on ne pouvoit rien conclure de cette différence de langage et de sentiments, suite naturelle et nécessaire de la différence d'âge et de principes?

On a fait dans ces derniers temps une objection plus spécieuse: il n'est pas possible, a-t-on dit, que cette seconde partie soit de Racine, puisqu'on y trouve un passage sur la destruction de Port-Royal (en 1709), lequel n'a pu être écrit par Racine, mort dix ans auparavant. Ce passage est conçu en ces termes:

« Je ne doute pas que la postérité, qui verra un « jour, d'un côté les grandes choses que le roi a faites « pour l'avancement de la religion catholique, et de « l'autre, les grands services que M. Arnauld a ren- « dus à l'Église, et la vertu extraordinaire qui a éclaté « dans la maison dont nous parlons, n'ait peine à « comprendre comment il s'est pu faire que, sous un

AVERTISSEMENT.

« roi si plein de piété et de justice, une maison si
« sainte ait été détruite. »

L'objection est pressante; la réponse sera péremptoire.

Racine, la veille de sa mort, remit son Histoire de Port-Royal entre les mains d'un ami. Louis Racine, son fils, ignora long-temps le sort de ce manuscrit; il le croyoit anéanti, lorsqu'en 1742 il apprit qu'on en avoit imprimé la première partie, sans savoir comment, après avoir été enseveli pendant quarante ans, cet ouvrage étoit enfin parvenu à voir la lumière. Il acquit depuis des renseignements plus exacts, et même il recouvra le manuscrit de la seconde partie, qu'il déposa à la bibliothèque du roi, avec cette note écrite de sa main :

« Ce qui s'est trouvé de l'Histoire de Port-Royal
« dans les papiers de Jean Racine.
« Le tout est écrit de sa main, excepté les feuil-
« lets 1, 2, 3, 4, qui sont écrits de la main de Boileau.
« Tout ce morceau est de la seconde partie : on ne
« trouva rien, dans ses papiers, de la première partie
« de cette histoire. »

Le passage dans lequel il est question de la destruction de Port-Royal, se trouve dans le premier feuillet écrit de la main de Boileau qui vécut encore deux ans après cet événement, et qui a fait à cette partie de l'ouvrage de son illustre ami les changements indiqués par les circonstances.

C'est donc en vain qu'on a essayé d'élever des doutes sur l'authenticité de cette seconde partie: elle est incontestablement de la même main que la première.

ABRÉGÉ

DE

L'HISTOIRE DE PORT-ROYAL.

L'abbaye de Port-Royal, près de Chevreuse, est une des plus anciennes abbayes de l'ordre de Cîteaux. Elle fut fondée, en l'année 1204, par un saint évêque de Paris, nommé Eudes de Sully, de la maison des comtes de Champagne, proche parent de Philippe Auguste. C'est lui dont on voit la tombe en cuivre, élevée de deux pieds, à l'entrée du chœur de Notre-Dame de Paris. La fondation n'étoit que pour douze religieuses; ainsi ce monastère ne possédoit pas de fort grands biens. Ses principaux bienfaiteurs furent les seigneurs de Montmorency et les comtes de Montfort. Ils lui firent successivement plusieurs donations, dont les plus considérables ont été confirmées par le roi saint Louis, qui donna aux religieuses, sur son domaine, une rente en forme d'aumône, dont elles jouissent encore aujourd'hui; si bien qu'elles reconnoissent avec raison ce saint roi pour un de leurs fondateurs. Le pape Honoré III accorda à cette abbaye de grands priviléges: comme, entre autres, celui d'y célébrer l'office divin, quand même tout le pays seroit en interdit. Il permettoit aussi aux religieuses de donner retraite à des séculières qui, étant dégoûtées du monde, et pouvant disposer de leurs personnes, voudroient se réfugier dans leur couvent pour y faire pénitence, sans néanmoins se lier par des vœux. Cette bulle est de l'année 1223, un peu après le quatrième concile général de Latran.

Sur la fin du dernier siècle, ce monastère, comme beaucoup d'autres, étoit tombé dans un grand relâchement : la règle de saint Benoît n'y étoit presque plus connue, la clôture même n'y étoit plus observée, et l'esprit du siècle en avoit entièrement banni la régularité. Marie-Angélique Arnauld[1], par un usage qui n'étoit que trop commun en ce temps-là, en fut faite abbesse en 1602, n'ayant pas encore onze ans accomplis. Elle n'en avoit que huit lorsqu'elle prit l'habit, et elle fit profession à neuf ans entre les mains du général de Cîteaux, qui la bénit dix-huit mois après. Il y avoit peu d'apparence qu'une fille faite abbesse à cet âge, et d'une manière si peu régulière, eût été choisie de Dieu pour rétablir la règle dans cette abbaye. Cependant elle étoit à peine dans sa dix-septième année, que

---

[1] Marie-Angélique Arnauld, sœur du grand Arnauld, morte en 1662. Il ne faut pas la confondre avec la mère Angélique de Saint-Jean Arnauld, sa nièce, religieuse comme elle à Port-Royal, et pendant vingt ans maîtresse des novices, et ensuite abbesse. Cette dernière mourut en 1684. On a publié en 1760 ses *Conférences*, 3 vol. in-12. (G.)

Dieu, qui avoit de grands desseins sur elle, se servit, pour la toucher, d'une voie assez extraordinaire.

Un capucin, qui étoit sorti de son couvent par libertinage, et qui alloit se faire apostat dans les pays étrangers, passant par hasard (en 1608) à Port-Royal, fut prié par l'abbesse et par les religieuses de prêcher dans leur église. Il le fit; et ce misérable parla avec tant de force sur le bonheur de la vie religieuse, sur la beauté et sur la sainteté de la régle de saint Benoît, que la jeune abbesse en fut vivement émue. Elle forma dès-lors la résolution non seulement de pratiquer sa régle dans toute sa rigueur, mais d'employer même tous ses efforts pour la faire aussi observer à ses religieuses. Elle commença par un renouvellement de ses vœux, et fit une seconde profession, n'étant pas satisfaite de la première. Elle réforma tout ce qu'il y avoit de mondain et de sensuel dans ses habits, ne porta plus qu'une chemise de serge, ne coucha plus que sur une simple paillasse, s'abstint de manger de la viande, et fit fermer de bonnes murailles son abbaye, qui ne l'étoit auparavant que d'une méchante clôture de terre éboulée presque par-tout. Elle eut grand soin de ne point alarmer ses religieuses par trop d'empressement à leur vouloir faire embrasser la régle : elle se contentoit de donner l'exemple, leur parlant peu, priant beaucoup pour elles, et accompagnant de torrents de larmes le peu d'exhortations qu'elle leur faisoit quelquefois. Dieu bénit si bien cette conduite, qu'elle les gagna toutes les unes après les autres, et qu'en moins de cinq ans la communauté de biens, le jeûne, l'abstinence de viande, le silence, la veille de la nuit, et enfin toutes les austérités de la règle de saint Benoît furent établies à Port-Royal de la même manière qu'elles le sont encore aujourd'hui.

Cette réforme est la première qui ait été introduite dans l'ordre de Cîteaux : aussi y fit-elle un fort grand bruit, et elle eut la destinée que les plus saintes choses ont toujours eue, c'est-à-dire qu'elle fut occasion de scandale aux uns, et d'édification aux autres. Elle fut extrêmement désapprouvée par un fort grand nombre de moines et d'abbés même, qui regardoient la bonne chère, l'oisiveté, la mollesse, et, en un mot, le libertinage, comme d'anciennes coutumes de l'ordre, où il n'étoit pas permis de toucher [1]. Toutes ces sortes de gens déclamèrent avec beaucoup d'emportement contre les religieuses de Port-Royal, les traitant de folles, d'embéguinées, de novatrices, de schismatiques même, et ils parloient de les faire excommunier. Ils avoient pour eux l'assistant du général, grand chasseur, et d'une si profonde ignorance qu'il n'entendoit pas même le latin de son *Pater*. Mais heureusement le général, nommé dom Boucherat, se trouva un homme très

---

[1] Tout le temps du carnaval se passoit en mascarades et en bouffonneries. Les religieuses se masquoient entre elles, et le confesseur en faisoit autant avec les valets de la maison. (*Lettre de la mère Angélique à M. l'avocat-général Bignon*, 1653.)

sage et très équitable, et ne se laissa point entraîner à leurs sentiments.

Plusieurs maisons non seulement admirèrent cette réforme, mais résolurent même de l'embrasser. Mais on crut par-tout qu'on ne pouvoit réussir dans une si sainte entreprise sans le secours de l'abbesse de Port-Royal. Elle eut ordre du général (en 1618) de se transporter dans la plupart de ces maisons, et d'envoyer de ses religieuses dans tous les couvents où elle ne pourroit aller elle-même. Elle alla à Maubuisson, au Lis, à Saint-Aubin, pendant que la mère Agnès Arnauld, sa sœur[1], et d'autres de ses religieuses, alloient à Saint-Cyr, à Gomer-Fontaine, à Tard, aux îles d'Auxerre, et ailleurs. Toutes ces maisons regardoient l'abbesse et les religieuses de Port-Royal comme des anges envoyés du ciel pour le rétablissement de la discipline. Plusieurs abbesses vinrent passer des années entières à Port-Royal, pour s'y instruire à loisir des saintes maximes qui s'y pratiquoient. Il y eut aussi un grand nombre d'abbayes d'hommes qui se réformèrent sur ce modèle. Ainsi l'on peut dire avec vérité que la maison de Port-Royal fut une source de bénédictions pour tout l'ordre de Cîteaux, où l'on commença de voir revivre l'esprit de saint Benoît et de saint Bernard, qui y étoit presque entièrement éteint.

De tous les monastères que je viens de nommer, il n'y en eut point où la mère Angélique trouvât

---

[1] Elles étoient six sœurs religieuses dans le même monastère. (G.)

plus à travailler que dans celui de Maubuisson, dont l'abbesse, sœur de madame Gabrielle d'Estrées, après plusieurs années d'une vie toute scandaleuse, avoit été interdite, et renfermée à Paris dans les Filles pénitentes. A peine la mère Angélique commençoit à faire connaître Dieu dans cette maison, que madame d'Estrées, s'étant échappée des Filles pénitentes, revint à Maubuisson avec une escorte de plusieurs jeunes gentilshommes, accoutumés à y venir passer leur temps; et une des portes lui en fut ouverte par une des anciennes religieuses. Aussitôt le confesseur de l'abbaye, qui étoit un moine, grand ennemi de la réforme, voulut persuader à la mère Angélique de se retirer; il y eut même un de ces gentilshommes qui lui appuya le pistolet sur la gorge pour la faire sortir. Mais tout cela ne l'étonnant point, l'abbesse, le confesseur, et ces jeunes gens, la prirent par force, et la mirent hors du couvent avec les religieuses qu'elle y avoit amenées, et avec toutes les novices à qui elle avoit donné l'habit. Cette troupe de religieuses, destituée de tout secours, et ne sachant où se retirer, s'achemina en silence vers Pontoise, et en traversa tout le faubourg et une partie de la ville, les mains jointes et leur voile sur le visage, jusqu'à ce qu'enfin quelques habitants du lieu, touchés de compassion, leur offrirent de leur donner retraite chez eux. Mais elles n'y furent pas long-temps : car, au bout de deux ou trois jours, le parlement, à la requête de l'abbé de Citeaux, ayant donné un arrêt pour renfermer de nouveau madame d'Estrées, le prévôt de l'Isle fut envoyé avec main-forte pour se saisir de l'abbesse, du confesseur, et de la religieuse ancienne qui étoit de leur cabale. L'abbesse s'enfuit de bonne heure par une porte du jardin; la religieuse fut trouvée dans une grande armoire pleine de hardes, où elle s'étoit cachée; et le confesseur, ayant sauté par-dessus les murs, s'alla réfugier chez les jésuites de Pontoise. Ainsi la mère Angélique demeura paisible dans Maubuisson, et y continua sa sainte mission pendant cinq années.

Ce fut là qu'elle vit (en 1618) pour la première fois saint François de Sales, et qu'il se lia entre eux une amitié qui a duré toute la vie du saint évêque, qui voulut même que la mère de Chantal [1] fût associée à cette union. L'on voit dans les lettres de l'un et de l'autre la grande idée qu'ils avoient de cette merveilleuse fille. De son côté, la mère Angélique procura aussi à M. Arnauld, son père, et à toute sa famille, la connoissance de ce saint prélat. Il fit un voyage à Port-Royal, pour y voir la mère Agnès de Saint-Paul, sœur de cette abbesse; il alloit voir très souvent M. Arnauld, son père, et M. d'Andilly, son frère, et à Paris et à une maison qu'ils avoient à la campagne, charmé de se trouver dans une famille si pleine de vertu et de piété. La dernière

[1] Jeanne-Françoise Frémiot, veuve en 1600, du baron de Chantal, institua en 1610 l'ordre de la Visitation. Elle mourut en 1641, et fut canonisée en 1767. Madame de Sévigné étoit sa petite-fille. (*Anon.*)

fois qu'il les vit, il donna sa bénédiction à tous leurs enfants, et entre autres au célèbre M. Arnauld, docteur de Sorbonne, qui n'avoit alors que six ans. La bienheureuse mère de Chantal vécut encore vingt ans depuis qu'elle eut connu la mère Angélique; elle ne faisoit point de voyage à Paris qu'elle ne vînt passer plusieurs jours de suite avec elle, versant dans son sein ses plus secrètes pensées, et desirant avec ardeur que les Filles de la Visitation et celles de Port-Royal fussent unies du même lien d'amitié qui avoit si étroitement uni leurs deux mères.

Après cinq ans de travail à Maubuisson (en 1623), la mère Angélique se trouvant déchargée du soin de cette abbaye, par la nomination que le roi avoit faite d'une autre abbesse en la place de madame d'Estrées, elle se résolut d'aller trouver sa chère communauté de Port-Royal. Elle ne l'avoit pas laissée néanmoins orpheline, l'ayant mise, en partant, sous la conduite de la mère Agnès dont j'ai parlé : elle étoit plus jeune de deux ans que la mère Angélique, et avoit été faite abbesse aussi jeune qu'elle ; mais Dieu l'ayant aussi éclairée de fort bonne heure, elle avoit remis au roi l'abbaye de Saint-Cyr, dont elle étoit pourvue, pour venir vivre simple religieuse dans le couvent de sa sœur. Mais la mère Angélique, pleine d'admiration de sa vertu, avoit obtenu qu'on la fît sa coadjutrice. C'est cette mère Agnès qui a depuis dressé les constitutions de Port-Royal, qui furent approuvées par M. de

Gondy, archevêque de Paris. On a aussi d'elle plusieurs traités très édifiants [1], et qui font connaître tout ensemble l'élévation et la solidité de son esprit.

Lorsque la mère Angélique se préparoit à partir de Maubuisson, trente religieuses, qui y avoient fait profession entre ses mains, se jetèrent à ses pieds, et la conjurèrent de les emmener avec elle. L'abbaye de Port-Royal étoit fort pauvre, n'ayant été fondée, comme j'ai dit, que pour douze religieuses. Le nombre en étoit alors considérablement augmenté; et ces trente filles de Maubuisson n'avoient à elles toutes que cinq cents livres de pension viagère. Cependant la mère Angélique ne balança pas un moment à leur accorder leur demande. Elle se contenta d'en écrire à la mère Agnès; et, sur sa réponse, elle les fit même partir quelques jours devant elle. Ces pauvres filles n'abordoient qu'en tremblant une maison qu'elles venoient, pour ainsi dire, affamer; mais elles y furent reçues (le 3 mars 1623) avec une joie qui leur fit bien voir que la charité de la mère s'étoit aussi communiquée à toute la communauté.

Il étoit resté à Maubuisson quelques esprits qui n'avoient pu entièrement s'assujettir à la réforme. D'ailleurs madame de Soissons, qui avoit succédé à madame d'Estrées, n'avoit pas pris un fort grand soin d'y entretenir la régularité que la mère Angélique y avoit établie; si bien que cette sainte fille

---

[1] *L'Image de la religieuse parfaite et imparfaite*, 1 vol. in-12; *le Chapelet secret du Saint-Sacrement*, 1 vol. in-12. Ce dernier ouvrage fut supprimé par le pape, mais sans être censuré. (G.)

ne cessoit de demander à Dieu qu'il regardât cette maison avec des yeux de miséricorde. Sa prière fut exaucée.

Cette abbaye étant venue encore à vaquer au bout de quatre ans, par la mort de madame de Soissons (octobre 1626), le roi Louis XIII fit demander à la mère Angélique une de ses religieuses pour l'en faire abbesse. Elle lui en proposa une (en 1627) qu'on appeloit sœur Marie des Anges, à qui le roi donna aussitôt son brevet.

La plupart des personnes qui connoissoient cette fille lui trouvoient, à la vérité, une grande douceur et une profonde humilité; mais elles doutoient qu'elle eût toute la fermeté nécessaire pour remplir une place de cette importance. Le succès fit voir combien la mère Angélique avoit de discernement : car cette fille si humble et si douce sut réduire en très peu de temps les esprits qui étoient demeurés les plus rebelles, rangea les anciennes sous le même joug que les jeunes, ne s'étonna point des persécutions de certains moines, et même de certains visiteurs de l'ordre, accoutumés au faste et à la dépense, et qui ne pouvoient souffrir le saint usage qu'elle faisoit des revenus de cette abbaye.

Ce fut de son temps que deux fameuses religieuses de Montdidier furent introduites à Maubuisson par un de ces visiteurs, pour y enseigner, disoit-il, les secrets de la plus sublime oraison. La mère des Anges et la mère Angélique n'étoient point assez intérieures au gré de ces pères, et ils leur reprochoient souvent de ne connaître d'autre perfection que celle qui s'acquiert par la mortification des sens et par la pratique des bonnes œuvres. La mère des Anges, qui avoit appris à Port-Royal à se défier de toute nouveauté, fit observer de près ces deux filles : et il se trouva que, sous un jargon de pur amour, d'anéantissement, et de parfaite nudité, elles cachoient toutes les illusions et toutes les horreurs que l'Église a condamnées de nos jours dans Molinos. Elles étoient en effet de la secte de ces illuminés de Roye, qu'on nomme les *Guerinets*, dont le cardinal de Richelieu fit faire une si exacte perquisition.

La mère des Anges ayant donné avis du péril où étoit son monastère, ces deux religieuses furent renfermées très étroitement par ordre de la cour; et le visiteur qui les protégeoit eut bien de la peine lui-même à se tirer d'affaire. En un mot, la mère des Anges, malgré toutes les traverses qu'on lui suscitoit, rétablit entièrement dans Maubuisson le véritable esprit de saint Bernard, qui s'y maintient encore aujourd'hui par les soins de l'illustre princesse[1] que la Providence en a fait abbesse; et, après avoir gouverné pendant vingt-deux ans ce célèbre monastère avec une sainteté dont la mémoire s'y conservera éternellement, elle en donna sa démission au roi, et vint reprendre à Port-Royal son

[1] Louise-Marie Hollandine, princesse palatine de Bavière, nommée abbesse de Maubuisson en 1664 : elle mourut en 1709. (G.)

rang de simple religieuse : elle demandoit même à y recommencer son noviciat, de peur, disoit-elle, qu'ayant si long-temps commandé elle n'eût appris à désobéir.

Cependant la communauté de Port-Royal s'étant accrue jusqu'au nombre de quatre-vingts religieuses, elles étoient fort serrées dans ce monastère, situé dans un lieu fort humide, et dont les bâtiments étoient extrêmement bas et enfoncés : ainsi les maladies y devinrent fort fréquentes, et le couvent ne fut bientôt plus qu'une infirmerie. Mais la Providence n'abandonna point la mère Angélique dans ce besoin ; elle lui fit trouver des ressources dans sa propre famille. Madame Arnauld, sa mère, qui étoit fille du célèbre M. Marion, avocat-général, étoit demeurée veuve depuis quelques années, et avoit conçu la résolution non seulement de se retirer du monde, mais même, ce qui est assez particulier, de se faire religieuse sous la conduite de sa fille. Comme elle sut l'extrémité où la communauté étoit réduite, elle acheta (en 1625) de son argent, au faubourg Saint-Jacques, une maison, et la donna pour en faire comme un hospice. On ne vouloit y transporter d'abord qu'une partie des religieuses ; mais le monastère des champs devenant plus malsain de jour en jour, on fut obligé de l'abandonner entièrement (en 1626), et de transférer à Paris toute la communauté, après en avoir obtenu le consentement du roi et de l'archevêque. On se logea comme on put dans cette nouvelle maison : l'on fit un dortoir d'une galerie ;

on lambrissa les greniers, pour y pratiquer des cellules, et la salle fut changée en une chapelle.

La réputation de la mère Angélique, et les merveilles qu'on racontoit de la vie toute sainte de ses religieuses, lui attirèrent bientôt l'amitié de beaucoup de personnes de piété. La reine Marie de Médicis les honora d'une bienveillance particulière, et, par des lettres-patentes enregistrées au parlement, prit le titre de fondatrice et de bienfaitrice de ce nouveau monastère. Elle ne fut pas vraisemblablement en état de leur donner des marques de sa libéralité, mais elle leur procura un bien qu'elles n'eussent jamais osé espérer sans une protection si puissante.

Plus la mère Angélique avoit sujet de louer Dieu des bénédictions qu'il avoit répandues sur sa communauté, plus elle avoit lieu de craindre qu'après sa mort, et après celle de la mère Agnès, sa coadjutrice, on n'introduisît en leur place quelque abbesse qui, n'ayant point été élevée dans la maison, détruiroit peut-être en six mois tout le bon ordre qu'elle avoit tant travaillé à y établir. La reine Marie de Médicis entra avec bonté dans ses sentiments ; elle parla au roi son fils, dans le temps qu'il revenoit triomphant après la prise de La Rochelle, et lui représentant tout ce qu'elle connoissoit de la sainteté de ces filles, elle toucha tellement sa piété, qu'il crut lui-même rendre un grand service à Dieu, en consentant que cette abbaye fût élective et triennale. La chose fut confirmée par le pape Urbain VIII. Aussitôt la mère Angélique et la mère Agnès se démirent, l'une de sa qualité d'abbesse, et l'autre de celle de coadjutrice; et la communauté (en 1630) élut pour trois ans une des religieuses de la maison.

La mère Angélique venoit d'obtenir (en 1629) du même pape une autre grace qui ne lui parut pas moins considérable. Elle avoit toujours eu au fond de son cœur un fort grand amour pour la hiérarchie ecclésiastique, et souhaitoit aussi ardemment d'être soumise à l'autorité épiscopale, que les autres abbesses desirent d'en être soustraites. Son souhait sur cela étoit d'autant plus raisonnable, que l'abbaye de Port-Royal, fondée par un évêque de Paris, avoit long-temps dépendu immédiatement de lui et de ses successeurs; mais dans la suite un de ces évêques avoit consenti qu'elle reconnût la jurisdiction de l'abbé de Cîteaux. Elle avoit donc fait représenter ces raisons au pape (en 1627) qui, les ayant approuvées, remit en effet cette abbaye sous la jurisdiction de l'ordinaire, et l'affranchit entièrement de la dépendance de Cîteaux, en y conservant néanmoins tous les priviléges attachés aux maisons de cet ordre. M. de Gondy en prit donc en main le gouvernement, en examina et approuva les constitutions, et en fit faire la visite par M***, qui fut le premier supérieur qu'il donna à ce monastère.

Ce fut vers ce temps-là que Louise de Bourbon, première femme du duc de Longueville, princesse d'une éminente vertu, forma avec M. Zamet, évêque de Langres, le dessein d'instituer un ordre de religieuses particulièrement consacrées à l'adoration du mystère de l'Eucharistie, et qui, par leur assistance continuelle devant le Saint-Sacrement, réparassent en quelque sorte les outrages que lui font tous les jours et les blasphèmes des protestants et les communions sacriléges des mauvais catholiques. Ils communiquèrent tous deux leur pensée à la mère Angélique, et la prièrent, non seulement de les aider à former cet institut, mais d'en vouloir même accepter la direction, et de donner quelques unes de ses religieuses pour en commencer avec elle l'établissement. Cette proposition fut d'autant plus de son goût, qu'il y avoit déjà plus de quinze ans que cette même assistance continuelle devant le Saint-Sacrement avoit été établie à Port-Royal, d'abord pendant le jour seulement, et ensuite pendant la nuit même. Toutes les religieuses de ce monastère ayant appris un si louable dessein, furent touchées d'une sainte jalousie de ce qu'on fondoit pour cela un nouvel ordre, au lieu de l'établir dans Port-Royal même. Elles demandèrent avec instance que, sans chercher d'autre maison que la leur, on leur permit d'ajouter les pratiques de cet institut aux autres pratiques de leur régle, et de joindre en elles le nom glorieux de filles du Saint-Sacrement à celui de filles de Saint-Bernard. La princesse étoit d'avis de leur accorder leur demande; mais l'évêque persista à vouloir un ordre et un habit particulier.

Ce prélat étoit un homme plein de bonnes intentions, et fort zélé, mais d'un esprit fort variable et fort borné. Il avoit plusieurs fois changé le dessein de son institut : il vouloit d'abord en faire un ordre de religieux plus retirés et encore plus austères que les chartreux; puis il jugea plus à propos que ce fût un ordre de filles. Sa première vue pour ces filles étoit qu'elles fussent extrêmement pauvres, et que, pour mieux honorer le profond abaissement de Jésus-Christ dans l'Eucharistie, elles portassent sur leur habit toutes les marques d'une extrême pauvreté. Ensuite il imagina qu'il falloit attirer la vénération du peuple par un habit qui eût quelque chose d'auguste et de magnifique; mais la mère Angélique desira que tout se ressentît de la simplicité religieuse. Il avoit fait divers autres réglements, dont la plupart eurent besoin d'être rectifiés. La mère Angélique, voyant ces incertitudes, eut un secret pressentiment que cet ordre ne seroit pas de longue durée. Mais la bulle étant arrivée, où elle étoit nommée supérieure, et où il étoit ordonné que ce seroit des religieuses de Port-Royal qui en commenceroient l'établissement, elle se mit en devoir d'obéir. La bulle nommoit aussi trois supérieurs, savoir : M. de Gondy, archevêque de Paris; M. de Bellegarde, archevêque de Sens, et l'évêque de Langres. Mais ce dernier, comme fondateur, et d'ailleurs étant grand-directeur de religieuses, eut la principale conduite de ce monastère. La mère Angélique entra (le 8 mai 1633) avec trois de ses religieuses et quatre postulantes, dans la maison destinée pour cet institut. Cette maison étoit dans la rue Coquillère, qui est de la paroisse Saint-Eustache ; et le Saint-Sacrement y fut mis avec beaucoup de solennité. Bientôt après on y reçut des novices ; et ce fut l'archevêque de Paris qui leur donna le voile.

La nouveauté de cet institut donna beaucoup occasion au monde de parler; et, dans ces commencements, la mère Angélique eut à essuyer bien des peines et des contradictions. Son principal chagrin étoit de voir l'évêque de Langres presque toujours en différend avec l'archevêque de Sens, qui ne pouvoit compatir avec lui. Leur désunion éclata, surtout à l'occasion du *Chapelet secret* du Saint-Sacrement. Comme cette affaire fit alors un fort grand bruit, et que les ennemis de Port-Royal s'en sont voulu prévaloir dans la suite contre ce monastère, il est bon d'expliquer en peu de mots ce que c'étoit que cette querelle.

Ce *Chapelet secret* étoit un petit écrit de trois ou quatre pages, contenant des pensées affectueuses sur le mystère de l'Eucharistie, ou, pour mieux dire, c'étoit comme des élans d'une ame toute pénétrée de l'amour de Dieu dans la contemplation de sa charité infinie pour les hommes dans ce mystère. La mère Agnès, de qui étoient ces pensées, n'avoit guère songé à les rendre publiques; elle en avoit simplement rendu compte au père de Gondren, son confesseur, depuis général de l'Oratoire, qui, pour sa propre édification, lui avoit ordonné de les mettre par écrit. Il en tomba une copie entre les mains d'une sainte carmélite, nommée la mère Marie de

Jésus; cette mère étant morte un mois après, on fit courir sous son nom cet écrit qui avoit été trouvé sur elle; mais on sut bientôt qu'il étoit de la mère Agnès. L'évêque de Langres le trouva merveilleux, et en parla avec de grands sentiments d'admiration. L'archevêque de Sens, qui en avoit été fort touché d'abord, commença tout-à-coup à s'en dégoûter; il le donna même à examiner à M. Duval, supérieur des carmélites, et à quelques autres docteurs à qui on ne dit point qui l'avoit composé. Ces docteurs, jugeant à la rigueur de certaines expressions abstraites et relevées, telles que sont à-peu-près celles des mystiques, le condamnèrent; d'autres docteurs, consultés par l'évêque de Langres, l'approuvèrent au contraire avec éloge : tellement que les esprits venant à s'échauffer, et chacun écrivant pour soutenir son avis, la chose fut portée à Rome. Le pape ne trouva dans l'écrit aucune proposition digne de censure; mais, pour le bien de la paix, et parceque ces matières n'étoient pas de la portée de tout le monde, il jugea à propos de le supprimer; et il le fut en effet.

Entre les théologiens qui avoient écrit pour le soutenir, Jean du Vergier de Hauranne, abbé de Saint-Cyran, avoit fait admirer la pénétration de son esprit et la profondeur de sa doctrine. Il ne connoissoit point alors la mère Agnès, et avoit même été préoccupé contre le *Chapelet secret*, à cause des différends qu'il avoit causés; mais, l'ayant trouvé très bon, il avoit pris lui-même la plume pour défendre la vérité qui lui sembloit opprimée. Il n'avoit point mis son nom à son ouvrage, non plus qu'à ses autres livres; mais l'évêque de Langres ayant su que c'étoit de lui, l'alla chercher pour le remercier. A mesure qu'il le connut plus particulièrement, il fut épris de sa rare piété et de ses grandes lumières; et, comme il n'avoit rien de plus à cœur que de porter les filles du Saint-Sacrement à la plus haute perfection, il jugea que personne au monde ne pouvoit mieux l'aider dans ce dessein que ce grand serviteur de Dieu. Il le conjura donc de venir faire des exhortations à ces filles, et même de les vouloir confesser. L'abbé lui résista assez long-temps, fuyant naturellement ces sortes d'emplois, et se tenant le plus renfermé qu'il pouvoit dans son cabinet, où il passoit, pour ainsi dire, les jours et les nuits, partie dans la prière, et partie à composer des ouvrages qui pussent être utiles à l'Église. Enfin, néanmoins, les instances réitérées de l'évêque lui paroissant comme un ordre de Dieu de servir ces filles, il s'y résolut.

Dès que la mère Angélique l'eut entendu parler des choses de Dieu, et qu'elle eut connu par quel chemin sûr il conduisoit les ames, elle crut retrouver en lui le saint évêque de Genève [1], par qui elle avoit été autrefois conduite; et les autres religieuses prirent aussi en lui la même confiance. En effet, pour me servir ici du témoignage public que lui a rendu un prélat [2] non moins considérable par sa piété que par sa naissance, « ce savant homme n'a-

---

[1] Saint François de Sales.
[2] M. de Laval, évêque de La Rochelle.

« voit point d'autres sentiments que ceux qu'il avoit
« puisés dans l'Écriture sainte et dans la tradition de
« l'Église ; sa science n'étoit que celle des Saints
« Pères ; il ne parloit point d'autre langage que celui
« de la parole de Dieu ; et, bien loin de conduire les
« ames par des voies particulières et écartées, il ne sa-
« voit point d'autre chemin pour les mener à Dieu que
« celui de la pénitence et de la charité. » Toutes ces
filles firent en peu de temps un tel progrès dans la
perfection sous sa conduite, que l'évêque de Langres
ne cessoit de remercier Dieu du confesseur qu'il lui
avoit inspiré de leur donner.

Dans le ravissement où étoit ce prélat, il proposa
plusieurs fois à l'abbé de souffrir qu'il travaillât pour
le faire nommer son coadjuteur à l'évêché de Langres ; et, sur son refus, il le pressa au moins de vouloir être son directeur. Mais l'abbé le pria de l'en
dispenser, lui faisant entendre qu'il y auroit peut-
être plusieurs choses sur lesquelles ils ne seroient
point d'accord ; et, avec la sincérité qui lui étoit naturelle, il ne put s'empêcher de lui toucher quelque
chose de la résidence et de l'obligation où il étoit de
ne pas faire de si longs séjours hors de son diocèse.
L'évêque étoit de ces gens qui, bien qu'au fond ils
aient de la piété, n'entendent pas volontiers des vérités qu'ils ne se sentent pas disposés à pratiquer.
Cela commença un peu à le refroidir pour l'abbé de
Saint-Cyran. Bientôt après il crut s'apercevoir que
les filles du Saint-Sacrement n'avoient point pour
ses avis la même déférence qu'elles avoient pour cet

abbé; sa mauvaise humeur étoit encore fomentée par une certaine dame, sa pénitente, qu'il avoit fait entrer au Saint-Sacrement, et dont il faisoit lui seul un cas merveilleux; en un mot, ayant, comme j'ai dit, l'esprit fort foible, il entra contre l'abbé dans une si furieuse jalousie, qu'il ne le pouvoit plus souffrir. L'abbé de Saint-Cyran fit d'abord ce qu'il put pour le guérir de ses défiances; et même, voyant qu'il s'aigrissoit de plus en plus, cessa d'aller au monastère du Saint-Sacrement. Mais cette discrétion ne servit qu'à irriter cet esprit malade, honteux qu'on se fût aperçu de sa foiblesse, tellement qu'il vint à se dégoûter même de son institut; et non content de rompre avec ces filles, il se ligua avec les ennemis de cet abbé, et, ce qu'on aura peine à comprendre, donna même au cardinal de Richelieu des mémoires contre lui.

Ce ne fut pas là la seule querelle que lui attira la jalousie de la direction. Le fameux père Joseph étoit, comme on sait, fondateur des religieuses du Calvaire. Quoique plongé fort avant dans les affaires du siècle, il se piquoit d'être un fort grand maître en la vie spirituelle, et ne vouloit point que ses religieuses eussent d'autre directeur que lui. Un jour néanmoins, se voyant sur le point d'entreprendre un long voyage pour les affaires du roi, il alla trouver l'abbé de Saint-Cyran, pour lui recommander ses chères filles du Calvaire, et obtint de lui qu'il les confesseroit en son absence. A son retour il fut charmé du progrès qu'elles avoient fait dans la perfection; mais il crut s'apercevoir bientôt qu'elles avoient senti l'extrême différence qu'il y a d'un directeur partagé entre Dieu et la cour, à un directeur uniquement occupé du salut des ames. Il en conçut contre l'abbé un fort grand dépit, et ne lui pardonna pas, non plus que l'évêque de Langres, cette diminution de son crédit sur l'esprit de ses pénitentes, tellement qu'il ne fut pas des moins ardents depuis ce temps-là à lui rendre de mauvais offices auprès du premier ministre.

Le cardinal de Richelieu, lorsqu'il n'étoit qu'évêque de Luçon, avoit connu à Poitiers l'abbé de Saint-Cyran; et, ayant conçu pour ses grands talents et pour sa vertu l'estime que tous ceux qui le connoissoient ne pouvoient lui refuser, il ne fut pas plus tôt en faveur, qu'il songea à l'élever aux premières dignités de l'Église. Il le fit pressentir sur l'évêché de Bayonne, qu'il lui destinoit, et qui étoit le pays de sa naissance. Mais son extrême humilité, et cette espèce de sainte horreur qu'il eut toute sa vie pour les sublimes fonctions de l'épiscopat, l'empêchèrent d'accepter cette offre. Ce fut le premier sujet de mécontentement que ce ministre eut contre lui.

Son second crime à son égard fut de passer pour n'approuver pas la doctrine que ce cardinal avoit enseignée dans son catéchisme de Luçon, touchant l'attrition formée par la seule crainte des peines, qu'il prétendoit suffire pour la justification dans le sacrement. Ce n'est pas que l'abbé de Saint-Cyran fût jamais entré dans aucune discussion sur cette matière, mais il ne laissoit pas ignorer qu'il étoit persuadé que, sans aimer Dieu, le pécheur ne pouvoit être justifié. Outre que le cardinal se piquoit encore plus d'être grand théologien que grand politique, il étoit si dangereux de le contredire sur ce point particulier de l'attrition, que le père Seguenot, de l'Oratoire, fut mis à la Bastille, pour avoir soutenu la nécessité de l'amour de Dieu dans la pénitence; et que ce fut aussi, à ce qu'on prétend, pour le même sujet que le père Caussin, confesseur du roi, fut disgracié.

Mais ce qui acheva de perdre l'abbé de Saint-Cyran dans l'esprit du cardinal, ce fut une offense d'une autre nature que les deux premières, mais qui le touchoit beaucoup plus au vif. On sait avec quelle chaleur ce premier ministre avoit entrepris de faire casser le mariage du duc d'Orléans avec la princesse de Lorraine, sa seconde femme. Pour s'autoriser dans ce dessein, et pour rassurer la conscience timorée de Louis XIII, il fit consulter l'assemblée générale du clergé, et tout ce qu'il y avoit de plus célèbres théologiens, tant réguliers que séculiers. L'assemblée, et presque tous ces théologiens, jusqu'au père Gondren, général de l'Oratoire, et jusqu'au père Vincent, supérieur des Missionnaires, furent d'avis de la nullité du mariage; mais quand on vint à l'abbé de Saint-Cyran, il ne cacha point qu'il croyoit que le mariage ne pouvoit être cassé.

Venons maintenant à la querelle qu'il eut avec les jésuites : elle prit naissance en Angleterre. Les jésuites de ce pays-là n'ayant pu se résoudre à reconnaître la jurisdiction de l'évêque que le pape y avoit envoyé, non seulement obligèrent cet évêque à s'enfuir de ce royaume, mais écrivirent des livres fort injurieux contre l'autorité épiscopale, et contre la nécessité même du sacrement de la confirmation. Le clergé d'Angleterre envoya ces livres en France, et ils y furent aussitôt censurés par l'archevêque de Paris, puis par la Sorbonne, et enfin par une grande assemblée d'archevêques et d'évêques. Les jésuites de France n'abandonnèrent pas leurs confrères dans une cause que leur conduite, dans tous les pays du monde, fait bien voir qu'ils ont résolu de soutenir. Ils publièrent, contre toutes ces censures, des réponses où ils croyoient avoir terrassé la Sorbonne et les évêques. Tous les gens de bien frémissoient de voir ainsi fouler aux pieds la hiérarchie que Dieu a établie dans son Église, lorsqu'on vit paraître, sous le nom de *Petrus Aurelius*, un excellent livre qui mettoit en poudre toutes les réponses des jésuites. Ce livre fut reçu avec un applaudissement incroyable : le clergé de France le fit imprimer plusieurs fois à ses dépens, s'efforça de découvrir qui étoit le défenseur de l'épiscopat ; et, ne pouvant percer l'obscurité où sa modestie le tenoit caché, fit composer en l'honneur de son livre, par le célèbre M. Godeau, évêque de Grasse [1], un éloge magnifique, qui fut imprimé à la tête du livre même.

---

[1] Et depuis évêque de Vence, et l'un des premiers membres de l'Académie françoise. Il a laissé un grand nombre d'ouvrages en

Les jésuites n'étoient pas moins en peine que les évêques de savoir qui étoit cet inconnu; et comme la vengeance a des yeux plus perçants que la reconnoissance, ils démêlèrent que si l'abbé de Saint-Cyran n'étoit l'auteur de cet ouvrage, il y avoit du moins la principale part. On jugera sans peine jusqu'où alla contre lui leur ressentiment, par la colère qu'ils témoignèrent contre M. Godeau, pour avoir fait l'éloge que je viens de dire. Ils publièrent contre ce prélat si illustre deux satires en latin, dont l'une avoit pour titre : *Godellus an poeta?* et c'étoit leur père Vavasseur qui étoit auteur de ces satires. L'abbé devint à leur égard, non seulement un hérétique, mais un hérésiarque abominable, qui vouloit faire une nouvelle Église, et renverser la religion de Jésus-Christ. C'est l'idée qu'ils s'efforcèrent alors de donner de lui, et qu'ils en veulent donner encore dans tous leurs livres.

Le cardinal de Richelieu, excité par leurs clameurs et par ses ressentiments particuliers, le fit

prose et en vers, qu'on ne lit plus, et depuis bien long-temps : Boileau écrivoit à son ami Maucroix, en 1695 : « Je suis persuadé, « aussi-bien que vous, que M. Godeau est un poëte fort estimable. « Il me semble pourtant qu'on peut dire de lui ce que Longin dit « d'Hypéride, qu'il est toujours jeune, et qu'il n'a rien qui remue « et qui échauffe; en un mot, qu'il n'a point cette force de style « et cette vivacité d'expression qu'on recherche dans les ouvrages, « et qui les font durer. Je ne sais point s'il passera à la postérité; « mais il faudra pour cela qu'il ressuscite, puisqu'on peut dire « qu'il est déja mort, n'étant presque plus maintenant lu de per- « sonne. » (Lettre VI.)

arrêter et mettre au bois de Vincennes; il fit aussi saisir tous ses papiers, dont il y avoit plusieurs coffres pleins. Mais comme on n'y trouva que des extraits des Pères et des conciles, et des matériaux d'un grand ouvrage qu'il préparoit pour défendre l'Eucharistie contre les ministres huguenots, tous ses papiers lui furent aussitôt envoyés au bois de Vincennes. On abandonna aussi une procédure fort irrégulière que l'on avoit commencée contre lui; mais la liberté ne lui fut rendue que cinq ans après, c'est-à-dire à la mort du cardinal de Richelieu : Dieu ayant permis cette longue prison pour faire mieux connaître la piété extraordinaire de cet abbé, à laquelle le fameux Jean de Verth [1], qui, avec d'autres officiers étrangers, étoit aussi alors prisonnier au bois de Vincennes, rendit un témoignage très particulier; car le cardinal de Richelieu ayant voulu qu'il fût spectateur d'un ballet fort magnifique qui étoit de sa composition, et ce général ayant vu à ce ballet un certain évêque qui s'empressoit pour en faire les honneurs, il dit publiquement que le spectacle qui l'avoit le plus surpris en France, c'étoit d'y voir les saints en prison, et les évêques à la comédie.

Ce fut aussi dans cette prison que l'abbé de Saint-Cyran écrivit ces belles lettres chrétiennes et spirituelles, dont il s'est fait tant d'éditions avec l'approbation d'un fort grand nombre de cardinaux,

[1] Jean de Verth, officier, ou plutôt partisan allemand, qui parvint à se faire redouter. Fait prisonnier par Turenne, les chansons dont il fut l'objet ont donné quelque célébrité à son nom. (G.)

d'archevêques, et d'évêques, qui les ont considérées comme l'ouvrage de nos jours qui donne la plus haute et la plus parfaite idée de la vie chrétienne.

Il mourut le 11 octobre 1643, huit mois après qu'il fut sorti du bois de Vincennes ; et ses funérailles furent honorées de la présence de tout ce qu'il y avoit alors à Paris de prélats plus considérables. A peine il eut les yeux fermés, que les jésuites se débordèrent en une infinité de nouvelles invectives contre sa mémoire, faisant imprimer, entre autres, de prétendus interrogatoires qu'ils avoient tronqués et falsifiés ; et quoiqu'il eût reçu avec une extrême piété le viatique des mains du curé de Saint-Jacques du Haut-Pas, et que la gazette même en eût informé tout le public, ils n'en furent pas moins hardis à publier qu'il étoit mort sans vouloir recevoir ses sacrements. J'ai cru devoir rapporter tout de suite ces événements, pour faire mieux connaître ce grand personnage, contre qui la calomnie s'est déchaînée avec tant de licence, et qui a tant contribué, par ses instructions et par ses exemples, à la sainteté du monastère de Port-Royal.

La rupture de l'évêque de Langres avec les Filles du Saint-Sacrement, et l'emprisonnement de l'abbé de Saint-Cyran, ne furent pas les seules disgraces dont elles furent alors affligées : elles perdirent aussi la duchesse de Longueville, leur fondatrice, qui mourut (en 1637) avant que d'avoir pu laisser aucun fonds pour leur subsistance ; tellement que, se voyant dénuées de toute protection, et d'ailleurs étant fort incommodées dans la maison où elles étoient, sans aucune espérance de s'y pouvoir agrandir, elles se retirèrent en 1638 (le 19 mai) à Port-Royal, où il y avoit déja quelques années que la mère Angélique étoit retournée.

Ce fut alors que les religieuses de ce monastère renouvelèrent leurs instances, et demandèrent à relever un institut qui étoit abandonné, et qu'il sembloit que Dieu même eût voulu leur réserver. Henri Arnauld, abbé de Saint-Nicolas, depuis évêque d'Angers [1], étoit alors à Rome pour les affaires du roi : elles s'adressèrent à lui, et le prièrent de s'entremettre pour elles auprès du pape, qui leur accorda volontiers, par un bref, le changement qu'elles demandoient. Mais l'affaire souffrit à Paris de grandes difficultés, à cause de quelques intérêts temporels qu'il falloit accommoder. Enfin le parlement ayant terminé ces difficultés, le roi donna ses lettres, et l'archevêque de Paris son consentement. Elles se dévouèrent donc avec une joie incroyable à l'adoration perpétuelle du mystère auguste de l'Eucharistie, et prirent le nom de Filles du Saint-Sacrement ; mais elles ne quittèrent pas l'habit de saint Bernard ; elles changèrent seulement leur scapulaire noir en un scapulaire blanc, où il y avoit

---

[1] Henri Arnauld, frère du grand Arnauld. Il mourut à Angers, le 8 juin 1694, à l'âge de quatre-vingt-quinze ans. Ses *Négociations* à la cour de Rome et dans les différentes cours d'Italie ont été imprimées en 1748. (G.)

une croix d'écarlate attachée par-devant, pour désigner, par ces deux couleurs, le pain et le vin, qui sont les voiles sous lesquels Jésus-Christ est caché dans ce mystère. M. du Saussay, leur supérieur, alors official de Paris, et depuis évêque de Toul, célébra cette cérémonie (en 1647, le 24 octobre) avec un grand concours de peuple. L'année suivante, M. de Gondy bénit leur église, dont le bâtiment ne faisoit que d'être achevé, et la dédia aussi sous le nom du Saint-Sacrement.

Pendant cet état florissant de la maison de Paris, les religieuses n'avoient pas perdu le souvenir de leur monastère des champs; on n'y avoit laissé qu'un chapelain, pour y dire la messe et y administrer les sacrements aux domestiques. Bientôt après, M. Le Maistre, neveu de la mère Angélique, ayant, à l'âge de vingt-neuf ans, renoncé au barreau et à tous les avantages que sa grande éloquence lui pouvoit procurer, s'étoit retiré dans ce désert (en 1638) pour y achever sa vie dans le silence et dans la retraite. Il y fut suivi par un de ses frères, qui avoit été jusqu'alors dans la profession des armes. Quelque temps après, M. de Sacy, son autre frère, si célèbre par les livres de piété dont il a enrichi l'Église, s'y retira aussi avec eux pour se préparer dans la solitude à recevoir l'ordre de la prêtrise. Leur exemple y attira encore cinq ou six autres, tant séculiers qu'ecclésiastiques, qui, étant comme eux dégoûtés du monde, se vinrent rendre les compagnons de leur pénitence. Mais ce n'étoit point une pénitence oisive : pendant que les uns prenoient connoissance du temporel de cette abbaye, et travailloient à en rétablir les affaires, les autres ne dédaignoient pas de cultiver la terre comme de simples gens de journée; ils réparèrent même une partie des bâtiments qui y tomboient en ruine, et, rehaussant ceux qui étoient trop bas et trop enfoncés, rendirent l'habitation de ce désert beaucoup plus saine et plus commode qu'elle n'étoit. M. d'Andilly, frère aîné de la mère Angélique, ne tarda guère à y suivre ses neveux, et s'y consacra, comme eux, à des exercices de piété qui ont duré autant que sa vie.

Comme les religieuses se trouvoient alors au nombre de plus de cent, la même raison qui les avoit obligées, vingt-cinq ans auparavant, de partager leur communauté, les obligeant encore de se partager, elles obtinrent de M. de Gondy la permission de renvoyer une partie des sœurs dans leur premier monastère, en telle sorte que les deux maisons ne formassent qu'une même abbaye et une même communauté, sous les ordres d'une même abbesse. La mère Angélique, qui l'étoit alors par élection (en 1648), y alla en personne avec un certain nombre de religieuses qu'elle y établit. M. Vialart, évêque de Châlons, en rebénit l'église, qui avoit été rehaussée de plus de six pieds, et y administra le sacrement de confirmation à quantité de gens des environs. Ce fut vers ce temps-là que la duchesse de Luynes, mère de M. le duc de Chevreuse, persuada au duc son mari de quitter la cour, et de choisir à la campagne une retraite où ils pussent ne s'occuper tous deux que du soin de leur salut. Ils firent bâtir pour cela un petit château dans le voisinage et sur le fonds même de Port-Royal des champs; ils firent aussi bâtir à leurs dépens un fort beau dortoir pour les religieuses. Mais la duchesse ne vit achever ni l'un ni l'autre de ces édifices, Dieu l'ayant appelée à lui dans une fort grande jeunesse.

Les religieuses des champs étoient à peine établies, que la guerre civile s'étant allumée en France, et les soldats des deux partis courant et ravageant la campagne, elles furent obligées (en 1652) de chercher leur sûreté dans leur maison de Paris. Plusieurs religieuses de divers monastères de la campagne s'y venoient aussi réfugier tous les jours, et y étoient toutes traitées avec le même soin que celles de la maison. Mais la guerre finie (en 1653), on retourna dans le monastère des champs, qui n'a plus été abandonné depuis ce temps-là. Plusieurs personnes de qualité s'y venoient retirer de temps en temps pour y chercher Dieu dans le repos de la solitude, et pour participer aux prières de ces saintes filles. De ce nombre étoient le duc et la duchesse de Liancourt, si célèbres par leur vertu et par leur grande charité envers les pauvres : ils contribuèrent même à faire bâtir, dans la cour du dehors, un corps-de-logis, qui est celui qu'on voit encore vis-à-vis la porte de l'église [1]. La princesse de Guémené,

---

[1] Cette maison a été détruite en 1710, avec les autres bâtiments du monastère de Port-Royal des champs. (G.)

la marquise de Sablé, et d'autres dames considérables par leur naissance et par leur mérite, firent aussi bâtir dans les dehors de la maison de Paris, résolues d'y passer leur vie dans la retraite, et attirées par la piété solide qu'elles voyoient pratiquer dans ce monastère.

En effet, il n'y avoit point de maison religieuse qui fût en meilleure odeur que Port-Royal. Tout ce qu'on en voyoit au-dehors inspiroit de la piété; on admiroit la manière grave et touchante dont les louanges de Dieu y étoient chantées, la simplicité et en même temps la propreté de leur église, la modestie des domestiques, la solitude des parloirs, le peu d'empressement des religieuses à y soutenir la conversation, leur peu de curiosité pour savoir les choses du monde, et même les affaires de leurs proches; en un mot, une entière indifférence pour tout ce qui ne regardoit point Dieu. Mais combien les personnes qui connoissoient l'intérieur de ce monastère y trouvoient-elles de nouveaux sujets d'édification! Quelle paix! quel silence! quelle charité! quel amour pour la pauvreté et pour la mortification! Un travail sans relâche, une prière continuelle, point d'ambition que pour les emplois les plus vils et les plus humiliants, aucune impatience dans les sœurs, nulle bizarrerie dans les mères, l'obéissance toujours prompte, et le commandement toujours raisonnable.

Mais rien n'approchoit du parfait désintéressement qui régnoit dans cette maison. Pendant plus de soixante ans qu'on y a reçu des religieuses, on n'y a jamais entendu parler ni de contrat ni de convention tacite pour la dot de celles qu'on recevoit. On y éprouvoit les novices pendant deux ans : si on leur trouvoit une vocation véritable, les parents étoient avertis que leur fille étoit admise à la profession, et l'on convenoit avec eux du jour de la cérémonie. La profession faite, s'ils étoient riches, on recevoit comme une aumône ce qu'ils donnoient, et on mettoit toujours à part une portion de cette aumône pour en assister de pauvres familles, et sur-tout de pauvres communautés religieuses. Il y a eu telle de ces communautés à qui on transporta tout-à-coup une somme de vingt mille francs, qui avoit été léguée à la maison; et, ce qu'il y a de particulier, c'est que, dans le même temps qu'on dressoit chez un notaire l'acte de cette donation, le pourvoyeur de Port-Royal, qui ne savoit rien de la chose, vint demander à ce même notaire de l'argent à emprunter pour les nécessités pressantes du monastère.

Jamais les grands biens ni l'extrême pauvreté d'une fille n'ont entré dans les motifs qui la faisoient ou admettre ou refuser. Une dame de grande qualité avoit donné à Port-Royal, comme bienfaitrice, une somme de quatre-vingt mille francs : cette somme fut aussitôt employée, partie en charités, partie à acquitter des dettes, et le reste à faire des bâtiments que cette dame elle-même avoit jugés nécessaires. Elle n'avoit eu d'abord d'autre dessein que de vivre le reste de ses jours dans la maison, sans faire de vœux ; ensuite elle souhaita d'y être religieuse. On la mit donc au noviciat ; et on l'éprouva pendant deux ans avec la même exactitude que les autres novices. Ce temps expiré, elle pressa pour être reçue professe. On prévit tous les inconvénients où l'on s'exposeroit en la refusant ; mais comme on ne lui trouvoit point assez de vocation, elle fut refusée tout d'une voix. Elle sortit du couvent, outrée de dépit, et songea aussitôt à revenir contre la donation qu'elle avoit faite. Les religieuses avoient plus d'un moyen pour s'empêcher, en justice, de lui rien rendre ; mais elles ne voulurent point de procès. On vendit des rentes, on s'endetta ; en un mot, on trouva moyen de ramasser cette grosse somme, qui fut rendue à cette dame par un notaire, en présence de M. Le Nain, maître des requêtes, et de M. Palluau, conseiller au parlement, aussi charmés tous deux du courage et du désintéressement de ces filles, que peu édifiés du procédé vindicatif et intéressé de la fausse bienfaitrice.

Un des plus grands soins de la mère Angélique, dans les urgentes nécessités où la maison se trouvoit quelquefois, c'étoit de dérober la connoissance de ces nécessités à certaines personnes qui n'auroient pas mieux demandé que de l'assister. « Mes filles, « disoit-elle souvent à ses religieuses, nous avons « fait vœu de pauvreté ; est-ce être pauvres que d'a- « voir des amis toujours prêts à vous faire part de « leurs richesses ? »

Il n'est pas croyable combien de pauvres familles, et à Paris et à la campagne, subsistoient des charités que l'une et l'autre maison leur faisoient: celle des champs a eu long-temps un médecin et un chirurgien, qui n'avoient presque d'autre occupation que de traiter les pauvres malades des environs, et d'aller dans tous les villages leur porter les remèdes et les autres soulagements nécessaires; et depuis que ce monastère s'est vu hors d'état d'entretenir ni médecin ni chirurgien, les religieuses ne laissent pas de fournir les mêmes remèdes. Il y a au-dedans du couvent une espèce d'infirmerie où les pauvres femmes du voisinage sont saignées et traitées par des sœurs dressées à cet emploi, et qui s'en acquittent avec une adresse et une charité incroyables. Au lieu de tous ces ouvrages frivoles, où l'industrie de la plupart des autres religieuses s'occupe pour amuser la curiosité des personnes du siècle, on seroit surpris de voir avec quelle industrie les religieuses de Port-Royal savent rassembler jusqu'aux plus petites rognures d'étoffes pour en revêtir des enfants et des femmes qui n'ont pas de quoi se couvrir, et en combien de manières leur charité les rend ingénieuses pour assister les pauvres, toutes pauvres qu'elles sont elles-mêmes. Dieu, qui les voit agir dans le secret, sait combien de fois elles ont donné, pour ainsi dire, de leur propre subsistance, et se sont ôté le pain des mains pour en fournir à ceux qui en manquoient; et il sait aussi les ressources inespérées qu'elles ont plus d'une fois trouvées dans sa miséricorde, et qu'elles ont eu grand soin de tenir secrètes.

Une des choses qui rendoient cette maison plus recommandable, et qui peut-être aussi lui ont attiré plus de jalousie, c'est l'excellente éducation qu'on y donnoit à la jeunesse. Il n'y eut jamais d'asile où l'innocence et la pureté fussent plus à couvert de l'air contagieux du siècle, ni d'école où les vérités du christianisme fussent plus solidement enseignées : les leçons de piété qu'on y donnoit aux jeunes filles faisoient d'autant plus d'impression sur leur esprit, qu'elles les voyoient appuyées, non seulement de l'exemple de leurs maîtresses, mais encore de l'exemple de toute une grande communauté, uniquement occupée à louer et à servir Dieu. Mais on ne se contentoit pas de les élever à la piété, on prenoit aussi un très grand soin de leur former l'esprit et la raison, et on travailloit à les rendre également capables d'être un jour ou de parfaites religieuses, ou d'excellentes mères de famille. On pourroit citer un grand nombre de filles élevées dans ce monastère, qui ont depuis édifié le monde par leur sagesse et par leur vertu. On sait avec quels sentiments d'admiration et de reconnoissance elles ont toujours parlé de l'éducation qu'elles y avoient reçue; et il y en a encore qui conservent, au milieu du monde et de la cour, pour les restes de cette maison affligée, le même amour que les anciens Juifs conservoient, dans leur captivité, pour les ruines de Jérusalem. Cependant, quelque sainte que fût cette maison, une prospérité plus longue y auroit peut-être à la fin introduit le relâchement : et Dieu, qui vouloit non seulement l'affermir dans le bien, mais la porter encore à un plus haut degré de sainteté, a permis qu'elle fût exercée par les plus grandes tribulations qui aient jamais exercé aucune maison religieuse. En voici l'origine :

Tout le monde sait cette espéce de guerre qu'il y y a toujours eu entre l'Université de Paris et les jésuites. Dès la naissance de leur Compagnie, la Sorbonne condamna leur institut par une censure où elle déclaroit, entre autres choses, que cette Société étoit bien plus née pour la destruction que pour l'édification. L'Université s'opposa de tout son pouvoir à son établissement en France, et, n'ayant pu l'empêcher, elle tint toujours ferme à ne pas souffrir qu'ils fussent admis dans son corps. Il y eut même diverses occasions, dont on ne veut point rappeler ici la mémoire, où elle demanda avec instance au parlement qu'ils fussent chassés du royaume; et ce fut dans une de ces occasions qu'elle prit pour son avocat Antoine Arnauld, père de la mère Angélique, l'un des plus éloquents hommes de son siècle. Il étoit d'une famille d'Auvergne, très distinguée par le zéle ardent qu'elle avoit toujours montré pour la royauté pendant toutes les fureurs de la ligue. Antoine Arnauld passoit aussi pour un des plus zélés royalistes qu'il y eût dans le parlement; et ce fut principalement pour cette raison que l'Université remit sa cause entre ses mains. Il plaida cette cause avec une véhémence et un éclat que les jésuites ne lui ont jamais pardonné. Quoiqu'il eût toujours été très bon catholique, né de parents très catholiques, leurs écrivains n'ont pas laissé de le traiter de huguenot descendu de huguenots.

Mais cette querelle ne fut que le prélude des grands démêlés que le célèbre Antoine Arnauld, son fils, docteur de Sorbonne, a eus depuis avec cette puissante Compagnie. N'étant encore que bachelier, il témoignoit un fort grand zéle contre les nouveautés que leurs auteurs avoient introduites dans la doctrine de la grace et dans la morale. Mais la querelle ne commença proprement qu'au sujet du livre de *la Fréquente Communion*, que ce docteur avoit composé en 1643.

Le but de ce livre étoit d'établir, par la tradition et par l'autorité des Pères et des conciles, les dispositions que l'on doit apporter en approchant du sacrement de l'Eucharistie, et de combattre les absolutions précipitées, qu'on ne donne que trop souvent à des pécheurs envieillis dans le crime, sans les obliger à quitter leurs mauvaises habitudes, et sans les éprouver par une sérieuse pénitence. M. Arnauld n'étoit point l'agresseur dans cette dispute, et il ne faisoit que répondre à un écrit qu'on avoit fait pour décrier la conduite de quelques ecclésiastiques de ses amis, attachés aux véritables maximes de l'Église sur la pénitence.

Quoique les jésuites ne fussent point nommés dans ce livre, non pas même le jésuite dont l'écrit y étoit réfuté, on n'ose presque dire avec quel emportement ils s'élevèrent et contre l'ouvrage et contre l'auteur. Ils n'eurent aucun égard au jugement de seize, tant archevêques qu'évêques, et de vingt-quatre des plus célèbres docteurs de la Faculté, dont les approbations étoient imprimées à la tête du livre: ils engagèrent leurs plus fameux écrivains à prendre la plume pour le réfuter, et ordonnèrent à leurs prédicateurs de le décrier dans tous leurs sermons. Les uns et les autres parloient du livre comme d'un ouvrage abominable, qui tendoit à renverser la Pénitence et l'Eucharistie; et de l'auteur, comme d'un monstre qu'on ne pouvoit trop tôt étouffer, et dont ils demandoient le sang aux grands de la terre. Il y eut un de ces prédicateurs qui, en pleine chaire, osa même prendre à partie les prélats approbateurs: il s'emporta contre eux à de tels excès, qu'il fut condamné par une assemblée d'évêques à leur en faire satisfaction à genoux; et il fallut qu'il subît cette pénitence.

Les jésuites n'eurent pas sujet d'être plus contents de la démarche où ils avoient engagé la reine-mère, en obtenant de cette princesse un commandement à M. Arnauld d'aller à Rome pour y rendre compte de sa doctrine. Un pareil ordre souleva contre eux tous les corps, pour ainsi dire, du royaume. Le clergé, le Parlement, l'Université, la Faculté de théologie, et la Sorbonne en particulier, allèrent les uns après les autres trouver la reine, pour lui faire là-dessus leurs très humbles remontrances, et pour la supplier de révoquer ce commandement, non moins préjudiciable aux intérêts du roi, qu'injurieux à la Sorbonne et à toute la nation.

Mais ce fut sur-tout à Rome où ces pères se signalèrent contre le livre de *la Fréquente Communion*, et remuèrent toutes sortes de machines pour l'y faire condamner : ils y firent grand bruit d'un endroit de la préface qui n'avoit aucun rapport avec le reste du livre, et où, en parlant de saint Pierre et de saint Paul, il est dit que ce sont deux chefs de l'Église qui n'en font qu'un. Ils songèrent à profiter de l'alarme où l'on étoit encore en ce pays-là des prétendus desseins du cardinal de Richelieu, qu'on avoit accusé de vouloir établir un patriarche en France : ils faisoient donc entendre que, par cette proposition, M. Arnauld vouloit attaquer la primauté du saint siége, et admettre dans l'Église deux papes avec une autorité égale. Mais, malgré tous leurs efforts, la proposition ne fut point censurée en elle-même, ni telle qu'elle est dans la préface de M. Arnauld : l'inquisition censura seulement la proposition générale qui égaleroit de telle sorte ces deux apôtres, qu'il n'y eût aucune subordination de saint Paul à l'égard de saint Pierre dans le gouvernement de l'Église universelle. Pour ce qui est du livre, il sortit de l'examen sans la moindre flétrissure; et tout le crédit des jésuites ne put même le faire mettre à l'index. Un grand nombre d'évêques en France confirma, par des approbations publiques, le jugement qu'en avoient porté leurs confrères; il fut reçu avec les mêmes éloges dans les royaumes les plus éloignés ; on voit aussi, par des lettres du pape Alexandre VII, combien il en approuvoit la doctrine; et on peut dire, en un mot, qu'elle fut dès-lors regardée, et qu'elle l'est encore aujourd'hui, comme la doctrine de l'Église même.

Les religieuses de Port-Royal n'avoient eu aucune part à toutes ces contestations. Quand même le livre de *la Fréquente Communion* auroit été aussi plein de blasphèmes contre l'Eucharistie que les jésuites le publioient, elles n'en étoient pas moins prosternées jour et nuit devant le Saint-Sacrement. Mais M. Arnauld étoit frère de la mère Angélique; il avoit sa mère, six de ses sœurs, et six de ses nièces, religieuses à Port-Royal; lui-même, lorsqu'il fut fait prêtre, avoit donné tout son bien à ce monastère, ayant jugé qu'il devoit entrer pauvre dans l'état ecclésiastique; il avoit aussi choisi sa retraite dans la solitude de Port-Royal des champs, avec M. d'Andilly, son frère aîné, et avec ses deux neveux, M. Le Maistre, et M. de Sacy. C'est de là que sortoient tous ces excellents ouvrages, si édifiants pour l'Église, et qui faisoient tant de peine aux jésuites. C'en fut assez pour rendre cette maison horrible à leurs yeux : ils s'accoutumèrent à confondre dans leurs idées les noms d'Arnauld et de Port-Royal, et conçurent pour toutes les religieuses de ce monastère la même haine qu'ils avoient pour la personne de ce docteur.

Ceux qui ne savent pas toute la suite de cette querelle, sont peut-être en peine de ce qu'on pouvoit objecter à ces filles dans ces commencements : car il ne s'agissoit point alors de formulaire ni de signature ; et la fameuse distinction du fait et du droit n'avoit point encore donné de prétexte aux jésuites pour les traiter de rebelles à l'Église. Cela n'embarrassa point le père Brisacier, l'un de leurs plus emportés écrivains, c'est lui qu'ils avoient choisi pour aller solliciter à Rome la censure du livre de *la Fréquente Communion*. Le mauvais succès de son voyage excitant vraisemblablement sa mauvaise humeur, il en vint jusqu'à cet excès d'impudence et de folie, que d'accuser ces religieuses, dans un livre public, de ne point croire au Saint-Sacrement, de ne jamais communier, non pas même à l'article de la mort ; de n'avoir ni eau bénite ni images dans leur église, de ne prier ni la Vierge ni les Saints, de ne point dire leur chapelet ; les appelant *Sacramentaires*, des vierges folles, et passant même jusqu'à cet excès de vouloir insinuer des choses très injurieuses à la pureté de ces filles.

Il ne falloit, pour connaître d'abord la fausseté de toutes ces exécrables calomnies, qu'entrer seulement dans l'église de Port-Royal. Elle portoit, comme j'ai dit, par excellence le nom d'église du Saint-Sacrement. Le monastère, les religieuses, tout étoit consacré à l'adoration perpétuelle du sacré mystère de l'Eucharistie ; on n'y pouvoit entendre de messe conventuelle qu'on n'y vît communier un fort grand nombre de religieuses ; on y trouvoit de l'eau bénite à toutes les portes ; elles ne peuvent chanter leur office sans invoquer la Vierge et les Saints; elles font tous les samedis une procession en l'honneur de la Vierge, et ont pour elle une dévotion toute particulière, dignes filles en cela de leur père saint Bernard; elles portent toutes un chapelet, et le récitent très souvent; et, ce qui surprendra les ennemis de ces religieuses, c'est que M. Arnauld lui-même, qu'ils accusoient de leur en avoir inspiré le mépris, a toujours eu un chapelet sur lui, et qu'il n'a guère passé de jours en sa vie sans le réciter.

Le livre du père Brisacier excita une grande indignation dans le public. M. de Gondy, archevêque de Paris, lança aussitôt contre ce livre une censure foudroyante, qu'il fit publier au prône dans toutes les paroisses. Il y prenoit hautement la défense des religieuses de Port-Royal, et rendoit un témoignage authentique et de l'intégrité de leur foi et de la pureté de leurs mœurs. Tous les gens de bien s'attendoient que le père Brisacier seroit désavoué par sa compagnie, et que, pour ne pas adopter par son silence de si horribles calomnies, elle lui en feroit faire une rétractation publique, puis l'enverroit dans quelque maison éloignée pour y faire pénitence. Mais, bien loin de prendre ce parti, le père Paulin, alors confesseur du roi, à qui on parla de ce livre, dit qu'il l'avoit lu, et qu'il le trouvoit un livre très modéré. On voit, dans le catalogue qu'ils ont fait imprimer des ouvrages de leurs écrivains, ce même livre du père Brisacier cité avec éloge. Pour lui, il fut fait alors recteur de leur collége de Rouen, et, à quelque temps de là, supérieur de leur maison professe de Paris. Ainsi, sans avoir fait aucune réparation de tant d'impostures si atroces, il continua le reste de sa vie à dire ponctuellement la messe tous les jours, confessant et donnant des absolutions, et ayant sous sa direction les directeurs mêmes de la plus grande partie des consciences de Paris et de la cour. On n'ose pousser plus loin ces réflexions : et on laisse aux révérends pères jésuites à les faire sérieusement devant Dieu.

Le mauvais succès de ces calomnies n'empêcha pas d'autres jésuites de les répéter en mille rencontres. Il y en eut un, appelé le père Meynier, qui publia un livre avec ce titre : *Le Port-Royal d'intelligence avec Genève contre le Saint-Sacrement de l'autel, par le révérend père Meynier, de la compagnie de Jésus.* Le livre étoit aussi impudent que le titre, et enchérissoit encore sur les excès du père Brisacier : on y renouveloit l'extravagante histoire du prétendu complot formé, en 1621, par M. Arnauld, par l'abbé de Saint-Cyran, et par trois autres, pour anéantir la religion de Jésus-Christ et pour établir le déisme, quoique M. Arnauld eût déja invinciblement prouvé qu'il n'avoit que neuf ans l'année où l'on disoit qu'il avoit formé cette horrible conjuration. Le père Meynier faisoit même entrer dans ce complot la mère Agnès et les autres religieuses de Port-Royal.

Quelque absurdes que fussent ces calomnies, à force néanmoins de les répéter, et toujours avec la même assurance, les jésuites les persuadoient à beaucoup de petits esprits, et sur-tout à leurs pénitents et à leurs pénitentes, la plupart personnes foibles, et qui ne pouvoient s'imaginer que leurs directeurs fussent capables d'avancer sans fondement de si effroyables impostures : ils les firent croire principalement dans les couvents qui étoient sous leur conduite : jusque-là qu'il s'en trouve encore aujourd'hui dans Paris, où les religieuses, quoique d'une dévotion d'ailleurs très édifiante, soutiennent aux personnes qui les vont voir qu'on ne communie point à Port-Royal, et qu'on n'y invoque ni la Vierge ni les Saints. Non seulement on trouve des maisons de religieuses, mais des communautés entières d'ecclésiastiques, qui, pleines de cette erreur, s'effarouchent encore au nom de Port-Royal, et qui regardent cette maison comme un séminaire de toutes sortes d'hérésies.

On aura peut-être de la peine à comprendre comment une société aussi sainte dans son institution, et aussi pleine de gens de piété que l'est celle des jésuites, a pu avancer et soutenir de si étranges calomnies. Est-ce, dira-t-on, que l'esprit de religion s'est tout-à-coup éteint en eux? Non, sans doute; et c'est même par principe de religion que la plupart les ont avancées. Voici comment : la plus grande partie d'entre eux est convaincue que leur société ne peut être attaquée que par des hérétiques : ils n'ont lu que les écrits de leurs Pères ; ceux de leurs adversaires sont chez eux des livres défendus. Ainsi, pour savoir si un fait est vrai, le jésuite s'en rapporte au jésuite; de là vient que leurs écrivains ne font presque autre chose dans ces occasions que de se copier les uns les autres, et qu'on leur voit avancer comme certains et incontestables des faits dont il y a trente ans qu'on a démontré la fausseté. Combien y en a-t-il qui sont entrés tout jeunes dans la Compagnie, et qui sont passés d'abord du collége au noviciat! Ils ont ouï dire à leurs régents que le Port-Royal est un lieu abominable : ils le disent ensuite à leurs écoliers. D'ailleurs c'est le vice de la plupart des gens de communauté de croire qu'ils ne peuvent faire de mal en défendant l'honneur de leur corps : cet honneur est une espèce d'idole, à qui ils se croient permis de sacrifier tout, justice, raison, vérité. On peut dire constamment des jésuites que ce défaut est plus commun parmi eux que dans aucun corps : jusque-là que quelques uns de leurs casuistes ont avancé cette maxime horrible, qu'un religieux peut en conscience calomnier, et tuer même les personnes qu'il croit faire tort à sa compagnie.

Ajoutez qu'à toutes ces querelles de religion il se joignoit encore entre les jésuites et les écrivains de Port-Royal une pique de gens de lettres. Les jésuites s'étoient vus long-temps en possession du premier rang dans les lettres, et on ne lisoit presque d'autres livres de dévotion que les leurs. Il leur étoit donc très sensible de se voir déposséder de ce premier rang et de cette vogue par de nouveaux venus, devant lesquels il sembloit, pour ainsi dire, que tout leur génie et tout leur savoir se fussent évanouis. En effet, il est assez surprenant que depuis le commencement de ces disputes il ne soit sorti de chez eux aucun ouvrage digne de la réputation que leur Compagnie s'étoit acquise, comme si Dieu, pour me servir des termes de l'Écriture, leur avoit tout-à-coup ôté leurs prophètes ; leur père Petau même, si célèbre par son savoir, ayant échoué contre le livre de *la Fréquente communion*, et son livre étant demeuré chez leur libraire avec tous leurs autres ouvrages, pendant que les ouvrages de Port-Royal étoient tout ensemble l'admiration des savants et la consolation de toutes les personnes de piété.

Les jésuites, au lieu d'attribuer cet heureux succès des livres de leurs adversaires à la bonté de la cause qu'ils soutenoient, et à la pureté de la doctrine qui y étoit enseignée, s'en prenoient à une certaine politesse de langage qu'ils leur ont reprochée long-temps comme une affectation contraire à l'austérité des vérités chrétiennes. Ils ont fait depuis une étude particulière de cette même politesse; mais leurs livres, manquant d'onction et de solidité, n'en ont pas été mieux reçus du public pour être écrits avec une justesse grammaticale qui va jusqu'à l'affectation.

Ils eurent même peur, pendant quelque temps, que le Port-Royal ne leur enlevât l'éducation de la jeunesse, c'est-à-dire ne tarît leur crédit dans sa source : car quelques personnes de qualité craignant pour leurs enfants la corruption qui n'est que trop ordinaire dans la plupart des colléges, et appréhendant aussi que, s'ils faisoient étudier ces enfants seuls, ils ne manquassent de cette émulation qui est souvent le principal aiguillon pour faire avancer les jeunes gens dans l'étude, avoient résolu de les mettre plusieurs ensemble sous la conduite de gens choisis. Ils avoient pris là-dessus conseil de M. Arnauld et de quelques ecclésiastiques de ses amis; et on leur avoit donné des maîtres tels qu'ils les pouvoient souhaiter. Ces maîtres n'étoient pas des hommes ordinaires: il suffit de dire que l'un d'entre eux étoit le célèbre M. Nicole; un autre étoit ce même M. Lancelot, à qui l'on doit les *Nouvelles méthodes* grecque et latine, si connues sous le nom de *Méthodes de Port-Royal*. M. Arnauld ne dédaignoit pas de travailler lui-même à l'instruction de cette jeunesse par des ouvrages très utiles: et c'est ce qui a donné naissance aux excellents livres de la Logique, de la Géométrie, et de la Grammaire générale. On peut juger de l'utilité de ces écoles par les hommes de mérite qui s'y sont formés. De ce nombre ont été MM. Bignon, l'un conseiller d'état, et l'autre premier président du grand-conseil; M. de Harlay et M. de Bagnols, aussi conseillers d'état; et le célèbre M. Le Nain de Tillemont, qui a tant édifié l'Église, et par la sainteté de sa vie, et par son grand travail sur l'histoire ecclésiastique.

Cette instruction de la jeunesse fut, comme j'ai dit, une des principales raisons qui animèrent les jésuites à la destruction de Port-Royal; et ils crurent devoir tenter toutes sortes de moyens pour y parvenir. Leurs entreprises contre le livre de *la Fréquente communion* ne leur ayant pas réussi, ils dressèrent contre leurs adversaires une autre batterie, et crurent que les disputes qu'ils avoient avec eux sur la grace leur fourniroient un prétexte plus favorable pour les accabler. Ces disputes avoient commencé vers le temps même que *la Fréquente communion* parut : et ce fut au sujet de l'*Augustinus* de Jansénius, évêque d'Ypres. Dans ce livre, imprimé depuis sa mort, cet évêque, en voulant établir la doctrine de saint Augustin sur la grace, y combattoit fortement l'opinion de Molina, jésuite, homme fort audacieux, et qui avoit parlé de ce grand docteur de l'Église avec un fort grand mépris. Les jésuites, intéressés à soutenir leur confrère sur une doctrine que toute leur école s'étoit avisée d'embrasser, s'étoient fort déchaînés contre l'ouvrage et contre la personne même de Jansénius, qu'ils traitoient de calviniste et d'hérétique, comme ils traitent ordinairement tous leurs adversaires. Ils étoient d'autant plus mal fondés à le traiter d'hérétique, que lui-même, par son testament, et dans plusieurs endroits de son livre, déclare qu'il soumet entièrement sa doctrine au jugement du saint-siége. Ainsi, quand même il auroit avancé quelque hérésie, on ne seroit pas en droit pour cela de dire qu'il fût hérétique. M. Arnauld donc, persuadé que le livre de ce prélat ne contenoit que la doctrine de saint Augustin, pour laquelle il s'étoit hautement déclaré lui-même plusieurs années avant l'impression de ce livre, avoit pris la plume pour le défendre, et avoit composé ensuite plusieurs ouvrages sur la grace, qui avoient eu un prodigieux succès. Cela avoit fort alarmé non seulement les jésuites, mais même quelques professeurs de théologie et quelques autres vieux docteurs de la Faculté, qui étoient d'opinion contraire à saint Augustin, et qui craignoient que la doctrine de la grace efficace par elle-même ne gagnât le dessus dans les écoles. Ils se réunirent donc tous ensemble pour la décrier, et pour en empêcher le progrès. M. Cornet[1], l'un d'entre eux, qui avoit été jésuite, et qui étoit alors (en 1649) syndic de la Faculté, s'avisa pour cela d'un moyen tout particulier. Il apporta à la Faculté cinq propositions sur la grace pour y être examinées. Ces propositions étoient embarrassées de mots si captieux et si équivoques, que, bien qu'elles fussent en effet très hérétiques, elles sembloient néanmoins ne dire sur la grace que presque les mêmes choses que disoient les défenseurs de saint Augustin.

M. Cornet n'osa pas avancer qu'elles fussent extraites de Jansénius : et il déclara même, dans l'assemblée de la Faculté, qu'il n'étoit pas question de Jansénius en cette occasion. Mais les docteurs atta-

---

[1] Nicolas Cornet, mort en 1663; Bossuet, n'étant encore que bachelier de la maison de Navarre, prononça l'oraison funèbre de ce syndic de la faculté de théologie. Cette oraison funèbre, imprimée pour la première fois à Amsterdam, en 1698, n'annonçoit pas les chefs-d'œuvre qui l'ont suivie. (G.)

chés à la doctrine de saint Augustin, ayant reconnu l'artifice, se récrièrent que ce n'étoit point la coutume de la Faculté d'examiner des propositions vagues et sans nom d'auteur; que celles-ci étoient des propositions captieuses, et fabriquées exprès pour en faire retomber la condamnation sur la grace efficace. Et, voyant qu'on ne laissoit pas de nommer des commissaires, soixante-dix d'entre eux appelèrent comme d'abus de tout ce qu'avoit fait le syndic. Le Parlement reçut leur appel, et imposa silence aux deux partis.

(1650) Mais les jésuites et leurs partisans ne s'en tinrent pas là : ils écrivirent une lettre au pape Innocent X, pour le prier de prononcer sur ces mêmes propositions. Ils ne disoient pas qu'elles eussent été tirées de Jansénius, mais seulement qu'elles étoient soutenues en France par plusieurs docteurs, et insinuoient que le livre de cet évêque y avoit excité de fort grands troubles parmi les théologiens. Cette lettre fut composée par M. Habert, évêque de Vabres, qui s'étoit des premiers signalé contre Jansénius, et contre lequel M. Arnauld avoit écrit avec beaucoup de force. Quoique l'assemblée générale du clergé se tînt alors à Paris, ils n'osèrent pas y parler de cette affaire, de peur que, la lettre venant à être examinée publiquement et avec un peu d'attention, elle ne révoltât tout ce qu'il y avoit de prélats jaloux de l'honneur de leur caractère, lesquels trouveroient étrange que cette dispute étant née dans le royaume, elle ne fût pas jugée au moins en première instance par les évêques du royaume même. La chose fut donc conduite avec plus de secret ; et cette lettre fut portée séparément par un jésuite, nommé le père Dinet, à un fort grand nombre de prélats, tant à Paris que dans les provinces. La plupart d'entre eux ont même depuis avoué qu'ils l'avoient signée sans savoir de quoi il s'agissoit, et par pure déférence pour la signature de leurs confrères.

Les défenseurs de saint Augustin ayant appris cette démarche, se trouvèrent fort embarrassés : les uns vouloient qu'on ne prît point d'intérêt dans l'affaire, et que, sans se donner aucun mouvement, on laissât condamner à Rome des propositions en effet très condamnables, et qui, comme elles n'étoient d'aucun auteur, n'étoient aussi soutenues de personne. Les autres, au contraire, appréhendèrent assez mal à propos, comme la suite l'a justifié, que la véritable doctrine de la grace ne se trouvât enveloppée dans cette condamnation, et furent d'avis d'envoyer au pape pour lui représenter les artifices et les mauvaises intentions de leurs adversaires. Cet avis l'ayant emporté, M. de Gondrin, archevêque de Sens, messieurs de Châlons, d'Orléans, de Comminges, de Beauvais, d'Angers, et huit ou dix autres prélats, zélés défenseurs de la doctrine de la grace efficace, députèrent à Rome trois ou quatre des plus habiles théologiens attachés à cette doctrine. Ils les chargèrent d'une lettre pour le pape, où, après s'être plaints à Sa Sainteté qu'on eût voulu l'engager à décider sur des propositions faites à plaisir, et qui, étant énoncées en des termes ambigus, ne pouvoient produire d'elles-mêmes que des disputes pleines de chaleur dans la diversité des interprétations qu'on leur peut donner, ils la supplioient de vouloir examiner à fond cette affaire, de bien distinguer les différents sens des propositions, et d'observer, dans le jugement qu'elle en feroit, la forme légitime des jugements ecclésiastiques, qui consistoit principalement à entendre les défenses et les raisons des parties. Ils ne dissimuloient pas même que, dans les régles, cette affaire avoit dû être discutée par les évêques de France avant que d'être portée à Sa Sainteté. On s'imaginera aisément que cette lettre ne fut pas fort au goût de la cour de Rome, aussi éloignée de vouloir entrer dans les discussions qu'on lui demandoit, que prévenue qu'il n'appartient point aux évêques de faire des décisions sur la doctrine. En effet, leurs députés, pendant près de deux ans qu'ils demeurèrent à Rome, demandèrent inutilement d'être entendus en présence de leurs parties; ils demandèrent, avec aussi peu de succès, que les différents sens que pouvoient avoir les propositions, fussent distingués dans la censure qu'on en feroit.

Le pape donna sa constitution le 31 mai 1653, où il condamnoit les cinq propositions sans aucune distinction de sens hérétique ni catholique, et se contenta d'assurer publiquement ces députés, lorsqu'ils prirent congé de lui, que cette condamnation ne re-

gardoit ni la grace efficace par elle-même, ni la doctrine de saint Augustin, « qui étoit, dit-il, et qui se-
« roit toujours la doctrine de l'Église. »

Si M. Arnauld et ses amis avoient eu un mauvais dessein en demandant l'éclaircissement de ces propositions, et s'ils avoient eu cet orgueil, qui est proprement le caractère des hérétiques, ils auroient pu appeler sur-le-champ de cette décision au concile, puisque cette décision ne s'étoit faite que dans une congrégation particulière, et que le pape, selon la doctrine de France, n'est infaillible qu'à la tête d'un concile. Mais, comme ils n'avoient eu en vue que la vérité, et que jamais personne n'a eu plus d'horreur du schisme que M. Arnauld, lui et ses amis reçurent avec un profond respect la constitution, et reconnurent sincèrement, comme ils avoient toujours fait, que ces propositions étoient hérétiques. A la vérité, ils répétèrent ce qu'ils avoient dit plusieurs fois avant la constitution, qu'il ne leur paroissoit pas que ces propositions fussent dans le livre de Jansénius, où ils s'offroient même d'en faire voir de toutes contraires.

Une conduite si sage et si humble auroit dû faire un fort grand plaisir aux jésuites, si les jésuites avoient été des enfants de paix, et qu'ils n'eussent cherché que la vérité. En effet, les cinq propositions étant si généralement condamnées, il n'y avoit plus de nouvelle hérésie à craindre. C'est ce qu'on peut voir clairement dans la lettre circulaire qui fut écrite alors par l'assemblée des évêques, où la constitution

fut reçue. « Nous voyons, disent-ils, par la grace de
« Dieu, qu'en cette rencontre tous disent la même
« chose, et glorifient le Père céleste d'une même
« bouche aussi-bien que d'un même cœur. » Du reste,
il importoit peu pour l'Église que ces propositions
fussent ou ne fussent pas dans le livre d'un évêque
qui, comme j'ai dit, avoit vécu très attaché à l'Église,
et qui étoit mort dans une grande réputation de sainteté. Mais il parut bien, par le soin que les jésuites
prirent de perpétuer la querelle, et de troubler toute
l'Église pour une question aussi frivole que celle-là,
que c'étoit en effet aux personnes qu'ils en vouloient, et que leur vengeance ne seroit jamais satisfaite qu'ils n'eussent perdu M. Arnauld, et détruit
une sainte maison contre laquelle ils avoient prononcé cet arrêt : *Exinanite, exinanite usque ad fun-
damentum in eâ* [1].

Ils publièrent donc que la soumission de leurs
adversaires étoit une soumission forcée, et qu'ils
étoient toujours hérétiques dans le cœur. Ils ne se
contentoient pas de les traiter comme tels dans leurs
écrits et dans leurs sermons : il n'y eut sorte d'inven-
tions dont ils ne s'avisassent pour le persuader au
peuple, et pour l'accoutumer à les regarder comme
des gens frappés d'anathème : ils firent graver une
planche d'almanach, où l'on voyoit Jansénius en habit d'évêque avec des ailes de démon au dos, et le
pape qui le foudroyoit lui et tous ses sectateurs ; ils

---

[1] « Détruisez, détruisez jusqu'à ses fondements. » (Ps. cxxxvi.
v. 10.)

firent jouer dans leur collége de Paris une farce où ce même Jansénius étoit emporté par les diables; et, dans une procession publique qu'ils firent faire aux écoliers de leur collége de Mâcon, ils le représentèrent encore chargé de fers, et traîné en triomphe par un de ces écoliers, qui représentoit la grace suffisante. Peu s'en fallut que saint Augustin ne fût traité lui-même comme cet évêque; du moins le père Adam, et plusieurs autres de leurs auteurs, à l'exemple de Molina, le dégradoient de sa qualité de docteur de la grace, l'accusant d'être tombé en plusieurs excès dans ses écrits contre les pélagiens, et soutenant qu'il eût mieux valu qu'il n'eût jamais écrit sur ces matières.

Il arriva même, au sujet de ce saint, un assez grand scandale dans un acte de théologie qui se soutenoit chez eux (à Caen), et où plusieurs évêques assistoient: car un bachelier, dans la dispute, ayant opposé à leur répondant l'autorité de ce Père sur la doctrine de la grace, le répondant eut l'insolence de dire, *transeat Augustinus*, comme si, depuis la constitution, l'autorité de saint Augustin devoit être comptée pour rien. Ils faisoient, par une horrible impiété, des vœux publics à la Vierge, pour lui demander que si les jansénistes continuoient à nier la grace efficace accordée à tous les hommes, elle obtînt par ses prières qu'ils fussent exclus eux seuls de la rédemption que Jésus-Christ avoit méritée par sa mort à tous les hommes.

Ils commettoient impunément tous ces excès, et

en tiroient un grand avantage, qui étoit de rendre odieux tous ceux qu'ils appeloient jansénistes à toutes les personnes qui n'étoient pas instruites à fond sur ces matières : les mots même de *grace efficace* et de *prédestination* faisoient peur à toutes ces personnes. Ils regardoient comme suspects de l'hérésie des cinq propositions tous les livres et tous les sermons où ces mots étoient employés ; jusque-là qu'on raconte d'un prélat, ami des jésuites, homme fort peu éclairé, qu'étant entré dans le réfectoire d'une abbaye de son diocèse, et y ayant entendu lire ces paroles, qui renfermoient en elles tout le sens de la grace efficace, *c'est Dieu qui opère en nous le vouloir et le faire*, il imposa silence au lecteur, et se fit apporter le livre pour l'examiner; mais il fut assez surpris lorsqu'il trouva que c'étoient les Épîtres de saint Paul.

Les prétendus jansénistes avoient beau affirmer dans leurs écrits que Dieu ne commande point aux hommes des choses impossibles, que non seulement on peut résister, mais qu'on résiste souvent à la grace, que Jésus-Christ est mort pour les réprouvés aussi-bien que pour les justes : les jésuites soutenoient toujours que c'étoient des gens qui parloient contre leur pensée, et ils épuisoient leur subtilité pour trouver dans ces mêmes écrits quelque trace des cinq propositions. C'est ainsi qu'ils firent un fort grand bruit contre les *Heures* qu'on appelle de Port-Royal, parceque, dans la version de deux endroits des hymnes, la rime ou la mesure du vers n'avoit pas permis au traducteur de traduire à la lettre le *Christe redemptor omnium*, quoiqu'en plusieurs endroits des *Heures* on eût énoncé en propres termes que Jésus-Christ étoit venu pour sauver tout le monde. Ils n'eurent point de repos qu'ils ne les eussent fait mettre par l'inquisition à l'index, mais si inutilement pour le dessein qu'ils avoient de les décrier, que ces *Heures* depuis ce temps-là n'en ont pas été moins courues de tout le monde, et que c'est encore le livre que presque toutes les personnes de piété portent à l'église, n'y en ayant point dont il se soit fait tant d'éditions. On sait même qu'elles ne furent point mises à l'index pour cette omission que je viens de dire, autrement il y eût fallu mettre le bréviaire de la révision du pape Urbain VIII, qui, à cause de la quantité et de la mesure du vers, a aussi retranché des hymnes ce même *Christe redemptor omnium*. Mais la cour de Rome, je ne sais pas trop pourquoi, avoit défendu la traduction de l'Office de la Vierge en langue vulgaire : de sorte que les *Heures* de Port-Royal y furent alors censurées, à cause que l'Office de la Vierge y étoit traduit en françois, dans le même temps que les jésuites assuroient qu'à Port-Royal on ne prioit point la Vierge.

Mais, pour reprendre le fil de mon discours, les jésuites ne se bornoient pas à décrier leurs adversaires sur la seule doctrine de la grace : il n'y avoit d'hérésie ni sorte d'impiété dont ils ne s'efforçassent de les faire croire coupables ; c'étoient tous les jours de nouvelles accusations ; on disoit qu'ils n'admettoient chez eux ni indulgences ni messes particulières; qu'ils imposoient aux femmes des pénitences publiques pour les péchés les plus secrets, même pour de très légères fautes; qu'ils inspiroient le mépris de la sainte communion; qu'ils ne croyoient l'absolution du prêtre que déclaratoire; qu'ils rejetoient le concile de Trente; qu'ils étoient ennemis du pape; qu'ils vouloient faire une nouvelle Église; qu'ils nioient jusqu'à la divinité de Jésus-Christ, et une infinité d'autres extravagances, toutes plus horribles les unes que les autres, qui sont répandues dans les écrits des jésuites, et qu'on trouve ramassées tout nouvellement par un de ces Pères en un misérable libelle en forme de catéchisme [1], qui se débitoit, il y a près d'un an, dans un couvent de Paris, dont ils sont les directeurs. Aux accusations d'hérésie, ils ajoutoient encore celles de crimes d'état, voulant faire passer trois ou quatre prêtres, et une douzaine de solitaires qui ne songeoient qu'à prier Dieu et à se faire oublier de tout le monde, comme un parti de factieux qui se formoit dans le royaume. Ils imputoient à cabale les actions les plus saintes et les plus vertueuses. J'en rapporterai ici un exemple par où on pourra juger de tout le reste.

Feu M. de Bagnols, et quelques autres amis de Port-Royal, ayant contribué jusqu'à une somme de près de quatre cent mille francs pour secourir les pauvres de Champagne et de Picardie pendant la fa-

[1] Racine désigne ici l'*Histoire de Jansénius et de Saint-Cyran, par demandes et par réponses*, publiée en 1692. (G.)

mine de l'année 1652, la chose ne se put faire si secrètement qu'il n'en vînt quelque vent aux oreilles des jésuites. Aussitôt l'un d'eux, nommé le père d'Anjou, qui préchoit dans la paroisse de Saint-Benoît, avança, en pleine chaire, qu'il savoit de science certaine que les jansénistes, sous prétexte d'assister les pauvres, amassoient de grandes sommes qu'ils employoient à faire des cabales contre l'état. Le curé de Saint-Benoît ne put souffrir une calomnie si atroce, et monta le lendemain en chaire pour en faire voir l'impudence et la fausseté. Mais l'affaire n'en demeura pas là : mademoiselle Viole, fille dévote et de qualité, entre les mains de laquelle on avoit remis cette somme, alla trouver le père Vincent, supérieur de la mission, et l'obligea de justifier, par son registre, comme quoi tout cet argent avoit été porté chez lui, et comme quoi on l'avoit ensuite distribué aux pauvres des deux provinces que je viens de dire. Mais une calomnie étoit à peine détruite, que les jésuites en inventoient une autre; ils ne parloient d'autre chose que de la puissante faction des jansénistes; ils mettoient M. Arnauld à la tête de ce parti, et peu s'en falloit qu'on ne lui donnât déja des soldats et des officiers. Je parlerai ailleurs de ces accusations de cabale, et j'en ferai voir plus à fond tout le ridicule.

Tous ces bruits pourtant, quoique si absurdes, ne laissoient pas que d'être écoutés par les gens du monde, et principalement à la cour, où l'on présume aisément le mal, sur-tout des personnes qui font profession d'une vie réglée et d'une morale un peu austère. Les jésuites y gouvernoient alors la plupart des consciences : ils n'eurent donc pas de peine à prévenir l'esprit de la reine-mère, princesse d'une extrême piété, mais qui avoit été fort tourmentée durant sa régence par des factions qui s'élevèrent, et qu'elle craignoit toujours de voir renaître. Ils prirent surtout soin de lui décrier les religieuses de Port-Royal ; et, quoiqu'elles fussent encore moins instruites des disputes sur la grace que des autres démélés, ils ne laissoient pas de lui représenter ces saintes filles comme ayant part à toutes les factions, et comme entrant dans toutes les disputes.

M. Arnauld n'ignoroit pas tout ce déchaînement des jésuites, mais il ne se donnoit pas de grands mouvements pour le réprimer, persuadé que toutes ces calomnies si extravagantes se détruiroient d'elles-mêmes, et qu'il n'y avoit qu'à laisser parler la vérité. Il ne songeoit donc plus qu'à vivre en repos, et avoit résolu de consacrer désormais ses veilles à des ouvrages qui n'eussent pour but que l'édification de l'Église, sans aucun mélange de ces contestations.

Les jésuites cependant travailloient puissamment à établir la créance du fait, et profitoient de toutes les conjonctures qui pouvoient les favoriser dans ce dessein. Le cardinal Mazarin n'avoit pas été d'abord fort porté pour eux, et il étoit même prévenu de beaucoup d'estime pour le grand mérite de leurs adversaires. D'ailleurs il voyoit avec assez d'indifférence toutes ces contestations, et n'étoit pas trop fâché que les esprits en France s'échauffassent pour de semblables disputes, qui les empêchoient de se mêler d'affaires qui lui auroient paru plus graves et plus sérieuses ; il n'étoit pas non plus fort porté à faire plaisir au pape Innocent X, qui n'avoit jamais témoigné beaucoup de bonne volonté pour lui, et à qui, de son côté, il avoit donné long-temps tous les dégoûts qu'il avoit pu. Mais depuis l'emprisonnement du cardinal de Retz, qu'il regardoit comme son ennemi capital, il avoit gardé plus de mesures avec ce même pape, de peur qu'il ne voulût prendre connoissance de cette affaire, et qu'il n'en vînt à quelque déclaration qui auroit pu faire de l'embarras.

Là-dessus le père Annat, nouvellement arrivé de Rome pour être confesseur du roi, fit entendre à ce premier ministre que la chose du monde qui pouvoit plus gagner le pape, c'étoit de faire en sorte que sa constitution fût reçue par toute la France, sans aucune explication ni distinction. Le cardinal se résolut donc de faire au saint père un plaisir qui lui coûteroit si peu. Il assembla au Louvre, en sa présence, trente-huit archevêques ou évêques qui se trouvoient alors à Paris. Quelques jours auparavant, le nonce du pape avoit fait au roi de fort grandes plaintes d'une lettre pastorale que l'archevêque de Sens avoit publiée au sujet de la constitution, et dont la cour de Rome avoit été extrêmement piquée. Le cardinal ne fit aucune mention de cette lettre dans l'assemblée ; mais, se plaignant aux prélats de ce qu'on éludoit la constitution par *des subtilités*, disoit-il, *nouvel-*

lement inventées, il les exhorta à chercher les moyens de finir ces divisions, et de donner une pleine satisfaction à Sa Sainteté. Quelques évêques lui voulurent représenter que tout le monde étant d'accord sur la doctrine, le reste ne valoit pas la peine d'être relevé, ni d'exciter de nouvelles contestations; mais le gros de l'assemblée fut de l'avis du premier ministre, et jugea l'affaire très importante. On nomma huit commissaires, du nombre desquels étoient MM. d'Embrun et de Toulouse, pour examiner avec soin le livre de Jansénius, et pour en faire leur rapport dans huitaine.

Au bout de ce terme si court, le cardinal donna à toute l'assemblée un festin fort magnifique, et au sortir de table on parla des affaires de l'Église. L'archevêque d'Embrun portant la parole pour tous les commissaires, fit entendre à messeigneurs, par un discours des plus éloquents, à ce que dit la relation du clergé, non pas qu'ils eussent trouvé dans Jansénius les cinq propositions en propres termes, mais qu'à juger d'un auteur par tout le contexte de sa doctrine, on ne pouvoit pas douter qu'elles n'y fussent, et qu'ils y en avoient trouvé même de plus dangereuses; qu'au reste, il y avoit deux preuves incontestables que les cinq propositions y étoient, et qu'il falloit s'en tenir à ces deux preuves : l'une étoit les termes mêmes de la bulle, qu'on ne pouvoit nier, à moins que d'être très méchant grammairien, qui ne rapportassent ces propositions à Jansénius. L'autre étoit les lettres des évêques de France écrites à Sa

Sainteté avant et après la constitution, par lesquelles il paroissoit visiblement qu'ils avoient tous supposé que les cinq propositions étoient en effet de Jansénius. Sur un tel fondement il fut arrêté, à la pluralité des voix, que l'assemblée déclaroit, par un jugement définitif, que le pape avoit condamné ces propositions comme étant de Jansénius et au sens de Jansénius, et qu'elle écriroit à Sa Sainteté et à tous les évêques de France, pour les informer de ce jugement. Quatre prélats de l'assemblée, savoir, l'archevêque de Sens, et les évêques de Comminges, de Beauvais, et de Valence, refusèrent de signer ces lettres, et ne souffrirent qu'on y mît leurs noms qu'après avoir protesté qu'ils n'y consentoient que pour conserver l'union avec leurs confrères.

La lettre au pape lui fut rendue par l'évêque de Lodève, depuis évêque de Montpellier, qui étoit alors à Rome. La même relation porte que le pape la baisa avec de grands transports de joie, confessant qu'il n'avoit point reçu un plus sensible plaisir de tout son pontificat. Il y fit aussitôt réponse, par un bref daté du 27 septembre 1654, et adressé à l'assemblée générale du clergé qui se devoit tenir au premier jour. Ce bref étoit succinct, et il n'y étoit pas dit un mot de ce jugement rendu par les évêques ; le pape y témoignoit seulement sa joie de la soumission des prélats de France à sa constitution, dans laquelle il avoit, disoit-il, condamné la doctrine de Jansénius. Ce bref étant arrivé en France avec la nouvelle de la mort du pape, le cardinal Mazarin, sans attendre l'assemblée générale, convoqua encore une assemblée particulière de quinze prélats, en présence desquels le bref fut ouvert (le 10 mai 1655), et il fut résolu d'envoyer la constitution et le bref à tous les évêques, qui furent exhortés à les faire souscrire par tous les ecclésiastiques et par toutes les communautés, tant régulières que séculières, de leurs diocèses. C'est la première fois qu'il a été parlé de signature dans cette affaire. Il est assez étrange que quinze évêques aient voulu imposer à toute l'Église de France une loi que le pape n'imposoit pas lui-même, et dont ni aucun pape ni aucun concile ne s'étoient jamais avisés.

La cour de Rome, devenue plus hardie par la conduite des prélats de France, fit mettre à l'*index* non seulement la lettre pastorale de l'archevêque de Sens, mais encore celles de l'évêque de Beauvais et de l'évêque de Comminges, quoiqu'elle n'eût d'autre crime à reprocher à ces deux derniers que d'avoir dit que le pape, par sa constitution, n'avoit pas prétendu donner atteinte ni à la doctrine de saint Augustin, ni au droit qu'ont les évêques de juger au moins en première instance des causes majeures, et de prononcer sur des questions de foi et de doctrine, lorsque ces questions sont nées ou agitées dans leurs diocèses.

M. Arnauld garda un profond silence sur tout ce qui s'étoit passé dans ces assemblées, et se contentoit de gémir en secret des plaies que cette malheureuse querelle faisoit à l'épiscopat et à l'Église. Ce fut vers ce temps-là que lui et ses neveux commencèrent la traduction du Nouveau Testament de Mons, qui n'a été achevée que long-temps depuis. Ils travailloient aussi à de nouvelles Vies des Saints, et préparoient des matériaux pour le grand ouvrage de la *Perpétuité.* Les religieuses de Port-Royal donnèrent occasion à la naissance de cet ouvrage, en priant M. Arnauld de faire un recueil des plus considérables passages des Pères sur l'Eucharistie, et de partager ces passages en plusieurs leçons pour les matines de tous les jeudis de l'année. Ce recueil est ce qu'on appelle l'Office du Saint-Sacrement. M. le duc de Luynes, qui depuis sa retraite avoit fort étudié les Pères de l'Église, et qui avoit un très beau génie pour la traduction, s'employa aussi à ce travail : c'est à quoi il s'appliquoit dans sa solitude, et non pas à ces occupations basses et serviles que les courtisans lui attribuoient faussement, pour tourner en ridicule une vie très noble et très chrétienne qu'ils ne se sentoient pas capables d'imiter.

Ce fut aussi en ce même temps que l'illustre M. Pascal connut Port-Royal et M. Arnauld. Cette connoissance se fit par le moyen de mademoiselle Pascal, sa sœur, religieuse dans ce monastère. Cette vertueuse fille avoit fait beaucoup d'éclat dans le monde par la beauté de son esprit et par un talent singulier qu'elle avoit pour la poésie ; mais elle avoit renoncé de bonne heure aux vains amusements du siècle, et étoit une des plus humbles religieuses de la maison. Lorsqu'elle y entra, elle avoit voulu donner tout son bien au couvent; mais la mère Angélique et les autres mères ne voulurent pas le recevoir, et obtinrent d'elle qu'elle n'apporteroit qu'une dot assez médiocre. Un procédé si peu ordinaire à des religieuses excita la curiosité de M. Pascal, et il voulut connaître plus particulièrement une maison où l'on étoit si fort au-dessus de l'intérêt. Il étoit déja dans de grands sentiments de piété, et il y avoit même deux ou trois ans que, malgré l'inclination et le génie prodigieux qu'il avoit pour les mathématiques, il s'étoit dégoûté de ses spéculations pour ne plus s'appliquer qu'à l'étude de l'Écriture et des grandes vérités de la religion. La connoissance de Port-Royal, et les grands exemples de piété qu'il y trouva, le frappèrent extrêmement : il résolut de ne plus penser uniquement qu'à son salut. Il rompit dès-lors tout commerce avec les gens du monde ; il renonça même à un mariage très avantageux qu'il étoit sur le point de conclure, et embrassa une vie très austère et très mortifiée, qu'il a continuée jusqu'à la mort. Il étoit fort touché du grand mérite de M. Arnauld, et avoit conçu pour lui une estime qu'il trouva bientôt occasion de signaler.

Le silence que ce docteur s'étoit imposé sur les disputes de la grace ne fut pas de longue durée, et il fut obligé indispensablement de le rompre, par une occasion assez extraordinaire. Un prêtre de la communauté de Saint-Sulpice s'avisa de refuser l'absolution à M. le duc de Liancourt, et lui déclara qu'il lui refuseroit aussi la communion s'il se présentoit à l'autel. Le sujet qu'il allégua d'un refus si injurieux, c'est que ce seigneur retiroit chez lui un ecclésiastique ami de Port-Royal, et que mademoiselle de La Roche-Guyon, sa petite-fille, étoit pensionnaire dans ce monastère. On n'auroit peut-être pas fait beaucoup d'attention à l'entreprise téméraire de ce confesseur; mais ce qui rend l'affaire plus considérable, c'est qu'il fut avoué par le curé et par les autres supérieurs de ce séminaire, gens très dévots, mais fort prévenus contre Port-Royal. M. Arnauld écrivit là-dessus une lettre sans nom d'auteur; elle fit beaucoup de bruit. Il se crut obligé d'en écrire une seconde beaucoup plus ample, où il mit son nom, et où il justifioit à fond la pureté de sa foi et l'innocence des religieuses de Port-Royal.

Il y avoit déja du temps que ses ennemis attendoient avec impatience quelque ouvrage avoué de lui, où ils pussent, soit à droit, soit à tort, trouver une matière de censure. Cette lettre vint très à propos pour eux, et ils prétendirent qu'il y avoit deux propositions erronées. Dans l'une, qui regardoit le fait de Jansénius, M. Arnauld disoit qu'ayant lu exactement le livre de cet évêque, il n'y avoit point trouvé les cinq propositions, étant prêt du reste de les condamner par-tout où elles seroient, et dans le livre même de Jansénius si elles s'y trouvoient. L'autre, qui regardoit le dogme, étoit une proposition composée des propres termes de saint Chrysostôme et de saint Augustin, et portoit que les Pères nous montrent en la personne de saint Pierre un juste à qui la grace, sans laquelle on ne peut rien, avoit manqué. Ces propositions furent déférées à la Faculté par des docteurs du parti des jésuites; et ceux-ci firent si bien, par leurs intrigues, et en Sorbonne, et surtout à la cour, qu'ils vinrent à bout de faire censurer la première de ces propositions comme téméraire, et la seconde comme hérétique.

Il n'y eut jamais de jugement moins juridique, et tous les statuts de la Faculté de théologie y furent violés. On donna pour commissaires à M. Arnauld ses ennemis déclarés, et l'on n'eut égard, ni à ses récusations ni à ses défenses; on lui refusa même de venir en personne dire ses raisons. Quoique, par les statuts, les moines ne dussent pas se trouver dans les assemblées au nombre de plus de huit, il s'y en trouva toujours plus de quarante; et, pour empêcher ceux du parti de M. Arnauld de dire tout ce qu'ils avoient préparé pour sa défense, le temps que chaque docteur devoit dire son avis fut limité à une demi-heure. On mit pour cela sur la table une horloge de sable, qui étoit la mesure de ce temps : invention non moins odieuse en de pareilles occasions, que honteuse dans son origine, et qui, au rapport du cardinal Palavicin, ayant été proposée au concile de Trente par quelques gens, fut rejetée avec détestation par tout le concile. Enfin, dans le dessein d'ôter entièrement la liberté des suffrages, le chancelier Séguier, malgré son grand âge et ses incommodités, eut ordre d'assister à toutes ces assemblées. Près de quatre-vingts des plus célèbres docteurs, voyant une procédure si irrégulière, résolurent de s'absenter, et aimèrent mieux sortir de la Faculté que de souscrire à la censure. M. de Launoy même, si fameux par sa grande érudition, quoiqu'il fit profession publique d'être sur la grace d'autre sentiment que saint Augustin, sortit aussi comme les autres, et écrivit contre la censure une lettre où il se plaignoit, avec beaucoup de force, du renversement de tous les priviléges de la Faculté.

Le jour que cette censure fut signée (en février 1656) parut aux jésuites un grand jour pour leur compagnie : non seulement ils s'imaginoient triompher par-là de M. Arnauld et de tous les docteurs attachés à la grace efficace, mais ils croyoient triompher de la Sorbonne même, et s'être vengés de toutes les censures dont elle avoit flétri les Garasse, les Santarel, les Bauni, et plusieurs autres de leurs Pères, puisqu'ils l'avoient obligée de censurer, en censurant M. Arnauld, deux pères de l'Église, dont sa seconde proposition étoit tirée, et de se faire à elle-même une plaie incurable, par la nécessité où ils la mirent de retrancher de son corps ses plus illustres membres. D'ailleurs, ils donnoient aussi par-là une grande idée de leur pouvoir et du crédit qu'ils avoient à la cour; ils confirmoient le roi et la reine-mère dans toutes les préventions qu'ils leur avoient inspirées contre leurs adversaires.

Mais ils songèrent à tirer des fruits plus solides de leur victoire : ils obtinrent un ordre pour casser ces petits établissements que j'ai dit qu'on avoit faits pour l'instruction de la jeunesse, et qu'ils appeloient des écoles de jansénisme. Le lieutenant civil alla à Port-Royal des champs pour en faire sortir les écoliers et les précepteurs, avec tous les solitaires qui s'y étoient retirés. M. Arnauld fut obligé de se cacher; et il y avoit même déja un ordre signé pour ôter aux religieuses des deux maisons leurs novices et leurs pensionnaires. En un mot, le Port-Royal étoit dans la consternation, et les jésuites au comble de leur joie, lorsque le miracle de la sainte épine arriva.

On a donné au public plusieurs relations de ce miracle; entre autres, feu M. l'évêque de Tournay, non moins illustre par sa piété et par sa doctrine que par sa naissance, l'a raconté fort au long dans un livre qu'il a composé contre les athées, et s'en est servi comme d'une preuve éclatante de la vérité de la religion; mais on pourroit s'en servir aussi comme d'une preuve étonnante de l'indifférence de la plupart des hommes de ce siécle sur la religion, puisque une merveille si extraordinaire, et qui fit alors tant d'éclat, est presque entièrement effacée de leur souvenir. C'est ce qui m'oblige à en rapporter ici jusqu'aux plus petites circonstances, d'autant plus qu'elles contribueront à faire mieux connaître tout ensemble et la grandeur du miracle, et l'esprit et la sainteté du monastère où il est arrivé.

Il y avoit à Port-Royal de Paris une jeune pensionnaire de dix à onze ans, nommée mademoiselle Perrier, fille de M. Perrier, conseiller à la cour des aides de Clermont, et nièce de M. Pascal. Elle étoit affligée depuis trois ans et demi d'une fistule lacrymale au coin de l'œil gauche. Cette fistule, qui étoit fort grosse au-dehors, avoit fait un fort grand ravage en-dedans : elle avoit entièrement carié l'os du nez, et percé le palais, en telle sorte que la matière qui en sortoit à tout moment lui couloit le long des joues et par les narines, et lui tomboit même dans la gorge. Son œil s'étoit considérablement apetissé ; et toutes les parties voisines étoient tellement abreuvées et altérées par la fluxion, qu'on ne pouvoit lui toucher ce côté de la tête sans lui faire beaucoup de douleur. On ne pouvoit la regarder sans une espèce d'horreur; et la matière qui sortoit de cet ulcère étoit d'une puanteur si insupportable, que de l'avis même des chirurgiens, on avoit été obligé de la séparer des autres pensionnaires, et de la mettre dans une chambre avec une de ses compagnes beaucoup plus âgée qu'elle, en qui on trouva assez de charité pour vouloir bien lui tenir compagnie. On l'avoit fait voir à tout ce qu'il y avoit d'oculistes, de chirurgiens, et même d'opérateurs plus fameux ; mais les remèdes ne faisant qu'irriter le mal, comme on craignoit que l'ulcère ne s'étendît enfin sur tout le visage, trois des plus habiles chirurgiens de Paris, Cressé, Guillard, et Dalencé, furent d'avis d'y appliquer au plus tôt le feu. Leur avis fut envoyé à M. Perrier, qui se mit aussitôt en chemin pour être présent à l'opération : et on attendoit de jour à autre qu'il arrivât.

Cela se passa dans le temps que l'orage dont j'ai

parlé étoit tout prêt d'éclater contre le monastère de Port-Royal. Les religieuses y étoient dans de continuelles prières; et l'abbesse d'alors, qui étoit cette même Marie des Anges, qui l'avoit été de Maubuisson; l'abbesse, dis-je, étoit dans une espèce de retraite, où elle ne faisoit autre chose jour et nuit que lever les mains au ciel, ne lui restant plus aucune espérance de secours de la part des hommes.

Dans ce même temps il y avoit à Paris un ecclésiastique de condition et de piété, nommé M. de La Potterie, qui, entre plusieurs saintes reliques qu'il avoit recueillies avec grand soin, prétendoit avoir une des épines de la couronne de Notre-Seigneur. Plusieurs couvents avoient eu une sainte curiosité de voir cette relique. Il l'avoit prêtée, entre autres, aux carmélites du faubourg Saint-Jacques, qui l'avoient portée en procession dans leur maison. Les religieuses de Port-Royal, touchées de la même dévotion, avoient aussi demandé à la voir : et elle leur fut portée le vingt-quatrième de mars 1656, qui se trouvoit alors le vendredi de la troisième semaine de carême, jour auquel l'Église chante à l'introït de la messe ces paroles tirées du psaume LXXXV : *Fac mecum signum in bonum*, etc. « Seigneur, faites écla-
« ter un prodige en ma faveur, afin que mes ennemis
« le voient et soient confondus; qu'ils voient, mon
« Dieu, que vous m'avez secouru et que vous m'avez
« consolé ! »

Les religieuses ayant donc reçu cette sainte épine, la posèrent au-dedans de leur chœur sur une espèce de petit autel contre la grille; et la communauté fut averties de se trouver à une procession qu'on devoit faire après vêpres en son honneur. Vêpres finies, on chanta les hymnes et les prières convenables à la sainte couronne d'épines et au mystère douloureux de la Passion; après quoi elles allèrent, chacune en leur rang, baiser la relique: les religieuses professes les premières, ensuite les novices, et les pensionnaires après. Quand ce fut le tour de la petite Perrier, la maîtresse des pensionnaires, qui s'étoit tenue debout auprès de la grille pour voir passer tout ce petit peuple, l'ayant aperçue, ne put la voir, défigurée comme elle étoit, sans une espèce de frissonnement mêlé de compassion, et elle lui dit : « Recommandez-« vous à Dieu, ma fille, et faites toucher votre œil « malade à la sainte épine. » La petite fille fit ce qu'on lui dit, et elle a depuis déclaré qu'elle ne douta point, sur la parole de sa maîtresse, que la sainte épine ne la guérît.

Après cette cérémonie, toutes les autres pensionnaires se retirèrent dans leur chambre; elle n'y fut pas plus tôt qu'elle dit à sa compagne: « Ma sœur, je « n'ai plus de mal, la sainte épine m'a guérie. » En effet, sa compagne l'ayant regardée avec attention, trouva son œil gauche tout aussi sain que l'autre, sans tumeur, sans matière, et même sans cicatrice. On peut juger combien, dans toute autre maison que Port-Royal, une aventure si surprenante feroit de mouvement, et avec quel empressement on iroit en avertir toute la communauté. Cependant, parceque c'étoit l'heure du silence, et que ce silence s'observe encore plus exactement le carême que dans les autres temps; que d'ailleurs toute la maison étoit dans un plus grand recueillement qu'à l'ordinaire, ces deux jeunes filles se tinrent dans leur chambre, et se couchèrent sans dire un seul mot à personne. Le lendemain matin, une des religieuses, employée auprès des pensionnaires, vint pour peigner la petite Perrier; et, comme elle appréhendoit de lui faire du mal, elle évitoit, comme à son ordinaire, d'appuyer sur le côté gauche de la tête; mais la jeune fille lui dit: « Ma sœur, la sainte épine m'a guérie. »—« Com-« ment, ma sœur, vous êtes guérie! »—« Regardez, et « voyez, lui répondit-elle. » En effet, la religieuse regarda, et vit qu'elle étoit entièrement guérie. Elle alla en donner avis à la mère abbesse, qui vint, et qui remercia Dieu de ce merveilleux effet de sa puissance; mais elle jugea à propos de ne le point divulguer audehors, persuadée que, dans la mauvaise disposition où les esprits étoient alors contre leur maison, elles devoient éviter sur toutes choses de faire parler le monde. En effet, le silence est si grand dans ce monastère, que, plus de six jours après ce miracle, il y avoit des sœurs qui n'en avoient point entendu parler.

Mais Dieu, qui ne vouloit pas qu'il demeurât caché, permit qu'au bout de trois ou quatre jours, Dalencé, l'un des trois chirurgiens qui avoient fait la consultation que j'ai dite, vînt dans la maison pour une autre malade. Après sa visite il demanda aussi à voir la petite fille qui avoit la fistule. On la lui amena; mais, ne la reconnoissant point, il répéta encore une fois qu'il demandoit la petite fille qui avoit une fistule. On lui dit tout simplement que c'étoit celle qu'il voyoit devant lui. Dalencé fut étonné, regarda la religieuse qui lui parloit, et s'alla imaginer qu'on avoit fait venir quelque charlatan qui, avec un palliatif, avoit suspendu le mal. Il examina donc sa malade avec une attention extraordinaire, lui pressa plusieurs fois l'œil pour en faire sortir de la matière, lui regarda dans le nez et dans le palais, et enfin, tout hors de lui, demanda ce que cela vouloit dire. On lui avoua ingénument comme la chose s'étoit passée; et lui, courut aussitôt, tout transporté, chez ses deux confrères, Guillard et Cressé. Les ayant ramenés avec lui, il furent tous trois saisis d'un égal étonnement; et, après avoir confessé que Dieu seul avoit pu faire une guérison si subite et si parfaite, ils allèrent remplir tout Paris de la réputation de ce miracle. Bientôt M. de La Potterie, à qui on avoit rendu sa relique, se vit accablé d'une foule de gens qui venoient lui demander à la voir. Mais il en fit présent aux religieuses de Port-Royal, croyant qu'elle ne pouvoit pas être mieux révérée que dans la même église où Dieu avoit fait par elle un si grand miracle. Ce fut donc pendant plusieurs jours un flot continuel de peuple qui abordoit dans cette église, et qui venoit pour y adorer et pour y baiser la sainte épine : et on ne parloit d'autre chose dans Paris.

Le bruit de ce miracle étant venu à Compiègne,

où étoit alors la cour, la reine-mère se trouva fort embarrassée : elle avoit peine à croire que Dieu eût si particulièrement favorisé une maison qu'on lui dépeignoit depuis si long-temps comme infectée d'hérésie, et que ce miracle, dont on faisoit tant de récit, eût même été opéré en la personne d'une des pensionnaires de cette maison, comme si Dieu eût voulu approuver par-là l'éducation que l'on y donnoit à la jeunesse. Elle ne s'en fia ni aux lettres que plusieurs personnes de piété lui en écrivoient, ni au bruit public, ni même aux attestations des chirurgiens de Paris ; elle y envoya M. Félix, premier chirurgien du roi, estimé généralement pour sa grande habileté dans son art, et pour sa probité singulière ; et le chargea de lui rendre un compte fidèle de tout ce qui lui paroîtroit de ce miracle. M. Félix s'acquitta de sa commission avec une fort grande exactitude : il interrogea les religieuses et les chirurgiens, se fit raconter la naissance, le progrès, et la fin de la maladie, examina attentivement la pensionnaire, et enfin déclara que la nature ni les remèdes n'avoient eu aucune part à cette guérison, et qu'elle ne pouvoit être que l'ouvrage de Dieu seul.

Les grands-vicaires de Paris, excités par la voix publique, furent obligés d'en faire aussi une exacte information. Après avoir rassemblé les certificats d'un grand nombre des plus habiles chirurgiens et de plusieurs médecins, du nombre desquels étoit M. Bouvard, premier médecin du roi, et pris l'avis des plus considérables docteurs de Sorbonne, ils donnèrent une sentence qu'ils firent publier, par laquelle ils certifioient la vérité du miracle, exhortoient les peuples à en rendre à Dieu des actions de graces, et ordonnoient qu'à l'avenir tous les vendredis la relique de la sainte épine seroit exposée dans l'église de Port-Royal à la vénération des fidéles. En exécution de cette sentence, M. de Hodenck, grand-vicaire, célébra la messe dans l'église avec beaucoup de solennité, et donna à baiser la sainte relique à toute la foule du peuple qui y étoit accourue.

Pendant que l'Église rendoit à Dieu ces actions de graces, et se réjouissoit du grand avantage que ce miracle lui donnoit sur les athées et sur les hérétiques, les ennemis de Port-Royal, bien loin de participer à cette joie, demeuroient tristes et confondus, selon l'expression du psaume. Il n'y eut point d'efforts qu'ils ne fissent pour détruire dans le public la créance de ce miracle. Tantôt ils accusoient les religieuses de fourberies, prétendant qu'au lieu de la petite Perrier elles montroient une sœur qu'elle avoit, et qui étoit aussi pensionnaire dans cette maison ; tantôt ils assuroient que ce n'avoit été qu'une guérison imparfaite, et que le mal étoit revenu plus violent que jamais ; tantôt que la fluxion étoit tombée sur les parties nobles, et que la petite fille en étoit à l'extrémité. Je ne sais point positivement si M. Félix eut ordre de la cour de s'informer de ce qui en étoit ; mais il paroît, par une seconde attestation signée de sa main, qu'il retourna encore à Port-Royal, et qu'il certifia de nouveau et la vérité du miracle, et la parfaite santé où il avoit trouvé cette demoiselle.

Enfin il parut un écrit, et personne ne douta que ce ne fût du père Annat, avec ce titre ridicule: *Le Rabat-joie des jansénistes, ou observations sur le miracle qu'on dit être arrivé à Port-Royal, composé par un docteur de l'église catholique.* L'auteur faisoit judicieusement d'avertir qu'il étoit catholique, n'y ayant personne qui, à la seule inspection de ce titre, et plus encore à la lecture du livre, ne l'eût pris pour un protestant très envenimé contre l'Église. Il avoit assez de peine à convenir de la vérité du miracle; mais enfin, voulant bien le supposer vrai, il en tiroit la conséquence du monde la plus étrange, savoir, que Dieu voyant les religieuses infectées de l'hérésie des cinq propositions, il avoit opéré ce miracle dans leur maison pour leur prouver que Jésus-Christ étoit mort pour tous les hommes; il faisoit là-dessus un grand nombre de raisonnements, tous plus extravagants les uns que les autres, par où il ôtoit à la véritable religion l'une de ses plus grandes preuves, qui est celle des miracles. Pour conclusion, il exhortoit les fidèles à se bien donner de garde d'aller invoquer Dieu dans l'église de Port-Royal, de peur qu'en y cherchant la santé du corps, ils n'y trouvassent la perte de leurs ames.

Mais il ne parut pas que ces exhortations eussent fait une grande impression sur le public. La foule croissoit de jour en jour à Port-Royal; et Dieu même sembloit prendre plaisir à autoriser la dévotion des peuples, par la quantité de nouveaux miracles qui se firent en cette église. Non seulement tout Paris avoit recours à la sainte épine et aux prières des religieuses, mais de tous les endroits du royaume on leur demandoit des linges qui eussent touché à cette relique; et ces linges, à ce qu'on raconte, opéroient plusieurs guérisons miraculeuses.

Vraisemblablement la piété de la reine-mère fut touchée de la protection visible de Dieu sur ces religieuses. Cette sage princesse commença à juger plus favorablement de leur innocence. On ne parla plus de leur ôter leurs novices ni leurs pensionnaires, et on leur laissa la liberté d'en recevoir tout autant qu'elles voudroient. M. Arnauld même recommença à se montrer, ou, pour mieux dire, s'alla replonger dans son désert avec M. d'Andilly son frère, ses deux neveux, et M. Nicole, qui depuis deux ans ne le quittoit plus, et qui étoit devenu le compagnon inséparable de ses travaux. Les autres solitaires y revinrent aussi peu à peu, et y recommencèrent leurs mêmes exercices de pénitence.

On songeoit si peu alors à inquiéter les religieuses de Port-Royal, que le cardinal de Retz leur ayant accordé un autre supérieur en la place de M. du Saussay, qu'il avoit destitué de tout emploi dans le diocèse de Paris, on ne leur fit aucune peine là-dessus, quoique M. Singlin, qui étoit ce nouveau supérieur, ne fût pas fort au goût de la cour, où les jésuites avoient pris un fort grand soin de le décrier. Il y avoit déja plusieurs années qu'il étoit confesseur de la maison de Paris ; et ses sermons y attiroient quantité de monde, bien moins par la politesse de langage que par les grandes et solides vérités qu'il prêchoit. On les a depuis donnés au public sous le nom d'*Instructions chrétiennes*; et ce n'est pas un des livres les moins édifiants qui soient sortis de Port-Royal. Mais le talent où il excelloit le plus, c'étoit dans la conduite des ames : son bon sens, joint à une piété et une charité extraordinaires, imprimoient un tel respect, que, bien qu'il n'eût pas la même étendue de génie et de science que M. Arnauld, non seulement les religieuses, mais M. Arnauld lui-même, M. Pascal, M. Le Maistre, et tous ces autres esprits si sublimes, avoient pour lui une docilité d'enfant, et se conduisoient en toutes choses par ses avis.

Dieu s'étoit servi de lui pour convertir et attirer à la piété plusieurs personnes de la première qualité; et, comme il les conduisoit par des voies très opposées à celles du siècle, il ne tarda guère à être accusé de maximes outrées sur la pénitence. M. de Gondy, qui s'étoit d'abord laissé surprendre à ses ennemis, lui avoit interdit la chaire ; mais, ayant bientôt reconnu son innocence, il le rétablit trois mois après, et vint lui-même grossir la foule de ses auditeurs. Il vécut toujours dans une pauvreté évangélique, jusque-là qu'après sa mort on ne lui trouva pas de quoi faire les frais pour l'enterrer, et qu'il fallut que les religieuses assistassent de leurs charités quelques uns de ses plus proches parents qui étoient aussi pauvres que lui. Les jésuites néanmoins passèrent jusqu'à cet excès de fureur, de lui reprocher dans plusieurs libelles de s'être enrichi aux dépens de ses pénitents, et de s'être approprié plus de huit cent mille francs sur les grandes restitutions qu'il avoit fait faire à quelques uns d'entre eux ; et il n'y a pas eu plus de réparation des outrages faits au confesseur, que des faussetés avancées contre les religieuses. Le cardinal de Retz ne pouvoit donc faire à ces filles un meilleur présent que de leur donner un supérieur de ce mérite, ni mieux marquer qu'il avoit hérité de toute la bonne volonté de son prédécesseur.

Comme c'est cette bonne volonté dont on a fait le plus grand crime aux prétendus jansénistes, il est bon de dire ici jusqu'à quel point a été leur liaison avec ce cardinal. On ne prétend point le justifier de tous les défauts qu'une violente ambition entraîne d'ordinaire avec elle ; mais tout le monde convient qu'il avoit de très excellentes qualités, entre autres une considération singulière pour les gens de mérite, et un fort grand desir de les avoir pour amis : il regardoit M. Arnauld comme un des premiers théologiens de son siècle, étant lui-même un théologien fort habile, et lui a conservé jusqu'à la mort cette estime qu'il avoit conçue pour lui lorsqu'ils étoient ensemble sur les bancs ; jusque-là qu'après son retour en France, il a mieux aimé se laisser rayer du nombre des docteurs de la Faculté, que de souscrire à la censure dont nous venons de parler, et qui lui parut toujours l'ouvrage d'une cabale.

La vérité est pourtant que, tandis qu'il fut coadjuteur, c'est-à-dire dans le temps qu'il étoit à la tête de la *fronde*, messieurs de Port-Royal eurent très peu de commerce avec lui, et qu'il ne s'amusoit guère alors à leur communiquer ni les secrets de sa conscience, ni les ressorts de sa politique. Et comment les leur auroit-il pu communiquer? Il n'ignoroit pas, et personne dès-lors ne l'ignoroit, que c'étoit la doctrine de Port-Royal, qu'un sujet, pour quelque occasion que ce soit, ne peut se révolter en conscience contre son légitime prince; que, quand même il en seroit injustement opprimé, il doit souffrir l'oppression, et n'en demander justice qu'à Dieu, qui seul a droit de faire rendre compte aux rois de leurs actions. C'est ce qui a toujours été enseigné à Port-Royal, et c'est ce que M. Arnauld a fortement maintenu dans ses livres, et particulièrement dans son *Apologie pour les catholiques* [1], où il a traité la question à fond. Mais non seulement messieurs de Port-Royal ont soutenu cette doctrine, ils l'ont pratiquée à la rigueur. C'est une chose connue d'une infinité de gens, que, pendant les guerres de Paris, lorsque les plus fameux directeurs de conscience donnoient indifféremment l'absolution à tous les

---

[1] Cet ouvrage est un de ceux qui fait le plus d'honneur au talent d'Arnauld, mais il en fait sur-tout à son ame. Tout esprit de parti y cède au besoin de venger l'innocence. Huit jésuites avoient péri sur l'échafaud, comme complices de la *conspiration papiste* en Angleterre; les autres jésuites étoient persécutés: Arnauld prend la plume pour les défendre, et jamais il n'avoit déployé plus d'énergie et d'éloquence. (*Anon.*)

gens engagés dans les deux partis, les ecclésiastiques de Port-Royal tinrent toujours ferme à la refuser à ceux qui étoient dans le parti contraire à celui du roi. On sait les rudes pénitences qu'ils ont imposées et au prince de Conti et à la duchesse de Longueville, pour avoir eu part aux troubles dont nous parlons, et les sommes immenses qu'il en a coûté à ce prince pour réparer, autant qu'il étoit possible, les désordres dont il avoit pu être cause pendant ces malheureux temps. Les jésuites ont eu peut-être plus d'une occasion de procurer à l'Église de pareils exemples ; mais, ou ils n'étoient pas persuadés des mêmes maximes qu'on suivoit là-dessus à Port-Royal, ou ils n'ont pas eu la même vigueur pour les faire pratiquer.

Quelle apparence donc que le cardinal de Retz ait pu faire entrer dans une faction contre le roi des gens remplis de ces maximes, et prévenus de ce grand principe de saint Paul et de saint Augustin, qu'il n'est pas permis de faire même un petit mal, afin qu'il en arrive un grand bien? On veut pourtant bien avouer que lorsqu'il fut archevêque, après la mort de son oncle, les religieuses de Port-Royal le reconnurent pour leur légitime pasteur, et firent des prières pour sa délivrance. Elles s'adressèrent aussi à lui pour les affaires spirituelles de leur monastère, du moment qu'elles surent qu'il étoit en liberté. On ne nie pas même qu'ayant su l'extrême nécessité où il étoit après qu'il eut disparu de Rome, elles et leurs amis ne lui aient prêté quelque argent pour subsister, ne s'imaginant pas qu'il fût défendu, ni à des ecclésiastiques, ni à des religieuses, d'empêcher leur archevêque de mourir de faim. C'est de là aussi que leurs ennemis prirent occasion de les noircir dans l'esprit du cardinal Mazarin, en persuadant à ce ministre qu'il n'avoit point de plus grands ennemis que les jansénistes; que le cardinal de Retz n'étoit parti de Rome que pour se venir jeter entre leurs bras; qu'il étoit même caché à Port-Royal; que c'étoit là que se faisoient tous les manifestes qu'on publioit pour sa défense; qu'ils lui avoient déja fait trouver tout l'argent nécessaire pour une guerre civile, et qu'il ne désespéroit pas, par leur moyen, de se rétablir à force ouverte dans son siège. On a bien vu dans la suite l'impertinence de ces calomnies; mais pour en faire mieux voir le ridicule, il est bon d'expliquer ici ce que c'étoit que M. Arnauld, qu'on faisoit l'auteur et le chef de toute la cabale.

Tout le monde sait que c'étoit un génie admirable pour les lettres, et sans bornes dans l'étendue de ses connoissances; mais tout le monde ne sait pas (ce qui est pourtant très véritable) que cet homme si merveilleux étoit aussi l'homme le plus simple et le plus incapable de finesse et de dissimulation, et le moins propre, en un mot, à former ni à conduire un parti; qu'il n'avoit eu en vue que la vérité, et qu'il ne gardoit sur cela aucunes mesures, prêt à contredire ses amis lorsqu'ils avoient tort, et à défendre ses ennemis, s'il lui paroissoit qu'ils eussent raison; qu'au reste, jamais théologien n'eut des opinions si saines et si pures sur la soumission qu'on doit au roi et aux puissances; que non seulement il étoit persuadé, comme nous l'avons déja dit, qu'un sujet, pour quelque occasion que ce soit, ne peut point s'élever contre son prince, mais qu'il ne croyoit pas même que dans la persécution il pût murmurer.

Toute la conduite de sa vie a bien fait voir qu'il étoit dans ces sentiments. En effet, pendant plus de quarante ans qu'on a abusé, pour le perdre, du nom et de l'autorité du roi, a-t-il manqué une occasion de faire éclater et son amour pour sa personne, et son admiration pour les grandes qualités qu'il reconnoissoit en lui ? Obligé de se retirer dans les pays étrangers pour se soustraire à la haine implacable de ses ennemis, à peine y fut-il arrivé, qu'il publia son *Apologie pour les catholiques;* et l'on sait qu'une partie de ce livre est employée à justifier la conduite du roi à l'égard des huguenots, et à justifier les jésuites mêmes. M. le marquis de Grana ayant su qu'il étoit caché dans Bruxelles, le fit assurer de sa protection; mais il témoigna en même temps un fort grand desir de voir ce docteur, dont la réputation avoit rempli toute l'Europe. M. Arnauld ne refusa point sa protection; mais il le fit prier de le laisser dans son obscurité, et de ne pas l'obliger à voir un gouverneur des Pays-Bas espagnols, pendant que l'Espagne étoit en guerre avec la France : et M. de Grana fut assez galant homme pour approuver la délicatesse de son scrupule.

Lorsque le prince d'Orange se fut rendu maître de l'Angleterre, les jésuites, qu'on regardoit par-tout comme les principales causes du malheur du roi Jacques, ne furent pas, à ce qu'on prétend, les derniers à vouloir se rendre favorable le nouveau roi. Mais M. Arnauld, qui avoit tant d'intérêt à ne pas s'attirer son indignation, ne put retenir son zéle : il prit la plume, et écrivit avec tant de force pour défendre les droits du roi Jacques, et pour exhorter tous les princes catholiques à imiter la générosité avec laquelle le roi l'avoit accueilli en France, que le prince d'Orange exigea de tous ses alliés, et surtout des Espagnols, de chasser ce docteur de toutes les terres de leur domination. Ce fut alors qu'il se trouva dans la plus grande extrémité où il se fût trouvé de sa vie, la France lui étant fermée par les jésuites, et tous les autres pays par les ennemis de la France.

On a su de quelques amis, qui ne le quittèrent point dans cette extrémité, qu'un de leurs plus grands embarras étoit d'empêcher que, dans tous les lieux où il cherchoit à se cacher, son trop grand zéle pour le roi ne le fît découvrir : il étoit si persuadé que ce prince ne pouvoit manquer dans la conduite de ses entreprises, que sur cela il entreprenoit tout le monde; jusque-là que, sur la fin de ses jours, étant sujet à tomber dans un assoupissement que l'on croyoit dangereux pour sa vie, ces mêmes amis ne savoient point de meilleur moyen pour l'en tirer que de lui crier, ou que les François avoient été battus, ou que le roi avoit levé le siége de quelque place; et il reprenoit toute sa vivacité naturelle pour disputer contre eux, et leur soutenir que la nouvelle ne pouvoit pas être vraie. Il n'y a qu'à lire son testament, où il déclare à Dieu le fond de son cœur: on y verra avec quelle tendresse, bien loin d'imputer au roi toutes les traverses que lui ou ses amis ont essuyées, il plaide, pour ainsi dire, devant Dieu, la cause de ce prince, et justifie la pureté de ses intentions.

Oserai-je parler ici des épreuves extraordinaires où l'on a mis son amour inébranlable pour la vérité? De grands cardinaux, très instruits des intentions de la cour de Rome, n'ont point caché qu'il n'a tenu qu'à lui d'être revêtu de la pourpre de cardinal, et que, pour parvenir à une dignité qui auroit si glorieusement lavé tous les reproches d'hérésie que ses ennemis lui ont osé faire, il ne lui en auroit coûté que d'écrire contre les propositions du clergé de France touchant l'autorité du pape. Bien loin d'accepter ces offres, il écrivit même contre un docteur flamand, qui avoit traité d'hérétiques ces propositions. Un des ministres du roi, qui lut cet écrit, charmé de la force de ses raisonnements, proposa de le faire imprimer au Louvre; mais la jalousie des ennemis de M. Arnauld l'emporta et sur la fidélité du ministre et sur l'intérêt du roi même. Voilà quel étoit cet homme qu'on a toujours dépeint comme si dangereux pour l'état, et contre lequel les jésuites, peu de temps avant sa mort, firent imprimer un livre avec cet infame titre : *Antoine Arnauld, fugitif pour se dérober à la justice du roi.*

Je ne saurois mieux finir cette longue digression que par les propres paroles que le cardinal de Retz dit à quelques uns de ses plus intimes amis, qui, en lui parlant de ses aventures passées, lui demandoient si en effet, en ce temps-là, il avoit reçu quelques secours de la cabale des jansénistes. « Je me « connois, leur répondit-il, en cabale, et, pour mon « malheur, je ne m'en suis que trop mêlé. J'avois au-« trefois quelque habitude avec les gens dont vous « parlez, et je voulus les sonder pour voir si je les « pourrois mettre à quelque usage; mais, vous pou-« vez vous en fier à ma parole, je ne vis jamais de « gens qui, par inclination et par incapacité, fussent « plus éloignés de tout ce qui s'appelle cabale. » Ce même cardinal leur avoua aussi qu'il avoit auprès de lui, pendant sa disgrace, deux théologiens réputés jansénistes, qui ne purent jamais souffrir que, dans l'extrême besoin où il étoit, il prît de l'argent que les Espagnols lui faisoient offrir, et qu'il se vit par-là obligé à en emprunter de ses amis. Quelques uns de ceux à qui il tint ce discours vivent encore, et ils sont dans une telle réputation de probité, que je suis bien sûr qu'on ne récuseroit pas leur témoignage.

Mais, pour reprendre le fil de notre narration, le miracle de la sainte épine ne fut pas la seule mortification qu'eurent alors les jésuites : car ce fut dans ce temps-là même que parurent les fameuses *Lettres provinciales*, c'est-à-dire l'ouvrage qui a le plus contribué à les décrier. M. Pascal, auteur de ces Lettres, avoit fait les trois premières pendant qu'on examinoit en Sorbonne la lettre de M. Arnauld. Il y avoit expliqué les questions sur la grace avec tant d'art et de netteté, qu'il les avoit rendues non seulement intelligibles, mais agréables à tout le monde. M. Arnauld y étoit pleinement justifié de l'erreur dont on l'accusoit ; et les ennemis même de Port-Royal avouoient que jamais ouvrage n'avoit été composé avec plus d'esprit et de justesse. M. Pascal se crut obligé d'employer ce même esprit à combattre un des plus grands abus qui se soit jamais glissé dans l'Église, c'est à savoir la morale relâchée de quantité de casuistes, et dont les jésuites faisoient le plus grand nombre, qui, sous prétexte d'éclaircir les cas de conscience, avoient avancé dans leurs livres une multitude infinie de maximes abominables, qui tendoient à ruiner toute la morale de Jésus-Christ.

On avoit déja fait plusieurs écrits contre ces maximes, et l'Université avoit présenté plusieurs requêtes au parlement, pour intéresser la puissance séculière à réprimer l'audace de ces nouveaux docteurs. Cela n'avoit pas néanmoins produit un fort grand effet: car ces écrits, quoique très solides, étant fort secs, n'avoient été lus que par très peu de personnes. On les avoit regardés comme des traités de scholastique, dont il falloit laisser la connoissance aux théologiens; et les jésuites, par leur crédit, avoient empêché toutes les requêtes d'être répondues. Mais M. Pascal venant à traiter cette matière avec sa vivacité merveilleuse, cet heureux agrément que Dieu lui avoit donné fit un éclat prodigieux, et rendit bientôt ces misérables casuistes l'horreur et la risée de tous les honnêtes gens.

On peut juger de la consternation où ces lettres jetèrent les jésuites, par l'aveu sincère qu'ils en font eux-mêmes : ils confessent, dans une de leurs réponses, que les exils, les emprisonnements, et tous les plus affreux supplices, n'approchent point de la douleur qu'ils eurent de se voir moqués et abandonnés de tout le monde; en quoi ils font connoître tout ensemble, et combien ils craignent d'être méprisés des hommes, et combien ils sont attachés à soutenir leurs méchants auteurs. En effet, pour regagner cette estime du public, à laquelle ils sont si sensibles, ils n'avoient qu'à désavouer de bonne foi ces mêmes auteurs, et à remercier l'auteur des Lettres de l'ignominie salutaire qu'il leur avoit procurée. Bien loin de cela, il n'y a point d'invectives à quoi ils ne s'emportassent contre sa personne, quoiqu'elle leur fût alors entièrement inconnue. Le P. Annat disoit que, pour toute réponse à ses quinze premières lettres, il n'y avoit qu'à lui dire quinze fois qu'il étoit un janséniste; et l'on sait ce que veut dire un janséniste au langage des jésuites. Ils voulurent même l'accuser de mauvaise foi dans la citation des passages de leurs casuistes; mais il les réduisit au silence par ses réponses. D'ailleurs, il n'y avoit qu'à lire leurs livres pour être convaincu de son exacte fidélité; et, malheureusement pour eux, beaucoup de gens eurent alors la curiosité de les lire : jusque-là que, pour satisfaire l'empressement du public, il se fit une nouvelle édition de la Théologie morale d'Escobar, laquelle est comme le précis de toutes les abominations des casuistes; et cette édition fut débitée avec une rapidité étonnante.

Dans ce temps-là même il arriva une chose qui acheva de mettre la vérité dans tout son jour. Un des principaux curés de Rouen, qui avoit lu les Petites Lettres, fit, en présence de son archevêque, en un synode de plus de huit cents curés, un discours fort pathétique sur la corruption qui s'étoit depuis peu introduite dans la morale. Quoique les jésuites n'eussent point été nommés dans ce discours, le P. Brisacier, qui étoit alors recteur du collége des jésuites à Rouen, n'en eut pas plus tôt avis, que sa bile se réchauffa : il prit la plume, et fit un libelle en forme de requête, où il déchiroit ce vertueux ecclésiastique avec la même fureur qu'il avoit déchiré les religieuses de Port-Royal.

Les autres curés, touchés du traitement indigne qu'on faisoit à leur confrère, eurent soin, avant toutes choses, de s'instruire à fond du sujet de leur querelle. Ils prirent, d'un côté, les Lettres provinciales, et, de l'autre, les livres des casuistes; résolus de poursuivre, ou la condamnation de ces Lettres si les casuistes y étoient cités à faux, ou la condamnation des casuistes si ces citations étoient véritables. Ils y trouvèrent non seulement tous les passages qui étoient rapportés, mais encore un grand nombre de beaucoup plus horribles, que M. Pascal avoit fait scrupule de citer. Ils dressèrent un extrait de tous ces passages, et le présentèrent avec une requête à M. de Harlay, alors leur archevêque, qui a été depuis archevêque de Paris. Mais lui, jugeant que cette affaire regardoit toute l'Église, les renvoya à l'assemblée générale du clergé, et y députa même un de ses grands-vicaires, avec ordre d'y présenter et l'extrait et la requête.

Les curés de Rouen écrivirent aussitôt à ceux de Paris, pour les prier de les aider de leurs lumières et de leur crédit, et même de se joindre à eux dans une cause qui étoit, disoient-ils, la cause de l'Évangile. Les curés de Paris n'avoient pas attendu cette lettre pour s'élever contre la morale des nouveaux casuistes. Ils s'étoient déja assemblés plusieurs fois sur ce sujet, tellement qu'ils n'eurent pas de peine à se joindre avec leurs confrères. Ils dressèrent aussi de leur côté un extrait de plus de quarante propositions de ces casuistes, et le présentèrent à l'assemblée du clergé pour en demander la condamnation, en même temps que la requête des curés de Rouen y fut présentée.

Comme c'est principalement aux évêques à maintenir dans l'Église la saine doctrine, tout le monde s'attendoit que le zèle des prélats éclateroit encore plus fortement que celui de tous ces curés. En effet, quelle apparence que ces mêmes évêques, qui se donnoient alors tant de mouvement pour faire condamner dans Jansénius cinq propositions équivoques qu'on doutoit qui s'y trouvassent, pussent hésiter à condamner dans le livre des casuites un si grand nombre de propositions, toutes plus abominables les unes que les autres, qui y étoient énoncées en propres termes, et qui tendoient au renversement entier de la morale de Jésus-Christ? A la vérité, il paroît, par les témoignages publics de quelques prélats députés à l'assemblée dont nous parlons, qu'ils ne purent entendre sans horreur la lecture de ces propositions des casuistes, et qu'ils furent sur le point de se boucher les oreilles, comme firent les Pères du concile de Nicée, lorsqu'ils entendirent les propositions d'Arius. Mais les égards qu'on avoit pour les jésuites prévalurent sur cette horreur: l'assemblée se contenta de faire dire aux curés, par les commissaires qu'elle avoit nommés pour examiner leur requête, qu'étant sur le point de se séparer, et l'affaire qu'ils lui proposoient étant d'une grande discussion, elle n'avoit plus assez de temps pour y travailler. Du reste, elle ordonna aux agents du clergé de faire imprimer les Instructions de saint Charles sur la Pénitence, et de les envoyer dans tous les diocèses, « afin que cet excellent ouvrage servît « comme de barrière pour arrêter le cours des nou- « velles opinions sur la morale. »

Quoique les jésuites n'eussent pas lieu de se plaindre de la sévérité des prélats, ils furent néanmoins très mortifiés de la publication de ce livre, sur lequel ils n'ignoroient pas que toute la doctrine du livre de *la Fréquente Communion* étoit fondée; mais ils se plaignirent sur-tout de l'abbé de Ciron, qu'ils accusèrent d'avoir composé la lettre circulaire des évêques qui accompagnoit ce même livre. Et plût à Dieu que leur animosité contre cet abbé se fût arrêtée à sa personne, et ne se fût pas étendue sur un saint établissement de filles (les filles de l'Enfance) dont il avoit dressé les constitutions, et qu'ils ont eu le crédit de faire détruire, au grand regret de la province de Languedoc et de toute l'Église même, qui en recevoit autant d'utilité que d'édification!

Comme tous ces extraits des curés avoient achevé de convaincre tout le monde de la fidélité des citations de M. Pascal, les jésuites prirent un parti tout contraire à celui qu'ils avoient pris jusqu'alors. Ils entreprirent de défendre ouvertement la doctrine de leurs auteurs : c'est ce qui leur fit publier le livre de l'Apologie des casuistes, composé par le P. Pirot, ami du P. Annat, et qui enseignoit la théologie au collége de Clermont. Comme ils n'avoient pu obtenir de privilége pour l'imprimer, on n'y voyoit ni nom d'auteur ni nom d'imprimeur; mais ils le débitèrent publiquement dans leur collége; ils en distribuèrent eux-mêmes plusieurs exemplaires aux amis de la Société, tant à Paris que dans les provinces. Le P. Brisacier le fit lire en plein réfectoire dans le collége de Rouen : il avoit plus de raison qu'un autre de soutenir ce bel ouvrage, puisqu'on y renouveloit contre les religieuses de Port-Royal, et contre leurs directeurs, les mêmes impostures dont il pouvoit se dire l'inventeur.

Mais sa Compagnie n'eut pas long-temps sujet de s'applaudir de la publication de ce livre : jamais ouvrage n'a excité un si grand soulèvement dans l'Église. Les curés de Paris dressèrent d'abord deux requêtes, pour les présenter, l'une au parlement, l'autre aux grands-vicaires. Le P. Annat, pour parer ce coup, obtint qu'ils fussent mandés au Louvre, pour rendre raison de leur conduite. Mais cela ne fit que hâter la condamnation de cet exécrable livre. En effet, le cardinal Mazarin ayant demandé aux curés, en présence du roi et des principaux ministres de son conseil, pourquoi ils vouloient s'adresser au parlement au sujet d'un livre de théologie, ils répondirent avec une fermeté respectueuse, qu'il ne s'agissoit point dans ce livre de simples questions de théologie, mais que la doctrine qu'il contenoit ne tendoit pas moins qu'à autoriser les plus grands crimes, tels que le vol, l'usure, le duel, l'adultère, et l'homicide; et que la sûreté des sujets du roi, et celle de Sa Majesté même, étant intéressée à sa condamnation, ils s'étoient crus en droit de porter leurs plaintes aux mêmes tribunaux qui avoient autrefois condamné les Santarel, les Mariana, et les autres dangereux auteurs de cette même société. On n'eut pas la moindre réponse à leur faire. Le chancelier, qui étoit présent, déclara qu'il avoit refusé le privilège de ce livre. Enfin le roi, après avoir exigé des curés qu'ils se contenteroient de s'adresser aux juges ecclésiastiques, leur promit d'envoyer ses ordres en Sorbonne, pour y examiner l'Apologie.

Le roi tint parole; et toutes les brigues des jésuites et des docteurs de leur parti ne purent empêcher que la Faculté ne fît une censure, et que cette censure ne fût publiée. Les grands vicaires de Paris en publièrent aussi une de leur côté; et, presque en même temps, plus de trente archevêques et évêques, quelques uns même de ceux que les jésuites croyoient le plus dans leur dépendance, foudroyèrent à l'envi et l'Apologie et la méchante morale des casuistes.

Les jésuites perdoient patience pendant ce soulèvement si universel; mais ils ne purent jamais se résoudre à désavouer l'Apologie. Le P. Annat fit plusieurs écrits contre les curés, et il les traita avec la même hauteur que les jésuites traitent ordinairement leurs adversaires. Mais ceux-ci le réfutèrent courageusement, et le couvrirent de confusion sur tous les points dont on les vouloit accuser. D'autres jésuites s'attaquèrent aux évêques mêmes, et écrivirent contre leurs censures: ils publioient hautement que ce n'étoit point aux évêques à prononcer sur de telles matières, et que c'étoient des causes majeures qui devoient être renvoyées à Rome, comme on y avoit renvoyé les cinq propositions. Ils furent fort mortifiés, lorsqu'au bout de six mois ils virent leur livre condamné par un décret de l'inquisition; ils trouvoient néanmoins encore des raisons de se flatter, disant que l'inquisition n'avoit supprimé l'Apologie que pour des considérations de police. Enfin, le pape Alexandre VII, auprès duquel ils avoient toujours été en si grande faveur, frappa d'anathème quarante-cinq propositions de leurs casuistes; quelques années après, il condamna encore le livre d'un P. Moya, jésuite espagnol, qui, sous le nom d'Amadæus Guimeneus, enseignoit la même doctrine que l'Apologie, et censura de même le fameux Caramuel, grand défenseur de toutes les méchantes maximes des casuistes. Pour achever de purger l'Église de cette pernicieuse doctrine, le pape Innocent XI, en l'année 1679, fit un décret [1] où il condamnoit à-la-fois soixante-cinq propositions aussi tirées des casuistes, avec excommunication encourue *ipso facto* par ceux qui, directement ou indirectement, auroient la hardiesse de les soutenir.

Qui n'eût cru qu'une Compagnie qui fait un vœu particulier d'obéissance et de soumission aveugle au saint siège, garderoit du moins le silence sur une doctrine si solennellement condamnée, et feroit désormais enseigner dans ses écoles une morale plus conforme et à l'Évangile, et aux décisions des papes? Mais le faux honneur de la Société l'a emporté encore en cette occasion sur toutes les raisons de religion et de politique, et même sur les constitutions fondamentales de la Société : il ne s'est presque point passé d'années depuis ce temps-là que les jésuites,

---

[1] Bulle du 2 mars 1679. Dans la première édition de cette *Histoire de Port-Royal*, en 1742, il s'est glissé une faute typographique, qui donne à ce décret d'Innocent XI la date de 1668. Quoique cette faute fût bien choquante, puisque Innocent XI n'a été élu pape qu'en 1676, elle n'en a pas moins été répétée dans toutes les éditions postérieures. (*Anon.*)

soit par de nouveaux livres, soit par des thèses publiques, n'aient soutenu les mêmes méchantes maximes. On sait avec combien d'évêques ils se brouillent encore tous les jours sur ce sujet. Peu s'en est fallu enfin qu'ils n'aient déposé leur propre général, pour avoir fait imprimer, avec l'approbation du pape, un livre contre la probabilité, laquelle est regardée à bon droit comme la source de toute cette horrible morale.

Mais pendant que les jésuites soutenoient avec cette opiniâtreté les erreurs de leurs casuistes, et ne se rendoient, ni sur le fait, ni sur le droit, aux censures des papes et des évêques, ils n'en poursuivoient pas avec moins d'audace la condamnation de leurs adversaires. Ce ne fut pas assez pour le P. Annat d'avoir fait juger dans l'assemblée du Louvre que les propositions étoient dans Jansénius, et d'avoir ensuite fait ordonner dans l'assemblée des quinze évêques, que la constitution et le bref seroient signés par tout le royaume ; il entreprit encore d'établir un formulaire ou profession de foi, qui comprît également la créance du fait et du droit, et d'en faire ordonner la souscription sous les peines portées contre les hérétiques. C'est ce fameux Formulaire qui a tant causé de troubles dans l'Église, et dont les jésuites ont tiré un si grand usage pour se venger de toutes les personnes qu'ils haïssoient. Tout le monde convient que ce fut M. de Marca qui dressa ce Formulaire avec le P. Annat, et qui le fit recevoir dans l'assemblée générale de 1656.

Ce prélat étoit un homme de beaucoup d'esprit, très habile dans le droit canon, et dans tout ce qui s'appelle la police extérieure de l'Église, sur laquelle il avoit même fait des livres très savants, et fort opposés aux prétentions de la cour de Rome; mais il savoit fort peu de théologie, ne s'étant destiné que fort tard à l'état ecclésiastique, et ayant passé plus de la moitié de sa vie dans les emplois séculiers, d'abord président au parlement de Pau, puis intendant en Catalogne, d'où il avoit été élevé à l'évêché de Couserans, et ensuite à l'archevêché de Toulouse. Sa grande habileté, jointe à l'extrême passion qu'il témoignoit contre les jansénistes, lui donnoit un grand crédit dans les assemblées du clergé : il en dressoit tous les actes, et en formoit, pour ainsi dire, toutes les décisions.

M. de Marca et le P. Annat convenoient dans le dessein de faire déclarer hérétiques les défenseurs de Jansénius, mais ils ne convenoient pas dans la manière de tourner la chose. Le P. Annat prétendoit que, les papes étant infaillibles aussi bien sur le fait que sur le droit, on ne pouvoit pas nier, sans hérésie, un fait que le pape avoit décidé tel. Mais cela n'accommodoit pas M. de Toulouse, qui avoit soutenu très fortement l'opinion contraire dans ses livres; et cela, fondé sur l'autorité de tout ce qu'il y de plus habiles écrivains, de ceux même qui sont le plus attachés à la cour de Rome, tels que les cardinaux Baronius, Bellarmin, Palavicin, le P. Petau, et plusieurs autres savants jésuites, qui tous ont enseigné que l'Église n'exige point la créance des faits non révélés, et qui n'ont point fait difficulté de contester des faits très importants, décidés dans des conciles généraux. Les censeurs mêmes de la seconde lettre de M. Arnauld, quelque animés qu'ils fussent contre sa personne, n'avoient qualifié que de téméraire la proposition de ce docteur, où il disoit qu'il n'avoit point trouvé dans Jansénius les propositions condamnées. Les jansénistes donc ne pouvoient, même selon leurs ennemis, être traités tout au plus que de téméraires; et le P. Annat vouloit qu'ils fussent déclarés hérétiques.

Dans cet embarras, M. de Marca s'avisa d'un expédient dont il s'applaudit fort : il prétendit que le fait de Jansénius étoit un fait certain, d'une nature particulière, et qui étoit tellement lié avec le droit, qu'ils ne pouvoient être séparés. « Le pape, disoit ce « prélat, déclare qu'il a condamné comme hérétique « la doctrine de Jansénius; or les jansénistes sou-« tiennent la doctrine de Jansénius : donc les jansé-« nistes soutiennent une doctrine hérétique. » C'étoit un des plus ridicules sophismes qui se pût faire, puisque le pape n'expliquant point ce qu'il entendoit par la doctrine de Jansénius, la même question de fait subsistoit toujours entre ses adversaires et ses défenseurs, dont les uns croyoient voir dans cette doctrine tout le venin des cinq propositions, et les autres n'y croyoient voir que la doctrine de saint Augustin. Il n'est pas croyable néanmoins combien de gens se laissèrent éblouir à ce faux argument : le

P. Annat le répétoit à chaque bout de champ dans ses livres ; et ce ne fut qu'après un nombre infini de réfutations qu'il fut obligé de l'abandonner.

Cependant lui et M. de Toulouse ayant préparé tous les matériaux pour faire accepter leur Formulaire dans l'assemblée générale, deux prélats, envoyés par le roi, y vinrent exhorter les évêques, de la part de Sa Majesté, à chercher les moyens d'extirper l'hérésie du jansénisme. En même temps tous les prélats qui se trouvoient alors à Paris (en 1656) eurent aussi ordre de se rendre dans la grande salle des Augustins. Alors M. de Toulouse présenta à l'assemblée une ample relation, qu'il avoit composée à sa mode, de toute l'affaire de Jansénius. Cette relation étant lue, on fit aussi lecture de la constitution et du bref, des déclarations du roi, et de toutes les lettres des assemblées précédentes. M. de Marca fit un grand discours sur l'autorité de la présente assemblée, qu'il égaloit à un concile national. Tout cela, comme on peut le penser, fut long, et tint presque entièrement les deux séances dans lesquelles cette grande affaire fut terminée, en telle sorte que ceux qui y étoient présents n'eurent autre chose à faire qu'à écouter et à signer. Il n'y eut, pour ainsi dire, ni examen ni délibération : ceux qui n'étoient pas de l'avis du Formulaire furent entraînés par le grand nombre. On confirma les délibérations des assemblées précédentes ; le Formulaire fut approuvé, et on résolut qu'il seroit envoyé à tous les évêques absents, avec ordre à eux d'exécuter les résolutions de l'assemblée, sous peine d'être exclus de toute assemblée du clergé, soit générale, soit particulière, et même des assemblées provinciales. Tout cela se fit le premier et le deuxième jour de septembre.

En même temps l'assemblée écrivit au nouveau pape, pour lui rendre compte de tout ce qu'elle avoit fait contre les jansénistes. Ce pape, qui s'appeloit auparavant Fabio Chigi, avoit pris le nom d'Alexandre VII. Je ne puis m'empêcher de rapporter à son sujet une chose assez particulière, que le cardinal de Retz raconte dans l'histoire qu'il a composée du conclave où ce même pape fut élu. Il dit que le cardinal François Barberin, dont le parti étoit fort puissant dans le conclave, fut long-temps sans se pouvoir résoudre de donner sa voix à Chigi, craignant que son étroite liaison avec les jésuites ne l'engageât, quand il seroit pape, à donner quelque atteinte à la doctrine de saint Augustin, pour laquelle Barberin avoit toujours eu un fort grand respect. Chigi, ajoute le cardinal de Retz, n'ignora pas ce scrupule. Quelques jours après, s'étant trouvé à une conversation où le cardinal Albizzi, passionné partisan des jésuites, parloit de saint Augustin avec beaucoup de mépris, il prit avec beaucoup de chaleur la défense de ce saint docteur, et parla de telle sorte, que non seulement le cardinal Barberin fut entièrement rassuré, mais qu'on se flatta même que Chigi seroit homme à donner la paix à l'Église.

Il est évident que jamais les jésuites ne furent plus

puissants à Rome que sous son pontificat. Il ne tarda guère à publier une constitution, où, non content de confirmer la bulle d'Innocent X contre les cinq propositions, il traitoit d'enfants d'iniquité tous ceux qui osoient dire que ces propositions n'avoient point été extraites de Jansénius, ni condamnées au sens de cet évêque; assurant qu'il avoit assisté lui-même au jugement de toute cette affaire, et que l'intention de son prédécesseur avoit été de condamner la doctrine de Jansénius. Il y a de l'apparence qu'il disoit vrai; cependant l'assemblée du clergé rapporte dans son procès-verbal une chose assez surprenante : c'est que M. l'évêque de Lodève, dans le compte qu'il rendit à messeigneurs d'un entretien qu'il avoit eu avec Innocent X, leur dit que ce pape l'avoit assuré de sa propre bouche que son intention n'avoit point été de toucher ni à la personne, ni à la mémoire de Jansénius, ni même précisément à la question de fait.

Mais l'assemblée ne se mit pas fort en peine d'accorder ces contrariétés; elle ne se plaignit pas même de certains termes de la nouvelle bulle, qui étoient très injurieux à l'épiscopat, et se contenta de les adoucir le mieux qu'elle put dans la version françoise qu'elle en fit faire. Du reste, elle reçut avec de grands témoignages de respect la constitution, en fit faire mention dans le Formulaire, où il ne fut plus parlé du bref d'Innocent X, et résolut de supplier le roi de la faire enregistrer dans son parlement. On appréhenda que le parlement ne rejetât cette bulle pour plusieurs raisons, et entre autres, pour les mêmes causes qui avoient empêché qu'on n'y présentât la bulle d'Innocent X, je veux dire parcequ'elle étoit faite par le pape seul, sans aucun concile, sans avoir pris même l'avis des cardinaux, et, comme on dit, *motu proprio* : ce qu'on ne reconnoit point en France. Mais le roi l'ayant lui-même portée au parlement, sa présence empêcha toutes les oppositions qu'on auroit pu faire. Tous les évêques la firent publier dans leurs diocèses; mais pour le Formulaire, ils en firent eux-mêmes si peu de cas, qu'il ne paroît point qu'aucun d'eux en ait exigé la souscription, non pas même l'archevêque de Toulouse, qu'on en regardoit comme l'inventeur. Ainsi les choses demeurèrent au même état où elles se trouvoient avant l'assemblée : tout le monde étant d'accord sur le dogme, et ceux qui doutoient du fait ne se croyant pas obligés de reconnoître plus d'infaillibilité sur ce fait dans Alexandre VII que dans son prédécesseur. Le cardinal Mazarin lui-même, soit que les grandes affaires de l'état l'occupassent alors tout entier, soit qu'il ne fût pas toujours d'humeur à accorder aux jésuites tout ce qu'ils lui demandoient, ne donna aucun ordre pour exécuter les décisions de l'assemblée, et parut être retombé pour cette querelle dans la même indifférence où il avoit été dans les commencements.

Les choses demeurèrent en cet état jusque vers la fin de décembre de l'année 1660, auquel temps l'assemblée générale, dont l'ouverture s'étoit faite au commencement de cette même année, eut ordre de remettre sur le tapis l'affaire du jansénisme. Aussitôt tous les prélats de dehors furent mandés pour y travailler, et entre autres l'archevêque de Toulouse, qui n'étoit point de cette assemblée, mais qui y vint plaider avec beaucoup de chaleur la cause de son Formulaire. Il fit sur-tout de grandes plaintes d'un écrit qu'on avoit fait contre ce Formulaire, dont on avoit renversé tous les principes par les propres principes que M. de Toulouse avoit autrefois enseignés dans ses livres. Cet écrit étoit du même M. de Launoy dont nous avons déja parlé, qui ne prenoit, comme j'ai dit, aucun intérêt à la doctrine de saint Augustin, mais qui, par la même raison qu'il n'avoit pu souffrir de voir renversés par la censure de la Sorbonne tous les priviléges de la Faculté, n'avoit pu digérer aussi de voir toutes les libertés de l'église gallicane et de toute l'ancienne doctrine de la France, renversées par le Formulaire du clergé.

Celui qui présidoit à l'assemblée de 1660 étoit M. de Harlay, archevêque de Rouen. On peut juger qu'il ne négligea pas cette grande occasion de se signaler. Il eut plusieurs prises avec les plus illustres députés du premier et du second ordre qui lui sembloient trop favorables aux jansénistes, fit sonner fort haut dans tous ses avis la volonté du roi et les intentions de M. le cardinal Mazarin. Tout cela n'empécha pas M. l'évêque de Laon, depuis cardinal d'Estrées; M. de Bassompierre, évêque de Xaintes, et d'autres évêques des plus considérables, de s'élever avec beaucoup de fermeté contre le nouveau joug qu'on vouloit imposer aux fidèles, en leur prescrivant la même créance pour les faits non révélés que pour les dogmes. La brigue contraire l'emporta néanmoins sur toutes leurs raisons ; et le plus grand nombre fut, à l'ordinaire, de l'avis du président, c'est-à-dire de l'avis de la cour. On enchérit encore sur les résolutions des dernières assemblées : on ordonna de nouvelles peines contre ceux qui refusoient de se soumettre ; on comprit dans le nombre de ceux qui seroient obligés de signer le Formulaire, non seulement les religieuses, mais même les régents et les maitres d'école : chose jusqu'alors inouïe dans l'église catholique, et qui n'avoit été pratiquée que par les protestants d'Allemagne.

Le cardinal Mazarin mourut (le 9 mars 1661) quinze jours après ces délibérations. Les défenseurs de Jansénius s'étoient d'abord flattés que cette mort apporteroit quelque changement favorable à leurs affaires ; mais lorsqu'ils virent de quelles personnes le roi avoit composé son conseil de conscience, et que c'étoient M. de Marca et le P. Annat qui y avoient la principale autorité, ils jugèrent bien qu'ils ne devoient plus mettre leur confiance qu'en Dieu seul, et que toutes les autres voies pour faire connaître leur innocence leur étoient fermées.

FIN DE LA PREMIÈRE PARTIE.

SECONDE PARTIE.

Nous avons vu jusqu'ici la calomnie employer tous ses efforts pour décrier le monastère de Port-Royal ; nous allons voir maintenant tomber sur cette maison l'orage qui se formoit depuis tant d'années, et la passion des jésuites armée pour la perdre, non plus simplement de l'autorité du premier ministre, mais de toute la puissance royale. Je ne doute pas que la postérité qui verra un jour, d'un côté, les grandes choses que le roi a faites pour l'avancement de la religion catholique, et, de l'autre, les grands services que M. Arnauld a rendus à l'Église, et la vertu extraordinaire qui a éclaté dans la maison dont nous parlons, n'ait peine à comprendre comment il s'est pu faire que, sous un roi si plein de piété et de justice, une maison si sainte ait été détruite ; et que ce même M. Arnauld ait été obligé d'aller finir sa vie dans les pays étrangers. Mais ce n'est pas la première fois que Dieu a permis que de fort grands Saints aient été traités en coupables par des princes très vertueux ; l'Histoire ecclésiastique est pleine de pareils exemples : et il faut avouer que jamais prévention n'a été fondée sur des raisons plus apparentes que celles du roi contre tout ce qui s'appelle jansénisme. Car, bien que les défenseurs de la grace n'aient jamais soutenu les cinq propositions en elles-mêmes, ni avoué qu'elles fussent d'aucun auteur; bien qu'ils n'eussent, comme j'ai déja dit, envoyé leurs docteurs à Rome que pour exhorter Sa Sainteté à prendre bien garde, en prononçant sur ces propositions chimériques, de ne point donner d'atteinte à la véritable doctrine de la grace; le pape néanmoins les ayant condamnées sans aucune explication, comme extraites de Jansénius, il sembloit que les prétendus jansénistes eussent entièrement perdu leur cause; et la plupart du monde, qui ne savoit pas le nœud de la question, croyoit que c'étoit en effet leur opinion que le pape avoit condamnée. La distinction même du fait et du droit qu'ils alléguoient, paroissoit une adresse imaginée après coup pour ne se point soumettre. Il n'est donc pas surprenant que le roi, à qui ses grands emplois ne laissoient pas le temps de lire leurs nombreuses justifications, crût, sur tant de circonstances si vraisemblables et si peu vraies, qu'ils étoient dans l'erreur. D'ailleurs, quelque grands principes qu'on eût à Port-Royal sur la fidélité et sur l'obéissance qu'on doit aux puissances légitimes, quelque persuadé qu'on y fût qu'un sujet ne peut jamais avoir de justes raisons de s'élever contre son prince, le roi étoit prévenu que les jansénistes n'étoient pas bien intentionnés pour sa personne et pour son état; et ils avoient eux-mêmes, sans y penser, donné occasion à lui inspirer ces sentiments par le commerce, quoique innocent, qu'ils avoient eu avec le cardinal de Retz, et par leur facilité plus chrétienne que judicieuse à recevoir beaucoup de personnes, ou dégoûtées de la cour, ou tombées dans la disgrace, qui venoient chez eux chercher des consolations, quelquefois même se jeter dans la pénitence. Joignez à cela qu'encore que les principaux d'entre eux fussent fort réservés à parler et à se plaindre, ils avoient des amis moins réservés, et indiscrets, qui tenoient quelquefois des discours très peu excusables. Ces discours, quoique avancés souvent par un seul particulier, étoient réputés des discours de tout le corps; leurs adversaires prenoient grand soin qu'ils fussent rapportés au ministre ou au roi même.

On sait que Sa Majesté a toujours un jésuite pour confesseur. Le P. Annat, qui l'a été fort long-temps, outre l'intérêt général de sa Compagnie, avoit encore un intérêt particulier qui l'animoit contre les gens dont nous parlons. Il se piquoit d'être grand théologien et grand écrivain, il entassoit volume sur volume, et ne pouvoit digérer de voir ses livres (malgré tous les mouvements que sa Compagnie se donnoit pour les faire valoir) méprisés du public, et ceux de ses adversaires dans une estime générale. Tous ceux qui ont connu ce Père savent qu'étant assez raisonnable sur les autres choses, il ne connoissoit plus ni raison ni équité quand il étoit question des jansénistes. Tout ce qui approchoit du roi, mais sur-tout les gens d'église, n'osoient guère lui parler sur ce chapitre que dans les sentiments de son confesseur. Il ne se tenoit point d'assemblées d'évêques où l'on ne fit des délibérations contre la prétendue nouvelle hérésie; et ils comparoient dans leurs harangues quelques déclarations qu'on avoit obtenues de Sa Majesté contre les jansénistes, à tout ce que les Constantin, les Théodose, avoient fait de plus considérable pour l'Église. Les papes mêmes excitoient, dans leurs brefs, son zèle à examiner une secte si pernicieuse. C'étoient tous les jours de nouvelles accusations. On lui présentoit des livres, où on assuroit que, pendant les guerres de Paris, les ecclésiastiques de Port-Royal avoient offert au duc d'Orléans de lever et d'entretenir douze mille hommes à leurs dépens, et qu'on en donneroit la preuve dès que Sa Majesté en voudroit être informée. On eut l'impudence d'avancer dans un de ces livres, que M. de Gondrin, archevêque de Sens, qu'on appeloit l'un des apôtres du jansénisme, avoit chargé, l'épée à la main, et taillé en pièces, dans une ville de son diocèse, un régiment d'Irlandois qui étoit au service de Sa Majesté. Tous ces ouvrages se débitoient avec privilége; et les réponses où l'on couvroit de confusion de si ridicules calomniateurs, étoient supprimées par autorité publique, et quelquefois brûlées par la main du bourreau.

Quel moyen donc que la vérité pût parvenir aux oreilles du roi? Le peu de gens qui auroient pu avoir assez de fermeté pour la lui dire, étoient retirés de la cour, ou décriés eux-mêmes comme jansénistes. Et qui est-ce qui auroit pu être à couvert d'une pareille diffamation, puisqu'on a vu un pape, pour avoir fait écrire une lettre un peu obligeante à M. Arnauld, diffamé lui-même publiquement comme fauteur des jansénistes [1] ?

Ainsi une des premières choses à quoi Sa Majesté se crut obligée, prenant l'administration de ses affaires après la mort du cardinal Mazarin, ce fut de délivrer son état de cette prétendue secte. Il fit donner (le 13 avril 1661) un arrêt dans son conseil d'état, pour faire exécuter les résolutions de l'assemblée du clergé, et écrivit à tous les archevêques et évêques de France à ce qu'ils eussent à s'y conformer, avec ordre à chacun d'eux de lui rendre compte de sa soumission deux mois après qu'ils auroient reçu sa lettre. Mais les jésuites n'eurent rien plus à cœur que de lui faire ruiner la maison de Port-Royal. Il y avoit long-temps qu'ils la lui représentoient comme le centre et la principale école de la nouvelle hérésie. On ne se donna pas même le temps de faire examiner la foi des religieuses : le lieutenant civil, le procureur du roi, eurent ordre de s'y transporter pour en chasser toutes les pensionnaires et les postulantes, avec défense d'en plus recevoir à l'avenir; et un commissaire du Châtelet alla faire la même chose au monastère des champs. L'abbesse, qui étoit alors la mère Agnès, sœur de la mère Angélique, reçut

---

[1] Clément X, qui témoignoit la plus haute estime pour Arnauld, lui fit demander ses ouvrages, et lui en adressa une lettre de remerciement dans les termes les plus flatteurs. La lettre qu'Innocent XI fit écrire à ce docteur par le cardinal Cibo, est également pleine d'estime pour la personne et les ouvrages d'Arnauld. (*Anon*)

avec un profond respect les ordres du roi, et, sans faire la moindre plainte de ce qu'on les condamnoit ainsi avant que de les entendre, demanda seulement au lieutenant civil si elle ne pourroit pas donner le voile à sept de ses postulantes qui étoient déja au noviciat, et que la communauté avoit admises à la vêture. Il n'en fit point de difficulté : et, sur la parole de ce magistrat, quatre de ces filles prirent l'habit le lendemain, qui étoit le jour de la *Quasimodo*; et les trois autres le prirent aussi le lendemain, qui étoit le jour de saint Marc. Cette affaire fut rapportée au roi d'une manière si odieuse, qu'il renvoya sur-le-champ le lieutenant civil, avec une lettre de cachet, pour faire ôter l'habit à ces novices. L'abbesse se trouva dans un fort grand embarras, ne croyant pas qu'ayant donné à des filles le saint habit à la face de l'Église, il lui fût permis de le leur ôter, sans qu'elles se fussent attiré ce traitement par quelque faute. Elle écrivit au roi une lettre très respectueuse pour lui expliquer ses raisons, et pour le supplier aussi de vouloir considérer si Sa Majesté, sans aucun jugement canonique, pouvoit en conscience, en leur défendant de recevoir des novices, « supprimer et éteindre un monastère et un institut « légitimement établi pour donner des servantes à « Jésus-Christ dans la suite de tous les siècles. » Mais cette lettre ne produisit d'autre fruit que d'attirer une seconde lettre de cachet, par laquelle le roi réitéroit ses ordres à l'abbesse d'ôter l'habit aux sept novices, et de les renvoyer dans vingt-quatre heures,

sous peine de désobéissance et d'encourir son indignation. Du reste, il lui déclaroit « qu'il n'avoit pas
« prétendu supprimer son monastère par une défense absolue d'y recevoir des novices à l'avenir,
« mais seulement jusques à nouvel ordre, lequel se-
« roit donné par autorité ecclésiastique, lorsqu'il
« aura été pourvu à votre couvent (ce sont les termes
« de la lettre) d'un supérieur et directeur d'une capacité et piété reconnues, et duquel la doctrine ne
« sera point soupçonnée de jansénisme ; à l'établis-
« sement duquel nous entendons qu'il soit procédé
« incessamment par les vicaires généraux et l'arche-
« vêque de Paris. »

Après une telle lettre on n'osa plus garder les sept novices, et on les rendit à leurs parents; mais on ne put jamais les faire résoudre à quitter l'habit : elles le gardèrent pendant plus de trois ans, attendant toujours qu'il plût à Dieu de rouvrir les portes d'une maison où elles voyoient que leur salut étoit attaché.

L'une de ces novices étoit cette mademoiselle Perier qui avoit été guérie par la sainte épine; et Dieu a permis qu'elle soit restée dans le siècle, afin que plus de personnes pussent apprendre de sa bouche ce miracle si étonnant. Elle est encore vivante au moment que j'écris ceci; et sa piété exemplaire, très digne d'une vierge chrétienne, ne contribue pas peu à confirmer le témoignage qu'elle rend à la vérité.

Les pensionnaires et les postulantes chassées, on chassa aussi le supérieur et les confesseurs. Alors M. Descontes, doyen de Notre-Dame, l'un des grands-vicaires, amena aux religieuses, par ordre du roi, M. Bail, curé de Montmartre, et sous-pénitencier, pour être leur supérieur et leur confesseur. Celui-ci nomma deux prêtres de Saint-Nicolas du Chardonnet pour être leurs confesseurs sous lui. On ne pouvoit guère choisir de gens plus prévenus contre les jansénistes : M. Bail sur-tout leur étoit fort opposé; ses cheveux se hérissoient au seul nom de Port-Royal, et il avoit toute sa vie ajouté une foi entière à tout ce que les jésuites publioient contre cette maison; très dévot d'ailleurs, et qui avoit fort étudié les casuistes.

Six semaines après qu'il eut été établi supérieur, M. Descontes et lui eurent ordre de faire la visite des deux maisons, et ils commencèrent par la maison de Paris. Ils y trouvèrent la célèbre mère Angélique, qui étoit dangereusement malade, et qui mourut même pendant le cours de cette visite. Mais comme cette sainte fille a eu tant de part à tout le bien que Dieu a opéré dans ce monastère, je crois qu'il ne sera pas hors de propos de raconter ici avec quelle fermeté héroïque elle soutint cette désolation de sa maison, et de toucher quelques unes des principales circonstances de sa mort.

Elle avoit passé tout l'hiver à Port-Royal des champs, avec une santé fort foible et fort languissante, ne s'étant point bien rétablie d'une grande maladie qu'elle avoit eue l'été précédent. Il y avoit déja du temps qu'elle exhortoit ses religieuses à se préparer, par beaucoup de prières, aux tribulations qu'elle prévoyoit qui leur devoient arriver. On lui avoit pourtant écrit de Paris que les affaires s'adoucissoient; mais elle n'en avoit rien cru, et disoit toujours que le temps de la souffrance étoit arrivé. En effet, elle apprit dans la semaine de Pâques les résolutions qui avoient été prises contre ce monastère. Malgré ses grandes infirmités et l'amour qu'elle avoit pour son désert, elle manda à la mère abbesse que si l'on jugeoit à Paris sa présence nécessaire dans une conjoncture si importante, elle s'y feroit porter. Elle le fit en effet, sur ce qu'on lui écrivit qu'il étoit à propos qu'elle vînt. Elle apprit en chemin que ce jour-là même M. le lieutenant civil étoit venu dans la maison de Paris, et les ordres qu'il y avoit apportés. Elle se mit aussitôt à réciter le *Te Deum* avec les sœurs qui l'accompagnoient dans le carrosse, leur disant qu'il falloit remercier Dieu de tout en tout temps. Elle arriva avec cette tranquillité dans la maison; et comme elle vit des religieuses qui pleuroient : « Quoi! dit-elle, mes filles, je pense que l'on « pleure ici! Et où est votre foi? » Cette grande fermeté cependant n'empêcha pas que les jours suivants ses entrailles ne fussent émues lorsqu'elle vit sortir toutes ces pauvres filles qu'on venoit enlever les unes après les autres, et qui, comme d'innocents agneaux, perçoient le ciel de leurs cris en venant prendre congé d'elle, et lui demander sa bénédiction. Il y en eut trois, entre autres, pour qui elle se sentoit particulièrement attendrir : c'étoient mesdemoiselles de Luynes et mademoiselle de Bagnols.

Elle les avoit élevées toutes trois presque au sortir du berceau, et ne pouvoit oublier avec quels sentiments de piété leurs parents, qui avoient fait beaucoup de bien à la maison, les lui avoient autrefois recommandées pour en faire des offrandes dignes d'être consacrées à Dieu dans son monastère. Elles étoient sur le point de prendre l'habit, et attendoient ce jour avec bien de l'impatience.

L'heure étant venue qu'il falloit qu'elles sortissent, la mère Angélique, qui sentit son cœur se déchirer à cette séparation, et que sa fermeté commençoit à s'ébranler, tout-à-coup s'adressa à Dieu pour le prier de la soutenir, et prit la résolution de les mener elle-même à la porte, où leurs parents les attendoient. Elle les leur remit entre les mains avec tant de marques de constance, que madame de Chevreuse, qui venoit quérir mesdemoiselles de Luynes, ne put s'empêcher de lui faire compliment sur son grand courage. « Madame, lui dit la mère Angélique d'un
« ton qui acheva de la remplir d'admiration, tandis
« que Dieu sera Dieu, j'espérerai en lui, et ne per-
« drai point courage. » Ensuite, s'adressant à mademoiselle de Luynes l'aînée, qui fondoit en larmes :
« Allez, ma fille, lui dit-elle, espérez en Dieu, et
« mettez en lui votre confiance : nous nous reverrons
« ailleurs, où il ne sera plus au pouvoir des hommes
« de nous séparer. »

Mais dans tous ces combats de la foi et de la nature, à mesure que la foi prenoit le dessus, à mesure aussi la nature tomboit dans l'accablement ; et l'on s'aperçut bientôt que sa santé dépérissoit à vue d'œil. Ajoutez à tous ces déchirements de cœur le mouvement continuel qu'il falloit qu'elle se donnât dans ce temps de trouble et d'agitation, étant obligée à toute heure, tantôt d'aller au parloir, tantôt d'écrire des lettres, soit pour demander conseil, soit pour en donner : il n'y avoit point de jour qu'elle ne reçût des lettres des religieuses des champs, chez qui il se passoit les mêmes choses qu'à Paris, et qui n'avoient recours qu'à elle dans tout ce qui leur arrivoit. Elle étoit de toutes les processions qu'on faisoit alors pour implorer la miséricorde de Dieu.

La dernière où elle assista, ce fut à celle pour les sept novices, afin qu'il plût à Dieu d'exaucer les prières qu'elles lui faisoient pour demeurer dans la maison. On lui donna à porter une relique de la vraie croix; elle y alla nu-pieds comme toutes les autres religieuses; elle se traîna, comme elle put, le long des cloîtres dont on faisoit le tour; mais en rentrant du cloître dans le chœur, elle tomba en foiblesse, et il fallut la reporter dans sa chambre et dans son lit, d'où elle ne se releva plus. Il lui prit une fort grande oppression, accompagnée de fièvre; et cette oppression, qui étoit continuelle, avoit des accès si violents, qu'on croyoit à tout moment qu'elle alloit mourir : en telle sorte que, dans l'espace de deux mois, on fut obligé de lui apporter trois fois le saint viatique.

Mais la plus rude de toutes les épreuves, tant pour elle que pour toute la Communauté, ce fut l'éloignement de M. Singlin et des autres confesseurs, du nombre desquels étoit M. de Sacy et M. de Sainte-Marthe, deux des plus saints prêtres qui fussent alors dans l'Église. Il y avoit plus de vingt ans que la mère Angélique se confessoit à M. de Singlin, et l'on peut dire qu'après Dieu elle avoit remis en lui toute l'espérance de son salut. On peut juger combien il lui fut sensible d'être privée de ses lumières et de ses consolations, dans un temps où elles lui étoient si nécessaires, sur-tout sentant approcher l'heure de sa mort. Cependant elle supporta cette privation si douloureuse avec la même résignation que tout le reste; et voyant ses religieuses qui s'affligeoient de n'avoir plus personne pour les conduire, et qui se regardoient comme des brebis sans pasteur : « Il ne « s'agit pas, leur disoit-elle, de pleurer la perte que « vous avez faite en la personne de ces vertueux ec-« clésiastiques, mais de mettre en œuvre les saintes « instructions qu'ils vous ont données. Croyez-moi, « mes filles, nous avions besoin de toutes les humi-« liations que Dieu nous envoie. Il n'y avoit point de « maison en France plus comblée des biens spirituels « que la nôtre, ni où il y eût plus de connoissance « de la vérité; mais il eût été dangereux pour nous « de demeurer plus long-temps dans l'abondance; et « si Dieu ne nous eût abaissées, nous serions peut-« être tombées. Les hommes ne savent pas pourquoi « ils font les choses; mais Dieu, qui se sert d'eux, « sait ce qu'il nous faut. » Mais tous ces sentiments, dont son cœur étoit rempli, paroîtront encore mieux dans une lettre qu'elle écrivit alors à un des amis de la maison, très vivement touché de tout ce qui se passoit. Voici cette lettre :

« Enfin, monsieur, Dieu nous a dépouillées de
« pères, de sœurs, et d'enfants : son saint nom soit
« béni! La douleur est céans, mais la paix y est aussi
« dans une soumission entière à sa volonté. Nous
« sommes persuadées que cette visite est une grande
« miséricorde de Dieu sur nous, et qu'elle nous étoit
« absolument nécessaire pour nous purifier et nous
« disposer à faire un saint usage de ses graces que
« nous avons reçues avec tant d'abondance : car,
« croyez-moi, si Dieu daigne avoir sur nous de plus
« grands desseins de miséricorde, la persécution ira
« plus avant. Humilions-nous de tout notre cœur
« pour nous rendre dignes de ses faveurs, si véri-
« tables, et si inconnues aux hommes. Pour vous, je
« vous supplie d'être le plus solitaire que vous pour-
« rez, et de parler fort peu, sur-tout de nous. Ne ra-
« contez point ce qui se passe, si l'on ne vous en
« parle; écoutez, et répondez le moins que vous pour-
« rez. Souvenez-vous de cette excellente remarque
« de M. de Saint-Cyran, que l'évangile et la passion
« de Jésus-Christ est écrite dans une très grande sim-
« plicité et sans aucune exagération. L'orgueil, la va-
« nité, et l'amour-propre, se mêlent par-tout; et
« puisque Dieu nous a unies par sa sainte charité,
« il faut que nous le servions dans l'humilité. Le plus
« grand fruit de la persécution, c'est l'humiliation;
« l'humilité se conserve dans le silence; gardons-le

« donc aux pieds de Notre-Seigneur, et attendons de
« sa bonté notre force et notre soutien. »

C'est dans ce même esprit qu'elle répondit un jour
à quelques sœurs, qui lui demandoient ce qu'elle
pensoit qu'elles deviendroient toutes, et si on ne
leur endroit point leurs novices et leurs pensionnaires :

« Mes filles, ne vous tourmentez point de tout
« cela : je ne suis pas en peine si on vous rendra vos
« novices et vos pensionnaires; mais je suis en peine
« si l'esprit de la retraite, de la simplicité, et de la
« pauvreté, se conservera parmi vous. Pourvu que
« ces choses subsistent, moquez-vous de tout le
« reste. »

Il n'y avoit presque point de jours qu'on ne lui
vînt annoncer quelques nouvelles affligeantes : tantôt on lui disoit que le lieutenant civil étoit dans la
clôture avec des maçons pour faire murer jusques
aux portes par où entroient les charrois pour les nécessités du jardin et de la maison; tantôt que ce magistrat faisoit, avec des archers, des perquisitions
dans les maisons voisines, pour voir si quelques uns
des confesseurs n'y seroient point cachés; une autre
fois, qu'on viendroit enlever et disperser toutes les
religieuses. Mais elle demeuroit toujours dans le
calme, ne permettant jamais qu'on se plaignît même
des jésuites, et disant toujours : « Prions Dieu et pour
« eux et pour nous. » Cependant, comme il étoit aisé
de juger par tous ces traitements extraordinaires
qu'il falloit qu'on eût étrangement prévenu l'esprit

du roi contre la maison, on crut devoir faire un dernier effort pour détromper Sa Majesté. Toute la communauté s'adressa donc à la mère Angélique, et on l'obligea d'écrire à la reine-mère, dont elle étoit plus connue que du roi, et qui avoit toujours conservé beaucoup de bonté pour M. d'Andilly, son frère. Comme cette lettre a été imprimée, je n'en rapporterai ici que la substance. Elle y représentoit une partie des bénédictions que Dieu avoit répandues sur elle et sur son monastère, et, entre autres, le bonheur qu'elle avoit eu d'avoir saint François de Sales pour directeur, et la bienheureuse mère de Chantal pour intime amie. Elle rappeloit ensuite toutes les calomnies dont on l'avoit déchirée et ses religieuses; la protection que leur innocence avoit trouvée auprès de feu M. de Gondy, leur archevêque et leur supérieur, et les censures dont il avoit flétri les infames libelles de leurs accusateurs, qui n'avoient pas laissé de continuer leurs impostures. Elle rapportoit les témoignages que ce prélat, et tous les supérieurs qu'il leur avoit donnés, avoient rendus de la pureté de leur foi, de leur soumission au pape et à l'Église, et de l'entière ignorance où on les avoit toujours entretenues touchant les matières contestées : jusque-là qu'on ne leur laissoit pas lire le livre de *la Fréquente Communion*, à cause des disputes auxquelles il avoit donné occasion. Elle faisoit souvenir la reine de la manière miraculeuse dont Dieu s'étoit déclaré pour elle, et la supplioit enfin de leur accorder la même protection que Philippe II, roi d'Espagne, son aïeul, avoit accordée à sainte Thérèse, qui, malgré son éminente sainteté, s'étoit vue calomniée aussi bien que les Pères de son ordre, et noircie auprès du pape par les mêmes accusations d'hérésie dont on chargeoit les religieuses de Port-Royal, et leurs directeurs.

La mère Angélique dicta cette lettre à plusieurs reprises, étant interrompue presqu'à chaque ligne par des syncopes et des convulsions violentes que causoit sa maladie. La lettre étant écrite, elle ne voulut plus entendre parler d'aucune affaire, et ne songea plus qu'à l'éternité. Bien qu'elle eût passé sa vie dans des exercices continuels de pénitence, et n'eût jamais fait autre chose que de travailler à son salut et à celui des autres, elle étoit si pénétrée de la sainteté infinie de Dieu, et de sa propre indignité, qu'elle ne pouvoit penser sans frayeur au moment terrible où elle comparoîtroit devant lui. La sainte confiance qu'elle avoit en sa miséricorde gagna enfin le dessus. Son extrême humilité la rendit fort attentive, dans les derniers jours de sa vie, à ne rien dire, à ne rien faire de trop remarquable, ni qui donnât occasion de parler d'elle avec estime après sa mort. Et sur ce qu'on lui parloit un jour que sa mère Marie des Anges, qu'elle estimoit, et qui étoit morte il y avoit trois ans, avoit dit, avant que de mourir, beaucoup de choses dont on se souvenoit avec édification, elle répondit brusquement : « Cette mère étoit « fort simple et fort humble, et moi je ne le suis pas. »

Quelques semaines avant sa mort, ses oppressions

diminuèrent beaucoup, et on la crut presque hors de péril; mais bientôt les jambes lui enflèrent, et ensuite tout le corps; et tous ses maux furent changés en une hydropisie qui fut jugée sans remède.

Dans ce temps, le même M. Descontes et M. Bail, qui commençoient leur visite, étant entrés dans la chambre, et M. Descontes lui ayant demandé comment elle se trouvoit, elle lui répondit d'un fort grand sang froid : « Comme une fille, monsieur, qui va « quitter la vie; mais je n'y étois pas venue pour y « voir tout ce que j'y vois. » M. Descontes, à ces mots, haussant les épaules sans rien répliquer : « Monsieur, lui dit la mère, je vous entends : voici « le jour de l'homme; mais le jour de Dieu viendra, « qui découvrira bien des choses. »

Il est incroyable combien ses souffrances augmentèrent dans les trois dernières semaines de sa maladie, tant par les douleurs de son enflure que parceque son corps s'écorcha en plusieurs endroits; ajoutez à cela un si extrême dégoût, que la nourriture lui étoit devenue un supplice. Elle enduroit tous ces maux avec une paix, une douceur étonnante, et ne témoigna jamais d'impatience que du trop grand soin qu'on prenoit de chercher des moyens de la mettre plus à son aise. « Saint Benoît nous « ordonne, disoit-elle, de traiter les malades comme « Jésus-Christ même; mais cela s'entend des soula- « gements nécessaires, et non pas des raffinements « pour flatter la sensualité. » On la voyoit dans un recueillement continuel, toujours les yeux levés vers le ciel, et n'ouvrant la bouche que pour adresser à Dieu des paroles courtes et enflammées, la plupart tirées de psaumes et des autres livres de l'Écriture.

La veille de sa mort, les médecins jugeant qu'elle ne pouvoit plus aller guère loin, on lui apporta, pour la troisième fois, comme j'ai déja dit, le saint viatique. Bien loin de se plaindre de n'être pas secourue en cette occasion par les ecclésiastiques en qui elle avoit eu tant de confiance, elle remercia Dieu de ce qu'elle mouroit pauvre de tout point, et également privée des secours spirituels et des temporels. Elle reçut le saint viatique avec tant de marques de paix, de fermeté, et d'anéantissement, que, long-temps après sa mort, les religieuses disoient que pour s'exciter à communier dignement, elles n'avoient qu'à se représenter la manière édifiante dont leur sainte mère avoit communié devant elles. Bientôt après elle entra dans l'agonie, qui fut d'abord très douloureuse; mais enfin toutes ses souffrances se terminèrent en une espèce de léthargie, pendant laquelle elle s'endormit du sommeil des justes, le soir du sixième d'août 1661, jour de la Transfiguration, âgée de soixante-dix ans moins deux jours : fille véritablement illustre, et digne, par son ardente charité envers Dieu et envers le prochain, par son extrême amour pour la pauvreté et pour la pénitence, et enfin par les grands talents de son esprit, d'être comparée aux plus saintes fondatrices.

Le bruit de sa mort s'étant répandu, et son corps

ayant été le lendemain, vers le soir, exposé à la grille, selon la coutume, l'église fut en un moment pleine d'une foule de peuple, qui venoient bien moins en intention de prier Dieu pour elle que de se recommander à ses prières; ils demandoient tous avec instance qu'on fît toucher à cette mère, les uns leur chapelet et leurs médailles, les autres leurs Heures, quelques uns même leurs mouchoirs, qu'ils présentoient tout trempés de leurs larmes. On en fit d'abord quelque difficulté; mais ne pouvant résister à leur empressement, deux sœurs ne firent autre chose tout ce soir, et le lendemain depuis le point du jour jusqu'à son enterrement, que de recevoir et de rendre ce que l'on passoit; et l'on voyoit ce peuple baiser avec transport les choses qu'on leur rendoit, l'appelant, les uns leur bonne mère, les autres la mère des pauvres. Il n'y eut pas jusqu'aux ecclésiastiques, qui entrèrent pour l'enterrer, qui ne purent s'empécher, quoiqu'ils ne fussent point de la maison, de lui baiser les mains comme celles d'une Sainte. Dieu a bien voulu confirmer sa sainteté par plusieurs miracles; et l'on en pourroit rapporter un grand nombre sans le soin particulier que les religieuses de Port-Royal ont toujours eu, non seulement de cacher le plus qu'elles peuvent leur vie austère et pénitente aux yeux des hommes, mais de leur dérober même la connoissance des merveilles que Dieu a opérées de temps en temps dans leur monastère.

Revenons maintenant à la visite. Elle dura près

de deux mois, et, pendant tout ce temps, M. Descontes et M. Bail visitèrent exactement les deux maisons, et interrogèrent toutes les religieuses les unes après les autres, même les converses. M. Bail surtout y apportoit une application extraordinaire, fort étonné de trouver les choses si différentes de ce qu'il se l'étoit imaginé; il tendoit même des piéges à la plupart de ces filles dans les questions qu'il leur faisoit, comme s'il eût été bien aise de les trouver dans quelque opinion qui eût l'apparence d'hérésie. Il y en eut à qui il demanda, puisqu'elles croyoient que Jésus-Christ étoit mort pour tous les hommes, si elles ne croyoient pas aussi qu'il fût mort pour le diable? Enfin, ne pouvant résister à la vérité, il leur rendit justice, et signa, avec M. Descontes, la carte de visite, dont j'ai cru devoir rapporter cet article tout entier:

« Ayant trouvé, par la visite, cette maison en un
« état régulier, bien ordonné, une exacte observance
« des règles et des constitutions, une grande union
« et charité entre les sœurs, et la fréquentation des
« sacrements digne d'approbation, avec une soumis-
« sion due à notre Saint Père le pape et à tous ses
« décrets, par une foi orthodoxe et une obéissance
« légitime, n'ayant rien trouvé ni reconnu en l'un et
« l'autre monastère qui soit contraire à ladite foi
« orthodoxe et à la doctrine de l'Église catholique,
« apostolique et romaine, ni aux bonnes mœurs,
« mais plutôt une grande simplicité, sans curiosité
« dans les questions controversées dont elles ne

« s'entretiennent point, les supérieurs ayant eu soin
« de les en empêcher ; nous les exhortons toutes ,
« par les entrailles de Jésus-Christ, d'y persévérer
« constamment, et la mère abbesse d'y tenir la main.»

Voilà, en peu de mots, l'apologie des religieuses de Port-Royal ; les voilà reconnues pour très pures dans leur foi et dans leurs mœurs, très soumises à l'Église, et très ignorantes des matières contestées; et voilà par conséquent les jésuites déclarés de très grands calomniateurs par l'homme même que les jésuites avoient fait nommer pour examiner ces filles.

Vraisemblablement on se garda bien de montrer au roi cette carte de visite, qui auroit été capable de lui donner, contre les persécuteurs de ces religieuses, toute l'indignation qu'ils lui avoient inspirée contre elles. Je ne sais point si M. Bail prit, pour les justifier, les soins que sa conscience l'obligeoit de prendre. La vérité est que depuis ce temps-là il les traita assez doucement : il faisoit même assez volontiers pour les consoler dans l'affliction où il les voyoit, ce qu'il pouvoit ; et pour cela il leur apportoit quelquefois des cantiques spirituels dont il avoit fait les airs et les paroles, et vouloit les leur faire chanter à la grille.

Cependant le Formulaire commençoit à exciter beaucoup de troubles. Plusieurs évêques refusèrent de le faire signer dans leurs diocèses, et écrivirent au roi pour se plaindre des entreprises de l'assemblée du clergé, qui, méritant à peine le nom de simple synode, prétendoit s'ériger en concile national, prescrivoit des formules de foi, et décernoit des peines contre les prélats qui refuseroient de se soumettre à ses décisions. Le premier qui écrivit fut messire Nicolas Pavillon, évêque d'Aleth, qui étoit alors regardé comme le saint Charles de l'Église de France. Il y avoit vingt-deux ans qu'il étoit évêque, et depuis ce temps-là il n'étoit jamais sorti de son diocèse que pour assister aux états de la province.

Le grand amour pour la résidence joint à la sainteté extraordinaire de sa vie et à un zèle ardent pour la discipline, le faisoit dès-lors traiter de janséniste; il avoit été néanmoins dans l'opinion qu'on devoit aux constitutions une soumission pleine et entière, sans aucune distinction du fait et du droit. Mais il rapporte lui-même dans une lettre qu'il écrivit à M. de Péréfixe, qu'ayant examiné à fond la matière, et demandé à Dieu, par beaucoup de prières, qu'il voulût l'éclairer, il avoit reconnu qu'il s'étoit trompé, et que le fait de Jansénius étoit de telle nature qu'on n'en pouvoit exiger par autorité ni la créance ni la souscription. Ce fut donc dans ce même sens qu'il écrivit au roi et aux prélats de l'assemblée. Son exemple fut suivi par les évêques de Comminge, de Beauvais, d'Angers, et de Vence. Ce dernier représentoit avec beaucoup de douleur qu'on avoit surpris la piété de Sa Majesté, en lui faisant croire qu'il y avoit dans son royaume une nouvelle hérésie ; ajoutant que le Formulaire avoit été regardé par la plupart des prélats, même de l'assemblée, comme une semence malheureuse de troubles et de divisions.

Tous ces évêques que je viens de nommer écrivirent aussi au pape, pour lui faire les mêmes plaintes contre le Formulaire, et pour lui demander la conduite qu'ils devoient tenir en cette rencontre.

Mais rien ne fit mieux connaître combien tout le monde étoit soumis sur la doctrine, que tous les applaudissements qu'on donna au mandement des grands-vicaires de Paris, où la distinction du fait et du droit étoit établie. On couroit en foule signer le Formulaire, selon la distinction de ce mandement : déja même plusieurs prélats de l'assemblée déclaroient tout haut qu'ils n'avoient jamais prétendu exiger d'autre signature. Les Jésuites virent avec douleur cette soumission universelle, et que dans deux mois, si le mandement subsistoit, il n'y avoit plus de jansénistes dans le royaume. Le père Annat alla trouver ses bons amis, M. de Marca, auteur du Formulaire, et M. l'archevêque de Rouen, président de l'assemblée. Ceux-ci firent aussitôt parler les agents du clergé : on fit entendre au roi que le mandement des grands-vicaires avoit excité un fort grand scandale, qu'il éludoit le sens des constitutions, et rendoit inutiles toutes les délibérations des prélats et des arrêts de Sa Majesté. Là-dessus les grands-vicaires sont mandés à Fontainebleau, où étoit la cour, et où étoient aussi en grand nombre messieurs les prélats.

M. de Marca, toujours entêté de sa prétendue inséparabilité du fait et du droit, fit un grand discours pour persuader aux grands-vicaires qu'ils n'avoient point dû séparer ces deux questions. Après qu'il eut fini, ils lui demandèrent par grace qu'il voulût mettre ses raisons par écrit, afin qu'ils les pussent examiner plus à loisir. M. de Marca, de concert avec le père Annat, fit l'écrit qu'on lui demandoit; et le lendemain les grands-vicaires apportèrent leurs observations, où toutes ses raisons étoient détruites de fond en comble. Il voulut leur répliquer par un autre écrit; mais en moins de vingt-quatre heures cet écrit fut encore réfuté par de nouvelles observations, plus foudroyantes que les premières.

Alors messieurs les prélats, reconnoissant qu'ils ne pouvoient l'emporter par la raison, eurent recours à la force; ils firent *casser et déclarer nul*, par un arrêt du conseil, le mandement des grands-vicaires, avec défense à tout le monde de le signer. En même temps le mandement fut envoyé à Rome, et le roi écrivit au pape pour le faire révoquer. Les grands-vicaires, de leur côté, écrivirent au pape une grande lettre, où ils lui rendoient compte de leur mandement, « qui, en faisant rendre, disoient-ils, « aux constitutions tout le respect qui leur étoit dû, « auroit mis le calme dans l'Église, s'il n'avoit été « traversé par des gens ennemis de la paix, et par « des évèques trop amoureux de leur formule de foi, « qu'ils s'étoient avisés de proposer à tout le royau- « me, et dans laquelle ils avoient ajouté aux consti- « tutions des choses qui n'y étoient pas. » Cette lettre étoit accompagnée d'un acte signé par tous les curés de Paris, qui déclaroient que le mandement, bien loin d'avoir excité le scandale, avoit été d'une fort grande édification pour tout le diocèse, et étoit regardé de tous les gens de bien comme l'unique moyen de pacifier l'Église. On peut dire que la politique de l'Église de Rome ne parut jamais mieux qu'en cette occasion : elle étoit bien éloignée d'approuver que des évêques s'ingérassent de faire des professions de foi, pour les faire signer à tous leurs confrères; mais elle étoit aussi trop éclairée sur ses intérêts pour ne pas approuver la conduite de ces évêques, qui donnoient par-là au pape une infaillibilité sans bornes. Le pape écrivit aux grands-vicaires un bref extrêmement sévère, les traitant d'enfants de Bélial, mais sans dire un mot ni du Formulaire, ni des décisions de l'assemblée : il les exhortoit, en termes généraux, à revenir a résipiscence, et à imiter l'obéissance des évêques et la piété du roi; après quoi il leur donnoit sa bénédiction. Il ne fit réponse ni à l'évêque d'Angers, ni aux autres prélats qui s'étoient adressés à lui pour le consulter. Il se contenta de faire écrire au nonce par le cardinal Chigi; et ce nonce avoit ordre de renvoyer tous ces évêques au bref que Sa Sainteté avoit écrit aux grands-vicaires de Paris, et de leur dire de s'y conformer. Ces prélats demeurèrent fermes dans la résolution qu'ils avoient prise de ne point déférer aux décisions de l'assemblée. Mais les grands-vicaires firent un autre mandement, par lequel ils révoquoient le premier, et ordonnoient la signature pure et simple du Formulaire; et en même temps ils eurent ordre de le faire signer aux religieuses de Port-Royal.

Le premier mandement avoit déja causé beaucoup de trouble parmi ces filles, qui appréhendoient, en le signant, de blesser la vérité. Mais comme c'est cette crainte, et, si l'on veut, ce scrupule qui leur a dans la suite attiré tant de persécutions, et qui a, en quelque sorte, causé la ruine de leur maison, il est bon de dire ici d'où venoit en elles une si grande délicatesse de conscience.

Les religieuses de Port-Royal, comme j'ai dit, et comme il paroît par la carte de visite que j'ai rapportée, n'avoient originairement aucune connoissance des matières contestées : leurs directeurs ne les en entretenoient point, et ne leur en avoient appris que ce qui étoit absolument nécessaire pour leur salut. Mais en récompense ils les avoient instruites à fond des devoirs de leur profession et des maximes de l'Évangile; on leur avoit fortement imprimé dans l'esprit ces grands principes de saint Paul et de saint Augustin, « qu'il n'est point permis de pé-
« cher pour quelque occasion que ce soit; qu'il
« vaudroit mieux s'exposer à tous les plus grands
« supplices que de faire un léger mensonge; que
« Dieu et la vérité n'étant qu'un, on ne sauroit la
« blesser sans le blesser lui-même; qu'on ne peut
« point déposer pour un fait dont on n'est point
« instruit; et que d'attester qu'on croit ce qu'on ne
« croit pas, c'est un crime horrible devant Dieu et
« devant les hommes. » Sur-tout on leur avoit inspiré

une extrême horreur pour toutes ces restrictions mentales, et pour toutes ces fausses adresses inventées par les casuistes modernes, dans la vue de pallier le mensonge et d'éluder la vérité. Cela étant, on peut aisément concevoir d'où venoit la répugnance de ces filles à signer le Formulaire. La nécessité où on les réduisoit les avoit enfin obligées, malgré elles, de s'instruire de la contestation qui faisoit tant de bruit dans l'Église, et qui les jetoit dans de si grands embarras. Elles avoient appris que deux papes, à la sollicitation des jésuites et de plusieurs évêques, avoient condamné, comme extraites de Jansénius, évêque d'Ypres, cinq propositions très abominables, que tout le monde avouoit que ces propositions étoient bien condamnées; mais qu'un grand nombre de docteurs distingués par leur piété et par leur mérite, du nombre desquels étoient les directeurs de leur maison, soutenoient qu'elles n'étoient point dans le livre de cet évêque, où ils offroient même d'en faire voir de toutes contraires; qu'il s'étoit fait sur cela de part et d'autre quantité de livres, où ceux-ci paroissoient avoir eu tout l'avantage. Il y avoit donc lieu de douter, et elles doutoient effectivement que ces propositions fussent dans le livre de cet évêque, mort en odeur de sainteté, et qui, dans son ouvrage même paroissoit soumis jusqu'à l'excès au saint-siége. Ainsi, soit qu'elles se trompassent ou non, pouvoient-elles en sûreté de conscience signer le Formulaire? N'étoit-ce pas attester qu'elles croyoient le contraire de ce qu'en effet elles pensoient? On répondoit qu'elles devoient se fier à la décision de deux papes; mais elles avoient appris de toute l'Église que les papes, ni même les conciles, ne sont point infaillibles sur des faits non révélés. Et y a-t-il quelqu'un, si ce n'est les jésuites, qui le puisse soutenir? Le contraire n'est-il pas aujourd'hui avoué de toute la terre? Et n'étoit-il pas alors aussi vrai qu'il l'est maintenant? Il est donc constant que ces filles ne refusoient de signer que parcequ'elles craignoient de faire un mensonge. Mais leur délicatesse sur cela étoit si grande, que, quelque tour que les grands-vicaires eussent donné à leur premier mandement, plusieurs religieuses néanmoins, sur la seule peur d'être obligées de le signer, tombèrent malades; et il prit à la sœur de M. Pascal, qui s'appeloit en religion sœur Euphémie, et qui étoit alors sous-prieure à Port-Royal des champs, une fièvre dont elle mourut. Les autres ne consentirent à signer qu'après avoir mis à la tête de leurs souscriptions, deux ou trois lignes qui portoient qu'elles embrassoient absolument et sans réserve la foi de l'Église catholique, qu'elles condamnoient toutes les erreurs qu'elle condamne, et que leur signature étoit un témoignage de cette disposition.

On peut juger par-là de l'effet que fit sur elles le second mandement. « Que veut-on de nous davan-
« tage, disoient-elles aux grands-vicaires? N'avons-
« nous pas rendu un témoignage sincère de notre
« soumission pour le saint-siége? veut-on que nous
« portions témoignage d'un livre que nous n'enten-

« dons point, et que nous ne pouvons entendre? »
Là-dessus elles prenoient à témoin M. Descontes, de la pureté de leur foi, et de l'ignorance où il les avoit trouvées sur toutes ces contestations. Les grands-vicaires étoient fort fâchés de les voir dans cette agitation, et de leur persévérance dans un refus qui alloit vraisemblablement attirer la ruine de l'une des plus saintes Communautés qu'il y eût dans l'Église : ils épuisèrent leur esprit à chercher des tempéraments qui pussent sauver ces filles ; ils les conjurèrent de s'aider un peu elles-mêmes, et de faire quelque chose qui leur donnât occasion de les servir. A la fin elles s'offrirent de signer avec cette espèce de préambule : « Nous, abbesse, prieures et
« religieuses des deux monastères de Paris et des
« champs, etc., considérant que, dans l'ignorance
« où nous sommes de toutes les choses qui sont au
« dessus de notre profession et de notre sexe, tout
« ce que nous pouvons faire est de rendre témoi-
« gnage de notre foi, nous déclarons très volontiers,
« par notre signature, qu'étant soumises avec un
« très profond respect à notre Saint Père le pape, et
« n'ayant rien de si précieux que la foi, nous em-
« brassons sincèrement et de cœur tout ce que Sa
« Sainteté et le pape Innocent X en ont déjà décidé,
« et rejetons toutes les erreurs qu'ils ont jugées y
« être contraires. »

Les grands-vicaires portèrent à la cour cette déclaration, et employèrent tous leurs efforts pour l'y faire approuver. Ils portèrent en même temps une déclaration à-peu-près semblable, que les religieuses du Val-de-Grace et celles de plusieurs autres couvents leur avoient aussi présentée, et sans laquelle elles refusoient de signer. On ne leur parla point de ces autres religieuses; ils eurent ordre de ne point admettre l'explication de celles de Port-Royal, et d'exiger d'elles une souscription pure et simple. Mais sur ces entrefaites, le cardinal de Retz ayant donné sa démission de l'archevêché de Paris, et le roi ayant nommé un autre archevêque, il ne fut plus question du mandement de ces grands-vicaires.

Cependant les jésuites, pour autoriser toutes ces violences, s'opiniâtroient à vouloir de plus en plus faire du fait de Jansénius un dogme de foi. Comme ils voyoient avec quelle facilité leurs adversaires avoient ruiné toutes les frivoles raisons sur lesquelles M. de Marca avoit voulu fonder ce nouveau dogme, ils crurent que tout le mal venoit de ce que ce prélat biaisoit trop, et ne parloit pas assez nettement. Pour y remédier, ils firent soutenir publiquement, dans leur collége de Clermont, une thèse où ils avancèrent en propres termes cette proposition : « Que « Jésus-Christ, en montant au ciel, avoit donné à « saint Pierre et à ses successeurs la même infailli- « bilité et dans le fait et dans le droit qu'il avoit lui- « même. » D'où ils concluoient très naturellement que « le pape ayant décidé que les cinq proposi- « tions étoient dans Jansénius, on ne pouvoit nier, « sans hérésie, qu'elles y fussent. » C'est ainsi que ces Pères, dans la passion de rendre hérétiques leurs adversaires, se rendoient eux-mêmes coupables d'une très dangereuse hérésie, et non seulement d'une hérésie, mais d'une impiété manifeste, en égalant à Dieu la créature, et voulant qu'on rendît à la simple parole d'un homme mortel le même culte que l'on doit rendre à la parole éternelle. Mais ils n'étoient pas moins criminels envers le roi et envers l'état, par les avantages que la cour de Rome pouvoit tirer de cette thèse plus préjudiciable à la souveraineté des rois que les opinions de Mariana et des Santarel, tant condamnées par le clergé de France, par le Parlement et par la Sorbonne. Aussi excita-t-elle un fort grand scandale. Voici ce que le célèbre M. Godeau, évêque de Vence, en écrivit à un de ses amis : « Où est l'ancienne Sorbonne qui a « foudroyé par avance cette proposition? Où sont « les Servin, les Marion, les Harlay? Où sont les « évêques de l'assemblée de Melun? Où est enfin « notre honneur et notre conscience de nous taire « quand il y a un si grand sujet de parler? Qu'il est « fâcheux de vivre en un si mauvais temps! Et à « quoi, mon Dieu, nous réservez-vous? Mais espé-« rons en celui qui mortifie et qui vivifie : il laisse « aujourd'hui prévaloir les ténèbres, mais il saura « en tirer la lumière. »

Cependant (le pourra-t-on croire?) les évêques, la Sorbonne et le Parlement gardèrent sur cette thèse un profond silence; les jansénistes seuls se remuèrent, et il n'y eut que ces prétendus ennemis de l'Église et de l'État qui, joints aux curés de Paris, eurent assez de courage pour défendre alors l'État et l'Église. Ils dénoncèrent la thèse à tous les évêques; ils s'adressèrent au Parlement même et découvrirent, par un excellent écrit, les conséquences de cette pernicieuse doctrine; encore le crédit des jésuites fut-il assez grand pour faire brûler cet écrit par la main du bourreau.

Ils eurent dans ce temps-là un nouveau sujet de triomphe, par la nomination que le roi fit de M. de Marca à l'archevêché de Paris. Pouvoit-on douter qu'étant, comme nous l'avons vu, le principal auteur du Formulaire, il n'en exigeât la signature avec toute la rigueur imaginable? Déja même les nouveaux grands-vicaires que le chapitre avoit nommés comme pendant la vacance, s'empressant à lui faire leur cour, avoient publié un troisième mandement qui jetoit la terreur dans tout le diocèse de Paris : ils y réformoient tout ce qui leur sembloit de trop modéré dans les précédents, réputoient nulles toutes les signatures faites avec restriction ou explication, et déclaroient suspens et interdits, *ipso facto*, tous les ecclésiastiques qui, dans quinze jours, n'auroient pas signé leur ordonnance. Mais ce zèle précipité n'eut aucune suite : on leur prouva leur incompétence par de bonnes raisons, et leur mandement tomba de lui-même. Si l'on en croit de fort grands prélats, qui ont très particulièrement connu M. de Marca, cet archevêque étoit fort changé sur le sujet de son Formulaire; ils prétendent même qu'il étoit sérieusement touché du trouble que cette affaire avoit excité, et qu'il n'attendoit que ses bulles pour essayer tous les moyens de terminer les choses par la douceur. Quelque fussent ses intentions, Dieu ne lui permit pas de les exécuter, et il mourut le jour même que ses bulles arrivèrent.

Sa mort fut suivie de près de celle de l'illustre M. Pascal. Il n'étoit âgé que de trente-neuf ans; mais, quoiqu'encore jeune, ses grandes austérités et son application continuelle aux choses les plus relevées, l'avoient tellement épuisé, qu'on peut dire qu'il mourut de vieillesse, et laissa imparfait un grand ouvrage qu'il avoit entrepris contre les athées. Les fragments qu'on a trouvés dispersés dans ses papiers, et qui ont été donnés au public sous le nom de *Pensées de M. Pascal*, peuvent faire juger et du mérite qu'auroit eu tout l'ouvrage, s'il eût eu le temps de l'achever, et de l'impression vive que les grandes vérités de la religion avoient faite sur son esprit. On publia que sur la fin de sa vie il avoit rompu tout commerce avec messieurs de Port-Royal, parcequ'il ne les trouvoit pas, disoit-on, assez soumis aux constitutions; et on citoit là-dessus le témoignage du curé de Saint-Étienne-du-Mont, qui lui avoit administré dans sa maladie les derniers sacrements.

La vérité est, qu'un peu avant sa mort, M. Pascal eut quelque dispute avec M. Arnauld sur le sujet des constitutions; mais bien loin de prétendre qu'on se devoit soumettre aux constitutions, il trouvoit, au contraire, qu'on s'y soumettoit trop : car appréhendant, comme on peut le voir dans les Provinciales, que les jésuites n'abusassent un jour, contre la doctrine de saint Augustin, de la condamnation des cinq propositions, il vouloit non seulement qu'en signant le Formulaire on fît la distinction du fait et du droit, mais qu'on déclarât qu'on ne prétendoit en aucune sorte donner atteinte à la grace efficace par elle-même, parcequ'à son avis, plutôt que de laisser flétrir une si sainte doctrine, il falloit souffrir tous les plus mauvais traitements, et même l'excommunication. M. Arnauld soutenoit, au contraire, que c'étoit faire injure à la véritable doctrine de la grace, de témoigner quelque défiance qu'elle eût pu être condamnée, et qu'elle étoit assez à découvert, et par la déclaration d'Innocent X, et par le consentement de toute l'Église ; qu'au reste, le schisme étoit le plus grand de tous les maux ; que l'ombre même en étoit horrible, et qu'il falloit sur toutes choses éviter d'y donner occasion. Ces deux grands hommes écrivirent sur cela l'un et l'autre, mais sans sortir des bornes de la charité, et sans blesser le moins du monde l'estime mutuelle dont ils étoient liés, et qu'ils ont conservée jusqu'au dernier soupir. M. Pascal mourut entre les bras de M. de Sainte-Marthe, ami intime de M. Arnauld, et l'un des plus zélés défenseurs des religieuses de Port-Royal. Mais voici ce qui a donné lieu à croire le contraire de ce que nous disons :

M. Pascal, dans quelques entretiens qu'il eut avec le curé de Saint-Étienne, lui toucha quelque chose de cette dispute, sans lui particulariser de quoi il s'agissoit; de sorte que ce bon curé, qui ne supposoit pas que M. Arnauld eût pu pécher par trop de déférence aux constitutions, s'imagina que c'étoit tout le contraire. Non seulement il le dit ainsi à quelques uns de ses amis, mais il l'attesta même par écrit. Mais les parents de M. Pascal, touchés du tort que ce bruit faisoit à la vérité, allèrent trouver ce bon homme, lui montrèrent les écrits qui s'étoient faits sur cette dispute, et le convainquirent si bien de sa méprise, qu'il rétracta aussitôt sa déposition par des lettres qu'il leur permit de rendre publiques.

Après la mort de M. de Marca, il se passa près de dix-huit mois pendant lesquels on ne pressa point la signature; on crut même un temps que les affaires alloient changer de face : car la cour de Rome, pendant qu'on élevoit en France son autorité, outragea le roi en la personne du duc de Créqui, son ambassadeur. Le roi ressentit vivement cette offense, et résolut d'en tirer raison. Comme la querelle pouvoit aller loin, par l'opiniâtreté du pape à soutenir les auteurs de cet attentat, le Parlement et les ministres du roi commencèrent à ouvrir les yeux sur le trop grand cours qu'ils avoient laissé prendre à ce qu'on appelle en France les opinions ultramontaines. On ne dit pourtant rien aux jésuites; mais sur l'avis qu'on eut d'une thèse qu'un bachelier breton se préparoit à soutenir, où il y avoit des propositions moins exorbitantes, à la vérité, que celles du collége de Clermont, mais qui étoient contraires aux libertés de l'Église gallicane, et qui, en donnant au pape une autorité souveraine sur l'Église, établissoient son infaillibilité, et détruisoient la nécessité des conciles, le Parlement prit cette occasion d'agir. Il manda le syndic de la Faculté qui avoit signé la thèse, le bachelier qui la devoit soutenir, et le docteur qui devoit y présider; et, après leur avoir fait les réprimandes qu'ils méritoient, il donna un arrêt par lequel la thèse étoit supprimée, avec défense d'enseigner, lire et soutenir dans les écoles et ailleurs aucune proposition de cette nature; et il étoit ordonné que cet arrêt seroit lu en pleine assemblée de la Faculté, et inséré dans ses registres.

A peine cet arrêt venoit d'être rendu, qu'on eut avis d'une autre thèse à peu près semblable, qui avoit été soutenue au collége des Bernardins, signée encore du même syndic de la Faculté. Le Parlement donna un second arrêt, plus sévère que le premier, contre le répondant et le président; et, par cet arrêt, le syndic fut suspendu pour six mois des fonctions de son syndicat.

Ce syndic étoit le docteur Grandin, fameux moliniste, et qui avoit eu la principale part à tout ce qui s'étoit fait en Sorbonne contre M. Arnauld. Lui et les autres partisans des jésuites souffrirent beaucoup de voir ainsi attaquer la doctrine de l'infaillibilité, qui étoit leur doctrine favorite. Ils firent même, quoique inutilement, plusieurs efforts pour empêcher la Faculté d'enregistrer ces arrêts; mais la plus saine partie des docteurs saisit cette occasion de laver la Faculté du reproche qu'on lui faisoit publiquement d'avoir abandonné son ancienne doctrine. Ils travaillèrent avec tant de succès, que la Faculté dressa la fameuse déclaration de ses sentiments, contenus en six articles, dans lesquels elle exposoit combien elle étoit éloignée d'enseigner, ni que le pape eût aucune autorité sur le temporel des rois, ni qu'il fût infaillible et supérieur aux conciles. Elle présenta elle-même ces six articles au roi, et ensuite au Parlement, qui la félicita d'être rentrée dans ses véritables maximes, et de s'être assurée contre toutes ces nouveautés dangereuses, que la cabale des moines et de quelques particuliers, liés d'intérêt avec eux, avoient depuis vingt ans introduites dans les écoles.

Presque en même temps il y eut un autre arrêt pour réduire, selon l'ancien usage, le nombre des docteurs mendiants à deux de chaque Ordre dans les assemblées de théologie. Quelques moines voulurent protester contre cet arrêt; et l'un d'eux eut l'audace de reprocher à la Faculté que, sans leur grand nombre, on ne seroit jamais venu à bout de condamner les jansénistes. Le roi publia une déclaration, par laquelle il ordonnoit que les six articles seroient enregistrés dans tous les Parlements et dans toutes les Universités du royaume, avec défense d'enseigner d'autre doctrine que celle qui y étoit contenue. Ils le furent sans aucune opposition : il y eut seulement un jésuite à Bordeaux, nommé le père Camin, qui se démena fort pour empêcher l'Université de cette ville de les recevoir. Quelque remontrance que le recteur lui pût faire, il persista toujours dans son opposition ; et il est marqué au bas de l'acte d'enregistrement, que le père Camin a refusé de le signer.

Ce jésuite ne faisoit en cela que suivre l'esprit de sa Compagnie : car dans le même temps que l'on prenoit en France ces précautions contre les entreprises des ultramontains, les jésuites du collège de Clermont, à l'occasion d'une thèse de mathématique, soutinrent publiquement une proposition où ils donnoient en quelque sorte au tribunal de l'inquisition la même infaillibilité qu'ils avoient donnée au pape dans leur thèse du mois de décembre 1661 ; et ce qu'il y eut de singulier, c'est qu'ils la firent soutenir par le fils de M. de Lamoignon, premier président. La proposition fut aussitôt déférée à la Faculté, qui se préparoit à la condamner ; mais le premier président, pour ne pas vraisemblablement voir flétrir une thèse que son fils avoit soutenue, empêcha la censure, et fit donner, sur la requête du syndic, un arrêt qui imposoit silence à la Faculté.

Pendant que ces choses se passoient, il y avoit eu un projet d'accommodement pour terminer l'affaire et la querelle du jansénisme; les premières propositions en furent jetées par le P. Ferrier, jésuite de Toulouse. Ce jésuite, homme très fin, et qui songeoit à se faire connaître à la cour, crut ne pouvoir mieux y réussir qu'en se mêlant d'une querelle si célèbre.

Il le fit trouver bon au P. Annat, qui avoit une grande idée de lui, et qui ne croyoit pas que la cause des jésuites pût péricliter en de si bonnes mains. Le P. Ferrier s'adressa donc à M. de Choiseul, évêque de Comminges, et s'offrit d'entrer en conférence avec les défenseurs de Jansénius, sur les moyens de donner la paix à l'Église. Ce prélat en écrivit aussitôt à M. Arnauld. Quelque défiance que ce docteur et les autres théologiens qui étoient dans la même cause, eussent de la bonne foi de ces pères, dans l'envie néanmoins d'assurer la paix de l'Église, ils offrirent de conférer, à condition qu'il ne seroit point fait mention du Formulaire, et qu'on n'exigeroit rien d'eux dont leur conscience pût être blessée. Le P. Ferrier parut approuver cette condition; et bientôt après M. de Comminges reçut ordre du roi de se transporter à Paris, où le P. Ferrier s'étoit déjà rendu.

Messieurs Lalane et Girard, deux célèbres docteurs, se trouvèrent aux conférences, au nom des défenseurs de Jansénius, et le P. Ferrier au nom des jésuites. Ces deux docteurs présentèrent cinq articles, qui contenoient toute leur doctrine sur la matière des cinq propositions. Ce sont ces mêmes articles que les docteurs de Louvain ont encore, depuis quelques années, présentés au pape, et qui ont eu l'approbation de toute l'Église. Le P. Ferrier n'osa pas nier qu'ils ne fussent très catholiques, bien que très opposés à la doctrine de Molina, disant qu'il importoit peu à l'Église que ses enfants fussent de l'opinion des thomistes ou de celle des jésuites. Il y eut seulement un endroit de l'un de ces articles où il souhaita quelque adoucissement, qui lui fut aussitôt accordé. Ainsi, tout le monde étant d'accord sur la doctrine, l'évêque de Comminges jugea l'affaire terminée, et il le fit entendre au roi. Mais ce P. Ferrier qui, comme nous avons dit, ne pensoit à rien moins qu'à un accommodement, trouva bientôt moyen de le rompre: et, contre la parole donnée, déclara qu'il falloit encore convenir que la doctrine condamnée dans les cinq propositions étoit celle de Jansénius. On eut beau s'écrier qu'on avoit stipulé, avant toutes choses, qu'on ne parleroit point de cet article, il soutint hardiment que cela n'étoit point véritable; de sorte que ces conférences n'aboutirent qu'à un nouveau démêlé avec ce jésuite. Il écrivit, et on fit contre lui quantité d'ouvrages pleins de raisons très convaincantes, auxquelles il répondit sur le ton ordinaire de sa Société, c'est-à-dire avec beaucoup d'injures.

L'évêque de Comminges, fort irrité de la tromperie qu'on lui avoit faite, songea néanmoins à accommoder l'affaire par une autre voie. Il se fit mettre entre les mains un écrit signé par les principaux défenseurs de Jansénius, par lequel ils lui donnoient plein pouvoir d'envoyer en leur nom au pape les cinq articles dont nous avons parlé, déclarant qu'ils les soumettoient de bonne foi à son jugement; qu'au reste, ils supplioient très humblement Sa Sainteté de croire qu'ils avoient une véritable douleur de toutes les fâcheuses et importunes disputes qui troubloient depuis si long-temps l'Église; qu'ils n'avoient jamais eu la moindre pensée de blesser en rien l'autorité du saint-siége, pour lequel ils avoient toujours eu et auroient toute leur vie un entier dévouement; que, bien loin de s'opposer aux deux dernières constitutions, ils étoient prêts d'y déférer avec tout le respect et la soumission que demandoit Sa Majesté et la souveraine autorité du saint-siège apostolique; enfin, que si Sa Sainteté vouloit encore exiger d'eux une plus grande preuve de la sincérité avec laquelle ils adhéroient à la foi établie par ces constitutions, ils consentoient de la lui donner. Les principaux défenseurs de Jansénius avoient eu assez de peine à souscrire à ce dernier article, qui mettoit le pape en droit, pour ainsi dire, de leur imposer telle loi qu'il voudroit. Cependant l'évêque de Comminges ne laissa pas d'envoyer cet écrit à Sa Sainteté, avec une lettre très respectueuse qu'il lui écrivoit sur ce sujet. Il y avoit apparence que cela seroit reçu très agréablement à Rome.

En effet, que pouvoit-on exiger de plus précis des défenseurs de Jansénius, qu'une explication si orthodoxe de leur doctrine, et une soumission si sincère aux constitutions du saint-siège? Il arriva néanmoins tout le contraire de ce qu'on espéroit : car dans ce temps-là même le P. Ferrier ayant aussi envoyé à Rome une relation fausse et très odieuse de tout ce qui s'étoit passé dans les conférences, le pape prévenu contre l'évêque de Comminges, qu'il regardoit comme un des chefs du jansénisme, crut que toutes ces soumissions n'avoient en effet rien de sincère. Au lieu donc de faire réponse à ce prélat, il se contenta d'écrire un bref aux évêques de France en général, où, sans leur parler de Formulaire, il les louoit fort de leur zèle à faire exécuter en France les constitutions du saint-siége, reconnoissant que c'étoit par leurs soins et leur bonne conduite que les principaux d'entre les jansénistes, revenus enfin à une plus saine doctrine, avoient tout nouvellement offert de se soumettre à tout ce que le saint-siége voudroit leur prescrire. Il les exhortoit donc à poursuivre un ouvrage si bien commencé, et à chercher les moyens les plus propres pour obliger les fidèles à exécuter de bonne foi les deux dernières constitutions.

L'évêque de Comminges fut fort piqué du mépris que le pape lui avoit témoigné en ne daignant pas lui faire réponse. Pour justifier donc, et sa conduite dans toute cette affaire, et le procédé des défenseurs de Jansénius, il apporta au roi un nouvel acte signé d'eux, qui contenoit des protestations encore plus humbles et plus soumises que celles qu'ils avoient envoyées au pape : car ils déclaroient par cet acte qu'ils condamnoient sincèrement les cinq propositions, et qu'ils ne les soutiendroient jamais, sous prétexte de quelque sens et de quelque interprétation que ce fût; qu'ils n'avoient point d'autres sentiments sur ces propositions que ceux qui étoient exprimés dans les cinq articles qu'ils avoient soumis à Sa Sainteté, et dont, par son bref, elle témoignoit n'être pas mécontente; qu'à l'égard des décisions de fait, comprises dans la constitution d'Alexandre VII, ils auroient toujours pour ces décisions toute la déférence que l'Église exige des fidèles en de pareilles rencontres; avouant de bonne foi qu'il n'appartenoit pas à des théologiens particuliers de s'élever contre les décisions du saint-siége, de les combattre, ou d'y résister; enfin, qu'ils étoient dans une ferme résolution de ne jamais contribuer à renouveler ces sortes de disputes, dont ils voyoient avec regret l'Église agitée depuis si long-temps. Le roi fut assez satisfait de cette déclaration, mais ne voulut rien ordonner de son chef sur une matière purement ecclésiastique; il renvoya tout à l'assemblée du clergé, qui se tenoit alors à Paris : c'étoit tout ce que demandoit le P. Annat. En effet, comme cette assemblée étoit composée de personnes entièrement opposées à Jansénius, le bref y fut reçu avec un applaudissement général, et regardé comme une tacite approbation du Formulaire. Au contraire, la déclaration des défenseurs de Jansénius fut jugée captieuse, conçue en des termes pleins d'artifices, et cachant, sous l'apparence d'une soumission en paroles, tout le venin de l'hérésie. Il fut donc arrêté que, suivant les exhortations du Saint Père, on chercheroit les voies les plus propres pour extirper entièrement cette hérésie; et, n'y en ayant point de plus courtes que la signature du Formulaire, il fut résolu qu'on la poursuivroit de nouveau plus fortement qu'on n'avoit fait jusqu'alors. On écrivit pour cela une nouvelle lettre circulaire à tous les évêques de France, et le roi fut très humblement supplié de convertir les arrêts de son conseil, qui ordonnoient cette signature, en une déclaration authentique. En effet, peu de jours après, le roi apporta lui-même au Parlement cette déclaration : on la fit publier dans toutes les provinces du royaume; mais on songea sur-tout à la faire exécuter dans le diocèse de Paris.

Messire Hardouin de Péréfixe avoit tout nouvellement reçu ses bulles, et venoit d'y être installé archevêque : c'étoit un prélat beaucoup plus instruit des affaires de la cour que des affaires ecclésiastiques, mais au fond très bon homme, fort ami de la paix, et qui eût bien voulu, en contentant les jésuites, ne point s'attirer les défenseurs de Jansénius sur les bras. Il chercha donc des biais pour satisfaire les uns et les autres, et entra même pour cela en quelques pourparlers avec ces derniers. La dispute, comme nous l'avons dit, avoit alors changé de face; l'opinion de M. de Marca sur l'inséparabilité du fait et du droit avoit été en quelque sorte abandonnée, et on convenoit que c'étoit un fait dont il étoit question; mais les ennemis de Jansénius persistoient à soutenir que l'Église, en quelques occasions, pouvoit ordonner la créance des faits, même non révélés, et obliger les fidèles, non seulement à condamner les erreurs enseignées par les hérétiques, mais à reconnoître que ces hérétiques les avoient enseignées; quelques uns même osoient encore avancer qu'on devoit croire, de foi intérieure et divine, les faits décidés par les papes, à qui, disoient-ils, l'inspiration du Saint-Esprit ne manquoit jamais. Mais cette opinion n'étant pas soutenable, les plus sensés se contentoient de dire qu'à la vérité on devoit une foi à ses décisions, mais une foi simplement humaine et naturelle, fondée sur la vraisemblance de la chose. Cette distinction plaisoit merveilleusement au nouvel archevêque; il se flatta qu'en la bien établissant, il accommoderoit sans peine toutes choses, et engageroit tout le monde à signer. Il fit donc un mandement, par lequel il ordonnoit de nouveau à tous doyens, etc., de souscrire dans un mois le Formulaire de foi mis au bas de son ordonnance, etc., à faute de quoi, etc. Mais dans ce même mandement il déclaroit qu'à l'égard du fait, non seulement il n'exigeoit pas une foi divine, mais qu'à moins d'être ignorant ou malicieux, on ne pouvoit dire que ni les constitutions du pape, ni le Formulaire des évêques l'eussent jamais exigée; demandant seulement une foi humaine et ecclésiastique, qui obligeoit à soumettre son jugement à celui de ses supérieurs. C'étoient ses termes.

Les défenseurs de Jansénius triomphoient fort de cette ordonnance, qui établissoit si nettement la distinction du fait et du droit, et traitoient d'ignorante ou de malicieuse une doctrine tant de fois avancée par leurs adversaires, et que les jésuites avoient soutenue dans des thèses publiques. Mais en même temps ils firent paraître quantité d'écrits, où ils montroient invinciblement que l'Église ni les papes n'étoient point infaillibles sur les faits non révélés; qu'on n'étoit pas plus obligé de croire ces faits de foi humaine que de foi divine; et qu'en un mot, personne n'étant obligé de croire de foi humaine que les cinq propositions fussent dans Jansénius, ceux qui n'étoient pas persuadés qu'elles y fussent, ne pouvoient, sans blesser leur conscience, et sans rendre un faux témoignage, reconnoître qu'elles y étoient, c'est-à-dire signer le Formulaire. Et, à dire vrai, si les défenseurs de la grace s'étoient un peu moins attachés aux régles étroites de leur dialectique, et à la sévérité de leur morale, il étoit aisé de voir que, par cette foi humaine, l'archevêque n'exigeoit guère autre chose d'eux que cette même soumission de respect et de discipline qu'ils avoient tant de fois offerte. Mais ils vouloient qu'il le dît en termes précis; et ni l'archevêque ne vouloit entièrement s'expliquer là-dessus, ni les défenseurs de Jansénius entièrement l'entendre.

Celles pour qui l'ordonnance avoit été faite, et qui s'accommodoient le moins de ces distinctions, étoient les religieuses de Port-Royal, persuadées qu'il ne falloit point biaiser avec Dieu, et qu'on ne pouvoit trop nettement dire sa pensée. L'archevêque se flattoit pourtant de les réduire : aussitôt après la publication de son ordonnance, il s'étoit transporté lui-même chez elles, et n'avoit rien oublié, tant que dura sa visite, pour les engager à se soumettre à son mandement sur le Formulaire.

Sa première entrée dans cette maison fut fort pacifique : il en admira la régularité ; et, non content d'en témoigner sa satisfaction de vive voix, il le fit même par un acte signé de sa main; en un mot, il déclara aux religieuses qu'il ne trouvoit à redire en elles que le refus qu'elles faisoient de signer le Formulaire ; et, sur ce qu'elles lui représentèrent que ce refus n'étoit fondé que sur la crainte qu'elles avoient de mentir à Dieu et à l'Église, en attestant un fait dont elles n'avoient aucune connoissance, il leur répéta plusieurs fois une chose qu'il s'est bien repenti de leur avoir dite ; c'est-à-savoir : « Qu'elles « feroient un fort grand péché de signer ce fait, si « elles ne le croyoient pas; mais qu'elles étoient obli-« gées d'en avoir la créance humaine, qu'il exigeoit par « son mandement. » Là-dessus il les quitta, en leur disant qu'il leur accordoit un mois pour faire leurs réflexions, et pour profiter des avis de deux savants ecclésiastiques qu'il leur donnoit pour les instruire.

Ces deux ecclésiastiques étoient M. Chamillard, vicaire de Saint-Nicolas-du-Chardonnet, qu'il leur donna même pour être leur confesseur, et le P. Esprit, prêtre de l'Oratoire. Il ne pouvoit guère choisir deux hommes moins propres à travailler de concert dans cette affaire : car M. Chamillard, convaincu que le pape ne peut jamais errer sur quelque matière que ce soit, étoit si attaché à cette doctrine de l'infaillibilité, qu'il en fut même le martyr dix-huit ans après, ayant mieux aimé se faire exiler que de consentir en Sorbonne à l'enregistrement des propositions de l'assemblée de 1682. Le P. Esprit étoit au contraire là-dessus dans les sentiments où a toujours été l'Église de France; mais comme c'étoit un bon homme, plein d'une extrême vénération pour ces filles, il eût bien voulu qu'elles se fussent un peu accommodées au temps, et qu'elles eussent signé par déférence pour leur archevêque. Cette diversité de sentiments étoit cause que ces deux messieurs se contredisoient assez souvent l'un l'autre en parlant aux religieuses. Enfin, après plusieurs conférences, ils se réduisirent à leur proposer de signer avec de certaines expressions générales, qui, sans blesser, disoient-ils, leur conscience, pourroient contenter M. l'archevêque, et ôter à leurs ennemis tous moyens de leur nuire. Mais elles persistèrent toujours à ne vouloir point tromper l'Église par des termes où il pourroit y avoir de l'équivoque; et de quelque grand péril qu'on les menaçât, elles ne purent jamais se résoudre à offrir autre chose à M. l'archevêque que la même signature à peu près qu'elles avoient offerte aux grands-vicaires du cardinal de Retz, c'est-à-dire un entier acquiescement sur le droit; et, pour ce qui regardoit le fait, un respect et un silence convenable à leur ignorance et à leur état.

M. l'archevêque, fort surpris de la fermeté de ces filles, vit bien qu'il s'étoit engagé dans une affaire d'autant plus fâcheuse, que les monastères des religieuses n'ayant point été compris dans la dernière déclaration du roi sur le Formulaire, il n'étoit pas en droit de les forcer à signer; mais, excité par les instances continuelles du P. Annat, qui ne cessoit de lui reprocher sa trop grande indulgence, et d'ailleurs justement rempli de la haute idée qu'il avoit de sa dignité, il crut qu'il y alloit de son honneur de n'avoir pas le démenti. Il résolut donc d'en venir à tout ce que l'autorité peut avoir de plus terrible. Il se rendit à Port-Royal; et, ayant fait venir à la grille toute la Communauté, comme il vit leur résolution à ne rien changer à la signature qu'elles lui avoient fait offrir, il ne garda plus aucunes mesures; il les traita de rebelles et d'opiniâtres, et leur dit cette parole, qu'il a depuis répétée en tant de rencontres : « Qu'à « la vérité elles étoient pures comme des anges, mais « qu'elles étoient orgueilleuses comme des démons; » et sa colère s'échauffant à mesure qu'on lui alléguoit quelques raisons, il descendit jusqu'aux injures les plus basses et les moins séantes à un archevêque, et finit en leur défendant d'approcher des sacrements : après quoi il sortit brusquement, pour n'être pas témoin de leurs larmes et de leurs gémissements, en leur faisant entendre qu'elles auroient bientôt de ses nouvelles.

Il leur tint parole : et huit jours après il revint, accompagné du lieutenant civil, du prévôt de l'île, du guet, de plusieurs, tant exempts que commissaires, et de plus de deux cents archers, dont une partie investit la maison, et l'autre se rangea, le mousquet sur l'épaule, dans la cour. En cet équipage il se fit ouvrir la porte du monastère, et alla droit au chapitre, où il avoit fait venir toutes les religieuses. Là, après leur avoir tout de nouveau reproché leur désobéissance, il tira de sa poche et lut tout haut une liste de douze des principales religieuses, au nombre desquelles étoit l'abbesse, qu'il avoit résolu de disperser en différents monastères. Il leur commanda de sortir sur-le-champ de leur monastère, et d'entrer dans les carrosses qui les attendoient pour les mener dans les couvents où elles devoient être renfermées. Ces douze victimes obéirent sans qu'il leur échappât la moindre plainte, et firent seulement leurs protestations contre la violence qui les arrachoit de leur couvent; et tout le reste de la Communauté fit les mêmes protestations. Il n'y a point de termes qui puissent exprimer l'extrême douleur de celles qui demeuroient: les unes se jetoient aux pieds de l'archevêque, les autres se jetoient au cou de leurs mères, et toutes ensemble citoient M. l'archevêque au tribunal du souverain juge, puisque tous les autres tribunaux leur étoient fermés. Elles s'attendrissoient sur-tout à la vue de la mère Agnès de Saint-Paul, qu'on enlevoit ainsi à l'âge de soixante-treize ans, accablée d'infirmités, et qui avoit eu tout nouvellement trois attaques d'apoplexie. Tout ce qu'il y avoit là de gens qui étoient venus avec l'archevêque ne pouvoient eux-mêmes retenir leurs larmes. Mais l'objet, à mon avis, le plus digne de compassion, étoit l'archevêque lui-même, qui, sans avoir aucun sujet de mécontentement contre ces filles, et seulement pour contenter la passion d'autrui, faisoit en cette occasion un personnage si peu honorable pour lui, et même si opposé à sa bonté naturelle.

Quelques uns de ses ecclésiastiques le sentirent, et ne purent même s'en taire à des religieuses qu'ils voyoient fondre en larmes auprès d'eux. Pour lui, il étoit au milieu de cette troupe de religieuses en larmes, comme un homme entièrement hors de lui; il ne pouvoit se tenir en place, et se promenoit à grands pas, caressant hors de propos les unes, rudoyant les autres sans sujet, et de la plus grande douceur passant tout d'un coup au plus violent emportement. Au milieu de tout ce trouble, il arriva une chose qui fit bien voir l'amour que ces filles avoient pour la régularité. Elles entendirent sonner none, et, en un instant, comme si leur maison eût été dans le plus grand calme, elles disparurent toutes du chapitre, et allèrent à l'église, où elles prirent chacune leur place, et chantèrent l'office à leur ordinaire.

Au sortir de none, elles furent fort surprises de voir entrer dans leur monastère six religieuses de la Visitation, que M. l'archevêque avoit fait venir pour remettre entre leurs mains la conduite de Port-Royal. La principale d'entre elles étoit une mère Eugénie, qui, étant une des plus anciennes de son ordre, avoit été témoin de l'étroite liaison qu'il y avoit eu entre la mère Angélique et la mère de Chantal. Mais les jésuites, à la direction de qui cette mère Eugénie s'étoit depuis abandonnée, avoient pris grand soin d'effacer de son esprit toutes ces idées, et lui avoient inspiré, et à tout son couvent, qui étoit celui de la rue Saint-Antoine, autant d'éloignement pour Port-Royal que leur saint fondateur et leur bienheureuse mère avoient eu d'estime pour cette maison. Les religieuses de Port-Royal ne les virent pas plus tôt, qu'elles se crurent obligées de recommencer leurs protestations, représentant que c'étoit à elles à se nommer des supérieures, et que ces religieuses, étant étrangères et d'un autre institut que le leur, n'étoient point capables de les gouverner. Mais M. l'archevêque se moqua encore de leurs protestations; ensuite il fit la visite des cloîtres et des jardins, accompagné du chevalier du guet, et de tous les autres officiers de justice qu'il avoit amenés. Comme il étoit sur le point de sortir, les religieuses se jetèrent de nouveau à ses pieds, pour le conjurer de permettre au moins qu'elles cherchassent dans la participation des sacrements la seule consolation qu'elles pouvoient trouver sur la terre; mais il leur fit réponse qu'avant toutes choses il falloit signer, leur donnant à entendre que, jusqu'à ce qu'elles l'eussent fait, elles étoient excommuniées. Cependant, comme si Dieu l'eût voulu démentir par sa propre bouche, en les quittant il se recommanda avec instance à leurs prières.

Quoique les religieuses ne fussent guère en état d'espérer aucune justice de la part des hommes, elles se crurent néanmoins obligées, pour leur propre justification, et pour empêcher, autant qu'elles pourroient, la ruine de leur monastère, d'appeler comme d'abus de toute la procédure de leur archevêque. A la vérité, il n'y en eut jamais de moins régulière ni de plus insoutenable : il interdisoit les sacrements à des filles dont il reconnoissoit lui-même que la foi et les mœurs étoient très pures ; il leur enlevoit leur abbesse et leurs principales mères, introduisoit dans leur maison des religieuses étrangères ; sans parler du scandale que causoit cette troupe d'archers et d'officiers séculiers dont il se faisoit accompagner, comme s'il se fût agi de détruire quelque maison diffamée par les plus grands désordres et par les plus énormes excès ; tout cela sans aucun examen juridique, sans plainte et sans réquisition de son official, et sans avoir prononcé aucune sentence ; et le crime pour lequel il les traitoit si durement, étoit de n'avoir pas la créance humaine que des propositions étoient dans un livre qu'elles n'avoient point lu et qu'elles n'étoient point capables de lire, et qu'il n'avoit vraisemblablement jamais lu lui-même. Elles dressèrent donc, dès le lendemain de l'enlèvement de leurs mères, un procès-verbal fort exact de tout ce qui s'étoit passé dans cette action ; elles en avoient déja dressé un autre de la visite où M. l'archevêque leur avoit interdit les sacrements. Elles signèrent ensuite une procuration pour obtenir en leur nom un relief d'appel comme d'abus. Elles l'obtinrent en effet, et le firent signifier à M. l'archevêque, qui fut assigné à comparoir au Parlement. Il ne fut pas difficile à ce prélat, comme on peut penser, d'évoquer toute cette affaire au conseil, où il les fit assigner elles-mêmes. Mais comment auroient-elles pu se défendre ? Il y avoit des ordres très sévères pour leur interdire toute communication avec les personnes du dehors, et on mit même à la Bastille un très honnête homme, qui, depuis plusieurs années, prenoit soin, par pure charité, de leurs affaires temporelles. Ainsi il ne leur restoit d'autre parti que celui de souffrir, et de prier Dieu. Il arriva néanmoins que, sans leur participation, quelques copies de leurs procès-verbaux tombèrent entre les mains de quelques personnes, et bientôt furent rendues publiques. Ce fut une très sensible mortification pour M. l'archevêque : en effet, rien ne pouvoit lui être plus désagréable que de voir ainsi révéler tout ce qui s'étoit passé en ces occasions. Comme il n'y eut jamais d'homme moins maître de lui quand il étoit une fois en colère, et que d'ailleurs il n'avoit pas cru devoir être beaucoup sur ses gardes en traitant avec de pauvres religieuses qui étoient à sa merci, et qu'il pouvoit pour ainsi dire écraser d'un seul mot, il lui étoit échappé, dans ces deux visites, beaucoup de paroles très basses et très peu convenables à la dignité d'un archevêque, et même très puériles, dont il ne s'étoit pas souvenu une heure après : tellement qu'il fut fort surpris, et en même temps fort honteux de se voir dans ces procès-verbaux, jouant pour ainsi dire le personnage d'une petite femmelette, pendant que les religieuses, toujours maîtresses d'elles-mêmes, lui parloient avec une force et une dignité tout édifiante. Il fit partout des plaintes amères contre ces deux actes, qu'il traitoit de libelles pleins de mensonges, et en parla au roi avec un ressentiment qui fit contre ces filles, dans l'esprit de Sa Majesté, une profonde impression qui n'est pas encore effacée. Il se flatta néanmoins qu'elles n'auroient jamais la hardiesse de lui soutenir en face les faits avancés dans ces piéces, et il ne douta pas qu'il ne leur en fît faire une rétractation authentique. Il les fit venir à la grille, et leur tint tous les discours qu'il jugea les plus capables de les effrayer. Mais, pour toute réponse, elles se jetèrent toutes à ses pieds, et, avec une fermeté accompagnée d'une humilité profonde, lui dirent qu'il ne leur étoit pas possible de reconnoître pour fausses des choses qu'elles avoient vues de leurs yeux et entendues de leurs oreilles. Cette réponse si peu attendue lui causa une telle émotion, qu'il lui prit un saignement de nez, ou plutôt une espéce d'hémorragie si grande, qu'en très peu de temps il remplit de sang jusqu'à trois serviettes qu'on lui passa l'une sur l'autre. Les religieuses, de leur côté, étoient plus mortes que vives; et même il y en eut une, nommée sœur Jeanne de la Croix, qui mourut presque subitement de l'agitation que cette affaire lui avoit causée. Elles ne furent pas long-temps sans recevoir de nouvelles marques du ressentiment de M. l'archevêque; et dès l'après-dînée du jour dont nous parlons, il fit ôter le voile aux novices qui restoient dans la maison, et les fit mettre à la porte. Il destitua toutes les officières qui avoient été nommées par l'abbesse; et mit de son autorité, dans les charges, toutes celles qui avoient commencé à se laisser gagner par M. Chamillard, et fit encore enlever cinq ou six religieuses qu'il croyoit les plus capables de fortifier les autres.

De toutes les afflictions qu'eurent alors les religieuses, il n'y en eut point qui leur causa un plus grand déchirement de cœur que celle de se voir abandonnées par cinq ou six de leurs sœurs, qui commencèrent, comme je viens de dire, à se séparer du reste de la Communauté, et à rompre cette heureuse union que Dieu y entretenoit depuis tant d'années. Elles furent sur-tout étonnées au dernier point de la défection de la sœur Flavie : cette fille, qui autrefois avoit été religieuse dans un autre couvent, avoit desiré avec une extrême ardeur d'entrer à Port-Royal, et y avoit été reçue avec une fort grande charité. Comme elle étoit d'un esprit fort insinuant, et qu'elle témoignoit un fort grand zèle pour la régularité, elle avoit trouvé moyen de se rendre très considérable dans la maison; il n'y en avoit point qui parût plus opposée à la signature, jusque-là qu'elle ne pouvoit souffrir qu'on se soumît pour le droit, sans faire quelque restriction qui marquât qu'on ne vouloit point donner atteinte à la Grace efficace : là-dessus elle citoit les écrits que nous avons dit que M. Pascal avoit faits pour combattre le sentiment de M. Arnauld, et elle citoit même de prétendues révélations, où elle assuroit que l'évêque d'Ypres lui étoit apparu. Ce zèle si immodéré, et ces révélations auxquelles on n'ajoutoit pas beaucoup de foi, commencèrent à ouvrir les yeux aux mères, qui, reconnoissant beaucoup de légèreté dans cet esprit, l'éloignèrent peu-à-peu de leur confiance. Ce fut pour elle une injure qui lui parut insupportable : et voyant qu'elle n'avoit plus la même considération dans la maison, elle songea à se rendre considérable à M. Chamillard. Non seulement elle prit le parti de signer, mais elle se joignit même à ce docteur et à la mère Eugénie pour leur aider à persécuter ses sœurs, dont elle se rendit l'accusatrice, donnant des mémoires contre elles, et leur reprochant, entre autres, certaines dévotions qui étoient très innocentes dans le fond, et à la plupart desquelles elle-même avoit donné lieu. Nous verrons dans la suite l'usage que les ennemis des religieuses voulurent faire de ces mémoires, et la confusion dont ils furent couverts, aussi bien que la sœur Flavie [1].

Revenons maintenant aux religieuses qui avoient été enlevées. Dans le moment de l'enlévement, M. d'Andilly, qui étoit dans l'église, s'approcha de la mère Agnès, qui pouvoit à peine marcher, et lui fit ses adieux. Il vit aussi ses trois filles, les sœurs Angélique de Saint-Jean, Marie-Thérèse et Marie de Sainte-Claire, qui sortirent l'une après l'autre. Elles se jetèrent à ses pieds, et lui demandèrent sa bénédiction, qu'il leur donna avec la tendresse d'un

---

[1] Catherine de Sainte-Flavie Passart. Elle avoit été quinze ans maîtresse des novices. L'histoire de ses petites intrigues dans le couvent, et de la correspondance qu'elle entretenoit avec Desmaréts de Saint-Sorlin, le plus fougueux ennemi de Port-Royal, se trouve racontée fort au long dans la *cinquième Visionnaire* de Nicole. (*Anon.*)

bon père et la constance d'un chrétien plein de foi. Il les aida à monter en carrosse : l'archevêque voulut lui en faire un crime auprès du roi, l'accusant d'avoir voulu exciter une sédition; mais la reine mère assura que M. d'Andilly n'en étoit pas capable. En dispersant ainsi ces religieuses, il espéroit les affoiblir, en les tenant dans une dure captivité, privées de tout conseil et de toute communication.

Pendant qu'on tourmentoit ainsi les religieuses de Port-Royal de Paris pour la signature, on fut trois mois entiers sans rien dire à celles des Champs, quoiqu'elles eussent déclaré par divers actes qu'elles étoient dans les mêmes sentiments que leurs sœurs, et qu'elles eussent même appelé comme d'abus de tout le traitement qu'on avoit fait à leurs mères. Quelques personnes crurent que l'archevêque les ménageoit à cause du cardinal de Retz, dont la nièce étoit supérieure de ce monastère; mais il y a plus d'apparence que, comme elles n'avoient point eu de part aux procès-verbaux, ce prélat, à qui tout le reste étoit indifférent, ne se pressoit pas de leur faire de la peine. A la fin cependant il leur fit signifier une sentence par laquelle il les déclaroit désobéissantes, et, comme telles, les privoit des sacrements, et de toute voix active et passive dans les élections. Sur cette sentence, elles se crurent obligées de lui présenter une requête, pour le supplier de vouloir leur expliquer en quoi consistoit la désobéissance qu'il leur reprochoit, et qu'il punissoit si sévèrement ; car si en exigeant la signature, il exigeoit la créance antérieure du fait, elles le prioient de se souvenir qu'il leur avoit fait entendre lui-même qu'elles feroient un fort grand crime de signer ce fait sans le croire; et il étoit à souhaiter pour elles que toute l'Église sût que la seule raison pour laquelle on leur interdisoit les sacrements, c'étoit pour avoir obéi à leur archevêque, en ne voulant pas faire un mensonge. Si au contraire, comme il l'avoit déclaré depuis peu à plusieurs personnes, et comme il l'avoit dit même expressément dans sa lettre à l'évêque d'Angers, il ne demandoit, par la signature, que le silence et le respect sur le fait, elles étoient toutes prêtes de signer en ce sens, pourvu qu'il eût la bonté de leur marquer qu'il n'avoit point d'autre intention que celle-là.

Cette requête étoit fort embarrassante pour M. l'archevêque, qui dans le fond ne tenoit pas toujours un langage fort uniforme sur la signature, disant aux uns qu'il en falloit croire la décision du pape; et aux autres, qu'il savoit bien que l'Église n'avoit jamais exigé la décision des faits non révélés. Il y eut même quelques unes des religieuses de Paris qui ne s'engagèrent à signer que parcequ'il leur déclara qu'il leur permettoit de demeurer dans leur doute, et qu'il ne leur demandoit leur souscription que comme une marque de la déférence et du respect qu'elles avoient pour l'autorité de leur supérieur. L'archevêque, dans cet embarras, crut devoir prendre le parti de ne point répondre à cette requête, et il fit semblant qu'il ne l'avoit point reçue. Mais les religieuses des Champs n'en demeurèrent pas là ; et ne pouvant supporter, sans une extrême peine, d'être privées des sacrements, sur-tout à la fête de Noël qui étoit proche, elles lui écrivirent lettres sur lettres, pour le conjurer de les mettre en état de lui obéir. Enfin il leur écrivit ; mais au lieu de leur donner l'explication qu'elles lui demandoient, il se contenta de leur reprocher en termes généraux leur orgueil et leur opiniâtreté, les traitant de demi-savantes qui avoient l'insolence de demander à leur archevêque des explications sur des choses si faciles à entendre, et qu'elles entendoient aussi bien que lui. Mais cette réponse ne le tira point encore d'affaire : elles lui présentèrent une seconde requête, plus pressante que la première, le conjurant au nom de Jésus-Christ, de ne les point séparer des sacrements, sans leur expliquer le crime pour lequel on les en séparoit. Ces requêtes firent grand bruit ; et l'archevêque, qui vit que la requête et la demande des religieuses paroissoient raisonnables à tout le monde, conçut bien qu'il ne lui étoit plus permis de demeurer plus long-temps dans le silence. Il écrivit donc aux religieuses qu'il étoit juste de les satisfaire sur les difficultés qu'elles lui proposoient, et qu'il y satisferoit dès que les grandes affaires des religieuses de Paris lui en donneroient le loisir. Mais cet éclaircissement ne vint point, non plus que les réponses qu'il avoit promis de faire à l'évêque d'Aleth et à d'autres prélats qui lui avoient écrit sur la même affaire ; et cependant les religieuses des

Champs demeurèrent séparées des sacrements, aussi bien que leurs sœurs de Paris.

L'archevêque sentoit bien, par toutes les raisons qu'on objectoit tous les jours contre son mandement, et par la nécessité où il étoit de se contredire lui-même en mille rencontres, que la foi humaine n'étoit pas si claire qu'il s'étoit imaginé, et il eut le déplaisir de la voir en peu de temps aussi décriée que la foi divine de M. de Marca, son prédécesseur. Pas un évêque en France ne s'avisa de la demander, ou, pour mieux dire, il n'y avoit guère que le diocèse de Paris où l'on fût inquiété pour le Formulaire. Le P. Annat crut enfin que tout le mal venoit de ce qu'on ne vouloit point reconnoître l'autorité des assemblées qui en avoient ordonné la souscription, et jugea qu'il falloit s'adresser au pape pour lui demander qu'il confirmât le Formulaire, ou qu'il en fît un qui contînt les mêmes choses.

Le roi fit donc prier le pape, par son ambassadeur, qu'il lui plût d'envoyer un Formulaire qui contînt le fait et le droit comme celui de l'assemblée, et d'obliger tous les ecclésiastiques du royaume, tant séculiers que réguliers, même les religieuses et les maîtres d'école, de le signer, sous les peines que les canons ordonnent contre les hérétiques. Nous avons déjà dit que le pape n'avoit jamais approuvé que les évêques s'ingérassent de signer des formules de foi, ni d'en exiger la souscription, et que dans tous les brefs qu'il avoit écrits aux assemblées du clergé, pour les louer du grand zèle qu'elles apportoient à faire exécuter sa constitution et celle de son prédécesseur, il s'étoit bien gardé de leur dire un mot de leur Formulaire. Ce fut donc pour lui un fort grand sujet de joie que, regardant comme inutile cet ouvrage qui avoit occupé tant d'assemblées, on eût enfin recours à l'autorité du Saint-Siége.

La cour de Rome ne pouvoit sur-tout se lasser d'admirer qu'après tout l'éclat qu'on venoit de faire en France contre l'infaillibilité du pape, même dans les choses de foi, après qu'on avoit fait enregistrer dans tous les Parlements et dans toutes les Universités les articles de la Sorbonne sur cette matière, on en vint à supplier le pape d'établir cette même infaillibilité dans les faits non révélés, et d'obliger toute la France à reconnoître cette doctrine, sous peine d'hérésie. Le pape envoya le Formulaire tel qu'on le lui demandoit, c'est-à-dire, tout semblable à celui des évêques, excepté que, pour en rendre la signature plus authentique, il y ajouta un serment par lequel ceux qui signoient prenoient Dieu à témoin de la sincérité de leur souscription; et ce Formulaire fut inséré dans un bref que Sa Sainteté adressoit au roi.

Mais ce bref étant arrivé, on s'aperçut tout-à-coup qu'on n'en pouvoit faire aucun usage, à cause que le Parlement, où on vouloit le faire enregistrer, ne reconnoît d'autre expédition de Rome que ce qu'on appelle des *constitutions plombées.* Il fallut donc renvoyer le bref, et prier le pape de le changer en une bulle. Le roi porta lui-même cette bulle au Parlement, et y joignit une déclaration, la plus foudroyante que l'on pût faire, pour obliger tout le monde à la signature. Cette déclaration enchérissoit beaucoup sur la bulle : on y défendoit toutes sortes d'explications et de restrictions, sous les mêmes peines qui étoient portées contre ceux qui refuseroient de souscrire. Tous les ecclésiastiques y étoient obligés par la privation de leurs bénéfices, les évêques eux-mêmes par la saisie de leur temporel; et personne ne pouvoit plus être reçu au sous-diaconat sans avoir signé.

Cependant toutes ces précautions n'empêchèrent pas qu'il n'y eût beaucoup de diversité dans la manière dont les évêques exigeoient les signatures dans leurs diocèses : plusieurs d'entre eux reçurent les restrictions et les explications sur le fait; il y en eut un grand nombre qui déclarèrent de bouche à leurs ecclésiastiques que, l'Église ne demandant sur les faits que le simple respect, on ne s'obligeoit point à autre chose par les souscriptions. Il y en eut même qui insérèrent ces déclarations dans les procès-verbaux qui demeurèrent dans leurs greffes; et enfin quatre évêques, les plus célèbres qui fussent en France pour leur piété, je veux dire les évêques d'Aleth, de Beauvais, d'Angers et de Pamiers, firent ces déclarations par des mandements qu'ils firent publier dans leurs diocèses. L'évêque de Noyon fit aussi la même chose. Nous verrons dans la suite l'effet que produisirent ces mandements. L'archevêque de Paris ne fut pas peu embarrassé sur la manière dont il tourneroit le sien : il n'avoit garde d'exiger la même créance sur le fait que sur le droit, après avoir accusé d'extravagance et de malice ceux qui confondoient ces deux choses; il n'osoit pas non plus reparler de sa foi humaine, qu'il voyoit abandonnée de tout le monde. Voici l'expédient qu'il prit pour essayer de se tirer d'affaire : il distingua le fait et le droit dans son ordonnance; mais il se servit pour cela de termes si obscurs, qu'on ne savoit positivement ce qu'il demandoit, disant qu'il falloit une soumission de foi divine pour les dogmes; et, quant au fait, une véritable soumission par laquelle on acquiesce [1].

L'obscurité de cette ordonnance, et le serment dont j'ai parlé, rendirent aux religieuses de Port-Royal la signature de ce second Formulaire bien plus difficile que celle du premier. Mais, avant que de passer plus loin, il est bon de dire ici en quel état étoient ces filles quand la nouvelle bulle arriva en France.

Nous avons vu que l'archevêque en avoit fait enlever jusqu'au nombre de dix-huit, qu'il avoit dispersées en différents couvents. L'abbesse [2] fut con-

---

[1] Nicole composa une *Requête des religieuses de Port-Royal à M. l'archevêque de Paris*, pour lui demander la signification du mot *acquiescement*. (*Anon.*)

[2] C'étoit Magdelaine de Sainte-Agnès de Ligny-Séguier, sœur de Dominique de Ligny, évêque de Meaux. Elle mourut à Port-Royal en 1675. (*Anon.*)

duite à Meaux par l'évêque de Meaux son frère, à qui on l'avoit confiée, et qui la mit dans le couvent de la Visitation qui est dans cette ville. La mère Agnès fut renfermée dans le couvent de la Visitation du faubourg Saint-Jacques, avec une de ses nièces qu'on voulut bien laisser auprès d'elle pour la servir. Les autres furent séparées en différents monastères, tant à Paris qu'à Saint-Denis, et principalement dans les couvents d'Ursulines, de Célestes ou Filles-Bleues, et de la Visitation. On les avoit voulu loger dans d'autres maisons, entre autres chez les carmélites; mais comme on savoit l'intention de M. l'archevêque, qui étoit de tenir ces filles dans une très rude captivité, on avoit fait de grandes difficultés, dans la plupart de ces maisons, de les recevoir, et de contribuer aux mauvais traitements qu'on leur vouloit faire. Il y eut, entre autres, une abbesse à qui on en voulut donner une; mais elle déclara, en la recevant, qu'elle prétendoit lui donner la même liberté qu'elle auroit pu avoir à Port-Royal, et la traiter comme une de ses filles. Elle tint parole, et fit tant d'honneurs à cette religieuse, que l'archevêque la lui ôta au bout de deux jours. On ne peut aussi s'empêcher de rendre justice à la mère de La Fayette, supérieure de Chaillot, qui, ayant été obligée de recevoir une de ces religieuses, la traita avec une charité extraordinaire tout le temps qu'elle fut dans son monastère. Il n'en fut pas de même des autres maisons où ces religieuses furent enfermées : on peut voir dans la Relation de la sœur Angélique Arnauld, la manière dont elle fut traitée chez les Filles-Bleues de Paris. La plupart des autres le furent à peu près de la même sorte.

La signature de ce second Formulaire fut même, à quelques unes qui avoient signé, une occasion de comprendre la faute qu'elles avoient faite et de la réparer. Ainsi, tout ce que fit l'archevêque pour engager ces saintes filles à signer son nouveau mandement et le Formulaire d'Alexandre VII, fut absolument inutile.

Le très grand nombre, tant de celles qui furent dispersées, que de celles qui demeurèrent dans leur monastère, se soutint au milieu de cette violence et de cette séduction. La sagesse et le courage que montrèrent ces religieuses est un miracle de la main du Tout-Puissant, qui a peu d'exemples dans l'histoire de l'Église. Elles avoient dressé diverses Relations de ce qui se passa dans cette persécution ; on y voit les attaques qu'elles ont eues à soutenir, les situations étranges où se sont trouvées celles qui étoient captives dans différents couvents, les sentiments et les lumières par lesquelles Dieu les soutenoit dans leur affliction. C'étoit par obéissance à leurs supérieures qu'elles avoient dressé ces Relations, qui contiennent un portrait bien naturel de leur esprit et de leur cœur. On y trouve, avec une simplicité et une candeur inimitables, une sublimité de vues, une générosité, une sagesse, une piété, une lumière, qui feroient presque douter que ce fût l'ouvrage de ces filles, à ceux qui ne connoîtroient pas l'esprit de

Port-Royal, et qui ne feroient pas réflexion que Dieu se plaît souvent à faire éclater la force de sa grace dans ce qu'il y a de plus foible.

Une société d'hommes superbes osoit disputer à Dieu sa toute-puissance sur les cœurs; il étoit digne de Dieu d'en donner une preuve éclatante, en remplissant de simples filles, persuadées de leur néant, et qui attendoient tout de la grace, d'une sagesse et d'une magnanimité qui fait encore le sujet de l'admiration et de la confusion des hommes les plus forts et les plus éclairés. Ce que nous venons de dire ne paroîtra pas exagéré à quiconque lira les Relations de Port-Royal [1], ou seulement celle de la mère Angélique de Saint-Jean, fille de monsieur d'Andilly.

Dieu soutenoit et conduisoit par lui-même ces admirables vierges. Les grands hommes qui auroient pu les éclairer et les encourager, étoient eux-mêmes obligés de se cacher pour éviter les violences que l'on vouloit exercer contre eux. Ainsi ils ne pouvoient que rarement, et avec une extrême difficulté, faire parvenir leurs avis jusques à ces religieuses; et ils ne le pouvoient en aucune sorte, à l'égard de celles qui étoient captives en différents couvents. Dans le peu de commerce qu'ils avoient avec les deux monastères de Port-Royal, ils étoient plus occupés à modérer leur courage qu'à leur en inspirer. Elles avoient en effet une peine infinie à entrer dans ces condescendances et les tempéraments que ces théo-

---

[1] Ces Relations ont été imprimées et publiées en 1724.

logiens croyoient permis. On peut voir dans l'Apologie de Port-Royal quelle peine elles eurent de signer le premier mandement des grands-vicaires du cardinal de Retz : tant elles craignoient tout ce qui sembloit leur faire prendre quelque part à l'espèce de conspiration formée contre la vérité.

Quelques unes cédèrent : on ne doit point en être surpris. Ce qui est étonnant, c'est qu'il y en ait eu si peu qui aient succombé à une si terrible tentation. Parmi quatre-vingts religieuses de chœur qui étoient dans les deux maisons quand la persécution commença, en 1661, il étoit difficile qu'il ne s'en trouvât quelqu'une, ou qui n'eût pas une vertu solide, ou qui ne l'eût pas à l'épreuve d'une telle tempête. Dans la privation totale de tout conseil, quelques unes des captives se déterminèrent à signer, parcequ'on s'étudia à embrouiller cette affaire par des subtilités qu'elles ne pouvoient démêler, et qui leur cachoient le véritable état des choses : l'archevêque même, pour les porter à la signature, leur déclaroit verbalement qu'il ne demandoit pas d'elles la créance du fait. Mais quelque pardonnable que fût leur faute, elles en conçurent une vive douleur dès qu'elles connurent l'état des choses, et que le trouble où elles s'étoient trouvées se fut dissipé. Il y en eut deux dans la maison de Paris, les sœurs Flavie et Dorothée[1], dont la chute fut bien plus funeste, parceque

---

[1] Flavie Passart, et Dorothée Perdreau, qui fut ensuite élue abbesse par les religieuses signataires restées dans la maison de Paris. « La dispersion des religieuses, dit Voltaire (*Siècle de*

l'ambition en fut le principe. Elles signèrent le Formulaire, et contribuèrent à séduire huit ou dix de leurs sœurs, qui étoient des esprits foibles, et dont il y en avoit deux d'imbéciles. Elles agirent ensuite de concert avec M. l'archevêque et les filles de la Visitation, pour tourmenter celles qui demeuroient fidèles à leurs devoirs et à leur conscience. Cependant la cause de ces saintes religieuses, ou plutôt celle de l'Église, étoit défendue par des écrits lumineux. M. Arnauld, aidé de M. Nicole, entreprit de faire connaître leur innocence : l'Apologie de Port-Royal, les Imaginaires, et tant d'autres ouvrages solides et convaincants, manifestoient à toute la terre l'injustice de cette persécution. Mais, comme on ne pouvoit montrer l'innocence des religieuses sans dévoiler la turpitude de leurs persécuteurs, ces mêmes écrits, qui justifioient les religieuses opprimées, mettoient en fureur leurs ennemis, qui les persécutoient encore avec plus de chaleur.

Au reste, M. de Péréfixe lui-même faisoit leur apologie, en avouant qu'il n'avoit rien trouvé que de régulier et d'édifiant dans la visite qu'il avoit faite. Il publioit souvent, dans le temps même qu'il les traitoit avec la plus grande rigueur, que « ces filles « étoient pures comme des anges : » mais il ajoutoit « qu'elles étoient orgueilleuses comme des démons, » parcequ'il lui plaisoit de traiter d'orgueil insuppor-

---

« *Louis XIV*) intéressa tout Paris. Sœur Perdreau et sœur Passart, « qui signèrent et en firent signer d'autres, furent l'objet des plai- « santeries et des chansons. » (*Anon.*)

table le refus d'obéir à un commandement qu'il n'auroit pas dû leur faire, qui, quand il auroit été juste, n'étoit d'aucune utilité, et auquel elles ne pouvoient se soumettre sans blesser la sincérité. D'ailleurs, il avouoit qu'elles n'étoient attachées à aucune erreur, et se trouvoit quelquefois embarrassé quand elles le pressoient d'expliquer nettement ce qu'il leur demandoit : c'est ce que nous avons vu en parlant des requêtes que lui présentèrent les religieuses du monastère des Champs.

FIN DE L'ABRÉGÉ
DE L'HISTOIRE DE PORT-ROYAL.

MÉMOIRE

POUR LES RELIGIEUSES

DE PORT-ROYAL DES CHAMPS [1].

Le monastère de Port-Royal des Champs et celui de Port-Royal de Paris ne faisoient originairement qu'une seule Communauté, dont tous les revenus et les intérêts étoient unis et confondus, et qui étoit gouvernée par une même abbesse, laquelle étoit élective et triennale. Mais la division s'y étant mise (en 1664) pour les raisons qui sont connues de tout le monde, et la plus grande partie des religieuses ayant été transférées et renfermées dans le Port-Royal des Champs, celles qui étoient restées à Paris, quoiqu'elles ne fussent que sept du chœur et trois converses, élurent entre elles (en 1666) une abbesse, nommée sœur Marie-Dorothée, et cette élection fut autorisée par M. de Péréfixe, alors arche-

---

[1] Le brouillon de ce Mémoire, écrit de la main de Racine, avec beaucoup de ratures chargées de corrections de la même main, existe à la bibliothèque royale. Il fut rédigé à la prière du cardinal de Noailles, qui avoit demandé à Racine des détails sur les affaires de Port-Royal.

vêque de Paris, et par un arrêt du conseil (en 1667), qui débouta les religieuses des Champs des oppositions qu'elles crurent devoir faire à cette nouveauté. M. de Péréfixe rendit même celles de Paris entièrement maîtresses de tous les biens des deux monastères, à condition qu'elles donneroient vingt mille livres par an pour la subsistance de ce grand nombre de religieuses qu'il tenoit, comme nous l'avons dit, renfermées dans la maison des Champs. Toutefois les religieuses de Paris ne jouirent pas longtemps de leur prétendu droit d'élection; car le roi ayant cru devoir rentrer dans son droit de nomination à l'égard de leur maison, sœur Marie-Dorothée lui remit entre les mains sa démission, au moyen de quoi elle fut continuée par la nomination de Sa Majesté, qui obtint (en 1668) des bulles du pape pour cette nouvelle abbesse.

Enfin, les religieuses des Champs ayant été comprises dans la paix de l'Église, et rétablies dans leur liberté et dans leurs droits, sans que leur archevêque leur demandât autre chose que ce qu'elles lui avoient tant de fois offert, le roi, jugeant à propos que les deux maisons demeurassent séparées comme elles étoient, ordonna qu'on fît la distraction des revenus qu'elles avoient possédés en commun, et nomma pour cela des commissaires, du nombre desquels étoit M. Pussort, qui fut chargé de faire son rapport au conseil de tout ce qui se passeroit dans cette affaire.

Les revenus des deux monastères montoient alors

à 29,500 liv.[1], sur quoi il falloit déduire environ 7000 liv. qu'ils étoient chargés de payer tous les ans.

Les religieuses de Paris n'étoient que dix, comme nous avons dit, en comptant trois converses, et celles des Champs étoient au nombre de soixante-neuf professes du chœur, et de vingt-cinq ou trente converses, tant professes que postulantes. Cependant on donna aux religieuses de Paris dix mille livres de rente, tant en fonds de terre qu'en rentes et en pensions, c'est-à-dire plus du tiers des revenus, sans compter tous les grands corps-de-logis bâtis dans le dehors de leur maison, et dont elles furent bientôt en état de tirer de grands loyers, par la mort ou par la retraite des personnes qui les avoient fait bâtir. On leur laissa aussi toute l'argenterie de la sacristie, et elles retinrent plus des deux tiers des meubles, quoique l'arrêt de partage ne leur en eût attribué que le tiers. Les 19,500 liv. restantes furent données aux religieuses des Champs, et les charges furent partagées à proportion des revenus.

L'arrêt portoit que, moyennant ce partage, les deux maisons demeureroient à perpétuité divisées, séparées, indépendantes l'une de l'autre, sans qu'à l'avenir aucune pût rien prétendre sur ce qui seroit attribué à l'autre, sous quelque cause ou prétexte que ce fût; et cette clause fut insérée principalement

---

[1] A l'époque de ce partage, le marc d'argent monnoyé ne se comptoit que 28 liv. 13 s. environ. Ainsi une somme d'argent qu'on appeloit alors 1000 liv., s'appelleroit aujourd'hui 1880 fr.

pour prévenir les justes plaintes que les religieuses des Champs pourroient faire contre la lésion qu'elles souffroient dans un partage si inégal. L'arrêt leur fut signifié (7 juin 1669) par ordre exprès du roi, et elles n'eurent d'autre parti à prendre que celui de la soumission et du silence. Le tout fut enregistré au Parlement, et Sa Majesté se chargea de le faire approuver à Rome.

On ne sait pas en quel état sont maintenant les revenus de la maison de Paris : ce qu'on peut dire, c'est qu'ayant toujours eu la liberté de recevoir des pensionnaires et des novices, les biens de cette maison auroient dû considérablement augmenter.

Il n'en est pas de même des religieuses des Champs. Il y a dix-sept ans qu'on leur donna ordre de renvoyer leurs novices et leurs pensionnaires, et qu'on leur fit défendre de recevoir des novices, jusqu'à ce qu'elles fussent réduites à cinquante professes du chœur. Ainsi leur Communauté n'ayant reçu aucun nouveau secours depuis ce temps-là, il n'est pas étrange que leurs revenus soient diminués, comme ils le sont en effet, d'autant plus qu'il leur a fallu emprunter plus de quarante mille livres pour les seuls amortissements qu'elles ont été obligées de payer.

Quoi qu'il en soit, il est aisé de justifier qu'en déduisant les charges à quoi elles sont tenues, leur revenu ne monte pas présentement à plus de 9500 liv., sans y comprendre deux fermes qu'elles font valoir par leurs mains, et qui coûtent autant que le produit qui en revient, à cause de la mauvaise qualité des terres.

Sur cette somme il faut qu'elles vivent, et elles sont encore quarante religieuses du chœur et quatorze converses. Il leur faut de plus nourrir et entretenir quantité de filles qu'elles sont obligées de prendre pour leur aider à faire les ouvrages nécessaires de la maison. Comme elles sont la plupart âgées et infirmes, elles ne peuvent plus guère faire autre chose que de vaquer à l'office du chœur qu'elles n'ont point encore interrompu, non plus que les veilles devant le Saint-Sacrement. Au lieu qu'autrefois les ecclésiastiques, les médecins, et les autres personnes qui desservoient leur maison, bien loin de leur être à charge, leur payoient même pension la plupart, il faut qu'elles paient aujourd'hui tous ceux qui les servent. Il y a plus de cinq ans qu'elles n'ont chez elles ni médecin ni chirurgien, se contentant d'envoyer chercher du secours, ou à Paris ou ailleurs, le plus rarement qu'elles peuvent, et dans leurs plus pressantes nécessités. Ajoutez à cela le grand nombre de bâtiments et fermes qu'elles sont obligées d'entretenir, et ceux qu'elles ont été obligées de faire construire au-dedans de leur maison, qui ne suffisoit pas pour loger un si grand nombre de religieuses.

C'est à monseigneur l'archevêque à juger si, étant chargées de tant de dépenses inévitables, on peut retrancher sur un revenu si modique sans les réduire à la dernière nécessité. Elles ont lieu d'espérer que, s'il n'est pas en état de leur faire le bien que sa charité voudroit peut-être leur faire, du moins il ne voudra pas achever de les accabler. *Arundinem quassatam non confringet et linum fumigans non extinguet.*

FIN DU MÉMOIRE.

FRAGMENTS

SUR PORT-ROYAL [1].

Les constitutions de Port-Royal sont de la mère Agnès, excepté l'institution des novices, qui étoit de la sœur Gertrude. M. de Pontchâteau les fit imprimer en Flandre.

Les deux volumes de Traités de piété, sont de M. Hamon, excepté le Traité de la charité, qui est à la tête du premier volume. M. Fontaine prit soin de l'impression de ce premier volume, et M. Nicole du second, qui est beaucoup plus exact.

La Religieuse parfaite a été recueillie par la sœur Euphémie, sous la mère Agnès, lorsque celle-ci étoit maîtresse des novices. M. Nicole a fait toutes les préfaces des Apologies des religieuses de Port-Royal, et, de plus, en commun, la première et la deuxième partie. M. Arnauld a fait la troisième, c'est-à-dire les

[1] Ces fragments, écrits de la main de Racine, sont à la bibliothèque du roi. Ils paroissent être le résultat d'entretiens particuliers avec Nicole. Racine a écrit à la tête du manuscrit, en marge : M. NICOLE. (*Anon.*)

lettres de M. d'Angers, et toute la quatrième, hormis les deux chapitres [1] où est l'histoire de Théodoret, etc.

M. Nicole a fait les trois volumes de la Perpétuité, hormis un chapitre dans la première partie, qu'y fourra M. Arnauld, et qui donna le plus de peine à défendre. M. Arnauld ne lut pas même le deuxième volume : il étoit occupé alors à faire des mémoires pour des évêques.

M. d'Aleth lui demanda un Rituel; mais M. Arnauld n'étant pas assez préparé sur cette matière, M. Nicole persuada à M. d'Aleth de s'adresser à M. de Saint-Cyran, et de lui écrire pour cela une lettre pleine d'estime. M. de Saint-Cyran prit cette lettre pour une vocation, et fit le livre. M. Arnauld le revit avec M. Nicole, et adoucit plusieurs choses qui auroient paru excessives : entre autres M. de Saint-Cyran avoit écrit un peu librement sur l'abstinence de la viande pendant le carême, et prétendoit que l'Église ne pouvoit pas faire des règles qui obligeassent sous peine de péché mortel.

Le Nouveau Testament de Mons a été l'ouvrage de cinq personnes : M. de Sacy, M. Arnauld, M. Le Maître, M. Nicole, et M. le duc de Luynes. M. de Sacy faisoit le canevas, et ne le remportoit presque jamais tel qu'il l'avoit fait; mais il avoit lui-même la principale part aux changements, étant assez fertile

---

[1] Il faut encore interroger là-dessus M. Nicole. (*Note de Racine.*)

en expressions. M. Arnauld étoit celui qui déterminoit presque toujours le sens. M. Nicole avoit devant lui Saint-Chrysostôme et Beze, ce dernier afin de l'éviter : ce qu'on a fait tout le plus qu'on a pu. M. de Sacy a fait les préfaces, aidé par des vues et par des avis que lui avoient donnés M. Arnauld et M. Nicole.

Depuis peu, quelqu'un a fait des Remarques sur cette traduction, et M. Arnauld en a pris ce qu'il croyoit le meilleur, ce qu'il a toujours fait très volontiers. M. de Sacy étoit moins souple : témoin sa roideur sur les remarques du P. Bouhours, dont il n'a jamais voulu suivre aucune. M. Nicole, au contraire, a profité, dans ses Essais de morale, de celles qui lui ont paru bonnes.

Il n'a plus osé écrire contre M. Jurieu, depuis qu'il a vu M. de Meaux aux mains avec lui, ne voulant pas donner d'ombrage à ce prélat. M. de Sacy n'avoit de déférence au monde que pour M. Singlin, homme en effet merveilleux pour le droit sens et le bon esprit. Celui-ci avoit de grands égards pour M. de Saint-Cyran-Barcos [1], qui étoit son directeur, homme pur dans sa vie, et d'un grand savoir, mais qui avoit souvent des opinions très particulières, et toujours très attaché à ses opinions.

Un jour, entre autres, il vouloit opiniâtrément que, pour défendre Jansénius, on avançât que cet auteur ayant suivi pied à pied saint Augustin, et n'étant que l'historien de sa doctrine, il lui avoit été

---

[1] Neveu du fameux abbé de Saint-Cyran.

impossible de s'en écarter. M. Arnauld fit un écrit où il renversoit entièrement cette opinion, c'est-à-dire montrant que cette défense auroit été tournée en ridicule, n'étant pas impossible que Jansénius n'eût pris un sens pour l'autre, et ne se fût trompé, comme le prétendoient le pape et les évêques. M. de Saint-Cyran fit une réponse, où il traitoit ces démonstrations de simples difficultés, qui ne devoient pas empêcher qu'on ne se soumît à son avis. M. Pascal leva l'embarras : il prit le Mémoire de M. de Saint-Cyran, alla trouver M. Singlin, et lui dit que jamais il ne rendroit ce Mémoire, qu'il traita de ridicule.

M. Pascal étoit respecté parcequ'il parloit fortement, et M. Singlin se rendoit dès qu'on lui parloit avec force.

La mère Angélique de Saint-Jean faisoit, en quelque sorte, sa cour à M. Pascal, et vouloit se servir de lui pour mettre de la division entre M. Arnauld et M. Nicole : car, ni elle, ni beaucoup d'autres, ne pouvoient souffrir cette liaison, ni que M. Nicole gouvernât M. Arnauld.

Ils furent tous deux cachés pendant cinq ans à l'hôtel de Longueville, et, excepté les six premiers mois, y vécurent toujours à leurs dépens. Madame de Longueville étoit alors occupée de ses restitutions, et peut-être n'eût pas été bien aise de cette nouvelle dépense. Ils l'entretenoient tous les jours dès cinq ou six heures. M. Arnauld s'endormoit souvent, après avoir roulé ses jarretières devant elle : ce qui la faisoit un peu souffrir. M. Nicole étoit le plus poli des deux, et étoit plus à son goût. Madame de Longueville se dégoûtoit fort aisément ; et, d'une grande envie de voir les gens, passoit tout-à-coup à une fort grande peine de les voir.

M. Nicole fut toujours bien avec elle : elle trouvoit qu'il avoit raison dans toutes les disputes. Il dit qu'à sa mort il perdit beaucoup de considération : « J'y perdis même, dit-il, mon abbaye ; car on ne « m'appeloit plus M. l'abbé Nicole, mais M. Nicole « tout simplement. »

Elle étoit quelquefois jalouse de mademoiselle de Vertus, qui étoit plus égale et plus attirante.

Grand différent contre M. Pascal. Il vouloit qu'on défendît toujours les propositions par le bon sens qu'elles avoient, et qu'on n'en signât point la condamnation. M. Arnauld et M. Nicole étoient d'avis contraire. M. Arnauld, entre autres, fit un écrit où il terrassoit M. Pascal, qui étoit petit devant lui. C'est ce qui a donné lieu au bruit qui se répandit que M. Pascal avoit abjuré le jansénisme. Celui-ci, dans sa dernière maladie, ayant lâché quelques mots de ce différent au curé de Saint-Étienne, qui comprit que, puisque M. Pascal avoit été de contraire avis avec ces messieurs, il avoit été d'avis de l'entière soumission au Formulaire, feu M. de Paris en tira avantage, fit signer cette déposition par le curé, qui, ayant été depuis convaincu du contraire, voulut en vain revenir contre sa signature. M. l'archevêque se moqua de lui [1].

M. Nicole appelle tout cela les guerres civiles de Port-Royal.

La mère Angélique de Saint-Jean étoit entêtée aussi qu'elles ne devoient signer en aucune sorte; et quand l'accommodement fut fait, elle persistoit toujours dans son opinion. M. d'Aleth lui écrivit, M. Arnauld, M. de Sacy : tout cela inutilement. M. Nicole eut ordre de faire un écrit pour la convaincre. Enfin, elle se rendit, il ne sait comment, en disant qu'elle n'étoit nullement convaincue.

Il estime qu'elle avoit plus d'esprit même que M. Arnauld, très exacte à ses devoirs, très sainte, mais naturellement un peu scientifique, et qui n'aimoit pas à être contredite. Madame de Longueville ne l'aimoit pas, et pourtant convenoit de toutes ses bonnes qualités. Elle avoit plus de goût pour la mère du Fargis, qui savoit beaucoup mieux vivre.

Deux partis dans la maison : l'un, la mère Angélique, la sœur Briquet, et M. de Sacy; l'autre, la mère du Fargis, M. de Sainte-Marthe, et M. Nicole. Ces derniers avoient toujours raison; mais, pour l'union, M. de Sainte-Marthe cédoit toujours.

M. Nicole dit que c'est le plus saint homme qu'il ait vu à Port-Royal. Il sautoit par-dessus les murs, pour aller porter la communion aux religieuses ma-

[1] Voyez l'histoire de Port-Royal, seconde partie.

lades, et cela de l'avis de M. d'Aleth : en sorte qu'il n'en est pas mort une sans sacrements. Cependant la mère Angélique de Saint-Jean n'avoit nul goût pour lui; et, quoiqu'il le sût, il n'en étoit pas moins prêt à se sacrifier pour la maison.

M. Arnauld, le plus souvent, n'avoit nulle voix en chapitre. On le croyoit trop bon : et c'étoit assez qu'il dit du bien d'une religieuse, pour que l'on n'en fit plus de cas. Ainsi il prônoit fort la sœur Gertrude; et la mère Angélique de Saint-Jean se retiroit d'elle.

La mère Angélique, à force de se confier à la sœur Christine, et de la vouloir former aux grandes choses, comme une abbesse future, lui inspira un peu trop de mépris pour les autres mères : en telle sorte qu'elle étoit en grande froideur pour la mère du Fargis, et mourut sans lui en demander pardon. Madame de Fonspertuis contribuoit un peu à tout cela : bonne femme, bonne amie, mais un peu portée à l'intrigue, et ne haïssant pas à se faire de fête, sur-tout avec les grands seigneurs.

M. de Pompone demandoit un jour à M. Nicole : « Tout de bon, croyez-vous que ma sœur[1] ait autant « d'esprit que madame Duplessis-Guénégaud? » M. Nicole traita d'un grand mépris une pareille question.

On subsistoit comme on pouvoit des livres et des écrits qu'on faisoit. Les Apologies des religieuses

[1] La mère Angélique.

valurent cinq mille francs; les Imaginaires, cinq cents écus. Bien des gens croyoient que M. Nicole, en tirant quelque profit de la Perpétuité, s'enrichissoit du travail de M. Arnauld, et il souffroit tout cela. On tira des Traités de piété seize cents francs. M. Nicole les fit donner à M. Guelphe; et celui-ci y ayant joint quelque trois ou quatre mille francs de M. Arnauld, les prêta à un nommé Martin, qui leur a fait banqueroute.

Lorsque les religieuses étoient renfermées au Port-Royal de Paris, elles trouvoient moyen de faire tenir tous les jours de leurs nouvelles à M. Arnauld, et d'en recevoir. M. Nicole dit que c'étoient des lettres merveilleuses, et toutes pleines d'esprit. La sœur Briquet y avoit la principale part. La sœur de Brégy vouloit aussi s'en mêler : elle avoit quelque vivacité, mais son tour d'esprit étoit faux, et n'avoit rien de solide.

Elles confièrent deux ou trois coffres de papiers à M. Arnauld, lorsqu'elles furent dispersées. C'est par ce moyen qu'on a eu les constitutions de Port-Royal, et d'autres Traités qu'on a imprimés.

M. Nicole a travaillé seul aux préfaces de la Logique et à toutes les additions. La première, la deuxième, et la troisième partie, ont été composées en commun. M. Arnauld a fait toute la quatrième.

ÉPITAPHE

DE C. F. DE BRETAGNE,

DEMOISELLE DE VERTUS [1].

Ici repose Catherine-Françoise de Bretagne, demoiselle de Vertus. Elle passa sa plus tendre jeunesse dans le desir de se donner à Dieu, pratiquant dès-lors, avec un goût particulier, la régle de saint Benoît dans un monastère. Mais, engagée dans le monde par ses parents, les flatteries des gens du siècle, et cette estime dangereuse que lui attiroient les graces de sa personne et les agréments de son esprit, l'emportèrent bientôt sur ses premiers sentiments, dont elle ne laissoit pas d'être toujours combattue. Pour surcroît de malheur, se trouvant mêlée fort avant dans les cabales qui divisoient alors la cour, elle prit, hélas! trop de part aux plaisirs et aux intrigues que dans son ame elle condamnoit. Mais Dieu, qui ne vouloit pas qu'elle pérît, jeta une amertume salutaire sur ses vaines occupations, et permit que, rebutée de leur mauvais succès, elle en connût

---

[1] Mademoiselle de Vertus, descendue des anciens ducs de Bretagne, jetée par les circonstances dans les intrigues de la fronde et dans les plaisirs de la cour, fut un rare exemple du pouvoir de la religion. Moins fameuse que la duchesse de Longueville, elle eut un caractère plus ferme et des vertus plus solides. (G.)

mieux le néant, et qu'elle lui rendît tout son cœur. Elle eut le bonheur, dans les premiers temps de sa conversion, de fortifier, par son exemple et par ses conseils, la duchesse de Longueville dans le dessein qu'elle forma aussi de se convertir, et fut l'ange visible dont Dieu se servit pour aider cette princesse à trouver la voie étroite du salut. Catherine, malgré ses continuelles infirmités, affligeoit son corps par des austérités continuelles, goûtoit une paix profonde et une solitude intérieure au milieu des troubles et des orages dont elle voyoit avec douleur l'Église agitée, veillant sans cesse à tous les besoins de cette épouse de J. C. et de ses membres, sur-tout de ceux qui souffroient pour la défense des vérités chrétiennes; et elle fut rendue digne, par cette charité si compatissante, de contribuer à la paix qui calma pour un temps toutes ces tempêtes. Alors, persuadée qu'elle n'avoit plus autre chose à faire que de consommer sa pénitence, elle se retira dans cette maison [1], dont elle embrassa toutes les pratiques, et où ses violentes maladies, qui l'attachèrent au lit pendant les onze dernières années de sa vie, l'empêchèrent seules de faire profession. Mais elles n'empêchèrent pas sa régularité à réciter tous les jours l'office aux mêmes heures de la Communauté, son attention aux nécessités du prochain, sa charité pour toutes les sœurs, et sur-tout son attention à Dieu dans une adoration perpétuelle au milieu de tous ses

---

[1] Port-Royal.

maux, qu'elle souffrit avec une extrême humilité et avec une patience incroyable. Enfin, âgée de 74 ans, après avoir laissé ce qui lui restoit de biens aux pauvres, et vécu en pauvre elle-même, elle rendit son ame à Dieu, munie de tous les sacrements des mourants, au milieu de toutes les sœurs, qu'elle avoit toujours tendrement aimées, le..... [1]

[1] Le 21 novembre 1692.

RÉFLEXIONS PIEUSES

SUR

QUELQUES PASSAGES DE L'ÉCRITURE-SAINTE.

Ps. 77. *Adhuc escæ eorum erant in ore ipsorum; et ira Dei ascendit super eos* [1]. Combien de gens, ayant travaillé toute leur vie pour parvenir à quelque fortune, à une charge, etc., meurent dans le moment qu'ils espèrent en jouir, ayant encore le morceau dans la bouche !

Ps. 105. *Et dedit eis petitionem ipsorum*, etc. [2]. C'est dans sa colère que Dieu accorde la plupart des choses qu'on desire dans ce monde avec passion.

Isaïe, c. 55. *Quare appenditis argentum non in panibus*, etc. [3]. Pourquoi se donner tant de peine pour des choses qui nous rassasient si peu, et qui nous laissent mourir de faim? L'enfant prodigue souhaitoit au moins pouvoir se rassasier de gland, et encore ne peut-on parvenir à avoir de ce gland. *Venite, emite absque argento*, etc. [4], dit Isaïe. Nous n'avons

---

[1] « Les viandes étoient encore dans leur bouche, lorsque la co-« lère de Dieu s'éleva contre eux. » — [2] « Il leur accorda leur de-« mande, etc. » — [3] « Pourquoi employez-vous votre argent à ce qui « ne peut vous nourrir, etc. » — [4] « Venez, achetez sans argent, etc. »

qu'à nous tourner vers Dieu, il nous donnera de quoi nous nourrir en abondance.

Filius hominis non venit ministrari, sed ministrare [1]. Math. 20. Belle leçon pour nous faire souffrir toutes les négligences de nos domestiques. Il n'y a qu'à se bien mettre dans l'esprit qu'on n'est point né pour être servi, mais pour servir.

Jean, c. 11, v. 9. *Nonne duodecim sunt horæ diei*, etc. [2] Jésus-Christ entend parler du temps que son père a prescrit à sa vie mortelle, et la compare à une journée, comme s'il disoit : « Tant que le jour « luit, on peut marcher sans péril; mais quand la « nuit est venue, on ne peut marcher sans tomber. « Ainsi les Juifs ont beau me vouloir perdre, ils « n'ont aucun pouvoir de me faire du mal, jusqu'à « ce que la nuit, c'est-à-dire, le temps des ténèbres « soit venu. »

Idem, c. 18, v. 1. *Trans torrentem Cedron* [3]. Grotius croit qu'il étoit ainsi nommé à cause qu'il y avoit eu des cèdres dans cette vallée. En grec, c'est le *torrent des cèdres*. Jésus-Christ accomplit ici ce qui le figura en la personne de David, quand ce roi, fuyant Absalon, passa ce torrent, étant trahi par Achitophel.

Abierunt retrorsùm [4]. id., v. 6; David a dit, ps. 35 : *avertantur retrorsùm* [5]; et Isaïe, c. 37 : *cadant retror-*

---

[1] « Le fils de l'homme n'est pas venu pour être servi, mais pour « servir. » — [2] « N'y a-t-il pas douze heures au jour ? » — [3] « Au-« delà du torrent de Cédron. » — [4] « Ils furent renversés. » - [5] « Qu'ils soient renversés. »

sùm[1]. Quelle terreur n'imprimera-t-il point quand il viendra juger, s'il a été si terrible étant prêt d'être jugé !

Idem, c. 19, v. 9. *Responsum non dedit ei*[2]. Il lui en avoit assez dit, en lui disant que son royaume n'étoit pas de ce monde; et d'ailleurs Pilate, en faisant maltraiter un homme qu'il croyoit innocent, s'étoit rendu indigne qu'on l'éclaircît davantage : ne s'étoit-il pas même rendu indigne que Jésus-Christ lui répondît maintenant, lui qui, lui ayant demandé ce que c'étoit que la vérité, n'avoit pas daigné attendre la réponse? Les gens qui ont négligé de savoir la vérité, quand ils la pouvoient apprendre, ne retrouvent pas toujours l'occasion qu'ils ont perdue.

Nescis quia potestatem habeo, etc.[3], id., ibid., v. 10. Puisqu'il est en son pouvoir de le sauver, il se reconnoît donc coupable de sa mort, à laquelle il ne souscrit que par une lâche complaisance.

Non habemus regem, etc., idem.[4], v. 15. Les Juifs reconnoissent donc que le temps du Messie est venu, puisque le sceptre n'est plus dans Juda; et en même temps ils renoncent à la promesse du Messie.

Quod scripsi, scripsi[5]. Id., v. 22. C'étoit comme la sentence du juge à laquelle on ne pouvoit plus rien changer. D'ailleurs, Philon a remarqué que Pilate

---

[1] « Qu'ils tombent en arrière. » — [2] « Jésus ne lui fit aucune « réponse. » — [3] « Ne savez-vous pas que j'ai le pouvoir, etc.? » — [4] « Nous n'avons plus de roi, etc. » — [5] « Ce qui est écrit est « écrit. »

étoit d'un esprit inflexible. Dieu se sert de tout cela pour faire triompher la vérité en dépit des Juifs.

Miserunt sortem in vestem meam [1]. Id., v. 24. Cette tunique, qui n'est point déchirée, est l'unité qu'on ne doit jamais rompre.

Stabat [2]. Id., v. 25. La Sainte-Vierge étoit debout, et non pas évanouie, comme les peintres la représentent. Elle se souvenoit des paroles de l'ange, et savoit la divinité de son fils. Et dans le chapitre suivant, ni dans aucun évangéliste, elle n'est point nommée entre les saintes femmes qui allèrent au sépulcre : elle étoit assurée que Jésus-Christ n'y étoit plus.

Separatim involutum [3]. Id., c. 20, v. 7. Les linges ainsi placés et séparés les uns des autres, marquoient que le corps n'avoit point été enlevé par des voleurs. Ceux qui volent font les choses plus tumultuairement.

Vade autem ad fratres meos [4]. Id., v. 17. Il les appelle frères, pour les consoler du peu de courage qu'ils ont témoigné. *Narrabo nomen tuum fratribus meis* [5] : il semble que Jésus-Christ ait eu ce verset en vue, en les appelant ses frères; comme tout ce qui précède dans ce même psaume a été une prédiction de ses souffrances.

---

[1] « Ils ont tiré ma robe au sort. » — [2] « Étoit debout. » — [3] « Plié « à part. » — [4] « Mais allez trouver mes frères. » — [5] « Je ferai « connoître votre nom à mes frères. » (Ps. XXI, v. 23.)

EXTRAIT

DU TRAITÉ DE LUCIEN,

INTITULÉ

COMMENT IL FAUT ÉCRIRE L'HISTOIRE [1].

L'histoire est toute différente de la poésie. Le poëte a besoin de tous les dieux. Quand il veut peindre Agamemnon, il lui faut la tête et les yeux de Jupiter, la poitrine de Neptune, le bouclier de Mars. L'historien peint Philippe borgne comme il étoit.

Alexandre jeta dans l'Hydaspe l'histoire d'Aristobule, qui lui faisoit faire des actions merveilleuses, qu'il n'avoit point faites, et lui dit qu'il lui faisoit grace de ne l'y pas faire jeter lui-même.

Il y a des historiens qui croient faire grand plai-

---

[1] Cet ouvrage, dont Racine n'a pas dédaigné d'extraire les pensées et les maximes, est un chef-d'œuvre dans le genre didactique. Lucien, en se moquant de quelques écrivains ridicules qui, de son temps, osoient s'ériger en historiens, a laissé des instructions solides à tous les gens de lettres qui voudroient écrire l'histoire. Toutes les qualités que ce genre de travail exige, tous les défauts qu'on doit y éviter, sont exposés avec autant de clarté que de grace, et sur-tout avec une admirable brièveté. L'extrait de Racine est fait avec tant d'art et de soin, qu'il renferme la substance de l'ouvrage, et pourroit presque dispenser de le lire. (G.)

sir à un prince en ravalant le mérite de ses ennemis. Achille seroit moins grand s'il n'avoit pas défait un Hector. D'autres invectivent contre les chefs des ennemis, comme s'ils vouloient les défaire la plume à la main.

Un autre remplira son histoire de petits détails et de mots de l'art, comme feroit un soldat ou un ouvrier qui auroit travaillé dans un camp. Un autre emploiera tout son temps à faire d'ennuyeuses descriptions de l'habillement ou des armes du général, ou d'un bois; et quand ils viennent aux grandes affaires, ils y sont tout neufs. Ils pensent attraper le merveilleux, en écrivant des choses contre le vraisemblable, des blessures prodigieuses, des morts incroyables.

L'un se sert quelquefois de phrases belles et magnifiques, comme pourroit faire un poëte, et tombe tout-à-coup dans de basses expressions : c'est un homme qui a un pied chaussé d'un brodequin, et une sandale à l'autre pied.

Un autre décrit curieusement et fort au long les petites choses, et passe légèrement sur les grandes.

Voilà les principales fautes où peut tomber un historien. Voici les principales qualités qu'il doit avoir :

Les deux plus nécessaires, ce sont un bon sens pour les choses du monde, et une agréable expression. La première est un don du ciel; l'autre se peut acquérir par un grand travail et une grande lecture des anciens.

Il faut qu'un historien ait vu une armée, des soldats rangés en bataille, ce que c'est qu'une aile, un front, des bataillons, des machines de guerre, etc., et qu'il ne s'en rapporte pas aux yeux d'autrui.

Sur-tout il doit être libre, n'espérant ni ne craignant rien, inaccessible aux présents et aux récompenses, ne faisant grace à personne, juge équitable et indifférent, sans pays et sans maître, ἀβασίλευτος. Qu'il dise les choses comme elles sont, sans les farder ni les déguiser : car il n'est pas poëte ; il est narrateur, et par conséquent il n'est point responsable de ce qu'il raconte ; en un mot, il faut qu'il sacrifie à la seule vérité, et qu'il n'ait pas devant les yeux des espérances aussi courtes que celles de cette vie, mais l'estime de toute la postérité. Qu'il imite cet architecte du phare d'Égypte, qui mit sur du plâtre le nom du roi qui l'employoit, mais dessous ce plâtre son propre nom, sachant bien que le plâtre tomberoit, et que son nom se verroit éternellement sur la pierre.

Alexandre a dit plus d'une fois : « Oh ! que ne puis-« je revenir dans trois ou quatre cents ans, pour en-« tendre de quelle manière les hommes parleront de « moi ! »

Il ne faut pas se mettre en tête d'avoir un style si magnifique ; il faut s'y prendre plus familièrement. Que le sens à la vérité soit pressé, qu'il y ait du sens et des choses par-tout, mais que l'expression soit claire, et comme parlent les honnêtes gens : car, comme l'historien ne doit avoir dans l'esprit que la liberté et la vérité, il faut aussi qu'il n'ait pour but dans son style que la netteté, et de présenter les choses telles qu'elles sont; en un mot, que tout le monde l'entende, et que les savants le louent : ce qui arrivera, s'il se sert d'expressions qui ne soient point trop recherchées, ni aussi trop communes.

Il faut pourtant que l'historien ait quelque chose du poëte dans les pensées, sur-tout lorsqu'il viendra à décrire une bataille, des armées qui se vont choquer, des vaisseaux prêts à combattre; c'est alors qu'il a besoin, pour ainsi dire, d'un vent poétique qui enfle les voiles, et qui fasse grossir la mer. Il faut pourtant que l'expression ne s'élève guère de terre.

N'avoir point trop soin de l'harmonie et du son, mais aussi ne pas écorcher les oreilles.

Il faut bien prendre garde de qui on prend des Mémoires, et ne consulter que des gens non suspects ou de haine ou de complaisance, soit pour eux-mêmes, soit pour les autres.

Quand on a fait provision de bons Mémoires, alors il faut les coudre, et faire comme un corps d'histoire, sec et décharné d'abord, pour y mettre ensuite la chair et les couleurs.

Il faut, comme le Jupiter d'Homère, que l'historien porte les yeux de tous côtés, et qu'il voie aussi bien ce qui se passe dans le parti ennemi que dans l'autre parti.

Il doit être comme un miroir pur et sans tache, qui reçoit les objets tels qu'ils sont, ne mettant rien du sien qu'une expression naïve, sans se mettre en peine de quelle nature est ce qu'il dit, mais de quelle manière il le doit dire.

Sa narration ne doit pas être décousue : non seulement les choses doivent se suivre, mais se tenir les unes aux autres.

Il faut savoir ne point s'étendre dans les descriptions : témoin Homère, qui en a pu faire de si belles, et qui a si souvent passé par-dessus courageusement.

Ne croyez point que Thucydide soit long dans la description de la peste ; songez de quelle importance est tout ce qu'il dit : il fuit les choses, mais les choses l'arrêtent malgré lui.

On peut s'élever et être orateur dans les harangues, pourvu qu'elles conviennent à celui qui parle.

Il faut être court et circonspect dans les jugements, jamais calomniateur ; il faut toujours être appuyé de preuves. L'historien n'est point devant des juges pour faire le procès à ceux dont il parle ; il ne doit point être accusateur, mais historien.

FRAGMENTS
HISTORIQUES.

AVERTISSEMENT

SUR

LES FRAGMENTS HISTORIQUES.

Racine, historiographe du roi, paroissoit à ceux qui ne le jugèrent que sur les apparences, plus courtisan qu'historien. Ceux qui le connoissoient à fond jugeoient qu'il avoit toutes les qualités nécessaires pour écrire parfaitement l'histoire; mais qu'il étoit impossible de s'acquitter d'une fonction si délicate avec toute l'exactitude et la fidélité qu'elle exige, à la cour d'un roi l'idole de la nation, dont l'éclat éblouissoit tous les yeux, et qui sembloit ne pouvoir inspirer, même aux sages, d'autre sentiment que l'admiration. Bossuet, le grand Bossuet, cet oracle de la vérité et de la religion, qui sait si bien faire sentir le néant des grandeurs humaines, et abaisser les trônes devant l'Être suprême; Bossuet ne parle de Louis XIV qu'avec enthousiasme. Racine, plus pénétré que tout autre de respect et d'admiration pour ce monarque, auroit eu bien de la peine à s'établir son juge. Cependant, revêtu d'une charge lucrative, il vouloit en remplir les devoirs : et comme il étoit sage et modeste en toutes choses, il avoit commencé par lire le *Traité* de Lucien, sur la manière d'écrire l'histoire, et il en avoit fait l'extrait, pour y trouver une instruction dont il n'avoit pas besoin ; mais il n'y a que les sots et les ignorants qui ne se défient jamais d'eux-mêmes, et se croient toujours assez instruits. Racine fit ensuite des extraits du *Mercure* de l'historiographe Vittorio Siri, des *Memorie recondite* du même auteur, et de plusieurs autres Mémoires qui devoient lui fournir des matériaux. On peut juger, par les moyens qu'il employoit pour se mettre au fait des affaires étrangères, qu'il embrassoit son objet dans toute son étendue, et que, sans se borner à la personne du roi, il ne se proposoit rien moins que de donner une histoire générale du royaume sous ce règne. On ne peut trop regretter la perte de ses manuscrits, qui périrent dans l'incendie de la maison de M. de Valincourt, à Saint-Cloud. Cet académicien, successeur de Racine dans la charge d'historiographe, jugeant plus facile d'en porter le titre et d'en recevoir les honoraires que d'en remplir les obligations, ne fut pas fâché du bruit qui se répandit dans le public que Racine et Boileau, uniquement occupés à faire la cour au roi, avoient entièrement négligé son histoire : c'étoit une autorité qui couvroit la paresse

AVERTISSEMENT.

de M. de Valincourt; et loin de démentir un pareil bruit, on seroit tenté de soupçonner qu'il fut le premier à le répandre.

Louis Racine convient lui-même que les fragments historiques publiés sous le nom de son père ne sont que de courtes observations que l'auteur jetoit sur le papier, sans style et sans ordre. « Cependant, ajoute-« t-il, on y trouve des anecdotes curieuses, et plu-« sieurs mots piquants qui peignent bien le caractère « des personnages auxquels on les attribue. »

Mais en publiant ces fragments, précieux à beaucoup d'égards, Louis Racine les avoit singulièrement altérés, et par conséquent en avoit diminué l'intérêt. Ils paroissent ici dans un nouvel ordre, avec des augmentations considérables, et fidèlement rétablis sur les manuscrits de Racine. On pourra juger de l'importance des augmentations, en confrontant cette édition avec les autres. Nous indiquons particulièrement les articles qui concernent le cardinal de Richelieu, le cardinal Mazarin, M. de Turenne, la révolution de Portugal, et la Hollande. (G.)

FRAGMENTS HISTORIQUES.

LE CARDINAL DE RICHELIEU.

Le cardinal de Richelieu se fit donner la commission de chef et surintendant de la marine, parceque le duc de Guise, comme gouverneur de la Provence, prétendoit être amiral du Levant, et ne point céder à l'amiral dans la Méditerranée. Il y a même encore des ancres à la porte de l'hôtel de Guise. Le gouverneur de Bretagne a aussi des droits de naufrage, etc.; mais le cardinal de Richelieu avoit le gouvernement.

Il avoit des traits de folie. Un jour Schomberg dit à Villeroi, au sortir de sa chambre : « Le cardinal « voudroit pour cent mille écus que nous ne l'eus- « sions pas vu ce matin. » Il s'étoit fort emporté.

LE CARDINAL MAZARIN.

Chavigny avoit été l'ami intime du cardinal Mazarin, qui lui faisoit bassement sa cour sous le ministère du cardinal de Richelieu. Puis il vit que Chavigny vouloit partager sa faveur avec lui, et il le trompa, en lui faisant pourtant de grandes caresses. Chavigny fut averti par Senneterre que Mazarin le jouoit, et, pour se venger, chercha à précipiter la reine dans des conseils violents qui fissent enfin chasser le cardinal. Il conseilla l'emprisonnement de Broussel, et en même temps il assistoit à des conférences secrètes avec des frondeurs, chez Pierre Longuei [1].

Le cardinal Mazarin avoit connu Le Tellier en Piémont, et le mit à la place de des Noyers [2]. Le Tellier devoit donner deux cent mille francs, le roi cent mille. Des Noyers voulut un évêché pour sa démission, et mourut. Le Tellier eut les cent mille écus.

Quand le cardinal Mazarin sortit de France, il demanda un homme de confiance à M. Le Tellier, qui lui donna Colbert, en priant le cardinal que, quand il recevroit de lui des lettres secrètes, il ne les gardât point, mais les rendit à Colbert. Un jour le cardinal en voulut garder une, Colbert lui résista jusqu'à le mettre en colère : ensuite le cardinal le prit pour son intendant.

Siri, en cherchant les raisons pourquoi le cardinal abandonna le duc de Guise, dit que peut-être ce cardinal songeoit à se faire roi de Naples. Cela est d'autant plus vraisemblable, qu'il avoit quelque pratique pour se faire roi de Sicile : témoin une lettre

[1] Voyez les Mémoires du cardinal de Retz.
[2] Intendant des finances, et secrétaire d'état

qu'un certain Antoine d'Aglié lui écrivoit de Rome, le 1ᵉʳ juin 1648, qui lui mandoit qu'on avoit fort délibéré en Sicile de mettre la couronne de ce royaume sur la tête ou du prince Thomas ou du connétable Colonne, mais que le cardinal avoit été préféré à tout autre ; que, sans partir de Paris, il n'avoit qu'à envoyer une armée pour donner cœur au peuple et à la noblesse, et qu'on lui enverroit aussitôt des ambassadeurs pour le couronner ; que, s'il ne vouloit point quitter la France, il pourroit laisser en Sicile, ou son frère, ou le cardinal Grimaldi, avec la qualité de vice-roi. L'auteur croit, pour lui, que le cardinal avoit dessein d'envoyer à Naples M. le prince, afin de l'éloigner de France, avec tous les petits-maîtres, et quantité d'autres gens capables de remuer. Cela est si vrai, qu'après la disgrace et l'emprisonnement du duc de Guise, le cardinal envoya l'abbé Bentivoglio en Flandres, à l'armée de M. le prince, un peu devant qu'il assiégeât Ypres, pour le tâter, non pas en traitant directement avec lui, mais avec Châtillon, La Moussaye, et les autres petits-maîtres, qui l'écoutèrent fort volontiers, se remplissant déjà l'esprit d'idées, ou se flattant de se faire, l'un duc de Calabre, l'autre prince de Tarente. Le cardinal offroit à M. le prince tous les régiments de Condé et de Conti, et de sa maison, avec une armée navale équipée aux dépens du roi. Mais les cabales commençoient déjà à éclore ; et M. le prince, se défiant et de la proposition et de celui qui la faisoit, ne put se résoudre à quitter Paris et la cour.

Le même auteur dit que le cardinal étoit maître de toutes ses passions, excepté de l'avarice.

Le cardinal de Sainte-Cécile, son frère, étant en mauvaise humeur contre lui, disoit à tous les gens de la cour qui venoient lui recommander leurs intérêts, que le moyen le plus sûr d'obtenir de son frère tout ce qu'on vouloit, c'étoit de faire du bruit, parceque son frère étoit un *coglione*. Ces paroles ne tombèrent pas à terre : et bien des courtisans se résolurent dès-lors de le prendre en hauteur avec le cardinal, et commencèrent à le menacer pour obtenir de lui ce qu'ils vouloient. Ce cardinal de Sainte-Cécile s'en alla à Rome au sortir de son gouvernement de Catalogne, plein de mauvaise volonté contre son frère, et résolu d'embrasser les intérêts des Espagnols, qui ne manquoient pas de leur côté de lui faire des offres avantageuses. Il mourut peu de jours après qu'il fut arrivé à Rome, où il tomba malade d'une grosse fièvre que lui avoient causée la fatigue du chemin et les grandes chaleurs de l'automne.

Les secrets du cardinal Mazarin étoient souvent trahis et révélés aux ennemis par des domestiques infidèles et intéressés. Le cardinal fermoit les yeux pour ne pas voir leurs friponneries : et c'étoit là la plus grande récompense dont il payoit leurs services, comme il punissoit leurs infidélités en ne les payant point de leurs gages.

La raison pourquoi le cardinal différoit tant à accorder les graces qu'il avoit promises, c'est qu'il étoit persuadé que l'espérance étoit bien plus capable de retenir les hommes dans le devoir, que non pas la reconnoissance.

Il ne donna rien au courrier qui lui apporta la nouvelle de la paix de Munster, et ne lui fit pas même payer son voyage; au lieu que l'empereur donna un riche présent, et fit mille écus de pension à celui qui la lui apporta. La reine de Suéde fit noble son courrier. Servien étoit au désespoir de cette vilenie.

Il avoit l'artifice de trouver toujours quelques défauts aux plus belles actions des généraux d'armée, non pas tant pour les rendre plus vigilants à l'avenir, que pour diminuer leurs services, et délivrer le roi de la nécessité de les récompenser. Il en agit ainsi à l'occasion de la prise de Tortose par le maréchal de Schomberg.

Le cardinal Mazarin destinoit à Turenne, s'il eût voulu se faire catholique, les plus grands emplois et les premières dignités du royaume, avec une de ses nièces. Mais mademoiselle de Bouillon, que la conversion de son frère aîné avoit mortellement affligée, fit son possible pour traverser cette seconde conversion; et elle auroit mieux aimé voir Turenne sur un échafaud que devenu catholique.

Le cardinal Mazarin dit à Villeroi, quatre jours avant sa mort : « On fait bien des choses en cet état, « qu'on ne fait pas se portant bien. Celui qui a les « finances peut toujours tromper quand il veut : on « a beau tenir les registres. »

Le cardinal Mazarin avoit recommandé au roi trois hommes : Colbert, Lescot joaillier, et Ratabon des bâtiments. Deux jours avant sa mort, il vit M. le prince, M..... leur parla fort long-temps et fort affectueusement, et ils reconnurent après qu'il ne leur avoit pas dit un mot de vrai.

M. COLBERT.

M. Colbert disoit qu'au commencement que le roi prit connoissance des affaires, ce prince lui dit, et aux autres ministres : « Je vous avoue franche-
« ment que j'ai un fort grand penchant pour les plai-
« sirs; mais si vous vous apercevez qu'ils me fassent
« négliger mes affaires, je vous ordonne de m'en
« avertir. »

On prétend que M. Colbert est mort mal content; que le roi lui ayant écrit peu de jours avant sa mort, pour lui commander de manger et de prendre soin de lui, il ne dit pas un mot après qu'on lui eut lu cette lettre. On lui apporta un bouillon, là-dessus : il le refusa. Madame Colbert lui dit : « Ne voulez-
« vous pas répondre au roi? » Il lui dit : « Il est bien
« temps de cela : c'est au roi des rois que je songe à
« répondre. » Comme elle lui disoit une autre fois quelque chose de cette nature, il lui dit : « Madame,
« quand j'étois dans ce cabinet à travailler pour les
« affaires du roi, ni vous ni les autres n'osiez y en-
« trer; et maintenant qu'il faut que je travaille aux
« affaires de mon salut, vous ne me laissez point en
« repos. »

Le vicaire de Saint-Eustache dit à M. Colbert qu'il

avertiroit les paroissiens de prier Dieu pour sa santé :
« Non pas cela, dit M. Colbert : qu'ils prient Dieu de
« me faire miséricorde. »

Deux jours après sa mort, les bouchers de Paris
et les marchands forains avoient abandonné Sceaux,
et alloient à Poissy. Lettre de cachet, puis arrêt du
conseil, pour les obliger de retourner à Paris.

M. Mansard prétend qu'il y a trois ans que Colbert étoit à charge au roi pour les bâtiments; jusquelà que le roi lui dit une fois : « Mansard, on me
« donne trop de dégoût, je ne veux plus songer à
« bâtir. »

La dépense des bâtiments, en 1685, a monté à
seize millions.

M. FOUQUET.

La reine-mère savoit qu'on arrêteroit M. Fouquet.
On l'avoit dit à Laigues, pour le dire à madame de
Chevreuse, afin qu'elle y disposât la reine : ce qui
se fit à Dampierre. Villeroi le sut aussi. Le roi vouloit le faire arrêter dans Vaux : « Quoi! au milieu
« d'une fête qu'il vous donne? lui dit la reine. »

Le roi, peu avant le jugement de M. Fouquet, dit
à la reine, dans son oratoire, qu'il vouloit qu'elle
lui promît une chose qu'il lui demandoit : c'étoit, si
Fouquet étoit condamné, de ne lui point demander
sa grace. Le jour de l'arrêt, il dit chez mademoiselle
de La Vallière : « S'il eût été condamné à mort, je
« l'aurois laissé mourir. »

Il dit aussi à Turenne, très fortement, de ne plus se mêler de cette affaire.

M. DE TURENNE.

M. de Turenne espéroit gagner à la disgrace de Fouquet, et se flattoit d'être chef du conseil des affaires étrangères, comme Villeroi des finances; et, voyant qu'il n'en étoit rien, ne le pardonna jamais à M. Le Tellier.

Un peu avant la guerre de Lille, on ôta à la charge de colonel-général de la cavalerie-légère la nomination de toutes les charges; et Turenne n'osa souffler, de peur de dégoûter le roi de lui, et qu'on ne fit point la guerre. Un peu après la revue de Mouchi, le roi dit à Turenne : « On compte à Paris que voilà « la soixantième revue. »

On pensa commencer la guerre dès le commencement de 1666, mais il n'y avoit rien de prêt. Le roi en avoit fort envie. Lorsqu'on la commença, l'artillerie n'étoit pas prête, et ce fut une des raisons qui fit qu'on s'arrêta à réparer Charleroi, où les Espagnols avoient laissé des demi-lunes entières. De là le roi alla à Avesnes, où on fit venir la reine et madame de Montespan. Feue Madame persuada à mademoiselle de La Vallière, qui étoit à Mouchi, de suivre la reine, et lui prêta un carrosse. M. l'amiral étoit de cette armée-là [1]. On auroit pu prendre Gand

---

[1] Le duc de Beaufort.

et Ypres; mais M. de Turenne eut peur d'attirer les Anglois et les Hollandois, et que la guerre ne finît. Il étoit haï de tout le monde, sur-tout des ministres, qu'il insultoit tous les jours. M. Le Tellier envoyoit toujours demander à d'Humières où l'on alloit camper. Il avoit décrié tous les maréchaux dans l'esprit du roi, sur-tout le maréchal de Grammont, qui étoit au désespoir, et qui monta la tranchée à la tête des gardes. Il poussoit Duras, et le favorisoit en toutes rencontres. Il voulut faire attaquer le château de Tournai par Lauzun déja favori, quoique d'Humières fût de jour. Bellefonds étoit aussi fort favorisé du roi et de M. de Turenne. Bellefonds ne voulut point du commandement de Lille, pour ne pas quitter la cour; et Turenne le fit donner à d'Humières, qui se remit en grace avec lui. D'Humières se plaignoit aussi de Duras, à qui, au siége de Tournai, on avoit donné une brigade fort bonne, qui étoit au quartier d'Humières, et qui ne voulut pas laisser aller la brigade de La Vallette, et les garda toutes deux.

Pradelle servoit aussi de lieutenant-général, brave homme, mais pas plus capable qu'il est aujourd'hui. Le roi l'aimoit assez.

Après la paix, Turenne eut bien du dessous. Il demanda quartier au comte de Grammont, qui l'accabloit de plaisanteries. Un jour le roi pensa dire des rudesses là-dessus à ce comte, à ce que disoit Turenne.

M. le prince entend bien mieux les siéges que M. de Turenne.

Le marquis de Créqui ne parut que sur la fin de la campagne à l'affaire de Marsin[1].

On ne fortifia point Alost, place importante, et qui avoit coupé tous les Pays-Bas, parcequ'on avoit trop peu de troupes pour en mettre dans tant de places.

M. de Turenne auroit bien voulu aller reconnoître Termonde avant que de l'attaquer; mais le roi vouloit être par-tout. On y alla donc avec l'armée. On n'a jamais conçu l'état des places du Pays-Bas aussi pitoyable qu'il étoit, même à ce dernier voyage.

Si, avant la guerre de Flandre, on eût donné au roi Cambrai, ou même Bergues, il se seroit peut-être contenté. Lionne, sur-tout, étoit au désespoir de la guerre.

La duchesse de Bouillon étoit aussi zélée catholique que mademoiselle de Bouillon, sa belle-sœur, étoit zélée huguenote. Celle-ci, extrémement fière, ne pouvoit digérer de voir sa maison dépouillée de la principauté de Sedan, et vouloit toujours marcher d'égale avec les maisons souveraines. Aussi fut-elle une des principales causes de tous les partis que le duc de Bouillon et Turenne, son frère, prirent contre la cour.

La verita si era ancora que les deux frères Bouillon et Turenne, tous deux grands-maîtres en fait de guerre, et le premier principalement joignant aux qualités militaires celles de fin courtisan et de très

---

[1] Le 31 août 1667.

habile négociateur, avoient hérité *la torbidezza dell' animo* du père, chef de la faction huguenote : de sorte qu'ayant sucé tous deux avec le lait un esprit de faction et d'ambition, il ne falloit pas grand art ni grande rhétorique pour les engager dans un parti d'où ils attendoient des avantages, comme *la risesosa di Sedano*, et beaucoup d'autres qu'ils espéroient pêcher en eau trouble.

Le brevet qui fit messieurs de Bouillon princes, ne fut point enregistré, comme l'échange l'a été. Ce fut depuis ce brevet que M. de Turenne ne voulut plus prendre la qualité de maréchal de France; et ce fut mademoiselle de Bouillon, sa sœur, qui l'en détourna. Il ne se trouva plus aux assemblées des maréchaux, et envoyoit même leur recommander les affaires pour lesquelles on le sollicitoit. Les maréchaux furent sur le point de le citer, mais ils n'osèrent.

M. DE SCHOMBERG.

Son grand-père amena des troupes au service de Henri IV, lorsque le prince Casimir en amena; et M. de Schomberg prétend qu'il lui en est encore dû de l'argent.

Son père fut gouverneur de l'électeur Palatin, depuis roi de Bohême, celui qui alla en Angleterre négocier le mariage avec la princesse Élisabeth.

Il eut beaucoup de part aux partis qui se formèrent en Bohême pour l'électeur, et mourut à trente-trois ans, avant que ce prince fût élu roi.

M. de Schomberg n'avoit que sept ou huit mois à la mort de son père. Il dit que l'électeur voulut être son tuteur, et nomma quatre commissaires pour administrer son bien. Il prétend de grandes sommes de M. l'électeur palatin pour cette administration, dont on ne lui a pas rendu compte.

Il se trouva à seize ans à la bataille de Nordlingen; il se trouva aussi à la fameuse retraite de Mayence; il se trouva à la retraite de devant Dole, sous M. de Rantzau, qui lui avoit donné une compagnie dans son régiment.

Hermenstein ayant été pris par les ennemis, le cardinal de Richelieu, piqué au vif de cette perte, donna ordre à M. de Rantzau de lever en Allemagne douze mille hommes. Rantzau fit cette levée fort lentement, s'amusa vers Hambourg, se maria à sa cousine, et se laissa enlever un quartier. Pour avoir sa revanche, il envoya Schomberg avec des troupes pour enlever un quartier des ennemis qui étoient dans Northausen. Il tomba sur une garde de dragons qui étoient hors de la place, et entra dedans pêle-mêle avec les fuyards.

Schomberg se maria; et, parceque l'empereur avoit fait confisquer tous ses biens, il quitta le service de la France. Ennuyé d'être sans rien faire, il alla en Hollande, où le prince Henri-Frédéric lui donna une compagnie de cavalerie; M. de Turenne avoit alors un régiment d'infanterie. Il entra dans la confidence du prince Guillaume, qui lui communiqua son projet sur Amsterdam, qui fut entrepris de concert avec la France et la Suède. Schomberg donnoit avis de toutes choses à Servien. Ce fut lui qui arrêta dix ou douze membres des États, du nombre desquels étoit de Wit, le père.

Le prince Guillaume mourut. Schomberg avoit promis de mener des troupes en Écosse au service du roi d'Angleterre; mais ce prince, ayant perdu la bataille de Worcester, vint à Paris, où il conseilla à Schomberg, qu'on regardoit comme Anglois, et dont la mère étoit Angloise en effet, d'acheter la compagnie des gardes écossoises du comte de Grey. Schomberg en donna vingt mille francs, avec six cents écus de pension viagère.

Au commencement des guerres civiles, le cardinal Mazarin l'envoya en Poitou; de là il vint au siège de Réthel, où M. de Turenne lui donna le commandement de l'infanterie, en l'absence des officiers généraux qui n'étoient pas encore arrivés.

Au secours d'Arras, il commandoit la gendarmerie. Le cardinal lui avoit donné une commission de lieutenant-général pour l'expédition de Gueldres. Il servit en cette qualité au siège de Landrecies, puis au siège de Saint-Guilain, où il fut blessé : il eut le gouvernement de la place. Il servit encore au siège de Valenciennes en qualité de lieutenant-général. Son fils aîné fut tué tout roide dans la tranchée, à sa vue, et comme il lui commandoit de poser une fascine à un endroit découvert; il commanda qu'on l'emportât, et continua à donner ses ordres.

Il étoit de jour lorsque M. le prince attaqua les

lignes; il pensa être prisonnier, et fit enfin sa retraite jusqu'au Quesnoy, avec un bon nombre de régiments, M. de Turenne n'ayant donné aucun ordre pour la retraite.

A la bataille des Dunes, il commandoit la seconde ligne de l'aile gauche. Comme il vit que les Anglois de la première ligne étoient maltraités sur les dunes par les Espagnols, il vint prendre le second bataillon des Anglois dans la seconde ligne, et les mena au secours des autres, qui chassèrent et défirent les Espagnols.

Ensuite on assiégea Bergues, dont il eut le gouvernement; de là, il fut commandé pour les siéges d'Oudenarde et de Gravelines. Il employoit volontiers Vauban dans tous les siéges, parceque le chevalier de Cherville n'alloit point lui-même voir les travaux, et que Vauban se trouvoit par-tout.

Après la défaite du prince de Ligne, Schomberg eut ordre de marcher vers Knocke, et d'investir Ypres. On lui avoit promis que toutes les places qu'on prendroit de ce côté-là seroient de son gouvernement de Bergues. Cependant M. de Turenne fit donner Ypres à M. d'Humières, qui étoit dans ses bonnes graces. Schomberg sut encore que M. de Turenne avoit écrit à la cour pour faire que M. de Lillebonne commandât en qualité de capitaine-général : ainsi il n'auroit été que subalterne. Voilà les premiers mécontentements qu'il eut de M. de Turenne, etc.

Durant qu'on traitoit la paix aux Pyrénées, quelques Anglois de Dunkerque s'offrirent de lui donner les clefs d'une des portes de la ville, comme en effet ils les lui mirent entre les mains. Il en écrivit au cardinal, qui rejeta cette affaire, de peur de se brouiller avec les Anglois, quoique Cromwell fût mort. Schomberg proposa la chose au roi d'Angleterre, qui n'y voulut point entendre, parcequ'il étoit alors d'accord avec Monck.

Prédictions de CAMPANELLA *sur la grandeur future du Dauphin* [1], *page* 489. — *Présages sur la même chose;* GROTIUS, *page* 485.

La constellation du Dauphin composée de neuf étoiles, les neuf Muses, suivant les astrologues; environnée de l'Aigle, grand génie; de Pégase, puissant en cavalerie; du Sagittaire, infanterie; de l'Aquarius, puissance maritime; du Cygne, poëtes, historiens, orateurs, qui le chanteront. Le Dauphin touche l'équateur, justice. Né le dimanche, jour du soleil.

Ad solis instar, beaturus suo calore ac lumine Galliam Galliæque amicos Delphinus; jam nonam nutricem sugit: aufugiunt omnes quòd mammas earum malè tractet: 1ᵉʳ *janvier* 1639 [2].

[1] Depuis Louis XIV.

[2] « Le dauphin, comme le soleil par sa chaleur et sa lumière, « fera le bonheur de la France et des amis de la France; déjà il « tette sa neuvième nourrice; elles le fuient toutes, parcequ'il mal-« traite leurs mamelles. » (G.)

VOYAGE DU ROI[1].

Vitry. Affection des habitants; feux de joie; lanternes à toutes les fenêtres. Ils arrachèrent de l'église, où le roi devoit entendre la messe, la tombe d'un de leurs gouverneurs qui avoit été dans le parti de la ligue, de peur que le roi ne vît dans leur église le nom et l'épitaphe d'un rebelle.

Sermaise, vilain lieu. Le fauteuil du roi pouvoit à peine tenir dans sa chambre.

Commercy. Le bruit de la cour, ce jour-là, étoit qu'on retourneroit à Paris.

Toul. On séjourna un jour. Le roi fit le tour de la ville, visita les fortifications, et ordonna deux bastions du côté de la rivière.

Metz. On séjourna deux jours. Le maréchal de Créqui s'y rendit, et eut ordre de partir le lendemain. Quantité d'officiers eurent ordre de marcher vers Thionville. Le roi visita encore les fortifications, qu'il fait réparer. Grand zéle des habitants de Metz pour le roi.

Verdun. Le roi y trouva Monsieur, qui avoit une grosse fiévre. Il alla visiter la citadelle où l'on travaille du côté de la prairie.

Stenay. Le roi y arriva avant la reine, et alla voir les fortifications de la citadelle. Le roi quitta la reine et partit le matin à cheval. Il ne trouva point son dî-

---

[1] Le roi partit de Saint-Germain-en-Laye le 7 fév. 1678. (G.)

ner en chemin : il mangea sous une halle, et but le plus mauvais vin du monde.

Aubigny, méchant village. Le roi coucha dans une ferme; il vouloit aller le lendemain à Landrecies, mais tout le monde s'écria que c'étoit trop loin. Il envoya les maréchaux des logis à Guise; il dîna le lendemain à une abbaye, et fit jaser un moine pour se divertir.

Guise. Grand nombre de charités que le roi faisoit en chemin. A une lieue de Guise, une vieille femme demanda où étoit le roi; on le lui montra, et elle lui dit : « Je vous ai déja vu une fois; vous êtes bien « changé. »

Le roi, approchant de Valenciennes, reçut la nouvelle que Gand étoit investi, et qu'il n'y avoit dans le château que cent cinquante hommes d'infanterie et cinq cents chevaux. A une lieue de Valenciennes, le roi m'a montré sept villes tout d'une vue, qui sont maintenant à lui; il me dit : « Vous verrez « Tournai, qui vaut bien que je hasarde quelque « chose pour le conserver. »

Saint-Amand. Le roi, en arrivant, se trouva si las, qu'il ne pouvoit se résoudre à monter jusqu'à sa chambre.

Gand, 4 mars. Le roi, en arrivant, à onze heures du matin, trouva Gand investi par le maréchal d'Humières. Il dîna, et alla donner les quartiers, et faire le tour de la place. Le quartier du roi étoit depuis le petit Escaut jusqu'au grand Escaut; M. de Luxembourg, depuis le grand Escaut jusqu'au canal du

Sas-de-Gand : la Durne, petite rivière, passoit au milieu de son quartier; M. de Schomberg, entre le canal du Sas-de-Gand et le canal de Bruges; M. de Lorge, entre le canal de Bruges et le petit Escaut. La Lys passoit au travers de son quartier. M. le maréchal d'Humières étoit dans le quartier du roi. Les lignes de circonvallation étoient commencées, et le roi commanda qu'on les achevât; elles étoient de sept lieues de tour. On travailla dès le soir à préparer la tranchée. M. de Maran fit faire un boyau, dont on s'est servi depuis, et qui a été l'attaque de la droite, qu'on a appelée *l'attaque de Navarre*. Le lendemain, 5 mai, la tranchée fut ouverte sur la gauche par le régiment des gardes, et fut conduite jusqu'auprès d'un fort.

Le roi a dit, après la prise de Gand, qu'il y avoit plus de trois mois que le roi d'Angleterre avoit mandé à Villa-Hermosa qu'il avoit sur-tout à craindre pour Gand.

Misérable état des troupes espagnoles : ils se sont rendus faute de pain. Le gouverneur, vieil et barbu, ne dit au roi que ces paroles : « Je viens rendre Gand « à Votre Majesté ; c'est tout ce que j'ai à lui dire. »

Pendant que les armes du roi prospéroient en Allemagne, ses forces maritimes s'accroissoient considérablement, jusqu'à donner déjà de l'inquiétude à ses alliés. Ils s'étoient moqués de tous les projets qu'on faisoit en France pour se rendre puissants sur la mer, s'imaginant qu'on se rebuteroit bientôt par les difficultés qui se rencontreroient dans l'exécution, et par les horribles dépenses qu'il falloit faire. Ils ne voyoient dans les ports que deux galères et une douzaine de vaisseaux de guerre, dont plus de la moitié tomboient, pour ainsi dire, par piéces; les arsenaux et les magasins entièrement dégarnis, etc.

BONS MOTS DU ROI[1].

Le nonce lui dit que si le doge de Génes et quatre des principaux sénateurs venoient, la république demeureroit sans chefs pour la gouverner; il répondit : « Il n'est pas mal-à-propos qu'ils les envoient « ici pour apprendre à mieux gouverner qu'ils ne « font. »

L'évêque de Metz, revenant d'un séminaire, où il avoit demeuré dix jours, parloit avec exagération du désintéressement de tous ces ecclésiastiques, qui ne faisoient aucun cas ni de bénéfices, ni de richesses, et s'en moquoient même; le roi dit : « Vous vous mo-« quez donc bien d'eux? »

L'archevêque d'Embrun louoit fort, au lever, la harangue de l'abbé Colbert. Le roi dit à M. de Maulevrier : « Promettez-moi de ne pas dire un mot à « M. Colbert de tout ce que va dire l'archevêque « d'Embrun »; et ensuite il dit à l'archevêque : « Con-« tinuez tant qu'il vous plaira. »

Lorsque le chevalier de Lorraine fut obligé un jour de se retirer, il dit au roi, en prenant congé de

---

[1] Ce titre et le suivant sont sur le manuscrit de Racine.

lui, qu'il ne vouloit plus songer qu'à son salut. Quand il fut sorti, le roi dit : « Le chevalier de Lorraine « songe à faire une retraite, et emmène avec lui le « père Nantouillet. »

Quand je lui eus récité mon discours, il me dit devant tout le monde : « Je vous louerois davantage, « si vous ne me louiez pas tant. »

En donnant l'agrément et la dispense d'âge à M. Chopin pour la charge de lieutenant-criminel, le roi lui dit : « Je vous exhorte à suivre plutôt les « maximes de vos ancêtres que les exemples de vos « prédécesseurs. »

PATIENCE DU ROI.

Le roi se nettoyoit les pieds; un valet de chambre qui tenoit la bougie, lui laissa tomber sur le pied de la cire toute brûlante; il dit froidement : « Tu aurois « aussi bien fait de la laisser tomber à terre. »

A un autre valet de chambre, qui, en hiver, apporta la chemise toute froide, il dit encore, sans gronder : « Tu me la donneras brûlante à la cani- « cule. »

Un portier du parc, qui avoit été averti que le roi devoit sortir par la porte où il étoit, ne s'y trouva pas, et se fit long-temps chercher. Comme il venoit tout en courant, c'étoit à qui le gronderoit et lui diroit des injures; le roi dit : « Pourquoi le grondez- « vous? Croyez-vous qu'il ne soit pas assez affligé « de m'avoir fait attendre? »

ANECDOTES.

Le parlement complimenta, par députés, le roi Henri IV sur la mort de madame Gabrielle. Le premier président de Harlay, rendant compte de sa députation, dit : *laqueus contritus est, et nos liberati sumus* [1].

Plusieurs choses extravagantes trouvées après la mort de Mezerai dans son inventaire, entre autres, dans un sac de mille francs, ce billet : « C'est ici le « dernier argent que j'ai reçu du roi : aussi, depuis « ce temps-là, n'ai-je jamais dit du bien de lui. »

Dans un sac d'écus d'or, il y avoit un écu d'or enveloppé seul dans un papier, où étoit écrit : « Cet écu « d'or est du bon roi Louis XII ; et je l'ai gardé pour « louer une place d'où je puisse voir pendre le plus « fameux financier de notre siécle. » On lui trouva plus de cinquante mille francs en argent, derrière des livres et de tous côtés. Il fit un cabaretier de La Chapelle son légataire universel.

M. Feuillet regardoit Monsieur faire collation en carême. Monsieur, en sortant de table, lui montra un petit biscuit qu'il prit encore sur la table, en disant : « Cela n'est pas rompre le jeûne, n'est-il pas « vrai ? » Feuillet lui répondit : « Mangez un veau, et « soyez chrétien. »

Un officier espagnol, à qui Beauregard avoit de-

---

[1] « Le filet a été brisé, et nous avons été délivrés. » (Ps. CXXIII.

mandé quartier quand on fut repoussé de l'ouvrage à cornes de Mons, non seulement le lui donna, mais le défendit l'épée à la main contre les Brandebourgeois qui le vouloient tuer, se fit blesser lui, et l'ayant conduit dans la ville, mit une garde devant la maison. Cet officier sortit de Mons dans une litière, à cause du coup qu'il avoit reçu.

Le comte de La Motte, lieutenant-général, ne voulut jamais quitter le service de M. le prince; et quand M. de Louvois lui fit entendre, pour le débaucher, qu'il pourroit même dans la suite être ma- « réchal de France, il fit réponse « que d'être à M. le « prince, ce n'est pas un titre pour être maréchal de « France. »

Au siége de Cambrai, Vauban n'étoit pas d'avis qu'on attaquât la demi-lune de la citadelle. Dumetz, brave homme, mais chaud et emporté, persuada au roi de ne pas différer davantage. Ce fut dans cette contestation que Vauban dit au roi : « Vous perdrez « peut-être à cette attaque tel homme qui vaut mieux « que la place. » Dumetz l'emporta, la demi-lune fut attaquée et prise. Mais les ennemis y étant revenus avec un feu épouvantable, ils la reprirent : et le roi y perdit plus de quatre cents hommes et quarante officiers. Vauban, deux jours après, l'attaqua dans les formes, et s'en rendit maître, sans y perdre que trois hommes. Le roi lui promit qu'une autre fois il le laisseroit faire.

C'étoit M. d'Espenan que M. le prince et M. de Turenne firent gouverneur de Philisbourg, et qui, dans le temps même qu'ils lui déclaroient qu'ils l'avoient choisi pour cela, et qu'ils lui recommandoient de bien faire son devoir, les interrompit pour aller chasser une chèvre qui mangeoit un chou sur un bastion.

En Hongrie, Coligni écrivoit en cour tous les jeudis, et donnoit ses lettres au courrier ordinaire de l'armée pour les porter à Vienne. La Feuillade écrivoit tous les samedis, et les faisoit porter par un homme exprès : il feignoit de prévoir tout ce que les Turcs avoient fait depuis le jeudi jusqu'au samedi.

On prétend que M. de Lauzun avoit une extrême passion d'avoir le régiment des gardes, mais qu'à cause du maréchal de Grammont, il eût bien voulu que le roi l'en eût pressé. On dit donc qu'il en parla à madame de Montespan, et qu'ensuite il se cacha pour voir comme elle en parleroit au roi; qu'ayant vu qu'elle s'étoit moquée de lui, il lui chanta pouille et la menaça.

Le roi reconnut, dans le régiment de Hautefeuille un passe-volant qui étoit valet-de-chambre de M. de Hautefeuille. Il le reconnut à ses souliers que son maître avoit portés.

Le nonce Roberti disoit : *Bisogna infarinarsi di teologia, e farsi un fondo di politica* [1].

Le même nonce disoit à M. l'abbé Le Tellier, depuis archevêque de Reims, qui lui soutenoit l'auto-

---

[1] « Il faut s'enfariner de théologie, et se faire un fond de politique. » (G.)

rité du concile au-dessus du pape : « Ou n'ayez qu'un « bénéfice, ou croyez à l'autorité du pape¹.

M. l'archevêque de Reims répondit à l'évêque d'Autun, qui lui montroit un beau buffet d'argent en lui disant qu'il étoit pour les pauvres : « Vous « pouviez leur en épargner la façon. »

Quand il fut coadjuteur, sous le titre de Nazianze, les révérends pères..... lui vinrent demander sa protection; il leur dit : « Je n'ai point de pouvoir à « Reims; mais à Nazianze, tant que vous voudrez. »

On dit qu'à Strasbourg, quand le roi y fit son entrée, les députés des Suisses l'étant venus voir, l'archevêque de Reims, qui vit parmi eux l'évêque de Bâle, dit à son voisin : « C'est quelque misérable ap- « paremment que cet évêque ? » « Comment ! lui dit « l'autre, il a cent mille livres de rente. » « Oh, oh ! « dit l'archevêque, c'est donc un honnête homme ! » Et il lui fit mille caresses.

Milord Roussel, qui a eu depuis peu le cou coupé à Londres, en montant à l'échafaud, donna sa montre au ministre qui l'exhortoit à la mort : « Te- « nez, dit-il, voilà qui sert à marquer le temps; je « vais compter par l'éternité. » Ce ministre étoit M. Burnet.

Dikfeld a avoué à un Danois, nommé M. Schell, que ce Grandval, qui fut exécuté en Hollande pour avoir voulu assassiner le prince d'Orange, avoit déclaré en mourant que jamais le roi de France n'avoit

---

¹ La pluralité des bénéfices, interdite par les conciles, n'étoit tolérée en France qu'en vertu des dispenses du pape. (G.)

eu connoissance de son dessein ; et que s'étant même voulu adresser à M. de Louvois, celui-ci lui dit que si le roi savoit qu'il eût une pareille pensée, il le feroit pendre.

En 1667, on effaça toutes les couleuvres ou serpents des ornements qui étoient au Louvre.

En 1672, le roi voulut que messieurs de Malte se déclarassent aussi contre les Hollandois ; ils dirent qu'ils ne se déclaroient jamais que contre le Turc.

Alexandre VIII, n'étant encore que Monsignor Ottobon, et ayant grande envie d'être cardinal sans qu'il lui en coûtât rien, avoit un jardin près duquel la dona Olympia [1] venoit souvent. Il avoit à la cour de cette dame un ami, par le moyen duquel il obtint d'elle qu'elle viendroit un jour faire collation dans son jardin. Il l'attendit en effet avec une collation fort propre, et un beau buffet tout aux armes d'Olympia. Elle s'aperçut bientôt de la chose, et compta déja le buffet pour elle : car c'étoit la mode de lui envoyer des fleurs ou des fruits dans des bassins de vermeil, qui lui demeuroient aussi. Au sortir de chez Ottobon, l'ami commun dit à ce prélat qu'Olympia comprenoit bien son dessein galant, et en étoit charmée. Celui-ci mena son ami dans son cabinet, et lui montra un très beau collier de perles, en disant : *Ceci ira encore avec la credenza*, le buffet. Quinze jours après il y eut une promotion dans laquelle Ottobon fut nommé ; et il renvoya aussitôt le

[1] Belle-sœur d'Innocent X.

collier de perles chez le marchand, et fit ôter de sa vaisselle les armes d'Olympia.

M. Pignatelli[1], maintenant pape, au retour de sa nonciature de Pologne, n'étoit guère mieux instruit des affaires de ce pays-là que s'il ne fût jamais sorti de Rome. Un jour qu'on parloit du siége de Belgrade, le pape Innocent X, qui avoit fort à cœur la guerre du Turc, dit à M. Pignatelli qu'il vînt l'après-dînée l'entretenir sur le siége et la situation de Belgrade. Le bon prélat, fort embarrassé, se confia à un capitaine suisse de la garde du pape, qui avoit servi quelques années en Hongrie. Ce capitaine fit ce qu'il put pour lui faire comprendre la situation de cette place; et lui ouvrant les deux doigts de la main, lui disoit : *Eccovi la Sava, ecco il Danuvio;* et dans la fourche des deux doigts, *ecco Belgrada.* Pignatelli s'en alla à l'audience, tenant ses deux doigts ouverts, et répétant la leçon du Suisse; mais, sur le point d'entrer, il oublia lequel de ses deux doigts étoit la Save ou le Danube, et revint au Suisse lui redemander la position de ces deux rivières. Du reste, pape de grande piété, et aimant l'Église.

TAILLES.

En 1658, cinquante-six millions.
En 1678, quarante millions.
En 1679, trente-quatre millions.
En 1680, trente-deux millions.

---

[1] Innocent XII.

HISTORIQUES.

En 1681, trente-cinq millions.
En 1685, trente-deux millions.

DÉPENSES EXTRAORDINAIRES.

Depuis l'année 1689 jusqu'au 10 octobre 1695, on a fait pour quatre cent soixante-dix millions d'affaires extraordinaires. Le clergé, entre autres, dans ces quatre années, a donné soixante-cinq millions.

Le roi avoit cette année près de cent mille chevaux et quatre cent cinquante mille hommes de pied : c'étoit quarante mille chevaux de plus qu'il n'avoit dans la guerre de Hollande.

M. de Feuquières avoit parlé tout l'hiver à M. de Pomponne de l'avantage qu'on trouveroit à porter le fort de la guerre en Allemagne : lorsqu'on fut arrivé au Quesnoi, et qu'on sut la prise de Heidelberg, ces discours furent remis sur le tapis. Le roi demanda à Chanlai un mémoire où il expliquât les raisons pour la Flandre ou pour l'Allemagne. Chanlai a avoué qu'il appuya un peu trop pour l'Allemagne. Ainsi on résolut dès-lors de pousser de ce côté-là ; et le détachement de Monseigneur fut résolu. Le roi apprit cette résolution à M. de Luxembourg, près de Mons.

M. le maréchal de Lorges dit qu'il avoit proposé tout l'hiver le siége de Mayence, comme beaucoup plus important et plus aisé même que celui de Heidelberg ; il prétend aussi que monseigneur lui ayant demandé, au-delà du Rhin, ce qu'il y avoit à faire, il lui répondit qu'il falloit faire ce que César avoit fait en Espagne contre les lieutenants de Pompée; c'est-à-dire faire périr l'armée de M. de Bade, en lui coupant les vivres et les fourrages. M. de Boufflers fut de son avis. M. de Choiseul dit: *Cela me passe.* La chose auroit pourtant été exécutée, mais les nouvelles d'Italie firent prendre d'autres résolutions. Les prisonniers ont dit que si on eût pris le parti de bloquer M. Bade dans Hailbron, ce général avoit résolu de commencer par faire égorger tous les chevaux de son armée.

CATHERINE DE MÉDICIS.

Catherine de Médicis étoit fille de Laurent de Médicis, duc d'Urbin, et de Magdeleine de La Tour, de la maison de Boulogne. Le pape Clément VII, son oncle, la dota, en la mariant, d'une somme de cent mille écus comptant; et Magdeleine de La Tour déclara dans son contrat de mariage qu'elle lui donnoit et substituoit son droit de succession aux comtés d'Auvergne et de Lauraguais, baronnie de La Tour, et autres terres possédées alors par Anne de La Tour, sa sœur aînée, laquelle n'avoit point d'enfants. En effet, après la mort de cette Anne, Catherine, comme unique héritière de la maison de Boulogne, entra en possession de toutes ces terres, en l'année 1559. Le roi Henri II, son mari, étant mort, le duché de Valois lui fut assigné. En 1582, elle détacha de ce duché la terre de la Ferté-Milon, et l'engagea à madame de Sauve, depuis marquise de Noirmoutier, pour une somme de dix mille écus d'or, que la reine Catherine lui avoit accordée pour récompense de ses services. Le roi Henri III, son fils, continua depuis et la donation et l'engagement. Catherine mourut en 1589, et le roi Henri III lui survécut de huit ou neuf mois. Ainsi ce prince a été, ou a dû être son héritier. Il est vrai que Catherine fit don, par son testament, des comtés d'Auvergne et de Lauraguais à feu M. le duc d'Angoulême, qui en prit même alors le nom de comte d'Auvergne. Mais, en 1606, la fameuse reine Marguerite, restée seule des enfants, fit déclarer ce testament nul, et, en vertu de la donation par forme de substitution stipulée dans le contrat de mariage de Catherine, se fit adjuger par le Parlement de Paris toutes les terres que la reine sa mère avoit possédées, et aussitôt en fit présent au dauphin, qui depuis a été Louis XIII; de telle façon que ces comtés et cette baronnie ont été réunies à la couronne.

PIERRE DE MARCA.

Il fut nourri de lait de chèvre les quatre premiers mois. Il se maria, eut plusieurs enfants, et demeura veuf en 1632. Il étoit alors conseiller au conseil de Pau; et lorsqu'en 1640 Louis XIII érigea ce conseil en parlement, il fit Marca président.

On disoit que le cardinal de Richelieu, dans le dessein de se faire patriarche en France, avoit fait faire par M. Dupuy le livre des Libertés de l'Église gallicane. Il parut un livre intitulé *Optatus Gallus*, contre le livre de M. Dupuy. Marca répondit à ce livre par ordre du cardinal, et ce fut le sujet qui lui fit faire son livre *de Concordiâ sacerdotii et imperii*, l'an 1641. La même année, le roi le nomma à l'évêché de Couserans. On lui refusa assez long-temps ses bulles, à cause de ce livre, dont plusieurs endroits avoient choqué la cour de Rome. Après la mort d'Urbain VIII, Innocent X fit encore examiner ce livre, et apportoit bien des longueurs aux bulles de Marca, qui en ce temps-là même fit un écrit pour expliquer son dessein sur la publication du livre *de Concordiâ*, etc., le soumettre à l'autorité et à la censure du saint-siége, et prouver que les rois étoient les défenseurs, et non pas les auteurs des canons; que les Libertés de l'Église gallicane consistoient dans la pratique des canons et des décrétales, et beaucoup d'autres choses peu avantageuses aux rois. Il envoya ce dernier livre à Innocent X, avec une lettre où il désavouoit beaucoup de choses qu'il avoit avancées dans le premier, demandoit pardon des fautes où il étoit tombé, et déclaroit qu'à l'avenir il soutiendroit de toute sa force les droits de l'Église : tout cela, comme il l'avouoit lui-même dans une autre lettre, pour avoir ses bulles, qu'il eut en 1647. Il n'étoit que tonsuré; il se fit ordonner prêtre après avoir reçu ses bulles à Barcelonne, où autrefois saint Paulin fut ordonné prêtre, mais malgré lui.

Peu de temps après, il écrivit *de singulari primatu*

Petri, pour faire plaisir à Innocent X, ensuite une lettre sur l'autorité des papes envers les conciles généraux.

En 1644, il avoit été fait visiteur général de la Catalogne, avec une juridiction sur les troupes, et avec le soin des finances. En 1651, il partit de Barcelonne, et fit son entrée à Couserans. L'année d'après, il fut nommé à l'archevêché de Toulouse. Il écrivit fort humblement à Innocent X pour avoir ses bulles, et se comparoit à un Exupère, qui ayant été, disoit-il, président en Espagne, fut élevé par Innocent Ier à l'évêché de Toulouse. Sur quoi Baluze remarque que son Mécénas (car c'est ainsi qu'il appelle toujours Marca) fit un mensonge de dessein formé pour chatouiller les oreilles du pape : car l'Exupère qui fut évêque de Toulouse n'étoit point l'Exupère qui exerça la magistrature en Espagne. Baluze rapporte qu'ayant appris qu'un auteur l'avoit accusé de s'être trompé sur ce fait d'histoire, il rioit de la simplicité de cet auteur, qui n'avoit pas pris garde qu'il s'agissoit d'avoir ses bulles, et qu'il falloit tromper le pape, qui ne lui étoit pas d'ailleurs fort favorable.

Le pape le soupçonnoit fort mal-à-propos d'être janséniste, et ne lui envoyoit point ses bulles; mais heureusement ce pape ayant publié alors sa constitution contre Jansénius, et Marca l'ayant reçue avec grande joie, on lui envoya ses bulles.

En 1656, il fut député à l'assemblée du clergé, où il soutint si vigoureusement les intérêts du saint-siège, que le pape Alexandre VII l'en remercia par un bref. C'étoit lui qui écrivoit toutes les lettres du clergé au pape.

Comme il avoit honte d'être si long-temps absent de son diocèse, pour lever son scrupule on le fit ministre d'état. Durant les conférences de la paix, il fut un des commissaires pour régler les limites des deux royaumes du côté des Pyrénées. Ses décisions furent suivies, c'est-à-dire, que les comtés de Roussillon, de Conflans, le Capsir et le Val-de-Quérol, avec une grande partie de la Cerdagne, demeurèrent à la France. Après la mort du cardinal, le roi le mit de son conseil de conscience, avec l'archevêque d'Auch, l'évêque de Rhodez, et le P. Annat. Peu de temps après, il fit un traité de l'infaillibilité du pape, qui est son dernier ouvrage.

Le 25 février 1662, la duchesse de Retz apporta au roi la démission du cardinal de Retz pour l'archevêché de Paris, qu'il avoit signée à Commercy le 13 février. Le jour même le roi appela Marca dans son cabinet, lui dit qu'il le faisoit archevêque de Paris, et écrivit lui-même au pape pour avoir ses bulles. Marca tomba malade le 10 mai suivant, reçut le 12 juin des lettres de Rome, qui l'assuroient de sa translation à l'archevêché de Paris, en témoigna une grande joie, et mourut le 28 juillet, laissant un fils qui avoit sa charge de premier président et l'abbaye de Saint-Albin d'Angers. Marca mourut à soixante-deux ans, et fut enterré dans le chœur de Notre-Dame, au-dessous du trône archi-épiscopal.

FRA-PAOLO.

Dans le premier volume des *Memorie Recondite*, Siri charge Fra-Paolo de n'avoir pas été bon catholique. J'ai relu avec attention cet endroit de son histoire, sa narration m'a paru fort embarrassée; et de tout ce qu'il dit, je ne vois pas qu'on puisse tirer aucune démonstration contre la pureté de la foi de Fra-Paolo.

Il dit même deux choses qui semblent se contredire : l'une, que dans le cœur, Fra-Paolo étoit luthérien; l'autre, qu'il étoit en commerce avec des huguenots de France. Il avance le premier fait sur un simple ouï-dire, il appuie le second sur des dépêches de M. Brulart, ambassadeur de France à Venise, qui sont dans la bibliothèque du roi. Ces dépêches portent, dit Siri, que le nonce du pape en France ayant surpris des lettres de Fra-Paolo à des huguenots, forma le dessein de le déférer à l'inquisition de Venise, et en même temps d'en donner avis au sénat, afin que la république connût de quel théologien elle se servoit : car Fra-Paolo avoit la qualité de théologien de la république. Mais le nonce ayant fait réflexion qu'étant ministre du pape, le sénat n'auroit pas grand égard à son témoignage, s'adressa à M. Brulart, pour le prier de se charger de la chose, et de se plaindre, tant au nom du roi son maitre que pour l'intérêt de la religion, des cabales que Fra-Paolo faisoit avec les calvinistes de

France. M. Brulart, connoissant à quel point la république étoit prévenue pour Fra-Paolo, ne jugea pas à propos d'intenter cette accusation. Cet ambassadeur, en arrivant à Venise, dit Siri, avoit eu la curiosité de voir un homme aussi fameux, et voulut lui rendre visite; mais Fra-Paolo, qui se tenoit toujours sur ses gardes, fit dire à l'ambassadeur qu'étant théologien de la république, il ne lui étoit pas permis d'avoir commerce avec les ministres des princes, sans permission de ses supérieurs, c'est-à-dire, du sénat. Siri ajoute que l'ambassadeur, sachant d'ailleurs que c'étoit un homme sans foi, sans religion, sans conscience, et qui ne croyoit pas l'immortalité de l'ame, ne se soucia plus de le connaître, et que la chose en demeura là. Il dit encore que l'ambassadeur avoit apporté pour Fra-Paolo des lettres de M. de Thou et de M. l'Échassier, avocat au Parlement, comme voulant insinuer que c'étoient des calvinistes. Tout cela, ce me semble, ne prouve pas grand'chose; il faudroit avoir rapporté quelques unes de ces lettres pour juger si elles étoient hérétiques. Un homme peut écrire à des huguenots sans être huguenot lui-même : d'autant plus que Siri, comme j'ai déja remarqué, l'accuse d'avoir été de la confession d'Ausbourg. Siri auroit mieux fait, ou de bien prouver la chose, ou de ne pas noircir légèrement la mémoire d'un homme qui vaut infiniment mieux que lui, et qui, peut-être, avoit plus de religion que Siri même. Je ne sais si ce n'est pas même faire tort à la religion de dire qu'un homme si généralement estimé n'a point eu de religion. Les impies peuvent abuser de cet exemple.

DE WIT.

C'étoit sur le pensionnaire de Wit que rouloit la principale conduite des affaires des États : homme zélé pour la république, et ennemi de la maison d'Orange, qu'il tenoit le plus bas qu'il pouvoit. Il avoit hérité ces sentiments de son père, vieux magistrat de Dort, qu'on regardoit autrefois comme le chef du parti opposé au prince Guillaume. Ce prince, jeune et entreprenant, fier de l'alliance du roi d'Angleterre, qui lui avoit donné sa fille, regardoit le titre de gouverneur et de capitaine-général des États comme trop au-dessous de lui, et aspiroit assez ouvertement à la monarchie. Il fit arrêter de Wit dans son hôtel à la Haye, et l'envoya prisonnier, avec cinq des principaux de ce parti, dans son château de Louvestein. En même temps il marcha vers Amsterdam, qu'il avoit fait investir, et ne manqua que de quelques heures la prise de cette grande ville. On peut dire, avec assez de certitude, qu'il n'y avoit plus de république en Hollande, si la mort de ce prince, qu'on croit même avoir été avancée par quelque breuvage, n'eût interrompu tous ses desseins. Il laissa sa femme enceinte du prince qui vit aujourd'hui, dont elle accoucha deux mois après la mort de son mari. La Zélande et quelques autres provinces vouloient qu'il succédât à toutes les dignités de son père; mais la province de Hollande, où la faction de Wit étoit la plus forte, empêcha que cette bonne volonté n'eût aucun effet. La charge de gouverneur et de capitaine-général ne fut pas remplie; et les États s'emparèrent, et de la nomination des magistrats, et de tous les autres privilèges attachés à cette charge. On prétend que le vieux de Wit, avant que de mourir, ne cessoit d'encourager son fils à l'abaissement de cette maison, dont il regardoit l'élévation comme la ruine de la liberté, et qu'il répétoit souvent ces paroles : « Souviens-toi, mon fils, « de la prison de Louvestein. »

LES TURCS.

Saint Louis fut le premier qui traita et prit des sûretés pour le commerce avec le soudan d'Égypte, et fit établir des consuls à Alexandrie, en Égypte, et à Tripoli de Syrie. Les Circassiens et les Mamelucks étoient bien plus traitables et moins injustes que les Turcs. Depuis ce temps-là, les rois de France ont toujours eu un ambassadeur ou un agent à la Porte, et pour l'intérêt du commerce, et pour détourner les Turcs d'attaquer les terres de l'Église.

Tous les chrétiens d'Europe, que depuis saint Louis on a appelés Francs dans tout le Levant, y ont négocié sous la bannière de France. Les Ragusains sont les premiers qui s'en sont tirés, se prétendant sujets ou sous la protection du Grand-Seigneur : les autres ont tâché successivement de faire leurs affaires à part.

Le roi Charles IX pria la Porte d'envoyer recommander en Pologne les intérêts du duc d'Anjou. Le grand-visir y envoya un chiaoux pour recommander publiquement ce prince, et secrétement un grand seigneur polonois, au cas que la chose pût réussir; sinon, ordre à lui d'appuyer de tout son pouvoir le duc d'Anjou, et de menacer même de la guerre, si on élisoit un Moscovite ou un Autrichien.

L'évêque de Noailles, ambassadeur à la Porte, écrivoit à Monseigneur (on appeloit ainsi le duc d'Anjou): « Ramenez bientôt les François voir les « Palus-Méotides, d'où ils sortirent lorsqu'ils vin- « rent en Franconie avant que de passer le Rhin. »

Cet évêque conseilloit fortement à Charles IX de ne point faire de ligue avec les Espagnols et les Vénitiens, contre le Turc, mais bien plutôt d'entretenir avec lui une bonne correspondance, afin de reprendre sur les Espagnols ce qu'ils avoient pris à la France.

Le duc d'Anjou avoit eu dessein de se faire roi d'Alger, à quoi les Turcs ne voulurent point entendre; mais au lieu de cela, ils offroient à la France, si elle se vouloit joindre à eux, de donner au duc tout ce qu'ils prendroient en Italie : et l'évêque de Noailles étoit de cet avis.

Les Turcs disoient que le duc d'Anjou ne voudroit jamais être leur tributaire : car ils appellent tribut les présents que l'empereur leur fait, et ceux que la Pologne leur faisoit encore.

VIENNE.

Comme le roi de Pologne fut monté à cheval pour aller secourir Vienne, la reine le regardoit en pleurant, et embrassant un jeune fils qu'elle avoit. Le roi lui dit: « Qu'avez-vous à pleurer, madame? » Elle répondit: « Je pleure de ce que cet enfant n'est « pas en état de vous suivre comme les autres. » Le roi s'adressant au nonce, lui dit: « Mandez au pape « que vous m'avez vu à cheval, et que Vienne est « secourue. »

Après la levée du siége, il écrivit au pape: « Je « suis venu, j'ai vu, Dieu a vaincu. » Il avoit mandé à l'empereur, lorsqu'il étoit encore en chemin, qu'il n'y avoit qu'à ne point craindre les Turcs, et aller à eux.

J'ai ouï dire à M. le prince, aux premières nouvelles de ce siége, que si la tête n'avoit pas entièrement tourné aux Allemands, le plus grand bonheur pour l'empereur étoit que les Turcs eussent assiégé Vienne.

Les cardinaux ont envoyé à l'empereur cent mille écus, les dames romaines autant, et le pape deux fois autant.

Le roi, dès qu'il eut reçu la nouvelle du siége levé, l'envoya dire au nonce.

Le roi de Pologne joue tous les soirs à colin-maillard : on dit qu'on le fait jouer de peur qu'il ne s'endorme.

Insolence des bourgeois d'Anvers : à leur feu d'artifice, ils ont représenté le grand-turc, un prince d'Europe et le diable, ligués tous trois, qu'on a fait sauter en l'air, avec l'applaudissement de tous les spectateurs.

POLOGNE.

Les Cosaques commencèrent à se soulever en 1648, un peu avant la mort du roi Ladislas.

Ce prince avoit dessein de faire la guerre aux Tartares jusque dans leur pays, et vouloit mettre à la tête de l'armée des Cosaques, Kmielnischi. La république n'approuva point cette guerre, et le roi fut obligé de licencier, malgré lui, ses troupes : il en eut tant de dépit, qu'on prétend qu'il excita en secret Kmielnischi à faire révolter les Cosaques, afin d'obliger la république d'avoir, malgré elle, sur pied une armée, et de lui en donner le commandement, bien résolu de se joindre avec les Cosaques quand il seroit proche d'eux, et de marcher non seulement contre les Tartares, mais même contre les Turcs. Kmielnischi se voyant sans emploi, et de plus ayant été maltraité dans un grand procès qu'il avoit eu pour des terres qui lui appartenoient, commença à cabaler parmi les Cosaques à qui la paix étoit insupportable, et sur-tout au peuple de Russie, à cause des duretés et des vexations de la noblesse polonoise. Kmielnischi étoit fils d'un noble polonois, et dans sa jeunesse s'étoit enrôlé dans la milice cosaque, où il s'étoit distingué, et étoit monté à la charge de capitaine. Les Cosaques étoient des brigands sans loi et sans discipline, qui s'amassoient sur les frontières de Russie, pour faire des courses sur les Turcs, par la mer Noire. Étienne Bathori leur donna des lois pour s'en servir dans le besoin de la guerre et pour garder les avenues de la Russie. Il les plaça dans les îles du Boristène; ce qui les a fait appeler Cosaques Zaporouschi. Kosa signifie chèvre, et Porouschi, en langage esclavon, signifie écueils, à cause du grand nombre d'écueils qui sont dans le Boristène, et qui le séparent en plusieurs petits bras.

Le courrier de l'évêque de Marseille, M. de Forbin[1] qui apporta en France la nouvelle de l'élection de Sobieski pour roi de Pologne, alla descendre chez M. Le Tellier, et fut renvoyé en Pologne avec une lettre du cardinal de Bonzy pour la reine. Ce cardinal lui mandoit que, si le roi son mari vouloit, on lui donneroit cent mille écus pour nommer au cardinalat un sujet qui auroit tout l'appui qu'on pouvoit desirer pour faire réussir cette nomination : et ce sujet étoit M. l'archevêque de Reims[2].

Le roi de Pologne, Sobieski, ne songeoit point à reconnoître le prince d'Orange pour roi d'Angleterre, n'ayant ni besoin en Hollande de lui, ni affaire à lui. Un Polonois, qui avoit besoin d'une recom-

[1] Plus connu sous le nom de cardinal de Janson.

[2] Charles-Maurice Le Tellier, fils du chancelier, et frère de M. de Louvois.

mandation auprès du prince d'Orange, donna trois cents pistoles à un religieux qui étoit auprès du roi de Pologne, et le roi se laissa gagner par ce religieux.

Vesellini étoit d'abord chef des mécontents; après lui Tékéli; puis le premier s'étant tiré adroitement d'affaire, Tékéli prit sa place: homme de fort bonne maison, seigneur d'Huniade, et des descendants du fameux Huniade. Son père étoit chevalier de la Toison. Il étoit tout jeune quand on fit le procès à Nadasti et au comte de Sérin, et s'enfuit de Vienne pour se retirer en Transylvanie.

Le grand-seigneur ne songeoit à rien moins qu'à la réduction des Cosaques, quand ils lui envoyèrent demander sa protection. Il étoit à la chasse à Larisse, vers la fin du siège de Candie. Ce fut le général Tétéra, chef des Cosaques, qui s'y en alla, pour se venger des Polonois qui avoient pris le parti de son secrétaire révolté contre lui. Le grand-seigneur leur donna un étendard pour marque qu'il les prenoit en sa protection.

Vers le même temps, les Hongrois, irrités de la mort du comte de Sérin, envoyèrent aussi demander au grand-seigneur sa protection.

L'empereur, pour ramener les mécontents, leur écrivoit pour les exhorter à venir partager avec lui les grands butins qu'il faisoit en France.

HOLLANDE.

Celui qui contribua le plus à séparer la Hollande

des intérêts de la France, en 1648, ce fut un député de Hollande à Munster, nommé Knut. La France lui avoit promis une pension de deux mille écus en 1635, et il n'en toucha jamais que la première année. C'est ce qui l'irrita contre la France, dont il ruina les affaires autant qu'il put; et il goûta, dit Siri, la vengeance la plus douce qu'un particulier puisse goûter, qui est de se venger d'un grand prince qui l'a offensé.

On manqua aussi de payer à la princesse d'Orange quelques sommes promises à son mari, qui les lui avoit cédées; et de là vint cette inimitié qu'elle eut toujours depuis contre la France.

La duchesse de Mantoue en usa de même, parcequ'on ne lui paya plus sa pension.

Ces sortes de manquements de parole que les rois font à des particuliers leur sont quelquefois rendus avec de grosses usures.

Les Hollandois n'ont aucune religion, et ne connoissent de dieu que leur intérêt. Leurs propres écrivains confessent que dans le Japon, où l'on punit des plus cruels supplices tout ce qu'on y trouve de chrétiens, il suffit de se dire Hollandois pour être en sûreté; et lorsqu'ils approchoient des côtes de ce royaume, le premier soin de leurs capitaines de vaisseaux étoit de cacher jusqu'aux monnoies où la croix étoit empreinte.

La ville d'Amsterdam étoit celle qui avoit le plus conspiré à faire un traité séparé avec l'Espagne, dans l'envie d'attirer à elle tout le commerce d'Espagne durant la guerre entre les deux couronnes, et d'en priver les marchands françois; et ce fut là le principal but des Hollandois.

Les privilèges dont les Hollandois jouissoient en France, n'étoient fondés que sur les traités de confédération qu'ils avoient violés.

La haine qu'ils avoient contre les Portugois, et les hostilités même qui s'exerçoient, de part et d'autre, dans le Brésil, n'avoient pu faire résoudre les États à rompre ouvertement avec le Portugal, pour n'être pas privés du commerce de ce royaume, qui auroit passé en d'autres mains. En ce temps-là même, en 1648, ils apprirent la défaite entière de leurs troupes dans le Brésil.

Brasset, dans ce même temps, négocie à la Haye pour la paix entre le Portugal et les États. La Compagnie des Indes, insolente dans la prospérité et basse dans l'adversité, demande la paix; mais les États croient qu'il y va de leur honneur.

La France avoit intérêt à cette paix dans le Brésil, afin que les Portugois n'eussent plus d'ennemis que les Espagnols.

Les Hollandois, aussitôt après qu'ils eurent traité avec l'Espagne, envoyèrent des ministres dans les terres qui leur étoient cédées, et en firent chasser rigoureusement les ecclésiastiques, sans que les Espagnols osassent protéger le moins du monde les catholiques.

Brasset, après le traité des Hollandois avec l'Espagne, leur déclara, de la part de la reine, qu'elle ne pouvoit plus observer le traité de marine fait avec eux en 1646, par lequel ils pouvoient porter sur leurs vaisseaux des blés et autres denrées aux Espagnols.

Les Hollandois auroient voulu que toute l'Europe fût en guerre, lorsqu'ils se virent en paix avec l'Espagne; et quelques uns d'entre eux n'osèrent accepter la commission de plénipotentiaires à Munster, de peur que si la paix générale venoit à se faire, ils n'en fussent blâmés par les États.

Le commandeur de Souvray arriva à la Haye le 19 septembre 1648, en qualité d'ambassadeur extraordinaire du grand-maître de Malte, pour demander la restitution des commanderies usurpées par les Hollandois. Les États déclarèrent qu'ils ne reconnoissoient point le grand-maître; et par conséquent qu'ils ne reconnoissoient point Souvray pour ambassadeur. Grand nombre de chevaliers vouloient qu'on s'emparât des vaisseaux hollandois qu'on trouveroit dans la Méditerranée. Mais les autres, plus modérés, furent d'avis de remettre à un autre temps à prendre leur résolution, pour ne pas s'engager dans une guerre dont ils ne sortiroient pas quand ils voudroient.

Charnacé fut le premier qui traita d'altesse le capitaine-général des Provinces-Unies.

D'Avaux et La Thuillerie étant à Venise, ne donnèrent jamais l'excellence aux ambassadeurs des États, quoiqu'ils leur donnassent la main chez eux.

Plainte des plénipotentiaires de France contre les

demandes des Hollandois, qui vouloient qu'on les traitât de pair avec Venise.

PORTUGAL.

En 1500, les Portugois découvrirent le Brésil, distant de la Guinée d'environ 450 lieues. Péralverez Cabral, capitaine du roi de Portugal, en prit possession pour le roi son maître, sept ans après la découverte du Nouveau-Monde par Christophe Colomb. Le pape, pour conserver la paix entre les couronnes de Castille et de Portugal, ordonna que chacune jouiroit des terres qu'elle pourroit découvrir, en tirant une ligne d'un pôle à l'autre, qui les séparât des îles Açores et des îles du Cap-Vert, à la distance de cent lieues.

Les Castillans se rendirent maîtres du Brésil, lorsque le Portugal tomba sous la puissance de Philippe II, et tuèrent tout ce qui leur osa faire résistance.

Les Hollandois, vers l'an 1623, non contents de faire la guerre en Europe au roi d'Espagne, voulurent encore la lui faire dans le Nouveau-Monde. Ils passèrent la ligne, et étant abordés au Brésil, s'emparèrent de Fernambouc, du Récif, du Cap de Saint-Augustin, en un mot, de toute la côte, depuis Ciara jusqu'à la baye de Tous-les-Saints, qui demeura toujours aux Castillans. Cette conquête s'étoit faite aux dépens de quelques particuliers, et non point de l'État. Ces particuliers voyant les grandes richesses qu'ils pouvoient tirer du Brésil, tant par le débit du sucre que par le débit du bois de Brésil, demandèrent aux États qu'il leur fût permis d'établir une Compagnie, avec pouvoir de nommer des officiers de justice, guerre et marine, dans les Indes, pour trente ans; après quoi tout ce pays qu'ils auroient conquis appartiendroit aux États, auxquels cependant la Compagnie prêteroit serment de fidélité. Cela fut approuvé : et ainsi fut établie la Compagnie des Indes occidentales, en 1624. Elle composa un conseil de directeurs, au nombre de dix-neuf, entre lesquels ils mirent par honneur le prince d'Orange. Cette Compagnie ne tarda guère a étendre ses conquêtes, et ils s'emparèrent de toute la côte qui est depuis la capitainerie de Siara jusqu'à la Baye de Tous-les-Saints, c'est-à-dire de plus de trois cents lieues de côtes. Ils établirent un conseil politique qui résidoit au Récif, qui jugeoit souverainement de toutes les affaires. Ils exigeoient de grands tributs des Portugois leurs vassaux, qui travailloient à faire le sucre, descendus de ces premiers Portugois qui découvrirent le Brésil; et de crainte qu'ils ne se révoltassent contre eux, ils leur ôtèrent toutes les armes à feu.

En 1641, la Baye de Tous-les-Saints suivit la révolution de Portugal : les Castillans en furent chassés, et on y reconnut don Jean IV. Le gouverneur fit part de ce changement aux Hollandois dans le Récif, avec promesse de bien vivre avec eux. Les Hollandois furent bien aises de la perte que les Castillans faisoient, et cette même année ils firent un traité de trêve pour dix ans avec les Portugois ; et la Compagnie des Indes voulut que le Brésil fût compris dans ce traité. Dès qu'il fut signé, ils envoyèrent des vaisseaux dans le Brésil, qui, au lieu d'aller droit au Récif, pour y faire publier la trêve, allèrent en Guinée, et se saisirent d'Angola [1], de Soanda, et de quelques autres places des Portugois. Ils crièrent contre cette mauvaise foi ; et, voyant qu'on ne leur en faisoit point de justice, ils résolurent de s'en venger à la première occasion.

Le vice-roi de la Baye de Tous-les-Saints commença à faire des pratiques parmi ceux de sa nation qui étoient au Récif, à Fernambouc, et aux autres places de la domination des Hollandois. Il gagna sur-tout Jean-Fernandez Viera, Portugois, qui, de simple garçon boucher, s'étant mis au service des Hollandois, s'étoit extrêmement enrichi, et qui avoit grand nombre d'esclaves sous lui, qu'il faisoit travailler au sucre, dans plusieurs manufactures de sucre qui lui appartenoient. Cet homme, qui avoit beaucoup d'esprit, conspira avec ceux de sa nation pour secouer le joug des Hollandois. Ils gardèrent long-temps ce dessein sans en rien faire paraître. Au contraire, ils flattoient plus que jamais les Hollandois par leur extrême soumission, s'endettant exprès envers eux de grosses sommes, achetant cher toutes les choses que les Hollandois leur vendoient,

---

[1] Angola est une forteresse et une grande province sur la côte d'Afrique, par-delà la ligne, un peu au-delà de Congo. (R.)

comme les viandes et l'eau-de-vie. Enfin, ils firent si bien, qu'ils persuadèrent aux Hollandois de leur donner des armes, qu'ils achetoient bien cher, pour se défendre, disoient-ils, contre les Tapuyes et les Brésiliens, qui les haïssoient naturellement, parcequ'ils les avoient autrefois traités avec beaucoup de dureté. Les Hollandois se laissent endormir par leurs belles paroles, et sur-tout par les artifices de ce Viera, qui se rendoit fort nécessaire à la Compagnie par son intelligence dans le commerce, et par les grands services qu'il leur rendoit.

Enfin, toutes choses étant préparées, et les Portugois étant convenus du jour qu'ils devoient faire éclater leur conspiration, et assassiner les chefs du conseil, les Hollandois en eurent avis de plusieurs endroits, et envoyèrent des gardes pour arrêter Viera, qui, s'étant sauvé dans les bois, amassa autour de lui grand nombre de Portugois, s'empara de quelques places qui n'étoient point en défense. Les Hollandois, qui ne s'attendoient point à cette révolte, et qui au contraire, pour s'épargner de la dépense, avoient renvoyé en Hollande la meilleure partie de leurs garnisons, avec les officiers et le comte de Nassau, se trouvèrent fort embarrassés. Ils envoyèrent à la Baye se plaindre au vice-roi de la révolte de ceux de sa nation. Le vice-roi, feignant de la désapprouver, envoya un grand vaisseau, chargé de douze cents hommes, qui mirent pied à terre, et se joignirent aux révoltés. Le fort Saint-Augustin leur fut rendu pour de l'argent; ils prirent aussi

Fernambouc, et il ne restoit presque plus que le Récif qu'ils assiégèrent. Les Hollandois, qui n'avoient que peu de vivres, envoyèrent porter ces tristes nouvelles à La Haye, et demander du secours.

Les états firent grand bruit, ne menaçant pas moins que d'exterminer le roi de Portugal. Le peuple de La Haye se voulut jeter sur l'ambassadeur de ce prince, et le prince d'Orange eut beaucoup de peine à le sauver de leurs mains. Les ministres de France voulurent s'entremettre d'accommodement, disant que les Hollandois et les Portugois ne devoient point rompre pour cela, mais imiter les François et les Anglois, qui ne laissoient pas d'être en bonne intelligence en Europe, quoiqu'ils fussent presque toujours aux mains à Terre-Neuve en Amérique.

Les Hollandois envoient une flotte au Brésil, au commencement de 1646, sous la conduite de Baucher, amiral de Zélande, qu'ils déclarèrent amiral des mers de Brésil et d'Angola. Cette flotte ne fit pas grand'chose, quoiqu'elle fût de cinquante-deux vaisseaux. La plupart de ceux qui étoient dessus périrent de chaud et de maladie sous la ligne, où ils furent retenus par un calme de six jours. Baucher, l'amiral, fut contremandé, peu de temps après son arrivée; et les États, voyant que la Compagnie étoit désormais trop foible pour soutenir cette grande guerre, entreprirent en même temps de la soutenir en leur nom et aux dépens du public.

Cependant l'ambassadeur de Portugal tâchoit à

La Haye, par ses négociations, de les amuser, et il faisoit plusieurs offres, qui toutes furent refusées.

Cette guerre du Brésil fut une des principales raisons qui déterminèrent les États à faire leur paix avec l'Espagne. En effet, ils firent comprendre, dans leur traité avec les Espagnols, toutes les places que les Portugois avoient prises sur eux dans le Brésil, parmi les places qui appartenoient aux États.

La flotte partit; et les Hollandois assiégés dans le Récif, pour faire diversion, envoyèrent le colonel Scop s'emparer de Taparica, île à trois lieues de la Baye. Il s'y fortifia, et s'y défendit long-temps; mais enfin il fut obligé de l'abandonner, sur la fin de 1647, après y avoir perdu beaucoup de monde. La flotte portugoise arriva en ce même temps à la Baye. La flotte de Hollande, forte de trente-deux vaisseaux et de quatre mille soldats, arrive au Récif le 18 mars 1648. Après s'être rafraîchis un mois, les Hollandois se mettent en campagne, au nombre de six mille hommes. Les Portugois révoltés, commandés par Jean Viera et André Vidal, les attendent de pied ferme, quoiqu'ils ne fussent que deux mille hommes. Le combat se donne le 19 avril; les Portugois gagnent la bataille, avec un grand butin. Les Hollandois y perdent douze cents hommes; leur général Scop, autrement dit Sigismond, y est blessé d'un coup de mousquet à la cuisse. Les Portugois continuent à les tenir enfermés dans le Récif, étant maîtres de tous les forts qui étoient au-dessus et au-dessous. D'un autre côté, la flotte hollandoise, commandée par l'amiral Wittens, tenoit la flotte portugoise enfermée dans le port de la Baye; mais, vers le mois d'août, cette flotte trouve moyen de sortir à l'insu des Hollandois.

Sur la fin de la même année 1648, les Portugois reprennent Angola sur les Hollandois. Le roi de Portugal, feignant de désapprouver le gouverneur de la rivière de Janeïro, dans le Brésil, qui a fait cette entreprise dans un temps où l'on négocioit un accommodement entre les deux nations pour les affaires du Brésil : car quelques sujets de plaintes que les Hollandois eussent contre les Portugois, ils ne pouvoient se résoudre à une guerre ouverte, tant ils craignoient de perdre les avantages que leur rapportoit leur commerce avec ce royaume. Sur-tout la province de Hollande insistoit à ne point rompre avec le Portugal, et ne vouloit point qu'on exerçât d'hostilités dans les ports de ce royaume, mais seulement en pleine mer. Mais enfin, les affaires n'ayant pu s'accommoder, et la trêve de dix ans expirant le onzième juin 1651, l'ambassadeur de Portugal s'en retourne, et on se prépare à la guerre des deux côtés.

Néanmoins toute l'année 1652 et celle de 1653 se passent sans aucune hostilité en Europe, et sans aucune expédition considérable dans le Brésil. Enfin, au mois de janvier de 1654, François Beretto, qui commandoit les Portugois révoltés de Fernambouc, ayant reçu quelque petit renfort de la flotte de la Compagnie de Lisbonne, qui vint mouiller auprès du Récif, attaque enfin le Récif même, qui lui est rendu avec toutes les places que les Hollandois occupoient sur les côtes du Brésil, et ils s'en retournent en Hollande avec les meubles et les autres choses que les Portugois leur avoient permis d'emporter, par la capitulation du 16 janvier 1654.

Un Mémoire présenté au roi, de la part du roi de Portugal, en 1648, par un François qui servoit en Portugal.

L'état où étoit alors le Portugal est dépeint dans ce mémoire, et sur-tout le grand besoin qu'ils avoient d'un secours de cavalerie.

« Le roi de Portugal, depuis les cinq dernières an-
« nées, a fait une distraction de cinq ou six mille
« chevaux, et de quinze ou vingt mille hommes de
« pied, que les Espagnols auroient envoyés contre
« la France, et qui ont été occupés sur les frontières
« de Portugal. Il me souvient, dit celui qui présenta
« le mémoire, qu'en 1638, lorsque j'apportai au feu
« roi Louis XIII la nouvelle de l'intention des Portu-
« gois, il me commanda d'envoyer un homme ex-
« près, pour les assurer que s'ils vouloient s'aider
« eux-mêmes et faire roi le duc de Bragance, la
« France leur enverroit cinq cents cavaliers bien
« montés et tout armés, mille autres avec selles,
« brides, armes, et pistolets, et dix ou douze mille
« fantassins. Sur cette parole, qui leur fut portée
« par Tillac, ils m'écrivirent, au commencement de
« novembre 1640, qu'ils étoient prêts à se déclarer,
« et qu'il étoit temps de faire souvenir le roi de sa

« promesse. Je mis cette lettre à Ruel, entre les
« mains de M. des Noyers, sur les dix heures du soir.
« M. des Noyers la fit voir au cardinal duc, qui le
« lendemain de grand matin la porta au roi à Saint-
« Germain, qui l'a toujours gardée; et il commanda
« au cardinal d'assurer les Portugois de toute sorte
« de secours, quand il devroit engager la moitié de
« son royaume. Les Portugois ne manquèrent pas
« de se déclarer au bout d'un mois, c'est-à-dire au
« commencement de décembre; et le roi promit que
« jamais il ne feroit de traité avec les Espagnols que
« le Portugal n'y fût compris. »

Les Portugois, durant qu'on étoit assemblé à Munster, s'étoient bien gardés de presser les Espagnols avec toutes leurs forces, de peur qu'ils ne fissent leur traité avec la France, et qu'ils ne retombassent sur le Portugal.

Un peu avant que la reine de Portugal se séparât du roi son mari, elle avoit oublié sous son chevet une longue lettre du comte de Schomberg, où étoit tout le projet de la révolution qui se devoit faire. Elle se souvint de sa lettre à la messe, fit l'évanouie, et se fit reporter sur son lit, où elle retrouva sa lettre.

Toute l'affaire fut entreprise et conduite par le P. Lami, jésuite, son confesseur.

Un peu avant la séparation, elle avoit écrit à madame de Vendôme qu'elle étoit grosse. Celle-ci montra la lettre à l'ambassadeur de Savoie, afin qu'il fît part de la bonne nouvelle en son pays.

On fait en Portugal des comtes pour la vie, quelquefois pour deux races, quelquefois pour tous les aînés. M. de Schomberg a été fait comte pour tous les aînés qui descendront de lui.

Trois François de Mello : le premier, celui qui perdit la bataille de Rocroi; le second qui, en 1661, fit le mariage du roi d'Angleterre, et qui fut ensuite assassiné; le troisième, qui a été depuis en ambassade aussi en Angleterre. Ils n'étoient point parents : le premier, Portugois de grande maison; les deux autres de médiocre noblesse.

FIN DES FRAGMENTS HISTORIQUES.

PRÉCIS HISTORIQUE

DES

CAMPAGNES DE LOUIS XIV,

DEPUIS 1672 JUSQU'EN 1678.

AVERTISSEMENT.

Dans l'intervalle de tranquillité qui suivit la paix de Nimègue, Louis XIV agréa le projet d'un ouvrage où les évènements mémorables de la guerre que cette paix avoit terminée, devoient être représentés dans une suite d'estampes dessinées et gravées par les premiers artistes. Ce livre, destiné à être donné en présent à ceux à qui le roi jugeroit à propos d'accorder cette faveur, devoit commencer par un *Précis historique* des faits ainsi représentés. Cette dernière partie du travail fut confiée à Racine et à Boileau; et la place d'historiographes du roi qui leur avoit été donnée dès 1677, ne permettoit pas qu'aucun autre qu'eux en fût chargé. Ce fut à cette occasion que Racine, celui des deux qui tenoit ordinairement la plume, composa l'écrit suivant. Mais cet écrit eut une destinée si singulière, que nous devons en rendre compte.

La guerre, qui ne tarda pas à se rallumer, arrêta l'exécution de ce projet, qui fut repris dans la suite d'une autre manière, et qui se termina par le *Recueil de médailles* publié en 1702, dans lequel les explications historiques furent aussi, pour la plupart, rédigées par Racine et Boileau, qui s'adjoignirent dans ce travail plusieurs de leurs confrères de l'académie des inscriptions. Quant au *Précis historique de la guerre de* 1672, il resta dans les papiers de Racine jusqu'à sa mort, et ensuite il passa successivement dans les mains de Boileau et dans celles de Valincour, avec tous les autres papiers relatifs à l'histoire du roi. On sait quel fut le sort de ces papiers, et que tous périrent dans l'incendie de la maison de Valincour, à Saint-Cloud, en 1726. Les seuls qui purent échapper au désastre furent ceux qui se trouvoient alors dans des mains tierces. Tel fut le *Précis historique* que Valincour avoit communiqué à l'abbé Vatry, qui travailloit alors au *Journal des Savants*, et qui fut peu après principal au collège de Reims, et livré à d'autres études. Valincour mourut en 1730.

Cependant, cette même année 1730, le libraire Mesnier fit imprimer ce *Précis*, sous le titre de *Campagne de Louis XIV*, par M. Pélisson[1], sans qu'aucune pièce préliminaire indiquât comment le manuscrit lui étoit parvenu, ni sur quel fondement il l'attribuoit à Pélisson, mort alors depuis trente-sept ans.

En 1749, l'abbé Lemascrier donna une édition de l'*Histoire de Louis XIV*, par Pélisson, dans laquelle

---

[1] L'auteur du *Dictionnaire des ouvrages anonymes et pseudonymes*, publié en 1806, rapporte ce livre sous le n° 7984, avec la note suivante : « Des personnes instruites assurent que cette « *Campagne de Louis XIV* a été écrite par Racine et Boileau. »

il essaya de remplir lui-même quelques lacunes qui se trouvoient dans les premiers livres. Ensuite il donna, comme un dixième livre de cette histoire, le *Précis historique de la guerre de* 1672, après avoir eu la précaution d'en retrancher les dernières pages, qui auroient appris à quelle occasion cet ouvrage avoit été originairement composé.

Ce prétendu dixième livre cependant s'ajustoit mal avec le neuvième; car ce dernier n'a pas même été terminé par Pélisson. Une partie des événements de l'année 1670, tous ceux de l'année suivante, et notamment les importants traités qui furent alors conclus, ne s'y trouvent point racontés, en sorte qu'il existe un vide considérable entre l'ouvrage de Pélisson, et celui qu'on donne comme en étant la suite.

La différence seule du style des deux auteurs auroit dû prévenir l'Éditeur contre une telle méprise. Quoique Pélisson soit sans doute un des meilleurs écrivains du siècle de Louis XIV, cependant il a des défauts qui lui sont particuliers; et ces défauts sont ceux dont Racine s'est le plus éloigné. L'abbé Lemascrier, très juste admirateur du talent de son auteur, ne s'est pas néanmoins dissimulé les reproches auxquels celui-ci étoit exposé. « On dira que « ses termes pèchent dans l'arrangement; qu'il y a des « phrases longues, des membres étrangers qui cou-

« pent le sens des phrases et peinent l'attention du
« lecteur. » (*Préface de l'Éditeur*, pag. 43.) Or, ce
qu'on admire principalement dans la prose de Racine, c'est son élégante simplicité, l'arrangement le
plus naturel et le plus facile, le choix le plus heureux
dans le tour et dans l'expression, enfin un soin extrême à éviter les ornements étrangers, les réflexions
hors de place, les longues périodes, et tout ce qui
peut distraire ou fatiguer l'attention; qualités si précieuses dans un historien, et qui produisent nécessairement une narration claire, rapide, animée, et
singulièrement entraînante.

Mais si ces caractères du style peuvent être matière à dispute, ce qui est certainement incontestable,
c'est qu'un travail dont la destination est aussi clairement indiquée, ne pouvoit être, à cette époque, confié à Pélisson. On sait qu'il avoit encouru l'inimitié de
madame de Montespan, et que, long-temps avant
l'époque de la paix de Nimègue, on lui avoit ôté les
fonctions d'historiographe. Comment donc supposer
que, pour un ouvrage entrepris postérieurement à
1678, dont madame de Montespan avoit eu la première idée, et auquel on vouloit donner tant d'éclat,
on eût eu recours à la plume de Pélisson, au préjudice des deux célèbres écrivains qui avoient pour eux
les titres réunis de la place, du talent et de la faveur?

AVERTISSEMENT.

L'erreur de l'abbé Lemascrier est d'autant moins excusable, qu'ayant en communication les manuscrits de Pélisson, il n'y avoit rien trouvé de relatif à la guerre de 1672, comme il en convient dans sa *Préface*, pag. 41, et que ce n'est que sur des conjectures qu'il s'est appuyé pour attribuer à cet historien l'ouvrage de Racine.

Enfin, en 1784, un autre éditeur qu'on croit être Fréron le fils, fit imprimer chez Bleuet, à Paris, ce *Précis historique*, sous le nom de ses véritables auteurs, Racine et Boileau, historiographes de France. Cet éditeur, qui ignoroit que la même pièce eût déjà été imprimée en 1730 et en 1749, l'annonça, dans son avertissement, comme la découverte récente d'un morceau jusqu'alors inconnu, trouvé parmi les papiers de feu l'abbé Vatry, à qui il avoit été confié par Valincour. Il est, dans cette édition de 1784, presque entièrement semblable à celle de Mesnier, de 1730; et on y retrouve les dernières pages que l'abbé Lemascrier avoit jugé à propos de supprimer, et qui constatent à quelle occasion et pour quel objet les deux illustres historiographes l'ont entrepris.

Nous restituons donc aux *OEuvres de Racine* un morceau qui doit nécessairement en faire partie.

(*Anonyme.*)

PRÉCIS HISTORIQUE

DES

CAMPAGNES DE LOUIS XIV.

Avant que le roi déclarât la guerre aux États des Provinces-Unies, sa réputation avoit déja donné de la jalousie à tous les princes de l'Europe. Le repos de ses peuples affermi, l'ordre rétabli dans ses finances, ses ambassadeurs vengés, Dunkerque retirée des mains des Anglois, et l'Empire si glorieusement secouru, étoient des preuves illustres de sa sagesse et de sa conduite; et, par la rapidité de ses conquêtes en Flandre et en Franche-Comté, il avoit fait voir qu'il n'étoit pas moins excellent capitaine que grand politique.

Ainsi, révéré de ses sujets, craint de ses ennemis, admiré de toute la terre, il sembloit n'avoir plus qu'à jouir en paix d'une gloire si solidement établie, quand la Hollande lui offrit encore de nouvelles occasions de se signaler par des actions dont la mémoire ne sauroit jamais périr parmi les hommes.

Cette petite république, si foible dans ses commencements, s'étant un peu accrue par le secours de la France et par la valeur des princes de la maison de Nassau, étoit montée à un excès d'abondance et de richesses qui la rendoient formidable à tous ses voisins : elle avoit plusieurs fois envahi leurs terres, pris leurs villes, et ravagé leurs frontières : elle passoit pour le pays qui savoit le mieux faire la guerre ; c'étoit comme une école où se formoient les soldats et les capitaines ; et les étrangers y alloient apprendre l'art d'assiéger les places et de les défendre. Elle faisoit tout le commerce des Indes orientales, où elle avoit presque entièrement détruit la puissance des Portugois : elle traitoit d'égale avec l'Angleterre, sur qui elle avoit même remporté de glorieux avantages, et dont elle avoit tout récemment brûlé les vaisseaux dans la Tamise ; et enfin, aveuglée de sa prospérité, elle commença à méconnoître la main qui l'avoit tant de fois affermie et soutenue. Elle prétendit faire la loi à l'Europe : elle se ligua avec les ennemis de la France, et se vanta qu'elle seule avoit mis des bornes aux conquêtes du roi. Elle opprima les catholiques dans tous les pays de sa domination, et s'opposa au commerce des François dans les Indes : en un mot, elle n'oublia rien de tout ce qui pouvoit attirer sur elle l'orage qui la vint inonder.

Le roi, las de souffrir ses insolences, résolut de les prévenir. Il déclara la guerre aux Hollandois sur le commencement du printemps [1], et marcha aussitôt contre eux.

---

[1] Le 7 avril 1672.

Le bruit de sa marche les étonna. Quelque coupables qu'ils fussent, ils ne pensoient pas que la punition dût suivre de si près l'offense. Ils avoient peine à imaginer qu'un prince jeune, né avec toutes les graces de l'esprit et du corps, dans l'abondance de toutes choses, au milieu des délices et des plaisirs qui sembloient le chercher en foule, pût s'en débarrasser si aisément pour aller, loin de son royaume, s'exposer aux périls et aux fatigues d'une guerre longue et fâcheuse, et dont le succès étoit incertain. Ils se rassuroient pourtant sur le bon état où ils croyoient avoir mis leurs places.

En effet, comme le tonnerre avoit grondé fort long-temps, ils avoient eu le loisir de les remplir d'hommes, de munitions, et de vivres. Ils avoient fortifié tous les bords de l'Issel : le prince d'Orange, pour défendre ce passage, s'y étoit campé avec une armée nombreuse. Le Rhin, de tous les autres côtés, couvroit leur pays : l'Europe étoit dans l'attente de ce qui alloit arriver. Ceux qui connoissoient les forces de la Hollande, et la bonté des places qui la défendoient, ne pensoient pas qu'on la pût seulement aborder ; et ils publioient que la gloire du roi seroit assez grande si, en toute sa campagne, il pouvoit emporter une seule de ces places. Quel fut donc leur étonnement, ou plutôt quelle fut la surprise de tout le monde, lorsque l'on apprit qu'il avoit mis le siége devant quatre fortes villes en même temps, et que, sans qu'il eût fait ni lignes de circonvallation ni de contrevallation, ces quatre villes s'étoient rendues à discrétion au premier jour de tranchée[1]?

Un exploit si extraordinaire, si peu attendu, jeta la terreur dans tous les pays que les Hollandois occupoient le long du Rhin. On apportoit au roi de tous côtés les clefs des places. A peine les gouverneurs avoient-ils le temps de se sauver sur des barques avec leurs familles épouvantées, et une partie de leurs bagages : sa marche étoit un continuel triomphe. Il s'avança de la sorte auprès de Tolhuis. Le Rhin, qui en cet endroit est fort large et fort profond, sembloit opposer une barrière invincible à l'impétuosité des François. Le Roi pourtant se préparoit à le passer : son dessein étoit d'abord d'y faire un pont de bateaux; mais, comme cela ne se pouvoit exécuter qu'avec lenteur, et que d'ailleurs les ennemis commençoient à se montrer sur l'autre bord, il résolut d'aller à eux avec une promptitude qui acheva de les étonner. Il commande à sa cavalerie d'entrer dans le fleuve : l'ordre s'exécute[2]. Il faisoit ce jour-là un vent fort impétueux, qui, agitant les eaux du Rhin, en rendoit l'aspect beaucoup plus terrible. Il marche néanmoins; aucun ne s'écarte de son rang, et le terrain venant à manquer sous les pieds de leurs chevaux, ils les font nager, et approchent avec une audace que la présence du roi pouvoit seule leur inspirer. Cependant trois escadrons paroissent de l'autre côté du fleuve; ils entrent même dans l'eau, et font une décharge qui tue

---

[1] Orsoi, Rhinberg, Burick, et Wesel. — [2] Le 12 juin.

quelques uns des plus avancés et en blesse d'autres. Malgré cet obstacle, les François abordent, et l'eau ayant mis leurs armes à feu hors d'état de servir, ils fondent sur ces escadrons l'épée à la main. Les ennemis n'osent les attendre; ils fuient à toute bride, et, se renversant les uns sur les autres, vont porter jusqu'au fond de la Hollande la nouvelle que le roi étoit passé.

Alors il n'y eut plus rien qui osât faire résistance. Le prince d'Orange craignant d'être enveloppé, abandonna aussitôt les bords de l'Issel, et le roi y campa, peu de jours après, dans ses fortifications, dont le seul récit jetoit l'épouvante.

Arnheim se rendit; Doësbourg suivit son exemple; le fort de Skenk, si fameux par les longs sièges qu'il a autrefois soutenus, n'attendit pas l'ouverture de la tranchée. Utrecht, ancienne capitale de la Hollande, envoya aussitôt ses clefs. Coëvorden pris, Naerden emporté, tout reçoit le joug, tout cède à la rapidité du torrent. Amsterdam commence à trembler; cette ville si superbe dans la prospérité, maintenant humble dans l'infortune, songe déja à faire sa capitulation. On voit ses ambassadeurs qui, quelques mois auparavant, donnoient au roi le choix de la paix ou de la guerre, on voit, dis-je, ces mêmes ambassadeurs tremblants et soumis, implorer la clémence du vainqueur.

Cependant la division se met parmi les chefs de la république. Les uns souhaitent la paix; les autres, dévoués au prince d'Orange, veulent empêcher la négociation. Le Pensionnaire est assassiné : ce n'est que confusion et que trouble. Le parti du prince d'Orange demeure enfin le plus fort : ce prince prend son temps; et, pour sauver son pays de l'inondation des François, ne sait point d'autre expédient que de le noyer dans les eaux de la mer, et lâche les écluses de l'Océan. Voilà Amsterdam au milieu des eaux, et les Hollandois tout de nouveau renfermés dans le fond de ces marais d'où nos pères les avoient autrefois tirés.

Tandis que le roi poussoit ainsi sa victoire jusqu'aux derniers confins de la Hollande, le duc d'Orléans assiégeoit Zutphen qu'il prit en moins de huit jours [1]. Nimègue se défendit un peu mieux contre le vicomte de Turenne. Le roi lui avoit donné la conduite de l'armée que commandoit le prince de Condé, qui avoit été blessé au passage du Rhin. Nimègue enfin se rendit aux mêmes conditions que Zutphen [2]; et sa prise, qui fut suivie de celle de Grave et de Crevecœur, mit tout le Bétau et toute l'île de Bommel sous le pouvoir des François. Ainsi les armes du roi triomphoient également par-tout; et le duc de Luxembourg, ayant joint l'évêque de Munster, n'eut pas de succès moins glorieux que les autres capitaines. Le nombre des prisonniers de guerre étoit si grand, que les temples et les lieux publics ne pouvoient plus les contenir, et il y en avoit de quoi composer une armée presque aussi nombreuse que celle de France.

[1] Le 25 juin. — [2] Le 9 juillet.

Par-là on peut voir qu'il y a quelquefois des choses vraies qui ne sont pas vraisemblables aux yeux des hommes, et que nous traitons souvent de fabuleux dans les histoires, des événements qui, tout incroyables qu'ils sont, ne laissent pas d'être véritables. En effet, comment la postérité pourra-t-elle croire qu'un prince, en moins de deux mois, ait pris quarante villes fortifiées régulièrement ; qu'il ait conquis une si grande étendue de pays en aussi peu de temps qu'il en faut pour faire le voyage, et que la destruction d'une des plus redoutables puissances de l'Europe n'ait été que l'ouvrage de sept semaines ?

Le roi ayant ainsi conquis presque toute la Hollande, il pouvoit exercer sur les villes qu'il avoit prises une vengeance légitime ; mais la soumission des vaincus avoit désarmé sa colère. Il y rétablit seulement l'exercice de la religion catholique : et, après avoir mis par-tout des gouverneurs et des garnisons, il reprit le chemin de France. On lui préparoit des entrées et des triomphes, mais il ne voulut point les accepter : il se contenta des acclamations des peuples, et de la joie universelle que son retour excita dans le royaume.

Son absence et les approches de l'hiver donnèrent quelque relâche aux Hollandois, à qui la mer avoit été un peu plus favorable que la terre. Le prince d'Orange, déclaré généralissime de leurs armées, voulut signaler sa nouvelle dignité ; il sut le peu d'hommes qu'il y avoit dans Coëvorden, et se servant de

l'occasion, il alla mettre le siége devant cette ville[1].
Il s'étoit campé de telle sorte qu'on ne pouvoit aller
à lui que par un grand marais où il y avoit une chaussée très étroite. Mais les François, quoiqu'en petit
nombre, se jetant dans l'eau, allèrent l'attaquer
jusque dans ses retranchements, au travers d'un feu
épouvantable que faisoit son infanterie. Au même
temps, la garnison de la ville étant sortie sur eux,
il s'en fit un carnage horrible, et tous les marais des
environs furent teints du sang des malheureux Hollandois.

Depuis cette défaite, le prince d'Orange n'osa
plus rien tenter du côté de la Hollande. Il ne perd
pas néanmoins tout-à-fait courage : il va en Flandre
joindre les Espagnols, et songe avec leur secours
à faire aux François quelque insulte qui pût en
quelque sorte effacer l'ignominie de son pays. Charleroy semble lui en offrir l'occasion. Montal, gouverneur, avoit eu ordre d'en sortir pour aller à Tongres. Le prince d'Orange propose aux Espagnols de
mettre le siége devant cette ville, persuadé qu'elle
seroit prise avant qu'on fût en état de la secourir.
Le dessein leur plaît ; ils l'investissent avec tout ce
qu'ils avoient de forces. Mais le roi s'étant approché
de la frontière avec six cents hommes seulement[2],
la terreur se met dans leurs troupes déja rebutées
par la rigueur de la saison. Cette nuée se dissipa
avec la même vitesse qu'elle s'étoit amassée, et les

---

[1] Le 12 octobre. — [2] Le 22 décembre.

Espagnols ne remportèrent de cet exploit que la honte d'avoir donné atteinte au traité qu'ils avoient fait avec la France.

Cependant l'électeur de Brandebourg s'étoit mis en campagne [1] avec les troupes de l'empereur, dans l'espérance de faire, plus que les Hollandois, quelque chose d'éclatant. Mais le vicomte de Turenne lui coupa le chemin dans la Westphalie, et, l'ayant repoussé dans son pays, l'obligea à demander honteusement la paix, que l'année suivante il rompit plus honteusement encore.

Un si grand nombre de victoires entassées les unes sur les autres devoient avoir abattu entièrement le courage des ennemis. Maëstricht pourtant restoit encore; et tandis qu'ils étoient maîtres d'une ville de cette réputation, ils ne pouvoient se croire absolument ruinés. Le roi l'avoit déja comme bloquée par les postes qu'il avoit pris aux environs, et il pouvoit peu-à-peu l'affamer s'il eût voulu. Mais cette manière lente de faire la guerre s'accommodoit peu à l'humeur impatiente d'un conquérant : il résolut d'ôter tout d'un coup aux Hollandois ce reste d'espérance qui nourrissoit leur orgueil, et alla en personne l'assiéger. Les ennemis, qui s'attendoient à ce siége, n'avoient épargné ni soins ni dépense. Il n'étoit parlé que des grands préparatifs qu'ils avoient faits pour se mettre en état de le soutenir.

Il y avoit dans la place sept mille hommes de

---

[1] En janvier 1673.

guerre, et parmi eux des régiments d'Espagnols et d'Italiens, tous vieux soldats dont la valeur s'étoit rendue célèbre dans les guerres précédentes. Farjaux les commandoit ; officier d'une expérience consommée, que les Hollandois avoient demandé aux Espagnols, et qui s'étoit signalé à la défense de Valenciennes, dont les François avoient autrefois été contraints de lever le siége. Les ennemis s'attendoient de voir la même chose à Maëstricht. Jamais ville en effet ne fit d'abord une résistance plus vigoureuse, ni un feu plus continuel et plus terrible. On y épuisa de part et d'autre toutes les finesses du métier. Mais que peuvent la force et l'industrie contre une armée de François animés par la présence de leur roi? Cette ville si bien défendue, mieux attaquée encore, tint à peine treize jours. On se rend maître des dehors, toutes les défenses de la place sont ruinées : le roi y entre victorieux, et la garnison se crut trop glorieuse de pouvoir sortir tambour battant et enseignes déployées [1].

La prise de Maëstricht n'étonna pas seulement les Hollandois, elle épouvanta toute l'Allemagne. L'empereur, qui avoit déjà en quelque sorte rompu avec la France, par les secours qu'il avoit prêtés à l'électeur de Brandebourg, chercha des prétextes pour se liguer ouvertement avec les Hollandois. Il portoit impatiemment la prospérité d'un prince trop redoutable à la maison d'Autriche, et appréhendoit que

[1] Le 1er juillet.

ce torrent ayant emporté tout le Pays-Bas, ne se répandit enfin sur l'Allemagne même. Ainsi la frayeur, la jalousie, et l'argent des Hollandois prodigués à ses ministres, le déterminèrent à la guerre.

D'autre côté, les Espagnols voyant la ligue si bien formée, et enorgueillis de la prise de Naerden, dont le prince d'Orange, par leur moyen, venoit de se ressaisir, songèrent aussi à se déclarer. Le roi, instruit des desseins de ses ennemis, se met en état de les prévenir, et s'empare de la ville de Trêves[1]. Alors l'empereur crut qu'il étoit temps d'éclater; il ne se souvint plus des engagements qu'il avoit faits avec le roi, ni du traité qu'il avoit signé. Il oublie que les François, quelques années auparavant, sur les bords du Raab, avoient sauvé l'empire de la fureur des infidèles. Il fait des plaintes et des manifestes remplis d'injures, et publie par-tout que le roi de France veut usurper la couronne impériale, et aspire à la monarchie universelle. Il emploie enfin, pour le rendre odieux, tout ce que la passion peut inspirer de plus violent et de plus aigre. Il fait même des protestations dans Vienne, aux pieds des autels; il se montre aux chefs de ses troupes, un crucifix à la main, et les exhorte à rappeler leur courage pour défendre la chrétienté opprimée; il oublie, en ce moment, que les Hollandois qu'il prenoit sous sa protection étoient les plus constants ennemis de la religion catholique; et que le roi, non seu-

[1] Le 15 novembre 1673.

lement la rétablissoit dans toutes les places qu'il prenoit sur eux, mais qu'il leur avoit même en partie déclaré la guerre pour défendre deux princes ecclésiastiques de leur injuste oppression.

Les plaintes de l'empereur, toutes frivoles qu'elles étoient, ne laissèrent pas de faire impression sur l'esprit des Allemands, naturellement envieux de la gloire des François. Le duc de Bavière et le duc d'Hanover furent les seuls qui demeurèrent neutres; tous les autres se déclarèrent peu-à-peu contre la France. Ni les raisons d'intérêt, ni les plus étroites alliances ne purent les retenir; et la plupart de ces mêmes princes qu'on avoit vus si tardifs et si paresseux à secourir l'empire contre l'invasion des Turcs, se hâtèrent de rassembler leurs forces pour s'opposer aux progrès des François qu'ils ne pouvoient souffrir pour voisins, et dont la prospérité commençoit à leur donner trop d'ombrage. C'étoit la première fois qu'on avoit vu toutes ces puissances unies de la sorte avec l'empereur. L'Angleterre même, qui s'étoit d'abord liguée avec la France pour abattre la fierté des Hollandois trop riches et trop puissants, commença à regarder d'un œil de pitié les Hollandois vaincus et détruits, et quelques mois après fit son traité avec eux.

Jamais la France ne se vit à-la-fois tant d'ennemis sur les bras[1]. Les Allemands la regardoient déjà comme un butin qu'ils alloient partager entre eux.

[1] En l'année 1674.

On crut que le roi se tiendroit sur la défense; et les étrangers l'estimoient assez heureux s'il pouvoit sauver ses frontières de l'inondation qui les menaçoit.

Cependant il méditoit en ce temps-là même la conquête de la Franche-Comté. Il s'étoit déja emparé une fois de cette province au milieu des glaces, des neiges et des rigueurs de l'hiver, avec une vitesse qui surprit toute l'Europe. Mais comme il ne l'avoit conquise que pour forcer ses ennemis à accepter les conditions qu'il leur offroit, il la leur avoit rendue par le traité d'Aix-la-Chapelle. Les Espagnols, devenus sages par l'expérience du passé, avoient tout de nouveau fait fortifier leurs places, et pensoient les avoir mises en état de ne plus redouter une pareille insulte.

Sur-tout Besançon passoit alors pour une des meilleures places du monde, et la citadelle, bâtie sur un roc inaccessible, sembloit n'avoir rien à craindre que la surprise et la trahison. L'élite de leurs troupes étoit là : le prince de Vaudemont s'y étoit jeté avec plusieurs officiers, résolus de se défendre jusqu'aux dernières extrémités. La saison sembloit conspirer avec eux. Le roi ayant assiégé cette ville, le temps se rendit insupportable. La rivière du Doubs, qui passe au pied des remparts, devint extrêmement grosse et rapide, et il fit de si grandes pluies, que, dans la tranchée et dans le camp, les soldats étoient dans l'eau jusqu'aux genoux. Il n'y a point de troupes qui ne se fussent rebutées : à peine les soldats pouvoient-ils porter leurs armes.

Le roi avoit soin que l'argent ne leur fût point épargné; mais ils ne demandoient que du soleil. Enfin, l'exemple du roi, qui s'exposoit à tous les périls et essuyoit toutes les fatigues, leur fit vaincre ces obstacles.

La ville fut obligée de se rendre, et la garnison se renferma dans la citadelle. On n'en pouvoit approcher qu'en se rendant maître du fort Saint-Étienne. Ce fort étoit comme une autre citadelle : on ne pouvoit l'aborder qu'à découvert et avec des difficultés incroyables. Une poignée de François entreprend de l'emporter en plein midi; ils grimpent sur le roc en se donnant la main les uns aux autres; ils rompent ou arrachent les palissades : les ennemis prennent l'épouvante, et cèdent plutôt à l'audace qu'à la force. Le roi avoit si bien fait placer son artillerie, qu'elle battoit en ruine la citadelle et le fort. Il la fit tourner alors contre la citadelle seule : l'effet du canon fut si prodigieux, qu'en peu de temps une partie du roc en fut brisée; les éclats en voloient avec tant de violence, que les assiégés n'osoient paraître sur les remparts, et ne pouvoient même, dans la place, trouver un lieu pour s'en garantir : tellement qu'au bout de deux jours ils furent contraints de capituler; et cette forteresse imprenable fut prise sans qu'il en coûtât un seul homme aux François.

Dole, Salins et toutes les autres villes de la province, furent attaquées avec le même succès; quoique l'armée du roi fût si fort diminuée par les détachements qu'il avoit été obligé de faire, que les assiégés étoient bien souvent, en nombre, égaux aux assiégeants.

Voilà donc le roi encore une fois maître de la Franche-Comté; et pour comble de gloire il reçut la nouvelle que le vicomte de Turenne avoit battu les ennemis à Sintzeim.

Cependant le comte de Souches, à la tête des troupes de l'empereur, avoit joint en Flandre le prince d'Orange et les Espagnols. Ces trois armées faisoient ensemble un corps de soixante mille hommes, qui ne se promettoit pas moins que de conquérir la Picardie et la Champagne; mais il falloit auparavant vaincre le prince de Condé qui commandoit l'armée de France. Ce prince ayant grossi ses troupes des garnisons de plusieurs places de Hollande, que le maréchal de Bellefond, par ordre du roi, avoit fait raser, vint se camper vis-à-vis des ennemis proche le village de Senef[1], et s'étant posé avantageusement, les fatigua de telle sorte qu'il les obligea de décamper. On ne fait point impunément une fausse démarche en présence d'un tel capitaine : à peine ils commençoient à marcher, qu'il fond sur leur arrière-garde et la taille en piéces. Il poursuit sa victoire, et c'étoit fait de leur nombreuse armée sans une ravine où le comte de Souches plaça des troupes, et fit mettre en diligence du canon. Par cette prévoyance, il mit ses soldats en état d'entretenir le combat jusqu'à la nuit qui étoit proche. Alors ils se

---

[1] Le 11 août.

retirèrent à grande hâte, laissant les François maîtres du champ de bataille, de tout le bagage, et d'un fort grand nombre de prisonniers.

Les ennemis, honteux de cette déroute, la vouloient faire oublier par quelque entreprise plus heureuse. Ils vont devant Oudenarde, et mènent un grand nombre de travailleurs pour presser le siége : ils ne pensoient pas que le prince de Condé pût arriver à temps pour la secourir; mais il y fut presqu'aussitôt qu'eux; et tout ce qu'ils purent faire, ce fut de se retirer fort vite à la faveur d'un brouillard, auquel ce jour-là ils furent redevables de leur salut. Ainsi tous ces beaux projets de conquérir la Picardie et la Champagne s'en allèrent en fumée, et ces trois grandes puissances, jointes ensemble, purent à peine résister à une partie des forces du roi.

La division se mit parmi les généraux; ils se séparèrent; et le prince d'Orange, avec le reste de ses troupes, s'en alla devant Grave pour hâter la prise de cette ville que les Hollandois assiégeoient depuis trois mois avec une lenteur et une infortune qui les exposoient à la risée de toute l'Europe. Ils ne faisoient point de travaux qui ne fussent ruinés un moment après, point d'attaques où ils ne fussent repoussés. Les choses vinrent à tel point, que les assiégeants étoient devenus les assiégés. La place étoit pleine de déserteurs qui ne se croyoient pas en sûreté dans leur camp, et s'étoient réfugiés dans la ville : ils demandoient tous les jours des suspensions d'armes pour avoir la liberté d'enterrer leurs morts.

Le prince d'Orange étant donc arrivé, crut à son abord que tout alloit changer de face. Il eut pourtant la douleur de faire lui-même plusieurs attaques inutiles, et de voir périr à ses yeux ses meilleures troupes.

Cependant l'hiver approchoit : Grave, dont la prise n'avoit pas coûté au roi un seul homme, coûtoit déja douze mille hommes aux Hollandois ; et quoique leur canon eût presque abattu toutes les maisons de la ville, la plupart des dehors étoient encore dans leur entier, lorsque le gouverneur reçut ordre de capituler. Le roi, touché de la valeur de tant de braves soldats, et ayant appris que la maladie se mettoit parmi eux, ne voulut pas les exposer davantage pour une place qui lui étoit inutile. Le gouverneur fit sa capitulation à telle condition qu'il lui plut d'imposer aux assiégeants.

Tandis que ces choses se passoient dans le Pays-Bas, le vicomte de Turenne s'étoit avancé vers le Rhin, où il faisoit tête lui seul aux armées de l'empereur et des confédérés. Il les chassoit de tous leurs postes ; il rompoit toutes leurs mesures ; il les avoit déja mis en fuite à Ladembourg, et depuis que les habitants de Strasbourg leur eurent donné passage sur leur pont, il avoit encore été à Ensheim, où il avoit défait leur avant-garde, et les avoit contraints de se retirer. Enfin leur armée s'étant grossie des troupes de l'électeur de Brandebourg et de celles des ducs de Zell, ce déluge d'Allemands se répandit de tous côtés dans la Haute-Alsace, résolut d'y prendre ses quartiers d'hiver, et de fondre à la première occasion dans la Franche-Comté.

Le vicomte de Turenne, avec un petit nombre de troupes fatiguées, n'étoit pas en état de les arrêter : mais dans ce temps-là même il reçut un détachement que le roi avoit fait heureusement partir de Flandre aussitôt après la levée du siége d'Oudenarde. Avec ce secours le vicomte de Turenne, malgré les rigueurs et les incommodités de la saison, fait une marche effroyable au travers des montagnes des Vosges, et se présente tout d'un coup à eux. Il renverse tout ce qui s'offre à son passage, et leur enlève des régiments tout entiers. La terreur et la division se mettent dans leur armée : vingt mille hommes en chassent cinquante mille; toute cette multitude repasse le Rhin en désordre, et entraîne avec elle six mille hommes de renfort qu'elle rencontre, et qui, au lieu de lui faire rebrousser chemin, deviennent eux-mêmes les compagnons de sa fuite.

La fortune ne favorisoit pas moins les François sur la mer. La flotte des Hollandois, délivrée de la crainte des Anglois, et forte de plus de cent voiles, après avoir vainement couru le long des côtes de France, avoit tourné enfin ses projets du côté de l'Amérique; mais elle ne fut pas plus heureuse dans le Nouveau-Monde que dans l'ancien; car ayant assiégé la Martinique, elle fut contrainte de lever honteusement le siége. Elle revint de ce long voyage sans avoir fait autre chose que donner des preuves de sa foiblesse. Il n'en fut pas de même de l'armée navale de France sur la Méditerranée. Les Messinois, en Sicile, avoient secoué le joug d'Espagne ; on les environna aussitôt de tous côtés : Messine fut bientôt affamée ; ses malheureux habitants étoient déja réduits à manger des cuirs. Enfin, résolus de périr plutôt que de tomber sous le gouvernement tyrannique d'une nation qui ne pardonne jamais, ils arborèrent l'étendard de France, et implorèrent le secours du roi. Il y envoya quatre vaisseaux et six cents hommes de guerre, avec ordre de se saisir des châteaux qui commandent la ville. Il s'assura ainsi des Messinois, et en même temps fit partir le duc de Vivonne, général des galères. Ce général trouvant la flotte espagnole à la vue de Messine, l'attaque, la met en fuite, et entre triomphant dans la ville. On ne sauroit concevoir la joie de ce misérable peuple, qui se voyoit délivré dans le temps qu'il n'avoit plus que l'image des supplices et de la mort devant les yeux. Ses exclamations, ses transports, faisoient assez voir qu'ils croyoient devoir au roi quelque chose de plus que la vie.

Ainsi la victoire menoit les François comme par la main dans tous les pays des Espagnols, qui avoient même de la peine à se défendre du côté de la Catalogne, où ils avoient été repoussés plusieurs fois au-delà des Pyrénées. Toutefois ces orgueilleux ennemis voyant la France destituée du secours de ses alliés, ne désespéroient pas encore de se racquitter de leurs pertes. En effet, les Suédois, qui étoient les seuls qui tenoient pour elle, n'avoient pas eu des succès heureux contre l'électeur de Brandebourg. Les Espagnols firent donc de nouveaux efforts, ils attendoient à la prochaine campagne pour se venger de tous les affronts qu'ils avoient reçus. Mais à peine le printemps parut, qu'ils se virent encore dépouillés d'une de leurs meilleures provinces par la prise de Limbourg. Le roi s'étant emparé de Dinant et de Huy[1], emporta cette place avec sa promptitude ordinaire, avant que les ennemis fussent en état de s'opposer à ses desseins.

La fortune néanmoins sembla un peu balancer du côté de l'Allemagne. Le vicomte de Turenne, allant reconnoître une hauteur, sur le point de donner bataille, est emporté d'un coup de canon. L'armée françoise étoit alors fort avancée dans le pays ennemi; et toute l'Europe la crut perdue par la perte d'un chef de cette importance, qui étoit mort sans communiquer ses desseins. Les ennemis s'attendoient à l'exterminer tout entière, et ne croyoient pas qu'un seul des François leur pût échapper. Toutefois le comte de Lorges et le marquis de Vaubrun, lieutenants-généraux, qui en avoient pris la conduite, ne s'étonnèrent point. Ils rassurèrent les soldats affligés de la mort de leur général; mais animés d'un juste desir de la venger, ils se rapprochent aussitôt du Rhin, et se mettent en devoir de le repasser. Par-là ils obligent les ennemis à sortir de

---

[1] En mai et juin 1675.

leur camp pour les charger dans leur retraite. Alors ils marchent à eux et rompent leur arrière-garde. L'armée françoise se retire en bon ordre, et rapporte en-deçà du Rhin les dépouilles et les drapeaux de ceux qui prétendoient lui en empêcher le passage. Peu de temps après, le prince de Condé, par ordre du roi, partit de Flandre pour aller prendre le commandement de l'armée. La présence et la réputation de ce prince achevèrent de rétablir toutes choses. Le comte de Montécuculli, qui avoit passé le Rhin à Strasbourg, à la tête de trente mille hommes, sembla n'être entré en Alsace que pour y faire une montre inutile de son armée; car après avoir tenté vainement le siége de deux villes[1], il se retira; et les Allemands furent encore obligés, pour cet hiver, d'aller loger sur les terres de leurs alliés.

Bien que la retraite des François ne fût pas une de leurs moins vigoureuses actions, néanmoins ils s'étoient retirés, et c'étoit assez pour enfler le courage des ennemis qui avoient toujours fui devant eux. Les Espagnols en triomphoient dans leurs relations. Mais le roi abaissa bientôt cet orgueil par la prise de Condé, qu'il emporta d'assaut au commencement de la campagne[2]. Le prince d'Orange, justement alarmé de cette conquête, s'avance à grandes journées pour secourir Bouchain qu'assiégeoit le duc d'Orléans. Il campe sous le canon de Valenciennes; mais le roi se met entre lui et le duc d'Orléans. Bouchain

---

[1] Haguenau et Saverne. — [2] En avril 1676.

est pris sans que le prince d'Orange ose sortir de dessous les remparts qui le couvroient, et il semble ne s'être approché si près que pour être spectateur des réjouissances que fit l'armée du roi pour la prise de cette place.

Voyons maintenant ce qui se passe sur la mer. Le duc de Vivonne avoit pris la forteresse d'Agouste : c'est un des plus fameux ports de la Sicile. Les Espagnols effrayés ont recours aux Hollandois. Ruyter reçoit ordre de passer le détroit. Quelle apparence que les François puissent tenir la mer devant les flottes d'Espagne et de Hollande jointes ensemble, et commandées par un capitaine de cette réputation? La fortune toutefois en décida autrement. Duquesne, lieutenant-général, ayant deux fois rencontré les ennemis, eut toutes les deux fois l'avantage; et Ruyter, au second combat, reçut une blessure dont il mourut peu de jours après. C'étoit la plus grande perte que les Hollandois pussent faire. Aussi le duc de Vivonne, qui étoit alors dans Messine, crut qu'il se falloit hâter de profiter de cette mort, et du trouble qu'elle avoit sans doute jeté parmi les ennemis. Dès que l'armée eut pris un peu de repos, il se met en mer, et les va chercher, résolu de les combattre par-tout où il pourra les trouver. Leur flotte étoit à l'ancre devant Palerme. Les ennemis le reçoivent d'abord avec assez de résolution ; mais ils n'avoient point de chefs à opposer au duc de Vivonne. Les François les pressent de tous côtés ; ils les poursuivent jusque dans le port : jamais on ne vit une déroute et un fracas si épouvantables. Les vaisseaux foudroyés par le canon, ou embrasés par les brûlots, sautant en l'air avec toute leur charge et retombant sur la ville, écrasent et brûlent une grande partie des maisons. Enfin le duc de Vivonne, après avoir ainsi mis en cendres ou coulé à fond quatorze vaisseaux et six galères, tué près de cinq mille hommes, entre autres le vice-amiral d'Espagne, et mis le feu dans Palerme, retourna à Messine, d'où il envoya au roi les nouvelles de cette victoire, la plus complète que les François remportèrent jamais sur mer.

Cependant le prince d'Orange, las de n'être que le spectateur des victoires de ses ennemis, forma enfin un dessein qui devoit faire oublier toutes ses disgraces. Maëstricht étoit la place qui incommodoit le plus les Hollandois, à cause des contributions que sa garnison levoit jusqu'aux portes de Nimègue : il va l'assiéger, et voyant l'armée françoise fort éloignée, il s'apprête à faire les derniers efforts pour s'en emparer. Le roi apprit la nouvelle de ce siége à Saint-Germain : il songea aussitôt à profiter de l'imprudence de ses ennemis, et tandis qu'ils épuisoient leurs armées au tour de Maëstricht, il donna ordre au maréchal d'Humières d'aller assiéger Aire. Comme cette ville est une des plus importantes places du Pays-Bas, on crut d'abord que, désespérant en quelque sorte de sauver Maëstricht, il vouloit contre-balancer sa perte par la prise d'une ville non moins forte, et beaucoup plus à sa bienséance. Mais il avoit bien de plus grands desseins: et connoissant, comme il faisoit, l'état de ses places et la valeur de ses troupes, il ne douta point qu'après avoir pris Aire, son armée n'eût encore assez de temps pour aller secourir Maëstricht. La chose réussit comme il se l'étoit imaginée contre toutes les apparences humaines, et la ville se rendit au cinquième jour de tranchée ouverte[1].

Aussitôt le maréchal de Schomberg eut ordre de marcher vers Maëstricht. Les Hollandois, contre leur ordinaire, y avoient fait des actions d'une fort grande valeur; le prince d'Orange y avoit été blessé, et toutefois à peine étoient-ils encore sous la contre-scarpe. Aussitôt que les premiers coureurs françois parurent, les ennemis levèrent le siége; ils se retirèrent en diligence, et ne songèrent qu'à sauver le débris de leur armée, dont la fatigue, les maladies et les sorties continuelles des assiégés avoient emporté plus de la moitié. Il sembloit que la fortune de la France dût se borner là pour cette année. Cependant quelques mois après, le roi apprit que le maréchal de Vivonne avoit pris Taormine et la Scalette, et que toute la Sicile étoit disposée à suivre l'exemple de Messine.

Jamais les François n'avoient peut-être fait une campagne qui leur fût ni plus glorieuse ni plus utile. Néanmoins la prise de Philisbourg, qui, après trois mois de siége, fut obligée de se rendre, et les avan-

[1] Le 31 juillet.

tages que le prince de Lunebourg avoit remportés l'année précédente dans l'évéché de Tréves, avoient persuadé aux ennemis que les François pouvoient être quelquefois vaincus. Ils croyoient qu'il en seroit de la fortune du roi comme de toutes les autres choses du monde, qui, étant parvenues à un certain point, ne sauroient plus croître. En effet, après tout ce que ce prince avoit fait en Hollande, en Flandre, en Bourgogne et en Allemagne, il n'y avoit pas d'apparence que sa gloire pût augmenter. Elle augmenta pourtant : toutes ces conquêtes et tant de victoires qu'il a remportées, n'ont été ensemble qu'un acheminement aux grandes choses qu'il fit l'année suivante ; car bien que les villes qu'il avoit prises fussent des places d'une grande réputation, il y en avoit pourtant de plus fortes, et sur lesquelles les Espagnols faisoient un plus grand fondement.

Valenciennes étoit de ce nombre. Elle est riche et fort peuplée : ses habitants s'étoient rendus célèbres par la haine qu'ils ont toujours eue pour les François; et ses fortifications passoient dans l'opinion du monde pour une merveille. Le roi, qui, dès le commencement de la guerre, méditoit de les assiéger, s'étoit saisi des villes voisines, et avoit ordonné de grands magasins : si bien que dès la fin de l'hiver, et même avant qu'il y eût du fourrage à la campagne, il fut en état d'agir et y alla mettre le siége[1]. Il y avoit dans la place une très forte garni-

[1] En février 1677.

son : la noblesse voisine s'y étoit jetée, et les habitants, pleins de leur ancienne animosité, présumoient qu'eux seuls, sans autre secours, pouvoient la défendre. Il n'y avoit point de bravades qu'ils ne fissent d'abord ; ils donnoient le bal sur leurs remparts ; ils disoient que leur ville étoit le fatal écueil où la fortune des François venoit toujours échouer ; et fiers de leur avoir autrefois fait lever le siége, ils leur demandoient s'ils venoient autour de Valenciennes chercher les os de leurs pères. Cependant les François avançoient leurs travaux.

Valenciennes, du côté que le roi la fit attaquer, étoit défendue par un grand nombre de dehors qu'il falloit forcer pied à pied, et qui, selon toutes les régles de la guerre, ne pouvoient être emportés sans qu'il en coûtât plusieurs milliers d'hommes. Il falloit, entre autres choses, franchir quatre grands fossés, dont il y en avoit deux que la rivière de l'Escaut formoit, et où elle couloit avec beaucoup de rapidité. Le roi, après avoir fait battre par le canon les premiers dehors, ordonna qu'on fît l'attaque. Aussitôt les mousquetaires, accompagnés des grenadiers, et les autres troupes commandées, partent de leurs postes différents avec une égale hardiesse : ils se rendent maîtres de la contrescarpe ; ils entrent dans un ouvrage couronné qui faisoit la plus forte défense de la place, et passent au fil de l'épée huit cents hommes, de deux mille qui étoient dans cet ouvrage. Le reste des ennemis, se voyant attaqué par le front et par les flancs, ne songe plus qu'à se sauver : ils se pressent, ils se poussent ; une partie tombe dans le fossé, l'autre se retire de fortification en fortification ; ils étoient suivis de si près, qu'ils n'eurent pas le temps de lever les ponts qui communiquoient avec la ville, ni même de fermer les portes qui étoient dans leur chemin. Une de ces portes se trouva extrêmement basse et à demi bouchée de corps morts des ennemis : les François marchent sur ces corps sanglants, et passent pêle-mêle avec les fuyards, et, sans s'amuser à se couvrir ni à se loger, les poursuivent jusqu'au corps de la place.

C'est là qu'ils font ce qu'on n'a jamais lu que dans les romans et dans les histoires inventées à plaisir. Ils trouvent un petit degré presque dans l'épaisseur du mur : ce degré conduisoit sur le rempart ; ils montent un à un ; les voilà sur la muraille. A peine ils y sont, que les uns se saisissent du canon et le tournent contre la ville ; les autres descendent dans la rue, s'y barricadent, et rompent les portes de la ville à coups de hache. Tout cela se fit avec tant de vitesse, que les bourgeois les prirent d'abord pour les soldats de la garnison. Le roi, qui les suivoit de près pour donner ses ordres à mesure qu'ils avançoient, apprit que ses troupes étoient dans Valenciennes. La première chose qu'il fit, ce fut d'envoyer défendre le pillage qui étoit déja commencé, et qui cessa aussitôt. Ce n'est pas sans doute une chose peu étonnante, qu'une des plus fortes villes de Flandre ait été ainsi emportée d'assaut en moins d'une demi-heure : mais ce n'est pas un moindre miracle qu'elle ait pu être sauvée du pillage, et que l'ordre du roi ait pu être sitôt écouté par des soldats acharnés au meurtre, au milieu du bruit et des fureurs de la victoire. On peut dire que jamais troupes n'ont donné une plus grande preuve d'obéissance et de discipline.

Il y avoit dans la ville, outre les bourgeois qui étoient en armes, cinq mille hommes d'infanterie et douze cents chevaux, qui furent trop heureux de se rendre à discrétion. Le roi, par le droit de la guerre, pouvoit traiter les habitants avec les dernières rigueurs, et jamais peuple n'avoit mieux mérité de servir d'exemple. Mais ce n'étoit pas contre des malheureux, et des malheureux soumis, que le roi exerçoit sa vengeance : il les traita avec les mêmes douceurs que s'ils eussent fait de bonne heure leur composition, et leur conserva presque tous leurs priviléges.

Mais sans faire de séjour dans cette ville, il marche aussitôt, et se prépare à de nouvelles conquêtes. Cambrai et Saint-Omer étoient les deux plus forts boulevards que les Espagnols eussent en Flandre. Ces villes, situées toutes deux sur les frontières de la France, lui servoient comme de fraise, et lui faisoient la loi au milieu de ses triomphes : Cambrai sur-tout s'étoit rendu redoutable. Les rois d'Espagne estimoient plus cette place seule, que tout le reste de la Flandre ensemble. Elle étoit fameuse par le nombre des affronts qu'elle avoit fait souffrir aux François, qui l'avoient plus d'une fois attaquée, et qui avoient toujours été obligés de lever le siège. Elle faisoit contribuer presque toute la Picardie; et sa garnison avoit autrefois fait des courses, et porté le ravage et la flamme jusque dans l'Isle-de-France et dans les lieux voisins de Paris. Ainsi, pendant que le roi étendoit ses conquêtes au-delà du Rhin, une ville ennemie levoit des tributs dans son royaume, et le bravoit pour ainsi dire aux portes de sa capitale. Il voulut donc pour jamais assurer le repos de ses frontières, et assiégea en personne cette place avec la moitié de son armée, tandis que le duc d'Orléans, avec l'autre, alla investir Saint-Omer. Ces deux siéges si difficiles, entrepris en même temps, étonnèrent tout le monde. On jugea que les Espagnols feroient les derniers efforts pour sauver deux villes dont la perte alloit apparemment entraîner tout le reste du Pays-Bas. Cambrai toutefois ne fit pas une résistance digne de sa réputation. Le gouverneur, quoique très brave, ne voulut point perdre ses troupes en s'opiniâtrant à défendre plus longtemps la ville où il craignoit la révolte des habitants que l'exemple de Valenciennes faisoit trembler. Il se retira dans la citadelle; mais avant de s'y renfermer, il fit mettre à pied la plupart de sa cavalerie, et fit tuer les chevaux. Il exigea de ses soldats de nouveaux serments de fidélité, et donna enfin toutes les marques d'un homme qui, par une défense extraordinaire, vouloit rétablir l'honneur de sa nation.

Saint-Omer, de son côté, se défendoit courageusement, et le prince d'Orange, qui avoit solennellement promis aux Espagnols d'en faire lever le siège, eut le temps de s'avancer. Le roi, informé de sa marche, envoya ordre au duc d'Orléans d'aller au-devant des ennemis, et de s'emparer des postes qu'il croyoit les plus avantageux pour les combattre. En même temps il fit un grand détachement de son armée pour renforcer celle de ce prince. Le duc d'Orléans, suivant cet ordre, s'avança vers le Mont-Cassel. A peine y étoit-il campé qu'il vit paraître les ennemis. Comme il avoit laissé une partie de ses troupes devant Saint-Omer, il fut d'abord un peu incertain du parti qu'il devoit prendre, ne se croyant pas en état, avec si peu de forces, de donner bataille. Mais le roi avoit pris ses mesures si justes, que dans cet instant même le renfort qu'il lui envoyoit, arriva. Alors il ne balança plus, et, plein de joie et de confiance, il résolut de combattre.

Les deux armées n'étoient séparées que par un petit ruisseau. Le lendemain[1], dès le point du jour, le duc d'Orléans mit son armée en bataille; et voyant que les ennemis commençoient à faire un mouvement, il passa le ruisseau, et marcha à eux. Leur armée étoit au moins de trente mille hommes : ils soutinrent le premier choc des François avec une fort grande vigueur, et renversèrent même plusieurs de leurs escadrons. La victoire fut plus de deux heures en balance : mais la présence du duc d'Orléans,

---

[1] 11 avril.

qui fit ce jour-là par-tout l'office de soldat et de capitaine, força la fortune à se déclarer de son parti. Alors les François, irrités d'une si longue résistance, firent un grand massacre des ennemis. La déroute fut générale, et il y demeura de leur côté plus de six mille hommes sur la place : leur canon fut pris, et tout leur bagage entièrement pillé. Aussitôt le duc d'Orléans retourna devant Saint-Omer, et eut soin de faire savoir aux assiégés le succès de la bataille.

Cependant le roi, quoiqu'avec un petit nombre d'hommes, pressoit fortement la citadelle de Cambrai, et malgré les sorties continuelles des assiégés qui étoient au nombre de quatre mille, il avoit emporté tous les dehors, s'étoit approché du corps de la place, où il avoit fait attacher les mineurs. Les assiégés néanmoins refusoient encore de se rendre ; mais la mine ayant fait une brèche, et le canon d'un autre côté ayant ruiné un bastion tout entier, ils demandèrent à capituler, et n'osèrent s'exposer au hasard d'un assaut. Quoiqu'ils eussent attendu cette extrémité, le roi ne laissa pas de leur accorder une composition honorable, et le gouverneur eut la triste consolation de sortir de sa citadelle par la brèche[1]. Saint-Omer, privé de toute espérance de secours, ne tarda guère à suivre l'exemple de Cambrai[2]. Ainsi le roi réduisit en six semaines, trois places qui avoient été long-temps la terreur et le fléau de ses frontières, et dont la moindre n'auroit

---

[1] Le 17 avril. — [2] Le 20.

pas paru trop achetée par un siége de six semaines et par les travaux de toute une campagne.

Toutefois les ennemis trouvoient encore des raisons pour excuser leurs disgraces. Ils publièrent que la prise de ces trois villes n'étoit pas tant un effet de la valeur des François, que de la prévoyance du roi, qui, en faisant de bonne heure des magasins, prévenoit toujours ses ennemis; que les choses changeroient bientôt de face, et que la fin de la campagne seroit pour eux aussi favorable que le commencement avoit été malheureux.

Déja le prince Charles de Lorraine étoit sur les bords du Rhin avec vingt-quatre mille hommes : fier de se voir à la téte de toutes ces forces de l'empire, plus fier encore de l'espérance d'être dans peu beau-frère de l'empereur, il triomphoit en idée des plus fortes places de la Lorraine et de la Champagne, où il avoit résolu de prendre ses quartiers d'hiver, et où il se tenoit si assuré de la victoire, qu'il avoit fait mettre sur ses drapeaux : *Ou maintenant, ou jamais.* Il passe la Sarre, il entre dans la Lorraine, et vient se camper fort près de l'armée de France, commandée par le maréchal de Créqui. Les François, quoique beaucoup inférieurs en nombre, brûloient de combattre ; mais le roi ne voulut point faire dépendre de l'incertitude d'une bataille, une victoire qu'il pouvoit remporter sans combat : il commanda au maréchal de Créqui de les fatiguer le plus qu'il pourroit, et de ne combattre qu'avec avantage.

Cependant le prince d'Orange rassembloit une

autre armée beaucoup plus nombreuse que la première; et l'ayant grossie des troupes des princes de la Basse-Allemagne, il formoit, à son ordinaire, de grands desseins. Enfin, après avoir long-temps consulté, avec le gouverneur des Pays-Bas, quelle place seroit le plus à leur bienséance, il vint, avec soixante mille hommes, tenter une seconde fois la fortune devant Charleroy. On crut qu'il ne retourneroit pas devant cette place sans avoir bien pris ses mesures pour n'y pas recevoir un second affront. Déja les lignes de circonvallation étoient achevées; déja le prince Charles, qui le devoit joindre avec toutes ses troupes, étoit sur le bord de la Meuse : le duc de Luxembourg eut ordre de s'avancer vers la place. On se croyoit de part et d'autre à la veille de quelque grand événement : plusieurs braves volontaires s'étoient rendus en diligence dans l'armée de ce général, où ils étoient accourus comme à une occasion infaillible de se signaler. Le prince d'Orange et le gouverneur des Pays-Bas avoient fait une bonne provision de poudre, de bombes, de grenades, et de tout ce qui est nécessaire pour un siége : mais ils trouvèrent tout-à-coup que le pain leur manquoit; c'étoit la seule provision à laquelle ils n'avoient pas songé. Le duc de Luxembourg s'étoit placé entre eux et Bruxelles; et le maréchal d'Humières, de l'autre côté, leur fermoit le chemin de Mons et de Namur, et de leurs autres places; de sorte que, voyant leur armée en danger de mourir de faim, ils décampèrent au grand étonnement de tout le monde, et après avoir tourné leur furie contre le bourg de Binche, leur consolation ordinaire quand ils ont manqué Charleroy. Ils employèrent le reste de la campagne à faire des manifestes l'un contre l'autre.

Les Allemands, de leur côté, n'étoient pas plus heureux. Le maréchal de Créqui les suivoit toujours, campant à leur vue, toujours maître de donner bataille ou de la refuser; quelquefois son canon les foudroyoit jusque dans leurs tentes; il leur coupoit les vivres et arrêtoit leurs convois; il leur enlevoit leurs chevaux au fourrage; tout ce qui s'écartoit du gros de l'armée tomboit entre les mains des soldats, ou des paysans, plus terribles encore que les soldats. Le prince Charles reconnut alors son imprudence : son armée à demi défaite repassa en diligence et la Moselle et la Sarre, et abandonna, en se retirant, une partie de son bagage.

Dans ce même moment l'armée des Cercles, commandée par le prince de Saxe-Eisenac, étoit de l'autre côté du Rhin, et ne pouvoit se débarrasser du baron de Montclar qui la tenoit comme assiégée en pleine campagne. Pour comble d'effroi, le maréchal de Créqui s'avance et repasse le Rhin. L'armée des Cercles, entourée de tous côtés, se retire en hâte, et, laissant sur le chemin un grand nombre de morts et de prisonniers, arrive effrayée au pont de Strasbourg, et se réfugie dans une île qui est vers le milieu de ce pont. Les habitants de Strasbourg, touchés du péril des Allemands qu'ils voyoient exposés à la boucherie, s'employèrent pour eux, et demandèrent au maréchal un passe-port pour des malheureux qui ne cherchoient qu'à s'enfuir. La demande est accordée, et l'on vit l'heure que l'armée et le général se mettoient en chemin, conduits par un garde que le maréchal avoit chargé du passe-port. Mais le prince Charles, qui étoit accouru au même temps, leur épargna cette honte. Toutefois il acheta cher la gloire de les avoir délivrés; car à quelques jours de là[1] l'aile droite de sa cavalerie fut taillée en piéces, et tout ce qu'il put faire fut de regagner promptement les lieux d'où il étoit parti, et de songer à couvrir Sarbruck que les François sembloient menacer. Le maréchal profite de cette erreur; il fait semblant de mettre ses troupes en quartier d'hiver aux environs de Schélestat; mais ayant appris que les Allemands avoient déja disposé les leurs en plusieurs quartiers, il passe encore le Rhin, et va assiéger Fribourg.

Le prince Charles, étrangement alarmé de cette nouvelle, se représente l'étonnement de toute l'Allemagne et l'indignation de l'empereur, si on lui enlève une place de cette importance. Qui pourra désormais empêcher les François d'entrer dans la Souabe et dans le Wirtemberg, et de ravager les terres impériales? Il rassemble donc ses troupes; il marche à grandes journées, et arrive à une lieue de Fribourg. Mais trouvant tous les passages fermés, il demeure sans rien entreprendre : toutefois il ne voulut point s'en retourner qu'il n'eût vu de ses pro-

[1] Le 7 octobre.

pres yeux que la place étoit rendue¹. Pour surcroît de malheur il arriva que les troupes que le roi entretenoit dans la Hongrie avoient battu celles de l'empereur, dont il étoit demeuré sur le champ de bataille plus de trois mille hommes.

Les ennemis, voyant approcher la fin de l'année, croyoient avec apparence être aussi à la fin de leurs disgraces. Ils comptoient en une seule campagne quatre de leurs meilleures villes emportées, deux batailles perdues, un siége honteusement levé, deux grandes armées ruinées, et le pays de leurs alliés entièrement désolé. Le roi pourtant ne put se résoudre à les laisser en repos. Il commande au maréchal d'Humières d'assembler des troupes, et d'aller mettre le siége devant Saint-Guillain. Quand il n'y auroit pas eu dans la place une garnison de douze cents hommes, les pluies, les neiges, et les marais dont elle est environnée, sembloient être seuls capables de la défendre. Mais le soldat, animé par tant de victoires, l'emporte en moins de huit jours²; et il étoit déja maître des portes quand le gouverneur des Pays-Bas donna le signal qu'il étoit arrivé à Mons pour la secourir.

La prise de cette place acheva de consterner les ennemis. Ils commencèrent à changer de langage. Ce n'étoient plus des menaces, comme autrefois, et des espérances de victoire; ils reconnurent de bonne foi leur foiblesse. Tant de puissances liguées contre

---

¹ Le 15 novembre. — ² Le 19 décembre.

un seul homme, l'Espagne, la Hollande, l'Allemagne, ne se croyoient pas assez fortes pour lui tenir tête. Ils vont mendier de nouveaux secours ; ils cherchent à faire pitié aux Anglois, et n'oublient rien de tout ce qui peut réveiller cette ancienne jalousie qui a tant de fois armé l'Angleterre contre la France.

Le prince d'Orange, qui venoit d'épouser la fille du duc d'Yorck, et qui étoit regardé comme l'héritier présomptif de la couronne, fait sa brigue auprès des grands et auprès du peuple. Il leur représente la perte infaillible des Pays-Bas, les François maîtres bientôt de toutes les côtes de la Manche, et en état de faire la loi à l'Océan ; la religion protestante en péril, l'Europe entière menacée d'une dangereuse servitude. Le peuple murmure, le parlement demande qu'on sauve la Flandre, le roi d'Angleterre lui-même est ébranlé. Les Espagnols, désespérant de pouvoir conserver leurs places, parlent de les lui abandonner : enfin on ne doute point qu'il ne quitte le personnage de médiateur pour prendre celui d'ennemi. Sur cette espérance, les confédérés reprennent courage ; ils veulent continuer la guerre, ou prescrire eux-mêmes les conditions de la paix ; ils se flattent que le roi va laisser au moins la Flandre en repos, et qu'ils n'auront plus à couvrir que les provinces voisines de l'Allemagne. Le roi contribue à les entretenir dans cette erreur. Il venoit de prendre Saint-Guillain pour leur faire croire qu'il vouloit attaquer Mons, et achever la conquête du Hainaut.

Enfin il se met en campagne, et part avec toute sa cour au commencement de février pour s'en aller à Metz[1]. Au bout de quelques jours il semble tourner vers Nanci, puis tout-à-coup il se rend à Metz, où il avoit mandé au maréchal de Créqui de le venir trouver. Il y avoit quelques jours que ce maréchal avoit eu ordre de passer le Rhin, et d'aller avec un corps d'armée dans le Brisgaw, tandis que d'autres troupes se tiendroient aux environs de Metz. Tout cela avoit fait juger que l'orage tomberoit vraisemblablement du côté de l'Allemagne. Cette opinion augmente lorsque l'on voit arriver à Metz le maréchal, tout malade qu'il étoit, pour confirmer entièrement ce bruit. Le roi lui commande de marcher vers Thionville, et fait semblant lui-même d'y vouloir aller. Les ennemis, alarmés et incertains de sa marche, sont dans une continuelle agitation. Les Allemands, qui à peine avoient pris leurs quartiers d'hiver, sont contraints d'en sortir pour se rassembler. La ville de Strasbourg parle d'envoyer des députés ; Tréves se croit déja voir au pillage; Luxembourg ne doute plus d'être assiégé.

Cependant le roi rebrousse chemin, et se rend à Verdun, faisant courir le bruit qu'il alloit assiéger Namur. Le gouverneur des Pays-Bas ne sait plus de quel côté tourner : il voit aller et venir de toutes parts les armées françoises; il voit que depuis le fond de la Flandre jusqu'au Rhin, le roi a par-tout des

---

[1] En 1678.

magasins; il ne sait quelle place abandonner ni défendre; il en assure une, il en expose vingt autres. Il court enfin au plus pressé, et, rappelant toutes les troupes qu'il avoit en Flandre, il en remplit toutes les villes du Hainaut et du Luxembourg.

A peine il a pris ces précautions, qu'on vient lui dire que le maréchal d'Humières s'approche d'Ypres : il y jette la meilleure garnison de Gand. Il respire alors, et pense avoir bien pourvu à toutes choses. Mais en un même jour il apprend, de six courriers différents, qu'il y a six grandes villes investies, Mons, Namur, Charlemont, Luxembourg, Ypres, et enfin que Gand même est assiégé. Cette dernière nouvelle est pour lui un coup de foudre: il est long-temps sans pouvoir y ajouter foi. Quelle apparence que le roi qu'il croit en Lorraine, vienne assiéger, au fort de l'hiver, la plus grande ville des Pays-Bas, et entreprenne de faire une circonvallation de plus de huit lieues dans un pays de marécages et facile à inonder, coupé de quatre rivières et de deux larges canaux? Cependant la chose se trouve vraie. Plus de soixante mille hommes, partis de différents endroits, étoient arrivés à une même heure devant cette grande ville, et l'avoient investie, sans savoir eux-mêmes qu'ils l'investissoient. Le roi, ayant supputé le temps que ses ordres pouvoient être exécutés, laisse la reine à Stenay, monte à cheval, traverse en trois jours plus de soixante lieues de pays, et joint son armée qui est devant Gand.

Il trouve en arrivant la circonvallation presque

achevée, et tous les quartiers déja disposés, suivant le plan qu'il en avoit lui-même dressé à Saint-Germain. Les ennemis avoient lâché leurs écluses; mais il y eut bientôt par-tout des digues et des ponts de communication. La tranchée est ouverte dès le soir; bientôt les dehors sont emportés l'épée à la main : la ville se rend; et la citadelle, quoique très forte et environnée de larges fossés, capitule deux jours après[1]. Ainsi le roi, par sa conduite, se rend en six jours maître de cette ville si renommée, qui faisoit autrefois la loi à ses princes mêmes, et qui prétendoit égaler Paris par la grandeur de son enceinte et par le nombre de ses habitants. A peine est-elle prise, que le maréchal de Lorges a ordre de s'avancer vers Bruges avec un corps de cavalerie. Aussitôt deux bataillons espagnols de la garnison d'Ypres s'y jettent : mais tout-à-coup voilà le roi devant Ypres. Il y avoit long-temps qu'il avoit dessein sur cette place importante par elle-même, et parceque sa prise achevoit d'assurer toutes ses conquêtes. Il y restoit encore trois mille hommes de guerre, qui se défendirent d'abord courageusement; mais les approches étant faites, la contrescarpe bordée d'une double palissade est forcée en une nuit, et le lendemain dès la pointe du jour la citadelle et la ville envoyèrent des otages et signèrent la capitulation[2].

Ces deux dernières conquêtes changèrent toute la face des affaires. Le roi est à deux lieues des pla-

---

[1] Les 9 et 12 mars. — [2] Le 25 mars.

ces des Hollandois, et ils pensent à toute heure le revoir encore aux portes de leur capitale. Mais quelle douleur pour les Espagnols de perdre tout un grand pays dont ils tiroient toute leur subsistance, et de le voir en proie aux armées de leurs ennemis? Les Anglois se troublent à cette nouvelle : c'est en vain qu'ils sont déjà dans Bruges et dans Ostende. Par quel chemin iront-ils joindre les Espagnols? Tous les passages leur sont fermés : les voilà désormais resserrés dans un très petit espace de pays; et les seules garnisons d'Ypres et de Gand sont capables de ruiner leur armée. On arme pourtant à Londres; on délivre des commissions pour lever des troupes; on équipe des vaisseaux; on défend tout commerce avec la France, et on veut que les Hollandois fassent de pareilles défenses chez eux. Mais les Hollandois ne veulent point renoncer aux avantages qu'ils tirent du commerce. La dispute s'échauffe, l'alliance n'est pas encore signée, et les voilà déjà brouillés. Le roi, instruit de leur division, compte pour vaincus des ennemis qui s'accordent si mal ensemble. Toutefois comme il voit sa gloire au point de ne pouvoir plus croître, ses frontières entièrement assurées, son empire accru de tous côtés, il songe au repos et à la félicité de ses peuples. Cette seule ambition peut désormais flatter son courage : il se résout donc à donner la paix à l'Europe, mais c'est aux conditions qu'il veut bien imposer lui-même. Il trace un petit projet de paix et l'envoie à Nimègue. Ce projet, rendu public, fait l'effet qu'il s'étoit imaginé.

Les ennemis commencent à ouvrir les yeux. Les peuples de Hollande, épuisés d'argent et de forces, et las d'entretenir des armées qui peuvent les opprimer un jour, songent à assurer leur repos et leur liberté. Les propositions du roi sont dans la justice, et il faut ou de l'aveuglement ou de l'opiniâtreté pour les refuser. Enfin, si on ne fait la paix, ils déclarent qu'ils ne fourniront plus aux frais de la guerre. Les États-Généraux s'assemblent; mais le terme que le roi leur a donné, expire bientôt. Il leur semble à tout moment qu'il va partir, et ils demandent du temps pour délibérer. Il leur accorde trois semaines, et va lui-même attendre à Gand leur réponse à la tête de son armée. Tandis qu'ils consultent et que les choses sont en balance, il leur envoie un trompette pour achever de leur expliquer les intentions favorables qu'il a pour eux. Alors les Hollandois ne pouvant plus se contenir, la mémoire de tant de bienfaits qu'ils ont autrefois reçus de la France se réveille en eux. Ils avouent leurs ingratitudes; ils crient que les François sont leurs vrais alliés; que le roi est leur naturel protecteur. On entend par-tout retentir dans La Haye : Vive le roi de France ! Vive le grand prince qui veut bien nous donner la paix ! En même temps ils lui envoient des députés pour lui témoigner leur juste reconnoissance.

Le prince d'Orange est le seul qui ne prend point de part à la joie publique. Quoique la guerre jusqu'alors lui ait été si contraire, il ne peut souffrir une paix qui va lui ôter le commandement des ar-

HISTORIQUE.

mées : il n'y a point d'adresse qu'il n'emploie, point de machine qu'il ne remue. Il fait agir ses créatures; il envoie en Angleterre; il jette l'alarme dans tous les cœurs des alliés. Il voit arriver de toutes parts à Nimègue des courriers chargés de plaintes contre les États. L'empereur éclate sur-tout en reproches, et les accuse d'abandonner la cause commune : c'est pour eux que l'Allemagne est engagée dans une guerre qui lui est si onéreuse; que deviendront maintenant leurs alliés? et comment soutiendront-ils séparément une puissance que tous ils n'ont pu soutenir? D'autre part les Anglois achèvent de lever le masque ; ils se déclarent ouvertement contre la France, et sont désormais ses plus grands ennemis. Il n'y a rien qu'ils ne fassent pour empêcher les Hollandois de se réconcilier avec elle; ils leur offrent de l'argent, des vaisseaux, des troupes, et les engagent enfin à signer un traité de ligue offensive et défensive avec eux.

Le roi, de retour à Saint-Germain, apprend sans s'émouvoir toutes ces ligues nouvelles. Il a ses mesures prises ; il est si assuré de faire la loi à ses ennemis, qu'il a déjà par avance déchargé ses peuples de six millions de tailles. Il semble même que, dans le temps qu'il offre la paix, la fortune de tous côtés prenne plaisir à favoriser ses armées : trois cents hommes de la garnison de Maëstricht emportent d'assaut, en une nuit, une place du Brabant[1], que trente

---

[1] Leuve, prise le 4 mai.

mille hommes oseroient à peine assiéger. Le duc de Navailles, malgré des difficultés incroyables, et presque à la vue de l'armée d'Espagne, prend la capitale de la Cerdagne [1], et s'ouvre l'entrée dans la Catalogne. Le maréchal de Créqui défait une partie des meilleures troupes de l'empire, et les pousse avec grand carnage jusque dans les fossés de Rinfeld [2]; il brûle le pont de Strasbourg, et s'empare de tous les forts qui le défendoient. Le duc de Luxembourg de son côté ne demeure pas oisif. Après avoir tenu long-temps Bruxelles comme assiégée, il entre dans le Hainaut, et va bloquer Mons. Le prince d'Orange ayant grossi son armée de plusieurs troupes angloises et allemandes, marche en diligence pour secourir cette grande ville, et les armées sont en présence.

Cependant les Hollandois, plus touchés de leur véritable intérêt que des vaines promesses des Anglois et de leurs autres alliés, ordonnent à leurs plénipotentiaires d'achever le traité qu'ils ont commencé avec la France. La paix est signée à Nimègue [3], et un courrier en porte la nouvelle au prince d'Orange. Néanmoins ce prince malheureux ne perd pas encore l'espérance d'empêcher la ratification. Il se résout de tenter encore une fois la fortune en attaquant promptement les François, et songe, par un dernier effort, ou à rompre la paix, ou du moins à terminer la guerre avec éclat. Le lendemain, dès la pointe du

[1] Puicerda, le 28. — [2] Le 6 juillet. — [3] Le 10 août.

jour, il passe les défilés qui séparent les deux armées, et attaque les François dans leurs postes. Comme il combattoit en homme désespéré, sa témérité eut d'abord quelque succès : il renverse quelques gardes avancées, et les poursuit jusque vers l'endroit où le gros de l'armée étoit en bataille. Mais alors la fortune changea de face : les François fondent sur les ennemis avec leur impétuosité ordinaire, et les mettent en déroute; près de quatre mille hommes demeurèrent sur la place. Le prince d'Orange fut trop heureux le jour suivant de publier lui-même la nouvelle de la paix. C'étoit le seul moyen de délivrer Mons.

Les plénipotentiaires d'Espagne la signèrent bientôt après [1]. Mais quand le traité parut à Madrid, et qu'il fallut le ratifier, la plume tomba des mains à tout le conseil. Ces politiques, si accoutumés à regagner par les traités ce qu'ils ont perdu dans la guerre, ne savent plus où ils en sont lorsqu'ils voient tout ce qu'il leur faut abandonner par celui-ci : Cambrai, Valenciennes, tant d'autres places fameuses, de grandes provinces, ou pour mieux dire, des royaumes entiers, et sur-tout cette Bourgogne qui leur donnoit voix dans les diètes de l'Empire. Mais cependant les armées de France sont aux portes de Bruxelles : il n'est pas temps de délibérer. Le roi d'Espagne envoie à Nimègue le traité ratifié de sa main, avec ordre à ses ministres d'obtenir des con-

[1] Le 17 septembre.

ditions meilleures s'ils peuvent, sinon de le publier tel qu'il étoit.

Que fera désormais l'empereur, destitué du secours des Hollandois et des Espagnols? Il croit d'abord, en traînant la négociation, rendre son traité plus avantageux; mais à mesure qu'il retarde, le roi lui fait de nouvelles demandes. Il se hâte donc de conclure; et sans s'arrêter aux vaines protestations de ceux de ses alliés qui différoient de souscrire, il accepte la paix aux conditions qu'on lui avoit prescrites [1].

Ainsi le roi, qui avoit vu tous les princes de l'Europe se déclarer l'un après l'autre contre lui, voit ces mêmes princes rechercher son amitié, recevoir en quelque sorte la loi de lui, et signer une paix qui laisse à douter s'il a plus glorieusement fait la guerre, ou s'il l'a terminée avec plus d'éclat.

Voilà, en abrégé, une partie des actions d'un prince que la fortune a pris, ce semble, plaisir à élever au plus haut degré de la gloire où puissent monter les hommes; si toutefois on peut dire que la fortune ait eu quelque part dans ses succès, qui n'ont été que la suite infaillible d'une conduite toute merveilleuse. En effet, jamais capitaine n'a été plus caché dans ses desseins, ni plus clairvoyant dans ceux de ses ennemis. Il a toujours vu en toute chose ce qu'il falloit voir, toujours fait ce qu'il falloit faire. Avant que la guerre fût commencée, il avoit aguerri

---

[1] Le 5 février 1679.

ses troupes dès long-temps par de continuels exercices, par l'exacte discipline qu'il leur faisoit observer. Il a toujours prévenu ses ennemis par la promptitude de ses exploits. Dans le temps qu'ils faisoient des préparatifs pour l'attaquer, il les a souvent réduits à la nécessité de se défendre, et leur a quelquefois enlevé trois villes pendant qu'ils délibéroient d'en assiéger une.

Il ne s'est point trompé dans ses mesures. Quand il entra dans la Franche-Comté, il avoit pris ses précautions si justes du côté de l'Allemagne, qu'en une province ouverte de toutes parts, les ennemis ne purent, dans une occasion si pressante, se faire un passage pour y jeter le moindre secours. Il n'a point fait de conquêtes qu'il n'ait méditées long-temps auparavant, et où il ne se soit acheminé comme par degrés. En prenant Condé et Bouchain, il se mit en état d'assiéger Valenciennes et Cambrai : par la prise d'Aire, il s'ouvrit le chemin à Saint-Omer ; et c'est en partie à la conquête de Saint-Guillain qu'il doit la conquête de Gand et d'Ypres.

Jamais prince n'observa si religieusement sa parole ; il l'a toujours exactement tenue à ses ennemis mêmes : et dans la paix d'Aix-la-Chapelle, il aima mieux, en rendant la Franche-Comté, renoncer à la plus glorieuse et à la plus utile de ses conquêtes, que de manquer à la parole qu'il avoit donnée de la rendre. Ce n'est pas une chose concevable que, dans la fidélité qu'il a gardée à ses alliés, il a toujours eu plus de soin de leurs intérêts que des siens propres.

Dans le projet de paix qu'il envoya à Nimègue, il y avoit pour premier article, qu'avant toutes choses on restitueroit aux Suédois tout ce qui avoit été pris sur eux : et quoiqu'il vît toute l'Europe en armes contre lui, ce ne fut qu'à l'instante prière des mêmes Suédois qu'il souffrit que la paix se fît avec la Hollande avant la restitution. Jamais un mouvement de colère ne lui a fait faire une fausse démarche. Quand l'Angleterre, qui s'étoit liée avec lui, se détacha tout-à-coup de ses intérêts, il ne s'emporta ni en plaintes ni en reproches; il n'en témoigna au roi d'Angleterre aucune froideur; et en lui montrant au contraire qu'il étoit toujours persuadé de son amitié, il l'engagea à demeurer toujours son ami.

Il a appelé aux emplois de la guerre les hommes qui étoient les plus dignes, et n'a jamais laissé une belle action sans récompense : aussi jamais prince ne fut servi avec tant d'ardeur par ses soldats. Cette ardeur a passé à de tels excès, qu'il a eu besoin de toute son autorité pour la réprimer. Quand il a pu voir une chose par ses yeux, il ne s'est point fié aux yeux d'autrui. Il a toujours reconnu lui-même les places qu'il a voulu attaquer; et en cette noble fonction de capitaine, il a eu plusieurs fois des hommes tués et blessés à côté de lui. Judicieux dans toutes ses entreprises, intrépide dans le péril, infatigable dans le travail, on ne sauroit rien lui reprocher que d'avoir souvent exposé sa personne avec trop peu de précaution.

Cependant il est merveilleux que parmi les soins

d'une guerre qui a dû, ce semble, l'occuper tout entier, ce prince soit encore entré dans le détail du gouvernement de son état, et qu'on l'ait vu aussi appliqué aux besoins particuliers de ses sujets, que si toutes ses pensées avoient été renfermées au-dedans de son royaume. De là vient que dans un temps que toute l'Europe étoit en feu, la France ne laissoit pas de jouir de toute la tranquillité et de tous les avantages d'une paix profonde : jamais elle ne fut si florissante, jamais la justice ne fut exercée avec tant d'exactitude, jamais les sciences, jamais les beaux-arts n'y ont été cultivés avec tant de soins. Il a lui seul plus fait bâtir de somptueux édifices, que tous les rois qui l'ont précédé. Il n'est pas croyable combien de citadelles il a fait construire, combien il en a réparées, de combien de nouveaux bastions il a fortifié ses places. Les François, il y a quinze ans, passoient pour n'avoir aucune connoissance de la navigation; ils pouvoient à peine mettre en mer six vaisseaux de guerre, et quatre galères; maintenant la France compte dans ses ports vingt-six galères, et cent vingt gros vaisseaux, et un nombre prodigieux d'autres bâtiments : elle s'est rendue si savante dans la marine, qu'elle donne aujourd'hui aux étrangers et des pilotes et des matelots.

Il n'y a point de génie un peu élevé au-dessus des autres, dans quelque profession que ce soit, que le roi, par ses largesses, n'ait excité à travailler. Aussi la France, sous son règne, ne se ressent en rien ni de l'air grossier de nos pères, ni de la rudesse qu'une longue guerre apporte d'ordinaire avec soi : on y voit briller une politesse que les nations étrangères prennent pour modèle et s'efforcent d'imiter. Mais ce ne sont point les seuls bienfaits du roi qui ont produit tant de miracles, et qui ont porté toutes choses à ce degré de perfection : la finesse de son discernement y a plus contribué que ses libéralités; les plus grands génies, les plus savants artistes ont remarqué que, pour trouver le plus haut point de leur art, il leur suffisoit d'étudier le goût de ce prince. La plupart des chefs-d'œuvre qu'on admire dans ses palais doivent leur naissance aux idées qu'il en a fournies. Toutes ces graces, toute cette disposition si merveilleuse, qui surprend, qui enchante dans ses magnifiques jardins, n'est bien souvent que l'effet de quelque ordre qu'il a donné en les visitant.

Il est donc juste que les sciences, que les beaux-arts s'emploient à éterniser la mémoire d'un prince à qui ils sont tant redevables : il est juste que les écrivains les plus illustres le prennent pour l'objet de toutes leurs veilles; que les peintres et les sculpteurs s'exercent sur un si noble sujet. Mais tandis qu'ils travaillent à remplir les places et les édifices publics d'excellents ouvrages où ses victoires sont représentées, quelques personnes zélées plus particulièrement pour sa gloire ont voulu avoir dans leur cabinet un abrégé en tableaux des plus grandes actions de ce prince; c'est ce qui a donné occasion à ce volume. Elles ont choisi un pinceau délicat qui pût renfermer tant de merveilles en très peu d'espace, et leur mettre à tous moments devant les yeux ce qui fait la plus chère occupation de leurs pensées.

FIN DU PRÉCIS HISTORIQUE.

RELATION

DE CE QUI S'EST PASSÉ

AU SIÈGE DE NAMUR.

Il y avoit près de quatre ans que la France soutenoit la guerre contre toutes les puissances, pour ainsi dire, de l'Europe, avec un succès bien différent de celui dont ses ennemis s'étoient flattés. Elle avoit non seulement renversé tous les projets de la fameuse ligue d'Augsbourg, mais même, par la sagesse de sa conduite, et par la vigueur de sa résistance, elle avoit réduit les confédérés, d'agresseurs qu'ils étoient, à la honteuse nécessité de se défendre. Tout le monde voyoit avec étonnement qu'une nation attaquée par tant de peuples conjurés contre elle, et dont ils avoient par avance partagé la dépouille, eût si heureusement fait retomber sur eux les malheurs qu'ils lui préparoient; qu'elle eût vaincu dans tous les lieux où ils l'avoient obligée de porter ses armes; et qu'enfin, tant de puissances réunies pour l'accabler, n'eussent fait que fournir par-tout de la matière à ses conquêtes et à ses triomphes.

En effet, depuis cette dernière guerre, sans parler des célèbres journées de Fleurus, de Staffarde et de Leuse, où ils avoient perdu leurs meilleures troupes, sans compter aussi plusieurs de leurs places prises et rasées, ils avoient vu passer sous la domination de la France Philisbourg, en Allemagne, Nice et Montmélian, en Savoie, et enfin Mons, dans les Pays-Bas.

Mais, malgré les avantages continuels que le roi remportoit sur eux, ils se flattoient tous les ans de quelque révolution en leur faveur; ils croyoient que la fortune se lasseroit de suivre toujours le même parti, et qu'enfin la France seroit contrainte de succomber, et à la force ouverte qu'ils lui opposoient au dehors, et aux atteintes secrètes qu'ils tâchoient de lui porter au dedans.

La principale espérance de leur ligue étoit fondée sur la haute opinion que tous ceux qui la composent avoient du grand génie du prince d'Orange, qui en est comme le chef et le premier mobile; et lui-même ne manquoit pas de les flatter par toutes les illusions dont il les croyoit capables de se laisser prévenir. Il leur avoit fait espérer d'abord, que le premier effet de son établissement sur le trône d'Angleterre, seroit l'abaissement de la France; il s'étoit depuis excusé du peu de secours qu'ils avoient reçu de lui, sur la nécessité où il s'étoit vu d'employer à la réduction de l'Irlande la meilleure partie de ses forces. Mais enfin, se voyant paisible possesseur des trois royaumes, et en état de se donner tout entier à la cause commune, il avoit marqué l'année 1692 comme l'année fatale à la France, et où les révolutions si long-temps attendues devoient arriver. Pour joindre l'exécution aux promesses, il employoit aux grands apprêts de la campagne prochaine les sommes excessives qu'il tiroit des Anglois et des Hollandois; et, à son exemple, ses alliés faisoient aussi tous les efforts possibles pour profiter d'une si favorable conjoncture.

Le roi, vers la fin de l'année 1691, instruit de leurs préparatifs, jugea qu'il falloit non seulement opposer la force à la force, pour parer les coups dont ils le menaçoient, mais qu'il falloit même leur en porter auxquels ils ne s'attendissent pas, et les forcer, par quelque entreprise éclatante, ou à faire la paix, ou à ne pouvoir faire la guerre qu'avec d'extrêmes difficultés. Il étoit exactement informé de l'état de leurs forces, tant de terre que de mer. Il n'ignoroit pas que le prince d'Orange, dans les Pays-Bas, pouvoit, avec ses troupes et avec celles de ses alliés, mettre ensemble jusqu'à six-vingt mille hommes; mais, connoissant ses propres forces, il crut que ce nombre, quelque grand qu'il fût, ne seroit pas capable d'arrêter ses progrès; et, résolu d'ailleurs de combattre ses ennemis s'ils se présentoient, il ne douta point de les vaincre.

Il ne crut pas même devoir se borner à une médiocre conquête; et Namur étant la plus importante place qui leur restât, et celle dont la prise pouvoit le plus contribuer à les affoiblir et à rehausser la réputation de ses armes, il résolut d'en former le siège.

Namur, capitale de l'une des dix-sept provinces

des Pays-Bas, à laquelle elle a donné le nom, avoit été regardée de tout temps par nos ennemis comme le plus fort rempart, non seulement du Brabant, mais encore du pays de Liége, des Provinces-Unies, et d'une partie de la Basse-Allemagne. En effet, outre qu'elle assuroit la communication de toutes ces provinces, on peut dire que, par sa situation au confluent de la Sambre et de la Meuse, qui la rend maitresse de ces deux rivières, elle étoit également bien placée, et pour arrêter les entreprises que la France pourroit faire contre les pays que je viens de nommer, et pour faciliter celles qu'on pourroit faire contre la France même. Ajoutez à ces avantages l'assiette merveilleuse de son château, escarpé et fortifié de toutes parts, et estimé imprenable, mais sur-tout la disposition du pays, aussi inaccessible à ceux qui voudroient attaquer la place, que favorable pour les secours; et enfin le grand nombre de toutes sortes de provisions que les confédérés y avoient jetées, et qu'ils avoient dessein d'y jeter encore pour la subsistance de leurs armées.

Le roi, après avoir examiné toutes les difficultés qui se présentoient dans cette entreprise, donna ses ordres, tant pour établir de grands magasins de vivres et de munitions le long de la Meuse et dans ses places frontières des Pays-Bas, que pour faire hiverner commodément, dans les provinces voisines, de grands corps de troupes, sous prétexte d'observer celles des ennemis, qui y grossissoient continuellement. Il fit aussi des augmentations considérables

DU SIÈGE DE NAMUR. 413

de cavalerie et d'infanterie, et disposa enfin toutes choses avec sa prévoyance ordinaire. Mais en même temps, il préparoit une puissante diversion du côté de l'Angleterre, où il prenoit des mesures pour y rétablir sur le trône le légitime souverain.

Les alliés, de leur côté, ne formoient pas, comme j'ai dit, de petits projets Le prince d'Orange, en passant la mer, l'avoit aussi fait repasser à ses meilleures troupes, et en assembloit de toutes parts un grand nombre d'autres, qu'il établissoit dans toutes les places de son parti les plus proches de celles de France. Il avoit soin sur-tout d'en remplir les places des Espagnols, desquelles, par ce moyen, il se proposoit de se rendre insensiblement le maître.

Il se tenoit de continuelles conférences à La Haye, entre lui et les autres confédérés, sur l'emploi qu'ils devoient faire de leurs forces, ne se promettant pas moins que de faire une irruption en France, au commencement du printemps. Dans cette vue, ils faisoient travailler à un prodigieux amas de tout ce qui est nécessaire pour une grande expédition, et se tenoient tellement sûrs du succès, qu'ils ne daignoient pas même cacher les délibérations qui se prenoient dans leurs assemblées.

Ces conférences finies, le prince d'Orange s'étoit retiré à Loo, maison de plaisance qu'il a dans le pays de Gueldres : lieu solitaire et conforme à son humeur sombre et mélancolique, où d'ailleurs il trouvoit le plus de facilité pour entretenir ses correspondances secrètes. Le déplaisir qu'il avoit eu l'année précédente de voir prendre Mons en sa présence, sans avoir pu rien faire pour le secourir, donnoit lieu de croire qu'il prendroit des mesures pour se mettre hors d'état de recevoir un pareil affront. Et, en effet, il prétendoit avoir si bien disposé toutes choses, qu'il pouvoit assembler en peu de jours toutes les forces de son parti, ou pour tomber sur les places dont il jugeroit à propos de faire le siége, ou pour courir au secours de celles que la France entreprendroit d'attaquer.

Ainsi, en attendant la saison propre pour agir, il affectoit de mener à Loo une vie fort tranquille, y prenant presque tous les jours le divertissement de la chasse, et paroissant aussi peu ému de tous les avis qu'il recevoit des grands préparatifs de la France sur mer et sur terre, que si elle eût été hors d'état de rien entreprendre, ou qu'il eût été le maître des événements. Cette tranquillité apparente, à la veille d'une campagne si importante pour les deux partis, étoit fort vantée par ses admirateurs, qui l'attribuoient à une grandeur d'ame extraordinaire; et ses alliés la croyant un effet de sa pénétration et de la justesse des mesures qu'il avoit prises pour assurer le succès de ses desseins, se moquoient eux-mêmes de toutes les inquiétudes qu'on leur vouloit donner, et demeuroient dans une pleine confiance qu'il ne leur pouvoit arriver aucun mal.

Au commencement du mois de mai, ils apprirent que le roi, suivi de toute sa cour, étoit arrivé auprès de Mons, où étoit le rendez-vous de ses armées de

Flandre. En même temps, ils surent qu'une autre armée étoit sur les côtes de Normandie, prête à passer la mer avec le roi d'Angleterre; qu'un grand nombre de bâtiments de charge étoient à la Hogue, avec toutes les provisions nécessaires pour faire une descente dans ce royaume; et qu'enfin une flotte de soixante gros vaisseaux, destinée pour appuyer le passage et le débarquement des troupes, n'attendoit à Brest, et dans les autres ports, qu'un vent favorable pour entrer dans la Manche.

Le prince d'Orange commença alors à se repentir de sa fausse confiance. D'un côté, il prévit l'orage qui alloit fondre dans les Pays-Bas, et jugea dès-lors qu'il lui seroit fort difficile de l'empêcher: de l'autre, il n'ignoroit pas que tous les ports d'Angleterre étoient ouverts, qu'il n'avoit encore, ni flottes pour couvrir les côtes du royaume, ni armée pour combattre les François à la descente; qu'il leur seroit aisé d'aller jusqu'à Londres, où ils trouveroient la plupart des seigneurs mécontents de lui, et les peuples fatigués des grandes sommes qu'il exigeoit d'eux; en un mot, il appréhendoit que le roi son beau-père ne trouvât autant de facilité à se rétablir sur le trône, qu'il lui avoit été facile de l'en chasser. Dans cet embarras, il feignit pourtant de ne songer qu'à sauver la Flandre, et assembla en diligence, et avec grand bruit, un corps de troupes sous Bruxelles. Mais en même temps il dépêcha le lord Portland à Londres, pour concerter avec la princesse d'Orange et avec son conseil les moyens de garantir l'Angleterre de l'invasion des François. Il donna ordre qu'on armât toutes les milices du royaume, et qu'on y fît repasser les troupes restées en Écosse et en Irlande; qu'on arrêtât toutes les personnes soupçonnées d'intelligence avec les ennemis, et qu'enfin on assemblât la plus nombreuse armée qu'on pourroit, tant pour contenir le dedans du royaume, que pour border les côtes où l'on soupçonnoit que les François voudroient tenter la descente; sur-tout il pressa l'armement de ses flottes, et voulut qu'on y travaillât nuit et jour, n'épargnant pour cela ni l'argent des Anglois et des Hollandois, ni celui de tous ses alliés. Non content de ces précautions, il fit remarcher à Willemstadt, entre l'embouchure de l'Escaut et de la Meuse, une partie des régiments qu'il avoit amenés d'Angleterre, pour être en état d'y repasser au premier ordre, et commanda qu'on lui tînt un vaisseau tout prêt pour y repasser lui-même. Toutes ces précautions étoient un peu tardives, et couroient risque de lui être absolument inutiles, si les vents eussent été alors aussi favorables aux François qu'ils leur étoient contraires.

Sur ces entrefaites, le roi, durant cinq jours, ayant assemblé ses armées dans les places de Gevries, entre les rivières de la Aisne et de Trouille, il en fit, le vingt-unième de mai, la revue générale. Il les trouva complétes, et dans le meilleur état qu'il pouvoit souhaiter; il trouva aussi que, conformément à ses ordres, on avoit chargé à Mons, de munitions de guerre et de bouche, plus de six mille chariots

DU SIÈGE DE NAMUR. 417

tirés des pays conquis : tellement qu'il se vit en état de se mettre en marche deux jours après cette revue.

L'armée destinée pour faire le siége de Namur, et qu'il avoit résolu de commander en personne, étoit de quarante bataillons et de quatre-vingt-dix escadrons. L'autre armée, commandée par le maréchal duc de Luxembourg, composée de soixante-six bataillons et de deux cent neuf escadrons, devoit tenir la campagne et observer les ennemis, qui, à cause de cela, l'ont depuis appelée l'armée d'observation.

Les lieutenants-généraux de l'armée du roi étoient le duc de Bourbon, le comte d'Auvergne, le duc de Villeroi, le prince de Soubise, les marquis de Tilladet et de Boufflers, et le sieur de Rubentel. Le marquis de Boufflers étoit nommé aussi pour commander une autre armée que dans ce temps-là même il assembloit dans le Condros. Les maréchaux de camp étoient le duc de Roquelaure, le marquis de Montrevel, le sieur de Congis, les comtes de Montchevreuil, de Gassé et de Guiscar, et le baron de Bressé. Au reste, le dauphin de France, le duc d'Orléans, le prince de Condé et le maréchal d'Humières avoient le principal commandement sous le roi. Le sieur de Vauban, lieutenant-général, étoit chargé de la direction des attaques.

Le maréchal de Luxembourg avoit pour lieutenants-généraux le prince de Conti, le duc du Maine, le duc de Vendôme, le duc de Choiseul, le comte de Montal et le comte de Roses, mestre-de-camp général de la cavalerie légère; et pour maréchaux-de-camp, le chevalier de Vendôme, grand prieur de France, les marquis de La Valette et de Coigny, les sieurs de Vatteville et de Polastron. Le baron de Busca, aussi maréchal-de-camp, commandoit particulièrement la maison du roi. Le corps de réserve étoit commandé par le duc de Chartres.

Ces deux armées partirent donc le vingt-troisième de mai. Celle du maréchal, qui étoit campée le long du ruisseau des Estines, alla passer la Aisne entre Marlanwelz sous Marimont et Mouraige, et campa le soir à Féluy et Arquennes, proche de Nivelle. Celle du roi traversa les plaines de Binche, et, ayant passé la Aisne à Carnières, alla camper à Capelle d'Herlaymont, le long du ruisseau de Piéton. Le roi menoit avec lui une partie de son artillerie et de ses munitions; l'autre partie, accompagnée d'une grosse escorte, alla passer la Sambre à la Bussière, pour marcher à Philippeville, et de là au siége qui devoit être formé.

Le lendemain vingt-quatrième, le maréchal alla camper entre l'abbaye de Villey et Marbais, proche de la grande chaussée; et le roi, dans la plaine de Saint-Amand, entre Ligny et Fleurus.

La nuit suivante, il détacha le prince de Condé avec six mille chevaux et quinze cents hommes de pied, pour aller investir Namur entre le ruisseau de Risne et la Meuse, du côté de la Hesbaye. Le sieur Quadt, avec sa brigade de cavalerie, l'investit depuis ce ruisseau jusqu'à la Sambre. Le marquis de Boufflers, avec quatorze bataillons et quarante-huit escadrons, faisant partie de l'armée qu'il assembloit, parut en même temps devant la place, de l'autre côté de la Meuse; et enfin le sieur Ximénès, avec les troupes qu'il venoit de tirer de Philippeville et de Dinant, auxquelles le marquis de Boufflers ajouta encore douze escadrons, investit la place du côté du château, occupant tout le terrain qui est entre la Sambre et la Meuse, en telle sorte que Namur se trouva en même temps entouré de tous côtés.

Le vingt-cinquième, l'armée du maréchal de Luxembourg alla camper sur le ruisseau d'Aurenault, dans la plaine de Gemblours, et celle du roi auprès de Milmont et de Golzenne, au-delà des Mazis, d'où il envoya ordre au maréchal de détacher le comte de Montal, avec quatre mille chevaux, pour aller se poster au Longchamp et à Genevoux, proche des sources de la Méhaigne; et le comte de Coigny, avec un pareil détachement, pour aller se poster à Chasselet, près de Charleroy. Le premier devoit couvrir le camp du roi du côté du Brabant, et l'autre favoriser les convois de Maubeuge, de Philippeville et de Dinant, et tenir en bride la garnison de Charleroy et les corps de troupes que les ennemis y pourroient envoyer.

Le vingt-sixième, le roi arriva sur les six heures du matin devant Namur. Il reconnut d'abord les environs de la place depuis la Sambre jusqu'au ruisseau de Wédrin, examina la disposition du pays, les hauteurs qu'il falloit occuper, et les endroits par où il falloit faire passer les lignes. Il donna ses ordres pour la construction des ponts de bateaux sur la Sambre et sur la Meuse, et régla enfin tout ce qui concernoit l'établissement et la sûreté des quartiers. Il choisit le sien entre le village de Flawine et une métairie appelée la Rouge-Cense, un peu au-dessus de l'abbaye de Salzenne. Ensuite il s'avança sur la hauteur de cette abbaye, pour considérer la situation de la place et les ouvrages qui la couvroient de ce côté-là. En reconnoissant tous ces endroits, il admira sa bonne fortune et le peu de prévoyance des ennemis, et confessa lui-même qu'en postant seulement de bonne heure quinze mille hommes, ou sur les hauteurs du château, ou sur celle du ruisseau de Wédrin, ils auroient pu faire avorter tous ses desseins, et mettre Namur hors d'état d'être attaqué. Il ordonna au comte d'Auvergne de se saisir de l'abbaye de Salzenne et des moulins qui en sont proche : ce qui fut aussitôt exécuté. Le marquis de Tilladet eut aussi ordre de visiter tous les gués qu'il pouvoit y avoir dans la Sambre, depuis le quartier du roi jusqu'à la place ; et le marquis d'Alégre, avec un corps de dragons, fut envoyé pour se saisir du passage de Gerbizé, poste important sur le chemin de Huy et de Liége, du côté de la Hesbaye.

Cependant l'alarme étoit parmi les ennemis. Comme ils ignoroient encore où aboutiroit la marche du roi, ils se hâtèrent de renforcer les garnisons de toutes leurs places ; ils craignoient sur-tout pour Charleroy, pour Ath, pour Liége, et pour Bruxelles même. Mais à l'égard de Namur, l'électeur de Bavière, se confiant et à la bonté de la place et à la grosse garnison qui étoit dedans, souhaitoit qu'il prît envie au roi de l'assiéger. Le rendez-vous de leur armée étoit aux environs de Bruxelles, et il y arrivoit tous les jours un fort grand nombre de troupes de toute sorte de nations; elles faisoient déja près de cent mille hommes, dont le principal commandement et la direction presque absolue étoient entre les mains du prince d'Orange, l'électeur de Bavière n'ayant dans cette armée qu'une autorité comme subalterne. On peut juger combien des forces si prodigieuses enfloient le cœur des confédérés. Ils demandoient qu'on les fît marcher au plus vite, et se tenoient sûrs de rechasser le roi jusque dans le fond de son royaume. Il étoit d'heure en heure exactement informé et de leur marche et de leur nombre, et se mettoit de son côté en état de les bien recevoir.

L'armée devant Namur étoit séparée par les deux rivières en trois principaux quartiers, dont le premier, c'est à savoir celui du roi, occupoit tout le côté du Brabant, depuis la Sambre jusqu'à la Meuse; le second, qui étoit celui du marquis de Boufflers, s'étendoit dans le Condros, depuis la Meuse, au-dessous de Namur, jusqu'à cette même rivière au-dessus; et le troisième, sous le sieur Ximénès, tenoit le pays d'entre la Sambre et la Meuse. Au reste, le quartier du roi étoit divisé en plusieurs autres quartiers: car, outre le dauphin et le duc d'Orléans, qui campoient tout auprès de sa personne, il avoit aussi dans son quartier le prince de Condé, le maréchal d'Humières, et tous les lieutenants-généraux, à la réserve du marquis de Boufflers; et ils y avoient chacun leur poste ou leur quartier le long des lignes de circonvallation.

Le roi, dès le premier jour, donna ses ordres pour faire tracer les lignes sur un circuit au moins de cinq lieues; elles commençoient à la Sambre du côté du Brabant, un peu au-dessus du village de Flawine, et, traversant un fort grand nombre de bois, de villages et de ruisseaux, en-deçà et au-delà de la Meuse, passoient dans la forêt de Marlagne, et revenoient finir à la Sambre, entre l'abbaye de Malogne et une espèce de petit château qu'on appeloit *la Blanche-Maison*.

Le vingt-septième, c'est-à-dire le lendemain de l'arrivée du roi devant la place, il alla visiter le quartier du prince de Condé, entre le ruisseau de Wédrin et la Meuse, et y vit les parcs d'artillerie et de munitions. De là s'étant avancé avec le sieur de Vauban sur la hauteur du Quesne de Bouge, qui commande d'assez près la ville, entre la porte de Fer et celle de Saint-Nicolas, la résolution fut prise d'attaquer cette dernière porte. Ce même jour les ponts de bateaux furent par-tout achevés, et la communication des quartiers entièrement établie.

Il restoit encore les quartiers de Boufflers et de Ximénès à visiter. Le roi s'y transporta donc le vingt-huitième, et ayant passé la Sambre à la Blanche-Maison, et la Meuse au-dessous du village de Huépion, reconnut tout le côté de la place qui regarde le Condros, reconnut aussi le faubourg de Jambe, où les ennemis s'étoient retranchés au bout du pont de pierre qu'ils y avoient sur la Meuse; et ayant remarqué le long de cette rivière une petite hauteur d'où on voyoit à revers les ouvrages de la porte de Saint-Nicolas, qui est de l'autre côté, il commanda qu'on y élevât des batteries. Ces derniers jours et les suivants, les convois d'artillerie et de toute sorte de munitions arrivèrent de Philippeville par terre, et de Dinant par la Meuse; et on commença à cuire le pain dans le camp pour la subsistance des deux armées.

Ce fut vers ce temps-là que plusieurs dames de qualité de la province, qui s'étoient réfugiées dans Namur, et plusieurs des dames même de la ville, firent demander par un trompette la permission d'en sortir, ce qu'on ne jugea pas à propos de leur accorder. Mais ces pauvres dames, se confiant à la générosité du roi, et la peur des bombes l'emportant en elles sur toute autre considération, elles sortirent à pied par la porte du château, suivies seulement de quelques unes de leurs femmes qui portoient leurs hardes et leurs enfants, et se présentèrent à la garde prochaine. Les soldats les menèrent d'abord à la Blanche-Maison, près des ponts qu'on avoit faits sur la Sambre, d'où le roi, qui eut pitié d'elles, et qui les fit traiter favorablement, les fit conduire le lendemain à l'abbaye de Malogne, et de là à Philippeville.

Vingt mille pionniers, commandés dans les provinces conquises, étant arrivés alors à l'armée, ils furent aussitôt employés aux lignes de circonvallation, aux abattis de bois, et aux réparations des chemins.

Les assiégés avoient encore quelque infanterie dans les bois, au-dessus des moulins à papier de Saint-Servais; mais le roi ayant ordonné qu'on l'en chassât, elle ne tint point, et se renferma fort vite dans la ville.

La garnison étoit de neuf mille deux cent quatre-vingts hommes en dix-sept régiments d'infanterie de plusieurs nations; savoir cinq Allemands des troupes de Brandebourg et de Lunebourg, cinq Hollandois, trois Espagnols, quatre Wallons, et un régiment de cavalerie et quelques compagnies franches. Le prince de Barbançon, gouverneur de la province, l'étoit aussi de la ville et du château, et toutes ces troupes avoient ordre de lui obéir. On ne doutoit pas qu'étant pourvu de toutes les choses nécessaires pour soutenir un long siége, et ayant à défendre une place de cette réputation, également bien fortifiée et par l'art et par la nature, une garnison si nombreuse ne se signalât par une vigoureuse résistance, d'autant plus qu'elle n'ignoroit pas les grands apprêts qui se faisoient pour la secourir.

Le roi, pour ne point accabler ses troupes de trop de travail, n'attaqua d'abord que la ville seule. On y fit deux attaques différentes; mais il y en avoit une qui n'étoit proprement qu'une fausse attaque; et c'étoit celle qui étoit au-delà de la Meuse : la véritable étoit en deçà. Il fut résolu d'y ouvrir trois tranchées, qui se rejoindroient ensuite par des lignes parallèles : la première le long du bord de la Meuse, la seconde à mi-côte de la hauteur de Bouge, et la troisième par un grand fond qui aboutissoit à la place du côté de la porte de Fer.

Toutes choses étant donc préparées, la tranchée fut ouverte la nuit du vingt-neuvième au trentième mai. Trois bataillons, avec un lieutenant-général et un brigadier, montèrent à la véritable attaque, et deux à la fausse, avec un maréchal-de-camp : ce qui fut continué jusqu'à la prise de la ville. Le comte d'Auvergne, comme le plus ancien lieutenant-général, monta la première garde. Dès cette nuit on avança le travail jusqu'à quatre-vingt toises du glacis ; on travailla en même temps avec tant de diligence aux batteries, tant sur la hauteur de Bouge que de l'autre côté de la Meuse, que les unes et les autres se trouvèrent bientôt en état de tirer, et de prendre la supériorité sur le canon de la place.

La nuit suivante, le travail qu'on avoit fait fut perfectionné.

La nuit du trente-unième mai on travailla à s'étendre du côté de la Meuse, pour resserrer d'autant plus les assiégés, et les empêcher de faire des sorties.

Le premier de juin on continua les travaux à la sape : l'artillerie ruinant cependant les défenses des assiégés, qui étant vus de front et à revers de plusieurs endroits, n'osoient déja plus paraître dans leurs ouvrages.

La nuit du premier au deuxième juin, on se logea sur un avant-chemin couvert, en deçà de l'avant-fossé que formoient les eaux des ruisseaux de Wédrin et de Risnes. On tira ensuite une ligne paralléle pour faire la communication de toutes les attaques, et on éleva de l'autre côté de la Meuse, sur le bord de l'eau, deux batteries qui commencèrent à tirer, dès la pointe du jour, contre la branche du demi-bastion et contre la muraille qui régne le long de cette rivière. Ce même jour, sur les huit heures du matin, le marquis de Boufflers fit attaquer le faubourg de Jambe, que les ennemis occupoient encore, et s'en rendit maître. Sur le midi, l'avant-fossé de la porte Saint-Nicolas se trouvant comblé, et toutes choses disposées pour attaquer la contrescarpe, les gardes Suisses et le régiment de Stoppa, de la même nation, qui étoient de tranchée sous le marquis de Tilladet, lieutenant-général de jour, y marchèrent l'épée à la main, et l'emportèrent. Ils prirent aussi une petite lunette revêtue, qui défendoit la contrescarpe, et se logèrent en très peu de temps sur ces dehors, sans que les ennemis, qui faisoient de leurs autres ouvrages un fort grand feu, osassent faire aucune tentative pour s'y établir. On leur tua beaucoup de monde en cette action.

Le soir du deuxième juin, le marquis de Boufflers étant de garde à la tranchée, on s'aperçut que les assiégés avoient aussi abandonné une demi-lune de terre qui couvroit la porte de Saint-Nicolas. Comme le fossé n'en étoit pas fort profond, il fut bientôt comblé. Quoique la demi-lune fût fort exposée, et que les ennemis tirassent sans discontinuer de dessus le rempart, on se logea encore dans cette demi-lune sans beaucoup de perte.

Les batteries basses de la Meuse continuoient cependant à battre en ruine la branche du demi-bastion et la muraille, qui étoient, comme j'ai dit, le long de cette rivière. Comme ses eaux étoient alors assez basses, on s'étoit flatté de pouvoir conduire une tranchée le long d'une langue de terre qu'elle laissoit à découvert au pied du rempart, et on auroit ainsi attaché bientôt le mineur au corps de la place. Mais la Meuse s'étant enflée tout-à-coup par les grandes pluies qui survinrent, et qui ne discontinuèrent presque plus jusqu'à la fin du siège, on fut obligé d'abandonner ce dessein, et de s'attacher uniquement aux ouvrages que l'on avoit devant soi.

L'artillerie ne cessa, pendant le troisième et le quatrième juin, de battre en brèche la face et la branche du demi-bastion de la Meuse, et y fit enfin une ouverture considérable. Les assiégés témoignoient à leur air beaucoup de résolution, et travailloient même à se retrancher en dedans ; mais on les voyoit qui, dans la crainte vraisemblablement d'un assaut, transportoient dans le château leurs munitions et leurs meilleurs effets. A la fin, comme ils virent qu'on étoit déja logé sur la pointe du demi-bastion, le cinquième de juin au matin, le duc de

Bourbon étant de jour, ils battirent tout-à-coup la chamade, et demandèrent à capituler. Après quelques propositions qui furent rejetées par le roi, on convint, entre autres articles, que les soldats de la garnison entreroient dans le château avec leurs familles et leurs effets; qu'il y auroit pour cela une trêve de deux jours, et que pendant tout le reste du siége on ne tireroit point ni de la ville sur le château, ni du château sur la ville, avec liberté aux deux partis de rompre ce dernier article lorsqu'ils le jugeroient à propos, en avertissant néanmoins qu'ils ne le vouloient plus tenir.

La capitulation signée, le régiment des gardes prit aussitôt possession de la porte Saint-Nicolas. Ainsi la fameuse ville de Namur, défendue par neuf mille hommes de garnison, fut, en six jours d'attaque, rendue à trois ou quatre bataillons de tranchée, ou, pour mieux dire, à un seul bataillon, puisqu'il n'y en eut jamais plus d'un à la tranchée le long de la Meuse, qui fut celle par où la place fut emportée. On peut même remarquer qu'on n'eut pas le temps de perfectionner les lignes de circonvallation, et qu'à peine on achevoit d'y mettre la dernière main, que, la ville étant prise, l'on fut obligé de les raser pour transporter les troupes de l'autre côté de la Sambre.

Pendant que la ville capituloit, on eut nouvelle qu'enfin les alliés s'avançoient tout de bon pour faire lever le siége. Au premier bruit que le roi étoit devant Namur, ils s'étoient hâtés d'unir ensemble toutes leurs forces; ils avoient dépêché aux généraux Flemming et Serclaës, dont le premier assembloit les troupes de Brandebourg aux environs d'Aix-la-Chapelle, et l'autre celles de Liége dans le voisinage de cette ville, avec ordre de les venir joindre; et le prince d'Orange avec l'électeur de Bavière, à la tête de l'armée confédérée, ayant passé le canal de Bruxelles, étoit venu camper à Dighom, puis à Lefdaël et à Wossem, de là à l'abbaye du Parc et au château d'Heverle, près de Louvain. Il séjourna quelque temps dans ce dernier camp, ou pour donner le temps à toutes ses forces de le joindre, ou n'osant s'engager trop avant dans le pays, ni s'éloigner de la mer, dans l'inquiétude où il étoit de la descente dont l'Angleterre étoit menacée. Il apprit enfin que sa flotte, jointe à celle de Hollande, faisant ensemble quatre-vingt-dix vaisseaux de guerre, étoit à la mer avec un vent favorable; et qu'au contraire le comte de Tourville, n'ayant pu être joint par les escadres du comte d'Estrées, du comte de Château-Regnaut, et du marquis de La Porte, n'avoit que quarante-quatre vaisseaux, avec lesquels il s'efforçoit d'entrer dans la Manche. Alors voyant ses affaires vraisemblablement en sûreté de ce côté-là, il feignit de n'y plus songer, et ne parla plus que d'aller secourir Namur.

Il partit des environs de Louvain le cinquième juin, et vint camper à Meldert et à Bauechem. Il campa le lendemain sixième auprès de Hougaerde et de Tirlemont; le septième, entre Orp et Monte-

kem, au-delà de la rivière de Ghete ; et enfin le
itième, sur la grande chaussée entre Thinnes et
ff, à la vue du maréchal de Luxembourg. La
se de la ville ayant mis le roi en état de faire des
achements de son armée, il avoit envoyé à ce
réchal le comte d'Auvergne et le duc de Villeroi,
tenants-généraux, avec une partie des troupes
i se trouvoient campées du côté du Brabant.

Pour lui, la trêve qu'il avoit accordée aux assié-
étant expirée, il avoit passé de l'autre côté de
Sambre, avec ce qui étoit resté de troupes au-
à de cette rivière. C'étoit le septième de juin qu'il
itta son premier camp pour en venir prendre
autre entre Sambre et Meuse, dans la forêt de
rlagne. Voici de quelle manière ce nouveau camp
it disposé. Le quartier du roi étoit auprès d'un
uvent de Carmes, qu'on appeloit *le Désert;* il y
oit une ligne de troupes qui s'étendoit depuis
bbaye de Malogne sur la Sambre, jusqu'au pont
nstruit sur la Meuse à Huépion. Une autre ligne
dix bataillons, qui composoient la brigade du roi,
t son camp marqué sur les hauteurs du château,
ur en occuper tout le front, qui est fort resserré
r les deux rivières, et pour rejeter ainsi les enne-
is dans leurs ouvrages. Mais il n'étoit pas facile
les déposter de ces hauteurs, et moins encore des
tranchements qu'ils y avoient faits à la faveur de
elques maisons, et entre autres d'un ermitage
'ils avoient fortifié en forme de redoute. Néan-
oins la brigade du roi eut ordre de les aller attaquer.

DU SIÈGE DE NAMUR. 431

es troupes, qui avoient cru ce jour-là n'avoir
re chose à faire qu'à s'établir paisiblement dans
r nouveau camp, et qui, dans ce moment-là,
toient leurs tentes et leurs autres hardes sur
s épaules, jetèrent aussitôt à terre tout ce qui
embarrassoit, pour ne garder que leurs armes,
rimpant en bon ordre et sur un même front,
gré l'extrême roideur d'un terrain raboteux et
al, arrivèrent sur la crête de la montagne, au
ers d'une grêle de coups de mousquets que les
emis leur tiroient avec tout l'avantage qu'on
t s'imaginer. Le soldat, quoique tout hors d'ha-
e, renversa leurs postes avancés, et les pour-
it jusqu'à une seconde hauteur, non moins es-
ée que la première, où leurs bataillons étoient
és en bon ordre pour les soutenir : mais rien
ut arrêter la furie des François. Les bataillons
nt aussi chassés de ce second poste, et menés
ant, l'épée dans les reins, jusqu'à leurs retran-
ents, qui même couroient risque d'être forcés,
prince de Soubise, lieutenant-général de jour,
sieur de Vauban, rappelant les troupes, ne les
ent obligées de se contenter du poste qu'elles
ent occupé. Cette action, qui fut fort vive et fort
ante dans toutes ses circonstances, coûta à la
ade du roi douze ou quinze officiers, et quelque
ou six vingts soldats, ou tués ou blessés.

ssitôt on travailla à se bien établir sur cette
eur, et on y ouvrit une tranchée, laquelle fut,
les jours, relevée par sept bataillons. Il ne fut

pas possible les jours suivants d'avancer beaucoup le travail, tant à cause du terrain pierreux et difficile qu'on rencontra en plusieurs endroits, que des orages effroyables et des pluies continuelles qui rompirent tous les chemins, et les mirent presque hors d'état d'y pouvoir conduire le canon. On ne put aussi achever les batteries qu'avec d'extrêmes difficultés. Cependant les assiégés profitèrent peu de tous ces obstacles, et firent seulement quelques sorties sans aucun effet.

Enfin, le treizième juin, les travaux ayant été poussés jusqu'aux retranchements, il fut résolu de les attaquer. La contenance fière des ennemis, qu'on voyoit en bataille en plusieurs endroits derrière ces retranchements, et qui avoient tout l'air de se préparer à une résistance vigoureuse, obligea le roi de leur opposer ses meilleures troupes, et de se transporter lui-même sur la hauteur, pour régler l'ordre de l'attaque.

Le signal donné sur le midi, deux cents mousquetaires du roi à la droite, les grenadiers à cheval à la gauche, et huit compagnies de grenadiers d'infanterie au milieu, marchèrent aux ennemis l'épée à la main, soutenus des sept bataillons de tranchée et des dix de la brigade du roi, qu'il avoit fait mettre en bataille sur la hauteur, à la tête de leur camp. Les assiégés, jusqu'alors si fiers, s'effrayèrent bientôt; ils firent seulement leur décharge, et, abandonnant la redoute et les retranchements, se retirèrent en désordre dans les chemins couverts des ouvrages qu'ils avoient derrière eux. Ils perdirent plus de quatre cents hommes, la plupart tués de coups de main, et entre autres plusieurs officiers et plusieurs gens de distinction. Les François eurent quelque cent trente hommes, et quarante, tant officiers que mousquetaires, tués ou blessés.

Le comte de Toulouse, amiral de France, jeune prince âgé de quatorze ans, reçut une contusion au bras, à côté du roi, et plusieurs personnes de la cour furent aussi blessées autour de lui. Le duc de Bourbon, qui étoit lieutenant-général de jour, donna ses ordres avec non moins de sagesse que de valeur. Les troupes, animées par la présence du roi, se signalèrent à l'envi l'une de l'autre ; et les moindres grenadiers de l'armée disputèrent d'audace avec les mousquetaires, de l'aveu des mousquetaires mêmes. On accorda aux assiégés une suspension pour venir retirer leurs morts ; mais on ne laissa pas, pendant cette trêve, d'assurer le logement et dans la redoute et dans tous les retranchements qu'on venoit d'emporter.

Entre ces retranchements et la première enveloppe du château nommé par les Espagnols *Terra-Nova*, on trouvoit, sur le côté de la montagne qui descend vers la Sambre, un ouvrage irrégulier que le prince d'Orange avoit fait construire l'année précédente, et qu'on appeloit, à cause de cela, le *Fort-Neuf*, ou le *Fort-Guillaume* : il étoit situé de telle façon, que bien qu'il parût moins élevé que les hauteurs qu'on avoit gagnées, il n'en étoit pourtant point commandé, et il sembloit se dérober et au canon et à la vue des assiégeants, à mesure qu'ils s'en approchoient. Ce fut, de toutes les fortifications de la place, celle dont la prise coûta le plus de temps et de peine, à cause de la grande quantité de travaux qu'il fallut faire pour l'embrasser.

La nuit qui suivit l'attaque dont nous venons de parler, le travail fut avancé plus de cinq cents pas vers la gorge de ce fort. Le quatorzième on s'étendit sur la droite, et l'on y dressa deux batteries, tant contre le Fort-Neuf que contre le vieux château. Ce même jour les assiégés abandonnèrent une maison retranchée, qui leur restoit encore sur la montagne; et ainsi on n'eut plus rien devant soi que les ouvrages que je viens de dire.

Le quinzième, les nouvelles batteries démontèrent presque entièrement le canon des assiégés; mais elles ne firent que très peu d'effet contre le Fort-Neuf.

La nuit suivante on ouvrit, au-dessus de l'abbaye de Salzenne, une nouvelle tranchée pour embrasser ce fort par la gauche, et le travail fut poussé environ quatre cents pas.

Pendant qu'on pressoit avec cette vigueur le château de Namur, le prince d'Orange étoit, comme j'ai dit, arrivé sur la Méhaigne. Il donna d'abord toutes les marques d'un homme qui vouloit passer cette rivière et attaquer l'armée du maréchal de Luxembourg, pour s'ouvrir un chemin à Namur. Plusieurs raisons ne laissoient pas lieu de douter qu'il n'eût ce dessein : son intérêt et celui de ses alliés, l'état de ses forces, sa réputation, à laquelle la prise de Mons avoit déja donné quelque atteinte, en un mot, les vœux unanimes de son parti, et surtout les pressantes sollicitations de l'électeur de Bavière, qui ne pouvoit digérer l'affront de se voir, à son arrivée dans les Pays-Bas, enlever la plus forte place du gouvernement qu'il venoit d'accepter.

Ajoutez à toutes ces raisons les bonnes nouvelles que les alliés avoient reçues de la bataille qui s'étoit donnée sur mer; car, bien que le combat n'eût pas été fort glorieux pour les Hollandois et pour les Anglois, mais sur-tout pour ces derniers, et qu'il fût jusqu'alors inoui qu'une armée de quatre-vingt-dix vaisseaux, attaquée par une autre de quarante-quatre, n'eût fait, pour ainsi dire, que soutenir le choc, sans pouvoir, pendant douze heures, remporter aucun avantage; néanmoins, comme le vent, en séparant la flotte de France, leur avoit en quelque sorte livré quinze de ses vaisseaux qui avoient été obligés de se faire échouer, et où ils avoient mis le feu, il y avoit toute sorte d'apparence que le prince d'Orange saisiroit le moment favorable où il sembloit que la fortune commençât à se déclarer contre les François. Il reconnut donc, en arrivant, tous les environs de la Méhaigne, fit sonder les gués, posta son infanterie dans les villages et dans tous les endroits qui pouvoient favoriser son passage, et enfin fit jeter une infinité de ponts sur cette rivière. On remarqua pourtant avec surprise que, dans le temps qu'il faisoit construire cette grande quantité de ponts de bois, il faisoit démolir tous les ponts de pierre qui se trouvoient sur la Méhaigne.

Une autre circonstance fit encore mieux voir qu'il n'avoit pas grande envie de combattre. Le roi, qui ne vouloit point qu'on engageât, d'un bord de rivière à l'autre, un combat où sa cavalerie n'auroit point eu de part, manda au duc de Luxembourg de se retirer un peu en arrière, et de laisser le passage libre aux ennemis : et la chose fut ainsi exécutée. C'étoit en quelque sorte les défier, et leur ouvrir le champ pour donner la bataille s'ils vouloient ; mais le prince d'Orange demeura toujours dans son premier poste, tantôt s'excusant sur les pluies qui firent déborder la Méhaigne pendant deux jours, tantôt publiant qu'il feroit périr l'armée du maréchal sans la combattre, ou du moins qu'il le réduiroit à décamper, faute de subsistance.

Il forma néanmoins un projet qui auroit été de quelque éclat s'il eût réussi. Il détacha le comte de Serclaës de Tilly, avec cinq ou six mille chevaux du côté d'Huy. Ce général ayant pris encore dans cette place un détachement considérable de l'infanterie de la garnison, passa la Meuse, qu'il fit remonter à son infanterie, dans le dessein de couper le pont de bâteaux qui étoit sous Namur, et qui faisoit la communication de nos deux armées. Lui cependant marcha avec sa cavalerie pour attaquer le quartier du marquis de Boufflers, et brûler le pont de haute Meuse, avec toutes les munitions qui se trouveroient sur le port, et qu'on avoit fait descendre par cette rivière. Le roi eut bientôt avis de ce dessein : il fit fortifier la garde des ponts et le quartier de Boufflers ; et ayant rappelé un corps de cavalerie de l'armée du maréchal, il fit sortir ses troupes hors des lignes, et les rangea lui-même en bataille. Mais Serclaës, qui en eut le vent, retourna fort vite passer la Meuse, et alla rejoindre l'armée confédérée.

Le prince d'Orange, après avoir demeuré inutilement quelques jours sur la Méhaigne, en décampa tout-à-coup, et, remontant le long de cette rivière jusque vers sa source, vint camper, sa droite à la cense de Glinne, près du village d'Asche, et sa gauche au-dessus de celui de Branchon.

Le maréchal de Luxembourg, qui observoit tous les mouvements des ennemis pour régler les siens, ne les vit pas plus tôt en marche, que de son côté il remonta aussi la rivière : en telle sorte que ces deux grandes armées, séparées seulement par un médiocre ruisseau, marchoient à la vue l'une de l'autre, éloignées seulement d'une demi-portée de canon. Celle de France campa, la droite à Hanrech, la gauche à Temploux, ayant à-peu-près dans son centre le village de Saint-Denis.

Le prince d'Orange fit encore en cet endroit des démonstrations de vouloir décider du sort de Namur par une bataille. Il fit élargir les chemins qui étoient entre les deux armées, et envoya l'électeur de Bavière pour reconnoître lui-même le camp des François. L'électeur passa la rivière à l'abbaye de

Bonneff, et se mit en devoir d'observer l'armée du maréchal; mais on ne lui laissa pas le temps de satisfaire sa curiosité, et il fut obligé de repasser fort brusquement la Méhaigne, à l'approche de quelques troupes de carabiniers qu'on avoit détachées pour l'éloigner de la vue des lignes.

A dire vrai, le maréchal ne fut pas fâché d'ôter aux ennemis la connoissance de la disposition de son camp, coupé de plusieurs ruisseaux et de petits marais, qui rendoient la communication de ses deux ailes fort difficile, et d'ailleurs commandé de la hauteur de Saint-Denis, d'où les ennemis auroient pu incommoder de leur canon le centre de son armée, et engager enfin, dans un pays serré et embarrassé de bois, un combat particulier d'infanterie, où ils auroient eu tout l'avantage du lieu. Le roi, qui sut l'inquiétude où il étoit, lui envoya proposer un autre poste, que le maréchal alla reconnoître; et il le trouva si avantageux, que, sans attendre de nouveaux ordres, il fit aussitôt marcher son armée; il n'attendit pas même son artillerie, dont les chevaux se trouvoient alors au fourrage, et se contenta de laisser une partie de son infanterie pour la garder. Il plaça sa gauche au château de Milmont, la couvrant du ruisseau d'Aurenault, et étendit sa droite par Temploux et par le château de La Falise, jusqu'auprès du ruisseau de Wédrin, au-delà duquel il jeta son corps de réserve : de sorte qu'il se trouvoit tout proche de l'armée du roi, et tout proche aussi de la Sambre et de la Meuse, d'où il tiroit la subsistance de sa cavalerie, couvroit entièrement la place, et réduisoit les ennemis à venir l'attaquer dans son front par des plaines ouvertes et propres à faire mouvoir sa cavalerie, qui étoit supérieure en toutes choses à celle des ennemis.

Il fit en plein jour cette marche, sans qu'ils se missent en devoir de l'inquiéter, et sans qu'ils se présentassent seulement pour charger son arrière-garde. Le prince d'Orange décampa quelques jours après. Il passa, le vingt-deuxième de juin, le bois des Cinq-Étoiles, et, ayant fait faire à ses troupes une extrême diligence, alla se poster, la droite à Sombreff, et la gauche proche de Marbais, sur la grande chaussée.

Cette démarche, qui le mettoit en état de passer en un jour la Sambre pour tomber sur le camp du roi, auroit pu donner de l'inquiétude à un général moins vigilant et moins expérimenté. Mais comme il avoit pensé de bonne heure à tous les mouvements que les ennemis pourroient faire pour l'inquiéter, il ne les vit pas plus tôt la tête tournée vers Sombreff, qu'il envoya le marquis de Boufflers avec un corps de troupes dans le pays d'entre Sambre et Meuse; et après avoir fait reconnoître les plaines de Saint-Gérard et de Fosse, qui étoient les seuls chemins par où ils auroient pu venir à lui, il ordonna à ce marquis de se saisir du poste d'Auveloy, sur la Sambre. Il fit en même temps jeter un pont sur cette rivière, entre l'abbaye de Floreff et Jemeppe, vers l'embouchure du ruisseau d'Aurenault, où la gauche du maréchal de Luxembourg étoit appuyée. Par ce moyen, il mettoit ce général en état de passer aisément la Sambre, dès que les ennemis voudroient entreprendre la même chose du côté de Charleroy et de Farsiennes. La seule chose qui étoit à craindre, c'est que le corps de troupes qu'il avoit donné au marquis de Boufflers ne fût pas suffisant pour disputer aux ennemis le passage de la Sambre, et que, s'ils le tentoient si près de lui, on n'eût pas le temps de faire passer d'autres troupes pour le soutenir.

Pour obvier à cet inconvénient, le maréchal eut ordre de lui envoyer son corps de réserve, qui fut suivi, peu de temps après, des brigades d'infanterie de Champagne et de Bourbonnois, et enfin de l'aile droite de la seconde ligne, commandée par le duc de Vendôme. Toutes ces troupes furent postées sur le bord de la Sambre, proche des ponts de bateaux, à portée, ou de passer en très peu de temps dans les plaines de Fosse et de Saint-Gérard, ou de repasser à l'armée du maréchal, selon le parti que prendroient les ennemis.

Pendant ces différents mouvements des armées, les attaques du château de Namur se continuoient avec toute la diligence que les pluies pouvoient permettre, les troupes ne témoignant pas moins de patience que de valeur. Depuis le seizième de juin, les assiégés se trouvoient extrêmement resserrés dans le Fort-Neuf, où ils commençoient même d'être enveloppés. Le matin du dix-septième, ils firent une sortie de quatre cents hommes de troupes espagnoles et du Brandebourg sur l'attaque gauche, et y causèrent quelque désordre. Mais les Suisses, qui y étoient de garde, les repoussèrent aussitôt, et rétablirent en très peu de temps le travail. Il y eut quarante ou cinquante hommes tués de part et d'autre.

Le dix-huitième et le dix-neuvième, les communications du Fort-Neuf avec le château furent presque entièrement ôtées aux assiégés, et leur artillerie rendue inutile; et enfin le vingtième, toutes les communications des tranchées étant achevées, on se vit en état d'attaquer tout à-la-fois et le fort et le château. Mais comme vraisemblablement on y auroit perdu beaucoup de monde, le roi voulut que les choses se fissent plus sûrement. Ainsi on employa toute la nuit du vingtième, et le jour suivant, à élargir et à perfectionner les travaux; et le soir du vingt-unième, toutes choses étant prêtes pour l'attaque, on résolut de la faire, mais seulement au-dehors de l'ouvrage neuf.

Huit compagnies de grenadiers, commandées avec les sept des bataillons de la tranchée, commencèrent sur les six heures à occuper tous les boyaux qui enveloppoient les deux ouvrages. Le duc de Bourbon se trouvoit encore à cette attaque lieutenant-général de jour, se croyant fort obligé à la fortune de ce qu'en un même siége elle lui donnoit tant d'occasions de s'exposer. Le signal donné un peu avant la nuit, il fit avancer les détachements soutenus des corps entiers. Ils marchèrent en même temps au premier chemin couvert, et en ayant chassé les assiégés, les forcèrent encore dans le second ; et, le fossé n'étant pas fort profond, les poursuivirent jusqu'au corps de l'ouvrage, dans lequel même quelques soldats étant montés par une fort petite brèche, les ennemis battirent à l'instant la chamade, et leurs otages furent envoyés au roi. Mais pendant qu'ils faisoient leur capitulation, on ne laissa pas de travailler dans le dehors de l'ouvrage, et d'y commencer des logements contre le château.

Le lendemain, ils sortirent du fort au nombre de quatre-vingts officiers et de quinze cent cinquante soldats en cinq régiments, pour être conduits à Gand. De ce nombre étoit un ingénieur hollandois nommé Coehorn, sur les dessins duquel le fort avoit été construit, et il en sortit blessé d'un éclat de bombe. Quelques officiers des ennemis demandèrent à entrer dans le vieux château, pour y servir encore jusqu'à la fin du siége. Mais cette permission ne fut accordée qu'au seul Wimberg, qui commandoit les troupes hollandoises.

Le fort Guillaume pris, on donna un peu plus de relâche aux troupes, et la tranchée ne fut plus relevée que par quatre bataillons. Mais le château n'en fut pas moins vivement pressé, et les attaques allèrent fort vite, n'étant plus inquiétées par aucune diversion.

Dès le vingt-troisième, on éleva dans la gorge

du Fort-Neuf des batteries de bombes et de canons.

Le vingt-quatrième et le vingt-cinquième, on embrassa tout le front de l'ouvrage à cornes, qui faisoit, comme j'ai dit, la première enveloppe du château ; et on acheva la communication de la tranchée, qu'on avoit conduite par la droite sur la hauteur qui regarde la Meuse, avec la tranchée qui regardoit la gauche du côté de la Sambre.

Le roi alla le vingt-cinquième visiter le Fort-Neuf et les travaux. Comme il avoit remarqué que sa présence les avançoit extrêmement, il fit la même chose presque tous les jours suivants, malgré les incommodités du temps et l'extrême difficulté des chemins, s'exposant non seulement au mousquet des ennemis, mais encore aux éclats de ses propres bombes, qui retomboient souvent de leurs ouvrages avec violence, et qui tuèrent ou blessèrent plusieurs personnes à ses côtés et derrière lui.

Le vingt-sixième, les sapes furent poussées jusqu'au pied de la palissade du premier chemin couvert. A mesure qu'on s'approchoit, la tranchée devenoit plus dangereuse à cause des bombes et des grenades que les ennemis y faisoient rouler à toute heure, sur-tout du côté du fond qui alloit tomber vers la Sambre, et qui séparoit les deux forts.

Le vingt-septième, les travaux furent perfectionnés. On dressa deux nouvelles batteries pour achever de ruiner les défenses des assiégés, pendant que les autres battoient en ruine les pointes et les faces des deux demi-bastions de l'ouvrage ; et on disposa enfin toutes choses pour attaquer à-la-fois tous leurs dehors.

Tant d'attaques, qui se succédoient de si près, auroient dû, ce semble, lasser la valeur des troupes; mais plus elles fatiguoient, plus il sembloit qu'elles redoublassent de vigueur; et, en effet, cette dernière action ne fut pas la moins hardie ni la moins éclatante de tout le siége. Le roi voulut encore y être présent, et se plaça entre les deux ouvrages.

Ainsi, le vingt-huitième à midi, le signal donné par trois salves de bombes, neuf compagnies de grenadiers commandées avec quatre des bataillons de la tranchée, marchèrent avec leur bravoure ordinaire, l'épée à la main, aux chemins couverts des assiégés. Le premier de ces chemins se trouvant presque abandonné, elles passèrent au second sans s'arrêter, tuèrent tout ce qui osa les attendre, et poursuivirent le reste jusqu'à un souterrain qui les déroba à leur furie.

Les ennemis ainsi chassés reparurent en grand nombre sur les brèches : quelques uns même, avec l'épée et le bouclier, s'efforcèrent, à force de grenades et de coups de mousquet, de prendre leur revanche sur nos travailleurs. Cependant quelques grenadiers de la compagnie de Saillant, du régiment des Gardes, ayant été commandés pour reconnoître la brèche qui étoit au demi-bastion gauche, ils montèrent jusqu'en haut avec beaucoup de résolution. Il y en eut un, entre autres, qui y demeura fort long-temps, et y rechargea plusieurs fois son fusil avec une intrépidité qui fut admirée de tout le monde. Mais la brèche se trouvant encore trop escarpée, on se contenta de se loger dans les chemins couverts, dans la contre-garde du demi-bastion gauche, dans une lunette qui étoit au milieu de la courtine, vis-à-vis du chemin souterrain, et en un mot dans tous les dehors. La perte des assiégés monta à quelque trois cents hommes, partie tués dans les dehors, partie accablés par les bombes dans l'ouvrage même. Les assiégeants n'eurent guère moins de deux ou trois cents, tant officiers que soldats, tués ou blessés, la plupart après l'action, et pendant qu'on travailloit à se loger.

Peu de temps après, les sapeurs firent la descente du fossé; et, dès le soir, les mineurs furent attachés en plusieurs endroits, et on se mit en état de faire sauter tout à-la-fois les deux demi-bastions, la courtine qui les joignoit, et la branche qui regardoit le Fort-Neuf, et de donner un assaut général.

Néanmoins, comme on se tenoit alors sûr d'emporter la place, on résolut de ne faire jouer qu'à la dernière extrémité les fourneaux, qui, en ouvrant entièrement le rempart, auroient obligé à y faire de fort grandes réparations. On espéra qu'il suffiroit que le canon élargît les brèches qu'il avoit déja faites aux deux faces et aux pointes des demi-bastions, et c'est à quoi on travailla le vingt-neuvième.

La nuit du trentième, le sieur de Rubentel, lieutenant-général de jour, fit monter sans bruit au haut de la brèche du demi-bastion gauche quelques grenadiers du régiment Dauphin, pour épier la contenance des ennemis. Ces soldats ayant remarqué qu'ils n'étoient pas fort sur leurs gardes, et qu'ils s'étoient même retirés au-dedans de l'ouvrage, appelèrent quelques autres de leurs camarades qui, étant aussitôt montés, chargèrent avec de grands cris les assiégés, et s'emparèrent d'un retranchement qu'ils avoient commencé à la gorge du demi-bastion, où ils commencèrent à se retrancher eux-mêmes. Ceux des ennemis qui regardoient le demi-bastion de la droite, voyant les François dans l'ouvrage, et, craignant d'être coupés, cherchèrent, comme les autres, leur salut dans la fuite, et laissèrent les assiégeants entièrement maîtres de cette première enveloppe. Il restoit encore deux autres ouvrages à-peu-près de même espèce, non moins difficiles à attaquer que les premiers, et qui avoient de grands fossés très profonds et taillés dans le roc. Derrière tout cela, on trouvoit le corps du château capable lui seul d'arrêter long-temps un ennemi, et de lui faire acheter bien cher les derniers pas qui lui restoient à faire.

Mais le gouverneur, qui vit sa garnison intimidée tant par le feu continuel des bombes et du canon que par la valeur infatigable des assiégeants, reconnoissant d'ailleurs le peu de fond qu'il y avoit à faire sur les vaines promesses de secours dont le prince d'Orange l'entretenoit depuis un mois, ne songea plus qu'à faire sa composition à des conditions honorables, et demanda à capituler.

Le roi accorda sans peine toutes les marques d'honneur qu'on lui demanda : et, dès ce jour, une porte fut livrée à ses troupes.

Le lendemain, premier jour de juillet, la garnison sortit, partie par la brèche qu'on accommoda exprès pour leur en faciliter la descente, partie par la porte vis-à-vis du Fort-Neuf. Elle étoit d'environ deux mille cinq cents hommes, en douze régiments d'infanterie, un de cavalerie, et quelques compagnies franches de dragons, lesquels, joints aux seize cents qui sortirent du Fort-Neuf, faisoient le reste de neuf mille deux cents hommes, qui, comme j'ai dit, se trouvoient dans la place au commencement du siége. Ils prétendoient qu'ils en avoient perdu huit ou neuf cents par la désertion ; tout le reste avoit péri par l'artillerie ou dans les attaques.

Quelques jours avant que les assiégés battissent la chamade, les confédérés étoient partis tout-à-coup de Sombreff; et, au lieu de faire un dernier effort, sinon pour sauver la place, au moins pour sauver leur réputation, ils avoient en quelque sorte tourné le dos à Namur, et étoient allés camper dans la plaine de Brunehault, la droite à Fleurus, et la gauche du côté de Frasne et de Liberchies. Pendant le séjour qu'ils y firent, le prince d'Orange ne s'étoit appliqué qu'à ruiner les environs de Charleroy, comme si dès-lors il n'avoit plus pensé qu'à empêcher le roi de passer à de nouvelles conquêtes.

Enfin le soir du dernier jour de juin, ils apprirent, par trois salves de l'armée du maréchal de Luxembourg et de celle du marquis de Boufflers, la triste nouvelle que Namur étoit rendu : ils en tombèrent dans une consternation qui les rendit comme immobiles durant plusieurs jours, jusque-là que le maréchal de Luxembourg s'étant mis en devoir de repasser la Sambre, ils ne songèrent ni à le troubler dans sa marche, ni à le charger dans sa retraite. Il vint donc tranquillement se poster dans la plaine de Saint-Gérard, tant pour favoriser les réparations les plus pressantes de la place, et les remises d'artillerie, de munitions et de vivres qu'il y falloit jeter, que pour donner aux troupes fatiguées par des mouvements continuels, par le mauvais temps, et par une assez longue disette de toutes choses, les moyens de se rétablir.

Le roi employa les deux jours qui suivirent la reddition du château à donner tous les ordres nécessaires pour la sûreté d'une si importante conquête; il en visita tous les ouvrages, et en ordonna les réparations. Il alla trouver à Floreff le maréchal de Luxembourg, qu'il laissoit avec une puissante armée dans les Pays-Bas, et lui expliqua ses intentions pour le reste de la campagne. Il détacha différents corps pour l'Allemagne, et pour assurer ses frontières de Flandre et de Luxembourg. Il avoit déjà quelque quarante escadrons dans le pays de Cologne, sous les ordres du marquis de Joyeuse, et il les y avoit fait rester pendant tout le siége de Namur, tant pour faire payer le reste des contributions qui étoient dues, que pour obliger les souverains de ce pays-là à y laisser aussi un corps de troupes considérable : ce qui diminuoit d'autant l'armée du prince d'Orange.

Enfin, tous les ordres étant donnés, il partit de son camp le troisième de juillet pour retourner, à petites journées, à Versailles; d'autant plus satisfait de sa conquête, que cette grande expédition étoit uniquement son ouvrage; qu'il l'avoit entreprise sur ses seules lumières, et exécutée, pour ainsi dire, par ses propres mains, à la vue de toutes les forces de ses ennemis; que par l'étendue de sa prévoyance il avoit rompu tous leurs desseins, et fait subsister ses armées; et qu'en un mot, malgré tous les obstacles qu'on lui avoit opposés, malgré la bizarrerie d'une saison qui lui avoit été entièrement contraire, il avoit emporté, en cinq semaines, une place que les plus grands capitaines de l'Europe avoient jugée imprenable : triomphant ainsi, non seulement de la force des remparts, de la difficulté des pays, et de la résistance des hommes, mais encore des injures de l'air et de l'opiniâtreté, pour ainsi dire, des éléments.

On a parlé fort diversement dans l'Europe sur la conduite du prince d'Orange pendant ce siége; et bien des gens ont voulu pénétrer les raisons qui l'ont empêché de donner bataille dans une occasion où il sembloit devoir hasarder tout pour prévenir la prise d'une ville si importante, et dont la perte lui seroit à jamais reprochée. On en a même allégué des motifs qui ne lui font pas d'honneur. Mais à juger sans passion d'un prince en qui l'on reconnoît de la valeur, on peut dire qu'il y a eu beaucoup de sagesse dans le parti qu'il a pris, l'expérience du passé lui ayant fait connaître combien il étoit inutile de s'opposer à un dessein que le roi conduisoit lui-même; et il a jugé Namur perdu, dès qu'il a su qu'il l'assiégeoit en personne. Et d'ailleurs, le voyant aux portes de Bruxelles avec deux formidables armées, il a cru qu'il ne devoit point hasarder un combat dont la perte auroit entraîné la ruine des Pays-Bas, et peut-être sa propre ruine, par la dissolution d'une ligue qui lui a tant coûté de peine à former.

FIN DE LA RELATION DU SIÉGE DE NAMUR.

LE BANQUET
DE PLATON.

LETTRE DE RACINE

A BOILEAU,

En le chargeant de remettre la traduction du Banquet
à l'abbesse de Fontevrault [1].

Puisque vous allez demain à la cour, je vous prie, monsieur, d'y porter les papiers ci-joints : vous savez ce que c'est. J'avois eu dessein de faire, comme on me le demandoit, des remarques sur les endroits qui me paroîtroient en avoir besoin ; mais comme il falloit les raisonner, ce qui auroit rendu l'ouvrage un peu long, je n'ai pas eu la résolution d'achever ce que j'avois commencé, et j'ai cru que j'aurois plutôt fait d'entreprendre une traduction nouvelle. J'ai traduit jusqu'au discours du médecin exclusivement. Il dit à la vérité de très belles choses, mais il ne les explique point assez ; et notre siècle, qui n'est pas si philosophe que celui de Platon, demanderoit que l'on mît ces mêmes choses dans un plus grand jour. Quoi qu'il en

[1] Marie-Magdeleine-Gabrielle de Rochechouart, sœur du maréchal de Vivonne et de madame de Montespan, abbesse de Fontevrault, imagina de traduire le Banquet de Platon, et envoya sa traduction à Racine, en le priant de la revoir. Racine trouva plus commode de faire une traduction nouvelle ; mais il n'alla pas loin dans ce travail.

soit, mon essai suffira pour montrer à madame de Rochechouart que j'avois à cœur de lui obéir. Il est vrai que le mois où nous sommes [1] m'a fait souvenir de l'ancienne fête des Saturnales, pendant laquelle les serviteurs prenoient avec leurs maîtres des libertés qu'ils n'auroient pas prises dans un autre temps. Ma conduite ne ressemble pas trop mal à celle-là : je me mets sans façon à côté de madame de Rochechouart; je prends des airs de maître ; je m'accommode sans scrupule de ses termes et de ses phrases; je les rejette quand bon me semble. Mais, monsieur, la fête ne durera pas toujours, les Saturnales passeront; et l'illustre dame reprendra sur son serviteur l'autorité qui lui est acquise. J'y aurai peu de mérite en tout sens : car il faut convenir que son style est admirable; il a une douceur que nous autres hommes nous n'attrapons point, et si j'avois continué à refondre son ouvrage, vraisemblablement je l'aurois gâté. Elle a traduit le discours d'Alcibiade, par où finit le Banquet de Platon; elle l'a rectifié, je l'avoue, par un choix d'expressions fines et délicates, qui sauvent en partie la grossièreté des idées; mais avec tout cela je crois que le mieux est de le supprimer; outre qu'il est scandaleux, il est inutile : car ce sont les louanges, non de l'amour dont il s'agit dans ce dialogue, mais de Socrate qui n'y est introduit que comme un des inter-

[1] Le mois de décembre.

locuteurs. Voilà, monsieur, le canevas de ce que je vous supplie de vouloir dire pour moi à madame de Rochechouart. Assurez-la qu'enrhumé au point où je le suis depuis trois semaines, je suis au désespoir de ne point aller moi-même lui rendre ses papiers ; et si par hasard elle demande que j'achéve de traduire l'ouvrage, n'oubliez rien pour me délivrer de cette corvée. Adieu, bon voyage ; et donnez-moi de vos nouvelles dès que vous serez de retour.

RACINE.

LE BANQUET
DE PLATON.

APOLLODORE, l'ami d'apollodore, GLAUCON, ARISTODÈME, SOCRATE, AGATHON, PHÈDRE, PAUSANIAS, ÉRYXIMAQUE, ARISTOPHANE[1], ALCIBIADE.

APOLLODORE.

Je crois que je n'aurai pas de peine à vous faire le récit que vous me demandez : car hier, comme je revenois de ma maison de Phalère, un homme de ma connoissance, qui venoit derrière moi, m'aperçut, et m'appela de loin : « Hé quoi! s'écria-t-il « en badinant, Apollodore ne veut pas m'attendre? » Je m'arrêtai, et je l'attendis.

« Je vous ai cherché long-temps, me dit-il, pour « vous demander ce qui s'étoit passé chez Agathon « le jour que Socrate et Alcibiade y soupèrent. On « dit que toute la conversation roula sur l'amour,

---

[1] On peut être étonné qu'un homme tel qu'Aristophane, ennemi des philosophes, occupe une place au banquet philosophique d'Agathon, et rende hommage à la vertu de Socrate; mais Aristophane n'avoit point encore composé sa comédie des *Nuées*. (G.)

« et je mourois d'envie d'entendre ce qui s'étoit dit
« de part et d'autre sur cette matière. J'en ai bien
« su quelque chose par le moyen d'un homme à qui
« Phénix avoit raconté une partie de leur discours;
« mais cet homme ne me disoit rien de certain : il
« m'apprit seulement que vous saviez le détail de
« cet entretien ; contez-le moi donc, je vous prie :
« aussi bien à qui peut-on mieux s'adresser qu'à
« vous pour entendre le discours de votre ami? Mais
« dites-moi, avant toutes choses, si vous étiez pré-
« sent à cette conversation. »

« Il paroît bien, lui répondis-je, que votre homme
« ne vous a rien dit de certain, puisque vous parlez
« de cette conversation comme d'une chose arrivée
« depuis peu, et comme si j'avois pu y être présent. »

« Je le croyois, me dit-il. »

« Comment, lui dis-je, Glaucon, ne savez-vous
« pas qu'il y a plusieurs années qu'Agathon n'a mis
« le pied dans Athènes? Pour moi, il n'y a pas en-
« core trois ans que je fréquente Socrate, et que
« je m'attache à étudier toutes ses paroles, toutes
« ses actions. Avant ce temps-là, j'errois de côté et
« d'autre ; et croyant mener une vie raisonnable,
« j'étois le plus malheureux de tous les hommes. Je
« m'imaginois alors, comme vous faites maintenant,
« qu'un honnête homme devoit songer à toute autre
« chose qu'à ce qui s'appelle philosophie. »

« Ne m'insultez point, répliqua-t-il ; dites-moi
« plutôt quand se tint la conversation dont il s'agit. »

« Nous étions bien jeunes vous et moi, lui dis-je;

« ce fut dans le temps qu'Agathon remporta le prix
« de sa première tragédie [1]; tout se passa chez lui,
« le lendemain du sacrifice qu'il avoit fait avec ses
« acteurs pour rendre grace aux dieux du prix qu'il
« avoit gagné. »

« Vous parlez de loin, me dit-il; mais de qui
« savez-vous ce qui fut dit dans cette assemblée?
« Est-ce de Socrate? »

« Non, lui dis-je; je tiens ce que j'en sais de
« celui-là même qui l'a conté à Phénix, je veux dire
« d'Aristodème, du bourg de Cydathène, ce petit
« homme qui va toujours nu-pieds. Il se trouva lui-
« même chez Agathon. C'étoit alors un des hommes
« qui étoit le plus attaché à Socrate. J'ai quelquefois
« interrogé Socrate sur des choses que cet Aristo-
« dème m'avoit récitées, et Socrate avouoit qu'il
« m'avoit dit la vérité. »

« Que tardez-vous donc, me dit Glaucon, que
« vous ne me fassiez ce récit [2]? Pouvons-nous mieux
« employer le chemin qui nous reste d'ici à Athènes? »

[1] Agathon, poëte tragique et comique, qui vivoit vers la quatre-vingt-dixième olympiade. On dit qu'il composa le premier une tragédie sur un sujet de pure invention, quoique ce fût alors une loi pour les poëtes de choisir tous leurs sujets dans l'histoire ou dans la fable. La pièce d'Agathon, intitulée *la Fleur*, réussit; et cette nouveauté eut sans doute des imitateurs que nous ne connoissons pas. Platon a immortalisé Agathon en choisissant la maison de ce poëte pour son Banquet. On ne sait si c'est ce même Agathon qu'Aristophane présente dans sa comédie des *Fêtes de Cérès* comme un poëte efféminé. (G.)

[2] *Que tardez-vous que* : latinisme alors employé par les meilleurs auteurs, mais qui n'est plus en usage. (G.)

Je le contentai, et nous discourûmes de ces choses le long du chemin. C'est ce qui fait que, comme je vous disois tout-à-l'heure, j'en ai encore la mémoire fraîche, et il ne tiendra qu'à vous de les entendre : aussi bien, outre le profit que je trouve à parler ou à entendre parler de philosophie, c'est qu'il n'y a rien au monde où je prenne tant de plaisir, tout au contraire des autres discours. Je me meurs d'ennui quand je vous entends, vous autres riches, parler de vos intérêts et de vos affaires ; je déplore en moi-même l'aveuglement où vous êtes : vous croyez faire merveilles, et vous ne faites rien d'utile. Peut-être vous, de votre côté, vous me plaignez et me regardez en pitié. Peut-être même avez-vous raison de penser cela de moi ; et moi, non seulement je pense que vous êtes à plaindre, mais je suis très convaincu que j'ai raison de le penser.

L'AMI D'APOLLODORE.

Vous êtes toujours le même, cher Apollodore : vous ne cessez point de dire du mal de vous et de tous les autres. Vous êtes persuadé qu'à commencer par vous, tous les hommes, excepté Socrate, sont des misérables. Je ne sais pas pour quel sujet on vous a donné le nom de *furieux ;* mais je sais bien qu'il y a quelque chose de cela dans tous vos discours. Vous êtes toujours en fureur contre vous et contre tout le reste des hommes, excepté contre Socrate.

APOLLODORE.

Il vous semble donc qu'il faut être un furieux et

un insensé pour parler ainsi de moi et de tous tant que vous êtes.

L'AMI D'APOLLODORE.

Une autre fois nous traiterons cette question. Souvenez-vous maintenant de votre promesse, et redites-nous les discours qui furent tenus chez Agathon.

APOLLODORE.

Les voici; ou plutôt il vaut mieux vous faire cette narration de la même manière qu'Aristodème me l'a faite :

« Je rencontrai Socrate, me disoit-il, qui sortoit du bain, et qui étoit chaussé plus proprement qu'à son ordinaire. Je lui demandai où il alloit si propre et si beau : « Je vais souper chez Agathon, me ré-
« pondit-il. J'évitai de me trouver hier à la fête de
« son sacrifice, parceque je craignois la foule; mais
« je lui promis en récompense que je serois du len-
« demain, qui est aujourd'hui. Voilà pourquoi vous
« me voyez si paré. Je me suis fait beau pour aller
« chez un beau garçon. Mais vous, Aristodème,
« seriez-vous d'humeur à venir aussi, quoique vous
« ne soyez point prié ? »

« Je ferai, lui dis-je, ce que vous voudrez. »

« Venez, dit-il, et montrons, quoi qu'en dise le
« proverbe, qu'un galant homme peut aller souper
« chez un galant homme sans en être prié. J'ac-
« cuserois volontiers Homère d'avoir péché contre
« ce proverbe, lorsqu'après nous avoir représenté
« Agamemnon comme un grand homme de guerre,

« et Ménélas comme un médiocre guerrier, il feint
« que Ménélas vient au festin d'Agamemnon sans
« être invité, c'est-à-dire qu'il fait venir un homme
« de peu de valeur chez un brave homme qui ne
« l'attend pas [1]. »

« J'ai bien peur, dis-je à Socrate, que je ne sois
« le Ménélas du festin où vous allez. C'est à vous de
« voir comment vous vous défendrez : car pour moi,
« je dirai franchement que c'est vous qui m'avez
« prié. »

« Nous sommes deux, répondit Socrate, et nous
« étudierons en chemin ce que nous aurons à dire.
« Allons seulement. »

« Nous allâmes vers le logis d'Agathon, en nous entretenant de la sorte. Mais à peine eûmes-nous avancé quelques pas, que Socrate devint tout pensif, et demeura en la même place sans bouger. Je m'arrêtois pour l'attendre ; mais il me dit d'aller toujours devant, et qu'il me suivroit. Je trouvai la porte ouverte ; et il m'arriva même une assez plaisante aventure. Un esclave d'Agathon me mena sur-le-champ dans la salle où étoit la compagnie, qui étoit déja à table, et qui attendoit que l'on servît. Agathon s'écria en me voyant :

« O Aristodème, soyez le bien venu si vous venez
« pour souper ! Que si c'est pour affaires, je vous
« prie, remettons les affaires à un autre jour. Je
« vous cherchai hier par-tout pour vous prier d'être
« des nôtres. Mais que fait Socrate ? »

---

[1] *Iliade*, chap. II.

« Alors je me retournai, croyant certainement que Socrate me suivoit. Je fus bien surpris de ne voir personne. Je dis que j'étois venu avec lui, et qu'il m'avoit même invité.

« Vous avez bien fait de venir, reprit Agathon ;
« mais où est-il ? »

« Il marchoit sur mes pas, lui répondis-je ; et je
« ne conçois point ce qu'il peut être devenu. »

« Petit garçon, dit Agathon, courez vite voir où est
« Socrate ; dites-lui que nous l'attendons. Et vous,
« Aristodème, placez-vous à côté d'Éryximaque. »

« Un esclave eut ordre de me laver les pieds ; et cependant celui qui étoit sorti revint annoncer qu'il avoit trouvé Socrate sur la porte de la maison voisine, mais qu'il n'avoit point voulu venir, quelque chose qu'on lui eût pu dire.

« Vous me dites là une chose étrange, dit Aga-
« thon ! Retournez, et ne le quittez point qu'il ne
« soit entré. »

« Non, non, dis-je alors, ne le détournez point :
« il lui arrive assez souvent de s'arrêter ainsi, en
« quelque endroit qu'il se trouve. Vous le verrez
« bientôt, si je ne me trompe : il n'y a qu'à le lais-
« ser faire. »

« Puisque c'est là votre avis, dit Agathon, je m'y
« rends. Et vous, mes enfants, apportez-nous donc
« à manger ; donnez-nous ce que vous avez ; on vous
« abandonne l'ordonnance du repas, c'est un soin
« que je n'ai jamais pris ; ne regardez ici votre maître
« que comme s'il étoit du nombre des conviés. Faites

« tout de votre mieux, et tirez-vous-en à votre hon-
« neur. »

« On servit. Nous commençâmes à souper, et Socrate ne venoit point. Agathon perdoit patience, et vouloit à tout moment qu'on l'appelât; mais j'empêchois toujours qu'on ne le fît. Enfin, il entra comme on avoit à moitié soupé. Agathon, qui étoit seul sur un lit au bout de la table, le pria de se mettre auprès de lui.

« Venez, dit-il, Socrate, venez, que je m'approche
« de vous le plus que je pourrai, pour tâcher d'avoir
« ma part des sages pensées que vous venez de trou-
« ver ici près : car je m'assure que vous avez trouvé
« ce que vous cherchiez : autrement vous y seriez
« encore. »

« Quand Socrate se fut assis : « Plût à Dieu, dit-il,
« que la sagesse, bel Agathon, fût quelque chose
« qui se pût verser d'un esprit dans un autre, comme
« l'eau se verse d'un vaisseau plein dans un vaisseau
« vide ! Ce seroit à moi de m'estimer heureux d'être
« auprès de vous, dans l'espérance que je pourrois
« me remplir de l'excellente sagesse dont vous êtes
« plein : car pour la mienne, c'est une espéce de
« sagesse bien obscure et bien douteuse : ce n'est
« qu'un songe; la vôtre, au contraire, est une sa-
« gesse magnifique, et qui brille aux yeux de tout
« le monde : témoin la gloire que vous avez acquise
« à votre âge, et les applaudissements de plus de
« trente mille Grecs, qui ont été depuis peu les ad-
« mirateurs de votre sagesse. »

« Vous êtes toujours moqueur, reprit Agathon,
« et vous n'épargnez point vos meilleurs amis. Nous
« examinerons tantôt quelle est la meilleure de votre
« sagesse ou de la mienne; et Bacchus sera notre
« juge : présentement ne songez qu'à souper. »

« Pendant que Socrate soupoit, les autres conviés achevèrent de manger. On en vint aux libations ordinaires, on chanta un hymne en l'honneur du dieu Bacchus; et, après toutes ces petites cérémonies, on parla de boire. Pausanias prit la parole :

« Voyons, nous dit-il, comment nous trouverons
« le secret de nous réjouir. Pour moi, je déclare que
« je suis encore incommodé de la débauche d'hier;
« je voudrois bien qu'on m'épargnât aujourd'hui. Je
« ne doute pas que plusieurs de la compagnie, sur-
« tout ceux qui étoient du festin d'hier, ne deman-
« dent grace aussi bien que moi. Voyons de quelle
« manière nous passerons gaiement la nuit. »

« Vous me faites plaisir, dit Aristophane, de vou-
« loir que nous nous ménagions : car je suis un de
« ceux qui se sont le moins épargnés la nuit passée. »

« Que je vous aime de cette humeur, dit le mé-
« decin Éryximaque! Il reste à savoir dans quelle
« intention se trouve Agathon. »

« Tant mieux pour moi, dit Agathon, si vous
« autres braves vous êtes rendus; tant mieux pour
« Phédre et pour les autres petits buveurs, qui ne
« sont pas plus vaillants que nous. Je ne parle pas
« de Socrate, il est toujours prêt à faire ce qu'on
« veut. »

« Mais, reprit Éryximaque, puisque vous êtes
« d'avis de ne point pousser la débauche, j'en serai
« moins importun, si je vous remontre le danger
« qu'il y a de s'enivrer. C'est un dogme constant
« dans la médecine, que rien n'est plus pernicieux
« à l'homme que l'excès du vin : je l'éviterai toujours
« tant que je pourrai, et jamais je ne le conseillerai
« aux autres, sur-tout quand ils se sentiront encore
« la tête pesante du jour de devant. »

« Vous savez, lui dit Phédre en l'interrompant,
« que je suis volontiers de votre avis, sur-tout quand
« vous parlez médecine ; mais vous voyez heureu-
« sement que tout le monde est raisonnable aujour-
« d'hui. »

« Il n'y eut personne qui ne fût de ce sentiment.
On résolut de ne point s'incommoder, et de ne boire
que pour son plaisir.

« Puisqu'ainsi est, dit Éryximaque, qu'on ne for-
« cera personne, et que nous boirons à notre soif,
« je suis d'avis, premièrement, que l'on renvoie
« cette joueuse de flûte ; qu'elle s'en aille jouer là-
« dehors tant qu'elle voudra, si elle n'aime mieux
« entrer où sont les dames, et leur donner cet amu-
« sement. Quant à nous, si vous m'en croyez, nous
« lierons ensemble quelque agréable conversation.
« Je vous en proposerai même la matière, si vous le
« voulez. »

« Tout le monde ayant témoigné qu'il feroit plaisir à la compagnie, Éryximaque continua ainsi :

« Je commencerai par ce vers de la Ménalippe

« d'Euripide [1] : *Les paroles que vous entendez, ce ne
« sont point les miennes :* ce sont celles de Phèdre.
« Car Phèdre m'a souvent dit avec une espèce d'in-
« dignation : « O Éryximaque! n'est-ce pas une chose
« étrange que, de tant de poëtes qui ont fait des
« hymnes et des cantiques en l'honneur de la plu-
« part des dieux, aucun n'ait fait un vers à la louange
« de l'Amour, qui est pourtant un si grand dieu? Il
« n'y a pas jusqu'aux sophistes, qui composent tous
« les jours de grands discours à la louange d'Hercule
« et des autres demi-dieux. Passe pour cela. J'ai
« même vu un livre qui portoit pour titre : *L'Éloge*
« *du Sel,* où le savant auteur exagéroit les merveil-
« leuses qualités du sel, et les grands services qu'il
« rend à l'homme. En un mot, vous verrez qu'il n'y
« a presque rien au monde qui n'ait eu son panégy-
« rique. Comment se peut-il donc faire que, parmi
« cette profusion d'éloges, on ait oublié l'Amour,
« et que personne n'ait entrepris de louer un dieu
« qui mérite tant d'être loué? » Pour moi, continua
« Éryximaque, j'approuve l'indignation de Phèdre.
« Il ne tiendra pas à moi que l'Amour n'ait son éloge
« comme les autres. Il me semble même qu'il siéroit
« très bien à une si agréable compagnie de ne se
« point séparer sans avoir honoré l'Amour. Si cela
« vous plaît, il ne faut point chercher d'autre sujet
« de conversation. Chacun prononcera son discours
« à la louange de l'Amour. On fera le tour, à com-

---

[1] Cette tragédie d'Euripide est perdue.

« mencer par la droite. Ainsi, Phédre parlera le
« premier, puisque c'est son rang, et puisqu'aussi
« bien il est le premier auteur de la pensée que je
« vous propose. »

« Je ne doute pas, dit Socrate, que l'avis d'Éryxi-
« maque ne passe ici tout d'une voix. Je sais bien
« au moins que je ne m'y opposerai pas, moi qui
« fais profession de ne savoir que l'amour. Je m'as-
« sure qu'Agathon ne s'y opposera pas non plus, ni
« Pausanias, ni encore moins Aristophane, lui qui
« est tout dévoué à Bacchus et à Vénus. Je puis
« également répondre du reste de la compagnie,
« quoique, à dire vrai, la partie ne soit pas égale
« pour nous autres, qui sommes assis les derniers.
« En tous cas, si ceux qui nous précédent font bien
« leur devoir, et épuisent la matière, nous en serons
« quittes pour leur donner notre approbation. Que
« Phédre commence donc, à la bonne heure, et qu'il
« loue l'Amour. »

« Le sentiment de Socrate fut généralement suivi. De vous rendre ici mot à mot tous les discours que l'on prononça, c'est ce que vous ne devez pas attendre de moi : Aristodème, de qui je les tiens, n'ayant pu me les rapporter si parfaitement, et moi-même ayant laissé échapper quelque chose du récit qu'il m'en a fait ; mais je vous redirai l'essentiel. Voici donc à-peu-près, selon lui, quel fut le discours de Phédre :

DISCOURS DE PHÈDRE [1].

« C'est un grand dieu que l'Amour, et véritablement digne d'être honoré des dieux et des hommes. Il est admirable par beaucoup d'endroits, mais surtout à cause de son ancienneté ; car il n'y a point de dieu plus ancien que lui. En voici la preuve : on ne sait point quel est son père ni sa mère, ou plutôt il n'en a point. Jamais poëte, ni aucun autre homme, ne les a nommés. Hésiode, après avoir d'abord parlé du chaos, ajoute :

> La terre au large sein, le fondement des cieux,
> Après elle l'Amour, le plus charmant des dieux.

Hésiode, par conséquent, fait succéder au chaos la Terre et l'Amour. Parménide a écrit que l'Amour est sorti du chaos :

> L'Amour fut le premier enfanté de son sein.

« Acusilaüs a suivi le sentiment d'Hésiode. Ainsi, d'un commun consentement, il n'y a point de dieu qui soit plus ancien que l'Amour. Mais c'est même de tous les dieux celui qui fait le plus de bien aux hommes ; car quel plus grand avantage peut arriver à une jeune personne que d'être aimée d'un homme vertueux ; et à un homme vertueux que d'aimer une

---

[1] Phèdre : c'est le même qui a donné son nom au dialogue de Platon, intitulé ΦΑΙΔΡΟΣ Η ΠΕΡΙ ΚΑΛΟΥ (Phèdre, ou du Beau.) (G.)

jeune personne qui a de l'inclination pour la vertu ? Il n'y a ni naissance, ni honneurs, ni richesses, qui soient capables, comme un honnête amour, d'inspirer à l'homme ce qui est le plus nécessaire pour la conduite de sa vie : je veux dire la honte du mal, et une véritable émulation pour le bien. Sans ces deux choses, il est impossible que ni un particulier, ni même une ville, fasse jamais rien de beau ni de grand. J'ose même dire que, si un homme qui aime avoit ou commis une mauvaise action, ou enduré un outrage sans le repousser, il n'y auroit ni père, ni parent, ni personne au monde, devant qui il eût tant de honte de paraître que devant ce qu'il aime. Il en est de même de celui qui est aimé. Il n'est jamais si confus que lorsqu'il est surpris en quelque faute par celui dont il est aimé. Disons donc que, si par quelque enchantement une ville ou une armée pouvoit n'être composée que d'amants, il n'y auroit point de félicité pareille à celle d'un peuple qui auroit tout ensemble et cette horreur pour le vice, et cet amour pour la vertu. Des hommes ainsi unis, quoiqu'en petit nombre, pourroient, s'il faut ainsi dire, vaincre le monde entier ; car il n'y a point d'honnête homme qui osât jamais se montrer devant ce qu'il aime, après avoir abandonné son rang ou jeté ses armes, et qui n'aimât mieux mourir mille fois que de laisser ce qu'il aime dans le péril : ou plutôt il n'y a point d'homme si timide qui ne devînt alors comme le plus brave, et que l'amour ne transportât hors de lui-même. On lit dans Homère que les dieux inspiroient l'audace à quelques uns de ses héros ; c'est ce qu'on peut dire de l'Amour, plus justement que d'aucun des dieux. Il n'y a que parmi les amants que l'on sait mourir l'un pour l'autre.

« Non seulement des hommes, mais des femmes même, ont donné leur vie pour sauver ce qu'elles aimoient. La Grèce parlera éternellement d'Alceste, fille de Pélias : elle donna sa vie pour son époux, qu'elle aimoit, et il ne se trouva qu'elle qui osât mourir pour lui, quoiqu'il eût son père et sa mère. L'amour de l'amante surpassa de si loin leur amitié, qu'elle les déclara, pour ainsi dire, des étrangers à l'égard de leur fils ; il sembloit qu'ils ne lui fussent proches que de nom. Aussi, quoiqu'il se soit fait dans le monde un grand nombre de belles actions, celle d'Alceste a paru si belle aux dieux et aux hommes, qu'elle a mérité une récompense qui n'a été accordée qu'à un très petit nombre de personnes. Les dieux, charmés de son courage, l'ont rappelée à la vie : tant il est vrai qu'un amour noble et généreux se fait estimer des dieux mêmes !

« Ils n'ont pas ainsi traité Orphée : ils l'ont renvoyé des enfers, sans lui accorder ce qu'il demandoit. Au lieu de lui rendre sa femme qu'il venoit chercher, ils ne lui en ont montré que le fantôme ; car il manqua de courage, comme un musicien qu'il étoit. Au lieu d'imiter Alceste, et de mourir pour ce qu'il aimoit, il usa d'adresse, et chercha l'invention de descendre vivant aux enfers. Les dieux, indignés de sa lâcheté, ont permis enfin qu'il pérît par la main des femmes.

« Combien, au contraire, ont-ils honoré le vaillant Achille? Thétis, sa mère, lui avoit prédit que, s'il tuoit Hector, il mourroit aussitôt après; mais que, s'il vouloit ne le point combattre, et s'en retourner dans la maison de son père, il parviendroit à une longue vieillesse. Cependant Achille ne balança point; il préféra la vengeance de Patrocle à sa propre vie : il voulut non seulement mourir pour son ami, mais même mourir sur le corps de son ami. Aussi les dieux l'ont-ils honoré par-dessus tous les autres hommes, et lui ont su bon gré d'avoir sacrifié sa vie pour celui dont il étoit aimé.

« Eschyle se moque de nous, quand il nous dit que c'étoit Patrocle qui étoit l'aimé. Achille étoit le plus beau des Grecs, et par conséquent plus beau que Patrocle. Il étoit tout jeune, et plus jeune que Patrocle, comme dit Homère. Mais véritablement si les dieux approuvent ce que l'on fait pour ce qu'on aime, ils estiment, ils admirent, ils récompensent tout autrement ce que l'on fait pour la personne dont on est aimé. En effet, celui qui aime est quelque chose de plus divin que celui qui est aimé; car il est possédé d'un dieu : de là vient qu'Achille a été encore mieux traité qu'Alceste, puisque les dieux l'ont envoyé, après sa mort, dans les îles des bienheureux.

« Je conclus que, de tous les dieux, l'Amour est le plus ancien, le plus auguste, et le plus capable de rendre l'homme vertueux durant sa vie, et heureux après sa mort. »

« Phédre finit de la sorte. Aristodème passa par-dessus quelques autres dont il avoit oublié les discours, et il vint à Pausanias, qui parla ainsi :

DISCOURS DE PAUSANIAS.

« Je n'approuve point, ô Phédre, la simple proposition qu'on a faite de louer l'Amour; cela seroit bon s'il n'y avoit qu'un Amour. Mais, comme il y en a plus d'un, je voudrois qu'on eût marqué, avant toutes choses, quel est celui que l'on doit louer. C'est ce que je vais essayer de faire. Je dirai quel est cet Amour qui mérite qu'on le loue, et je le louerai le plus dignement que je pourrai.

« Il est constant que Vénus ne va point sans l'Amour. S'il n'y avoit qu'une Vénus, il n'y auroit qu'un Amour; mais puisqu'il y a deux Vénus, il faut nécessairement qu'il y ait aussi deux Amours. Qui doute qu'il y ait deux Vénus? L'une ancienne fille du ciel, et qui n'a point de mère; nous la nommons *Vénus Uranie*. L'autre, plus moderne, fille de Jupiter et de Dioné; nous l'appelons *Vénus Populaire*. Il s'ensuit que de deux Amours, qui sont les ministres de ces deux Vénus, il faut nommer l'un céleste, et l'autre populaire. Or, tous les dieux, à la vérité, sont dignes d'être honorés; mais distinguons bien les fonctions de ces deux Amours.

Toute action est de soi indifférente, comme ce

que nous faisons présentement, boire, manger, discourir. Aucune de ces actions n'est ni bonne ni mauvaise par elle-même ; mais elle peut devenir bonne ou mauvaise par la manière dont on la fait. Elle devient honnête si on la fait selon les régles de l'honnêteté, et vicieuse si on la fait contre ces régles. Il en est de même de l'amour : tout amour, en général, n'est point louable ni vertueux, mais seulement celui qui fait que nous aimons vertueusement.

« L'Amour de la Vénus populaire inspire des passions basses et populaires : c'est proprement l'amour qui régne parmi les gens du commun. Ils aiment sans choix, plutôt les femmes que les hommes, plutôt le corps que l'esprit ; et même entre les esprits, ils s'accommodent mieux des moins raisonnables, car ils n'aspirent qu'à la jouissance ; pourvu qu'ils y parviennent, il ne leur importe par quels moyens. De là vient qu'ils s'attachent à tout ce qui se présente, bon ou mauvais : car ils suivent la Vénus populaire qui, parcequ'elle est née du mâle et de la femelle, joint aux bonnes qualités de l'un les imperfections de l'autre.

« Pour la Vénus Uranie, elle n'a point eu de mère, et par conséquent il n'y a rien de foible en elle. De plus, elle est ancienne, et n'a point l'insolence de la jeunesse. Or, l'Amour céleste est parfait comme elle. Ceux qui sont possédés de cet Amour ont les inclinations généreuses : ils cherchent une autre volupté que celle des sens ; il faut une belle ame et un beau naturel pour leur plaire et pour les toucher ; on reconnoît dans leur choix la noblesse de l'Amour qui les inspire; ils s'attachent, non point à une trop grande jeunesse, mais à des personnes qui sont capables de se gouverner : car ils ne s'engagent point dans la pensée de mettre à profit l'imprudence d'une personne qu'ils auront surprise dans sa première innocence, pour la laisser aussitôt après, et pour courir à quelqu'autre; mais ils se lient dans le dessein de ne se plus séparer, et de passer toute leur vie avec ce qu'ils aiment. Il seroit effectivement à souhaiter qu'il y eût une loi par laquelle il fût défendu d'aimer des personnes qui n'ont pas encore toute leur raison, afin qu'on ne donnât point son temps à une chose si incertaine : car, qui sait ce que deviendra un jour cette trop grande jeunesse, quel pli prendront et le corps et l'esprit, de quel côté ils tourneront, vers le vice ou vers la vertu? Les gens sages s'imposent eux-mêmes une loi si juste. Mais il faudroit la faire observer rigoureusement par les amants populaires dont nous parlions, et leur défendre ces sortes d'engagements comme on leur défend l'adultère. Ce sont eux qui ont déshonoré l'Amour; ils ont fait dire qu'il étoit honteux de bien traiter un amant; leur indiscrétion et leur injustice ont seules donné lieu à une semblable opinion, qui, à la prendre en général, est très fausse, puisque rien de ce qui se fait par des principes de sagesse et d'honneur ne sauroit être honteux.

« Il n'est pas difficile de connaître l'opinion que les hommes ont de l'Amour dans tous les pays de la terre, car la loi est claire et simple. Il n'y a que les seules villes d'Athènes et de Lacédémone où la loi est difficile à entendre, où elle est sujette à explication. Dans l'Élide, par exemple, et dans la Béotie, où les esprits sont pesants, et où l'éloquence n'est pas ordinaire, il est dit simplement qu'il est permis d'aimer qui nous aime. Personne ne va parmi eux à l'encontre de cette ordonnance, ni jeunes ni vieux; il faut croire qu'ils ont ainsi autorisé l'amour pour en aplanir les difficultés, et afin qu'on n'ait pas besoin, pour se faire aimer, de recourir à des artifices que la nature leur a refusés.

« Les choses vont autrement dans l'Ionie, et dans tous les pays soumis à la domination des barbares: car là on déclare infame toute personne qui souffre un amant. On traite sur un même pied l'amour, la philosophie, et tous les exercices dignes d'un honnête homme. D'où vient cela? C'est que les tyrans n'aiment point à voir qu'il s'élève de grands courages, ou qu'il se lie dans leurs états des amitiés trop fortes : or, c'est ce que l'amour sait faire parfaitement. Les tyrans d'Athènes en firent autrefois l'expérience: l'amitié violente d'Harmodius et d'Aristogiton renversa la tyrannie dont Athènes étoit opprimée. Il est donc visible que, dans les états où il est honteux d'aimer qui nous aime, cette trop grande sévérité vient de l'injustice de ceux qui gouvernent, et de la lâcheté de ceux qui sont gouvernés; mais que dans les pays, au contraire, où il est honnête de rendre amour pour amour, cette indulgence est un effet de la grossièreté des peuples qui ont craint les difficultés.

« Tout cela est bien plus sagement ordonné parmi nous. Mais, comme j'ai dit, il faut bien examiner l'ordonnance pour la concevoir : car, d'un côté, on dit qu'il est plus honnête d'aimer aux yeux de tout le monde que d'aimer en cachette, sur-tout quand on aime des personnes qui ont elles-mêmes de l'honneur et de la vertu, et encore plus quand la beauté du corps ne se rencontre point dans ce qu'on aime. Tout le monde s'intéresse pour la prospérité d'un homme qui aime; on l'encourage; ce qu'on ne feroit point si l'on croyoit qu'il ne fût pas honnête d'aimer. On l'estime quand il a réussi dans son amour; on le méprise quand il n'a pas réussi. On permet à son amant de se servir de mille moyens pour parvenir à son but; et il n'y a pas un seul de ces moyens qui ne fût capable de le perdre dans l'esprit de tous les honnêtes gens, s'il s'en servoit pour toute autre chose que pour se faire aimer : car si un homme, dans le dessein de s'enrichir, ou d'obtenir une charge, ou de se faire quelqu'autre établissement de cette nature, osoit avoir pour un grand seigneur la moindre des complaisances qu'un amant a pour ce qu'il aime; s'il employoit les mêmes supplications, s'il avoit la même assiduité, s'il faisoit les mêmes serments, s'il couchoit à sa porte, s'il descendoit à mille bassesses où un esclave auroit honte de descendre, il n'auroit ni un ennemi ni un ami qui le laissât en repos : les uns lui reprocheroient publiquement sa turpitude, ses bassesses; les autres en rougiroient, et s'efforceroient de l'en corriger. Cependant tout cela sied merveilleusement à un homme qui aime; tout lui est permis : non seulement ses bassesses ne le déshonorent pas, mais on l'en estime comme un homme qui fait très bien son devoir. Et ce qui est de plus merveilleux, c'est qu'on veut que les amants soient les seuls parjures que les dieux ne punissent point; car on dit que les serments n'engagent point en amour : tant il est vrai que les hommes et les dieux donnent tout pouvoir à un amant ! Il n'y a donc personne qui là-dessus ne demeure persuadé qu'il est très louable, en cette ville, et d'aimer et de vouloir du bien à ceux qui nous aiment.

« Mais ne croira-t-on pas le contraire, si l'on regarde, d'un autre côté, avec quel soin un père met auprès de ses enfants une personne qui veille sur eux, et que le plus grand soin de ces personnes est d'empêcher qu'ils ne parlent à ceux qui les aiment? S'il arrive même qu'on les voie entretenir de pareils commerces, tous leurs camarades les accablent de railleries; et les gens plus âgés ni ne s'opposent à ces railleries, ni ne querellent ceux qui les font. Encore une fois, à examiner cet usage de notre ville, ne croira-t-on pas que nous sommes dans un pays où il y a de la honte à aimer et à se laisser aimer? Voici comme il faut accorder toutes ces contrariétés. L'amour, comme je disois d'abord, n'est de soi-même ni bon ni mauvais; il est louable, si l'on aime avec honneur; il est condamnable, si l'on aime contre les règles de l'honnêteté. Il y a de la honte à se laisser vaincre à l'amour d'un malhonnête homme ; il y a de l'honneur à se rendre à l'amitié d'un homme qui a de la vertu. J'appelle malhonnête homme, cet amant populaire qui aime le corps plutôt que l'esprit; son amour ne sauroit être de durée, car il aime une beauté qui ne dure point; dès que la fleur de cette beauté est passée, vous le voyez qui s'envole ailleurs, sans se souvenir de ses beaux discours et de toutes ses belles promesses. Il n'en est pas ainsi de l'amant honnête : comme il s'est épris d'une belle ame, son amitié est immortelle, car ce qu'il aime est solide et ne périt point.

« Telle est donc l'intention de la loi qui est établie parmi nous : elle veut qu'on examine avant de s'engager, et qu'on honore ceux qui aiment pour la vertu, tandis qu'on aura en horreur ceux qui ne recherchent que la volupté; elle encourage les jeunes gens à se donner aux premiers et à fuir les autres ; elle examine quelle est l'intention de celui qui aime, et quel est le motif de celui qui se laisse aimer. Il s'ensuit de là qu'il y a de la honte à s'engager légèrement; car il n'y a que le temps qui découvre le secret des cœurs.

« Il est encore honteux de céder à un homme riche, ou à un homme qui est dans une grande fortune, soit qu'on se rende par timidité, ou qu'on se laisse éblouir par l'argent, ou par l'espérance d'entrer dans les charges : car, outre que des raisons de cette nature ne peuvent jamais lier une amitié véritable et généreuse, elles portent d'ailleurs sur des fondements trop peu durables.

« Reste un seul motif, pour lequel, selon l'esprit de notre loi, on peut accorder son amitié à celui qui la demande : car, tout de même que les bassesses et la servitude volontaire d'un homme qui aspire à se faire aimer ne lui sont point odieuses, et ne lui sont point reprochées, aussi y a-t-il une espèce de servitude volontaire qui ne peut jamais être blâmée: c'est celle où l'on s'engage pour la vertu. Tout le monde s'accorde en ce point, que si un homme s'attache à en servir un autre, dans l'espérance de devenir honnête homme par son moyen, d'acquérir la sagesse, ou quelque autre partie de la vertu, cette servitude n'est point honteuse, et ne s'appelle point une bassesse.

« Il faut que l'amour se traite comme la philosophie, et que les lois de l'un soient les mêmes que les lois de l'autre, si l'on veut qu'il soit honnête de favoriser celui qui nous aime; car si l'amant et l'aimé s'aiment tous deux à ces conditions, savoir, que l'amant, en reconnoissance des honnêtes faveurs de celui qui l'aime, sera prêt à lui rendre tous les services qu'il pourra lui rendre avec honneur; que l'aimé, de son côté, pour reconnoître le soin que son amant aura pris de le rendre sage et vertueux, aura pour lui toutes les complaisances que l'honneur lui permettra; et si l'amant est véritablement capable d'inspirer la vertu et la prudence à ce qu'il aime, et que l'aimé ait un véritable desir de se faire instruire;

si, dis-je, toutes ces conditions se rencontrent, c'est alors uniquement qu'il est honnête d'aimer qui nous aime.

« L'amour ne peut point être permis pour quelque autre raison que ce soit. Alors il n'est point honteux d'être trompé; par-tout ailleurs il y a de la honte, soit qu'on soit trompé, soit qu'on ne le soit point : car si, dans l'espérance du gain, on s'abandonne à un amant que l'on croyoit riche, et qu'on reconnoisse que cet amant est pauvre en effet, et qu'il ne peut tenir parole, la honte est égale de part et d'autre. On a découvert ce que l'on étoit, et on a montré que, pour le gain, on pouvoit tout faire pour tout le monde. Et qu'y a-t-il de plus éloigné de la vertu que ce sentiment? Au contraire, si, après s'être confié à un amant que l'on auroit cru honnête homme, dans l'espérance d'acquérir la vertu par le moyen de son amitié, on vient à reconnoître que cet amant n'est point honnête homme, et qu'il est lui-même sans vertu, il n'y a point de déshonneur à être trompé de la sorte; car on a fait voir le fond de son cœur, on a montré que, pour la vertu, et dans l'espérance de parvenir à une plus grande perfection, on étoit capable de tout entreprendre; et il n'y avoit rien de plus glorieux que d'avoir cette passion pour la vertu.

« Il s'ensuit donc qu'il est beau d'aimer pour la vertu. C'est cet amour qui fait la Vénus céleste, et qui est céleste lui-même, utile aux particuliers et aux républiques, et digne de leur principale étude, qui oblige l'amant et l'aimé de veiller sur eux-mêmes, et d'avoir soin de se rendre mutuellement vertueux. Tous les autres amours appartiennent à la Vénus populaire.

« Voilà, ô Phédre, tout ce que j'avois à vous dire présentement sur l'amour. »

Pausanias ayant fait ici une pause (car voilà de ces allusions que nos sophistes enseignent), c'étoit à Aristophane à parler; mais il en fut empêché par un hoquet qui lui étoit survenu, apparemment pour avoir trop mangé. Il s'adressa donc à Éryximaque, médecin, auprès de qui il étoit, et lui dit:

« Il faut ou que vous me délivriez de ce hoquet,
« ou que vous parliez pour moi jusqu'à ce qu'il ait
« cessé. »

« Je ferai l'un et l'autre, répondit Éryximaque;
« car je vais parler à votre place, et vous parlerez à
« la mienne quand votre incommodité sera finie:
« elle le sera bientôt, si vous voulez retenir votre
« haleine, et vous gargariser la gorge avec de l'eau.
« Il y a encore un autre remède qui fait cesser infail-
« liblement le hoquet, quelque violent qu'il puisse
« être, c'est de se procurer l'éternuement en se frot-
« tant le nez une ou deux fois. »

« J'aurai exécuté vos ordonnances, dit Aristo-
« phane, avant que votre discours soit achevé. Com-
« mencez. »

ICI FINIT LA TRADUCTION
DU BANQUET DE PLATON PAR RACINE.

FRAGMENTS

DU PREMIER LIVRE

DE LA POÉTIQUE D'ARISTOTE [1].

. . . .
. . . .

La tragédie est donc l'imitation d'une action grave et complète, et qui a sa juste grandeur. Cette imitation se fait par un discours, un style composé pour le plaisir, de telle sorte que chacune des parties qui la composent subsiste et agisse séparément et distinctement. Elle ne se fait point par récit, mais par une représentation vive, qui, excitant la pitié et la terreur, purge et tempère ces sortes de passions : c'est-à-dire [2] qu'en émouvant ces passions elle leur ôte ce qu'elles ont d'excessif et de vicieux, et les ramène à un état modéré et conforme à la raison.

---

[1] Ces passages étoient écrits de la main de Racine sur les marges du Commentaire de la Poétique d'Aristote par Victorius. Louis Racine déposa cet exemplaire à la bibliothèque du Roi, et ils sont publiés ici pour la seconde fois.

[2] Ceci est un commentaire que Racine a cru devoir ajouter au texte d'Aristote. Le style de ce philosophe étant très concis, Racine s'est permis quelques paraphrases en faveur de la clarté. (G.)

J'appelle discours composé pour le plaisir, un discours qui marche avec cadence, harmonie, et mesure. Et quand je dis que chacune des parties doit agir séparément, je veux dire qu'il y a des choses qui se représentent par les vers tout seuls, et d'autres par le chant.

Or, puisque c'est en agissant que se fait l'imitation, il faut d'abord poser qu'il y a une des parties de la tragédie qui n'est que pour les yeux (comme la décoration, les habits, etc.); ensuite il y a le chant et la diction : car c'est avec ces choses qu'on imite. J'appelle diction la composition des vers; et pour le chant, il s'entend assez sans qu'il soit besoin de l'expliquer.

La tragédie est l'imitation d'une action. Or, toute action suppose des gens qui agissent, et les gens qui agissent ont nécessairement un caractère, c'est-à-dire des mœurs et des inclinations qui les font agir : car ce sont les mœurs et l'inclination, c'est-à-dire la disposition de l'esprit, qui rendent les actions telles ou telles; et par conséquent les mœurs et le sentiment, ou la disposition de l'esprit, sont les deux principes des actions. Ajoutez que c'est par ces deux choses que tous les hommes viennent ou ne viennent pas à bout de leurs desseins et de ce qu'ils souhaitent.

La fable est proprement l'imitation de l'action. J'entends par le mot de fable le tissu ou le contexte des affaires. Les mœurs, ou autrement le caractère, c'est ce qui rend un homme tel ou tel, c'est-à-dire bon ou méchant; et le sentiment marque la disposition de l'esprit, lorsqu'il se déclare par des paroles, qui font connaître dans quels sentiments nous sommes.

Il faut donc nécessairement qu'il y ait six parties de la tragédie, lesquelles constituent sa nature et son essence : la fable, les mœurs, la diction, le sentiment, la décoration et tout ce qui est pour les yeux, et le chant : car il y a deux choses par lesquelles on imite, qui sont le chant et la diction, une manière d'imiter, qui est la représentation du théâtre, c'est-à-dire la décoration, les habits, le geste, etc.; et il y a trois choses qu'on imite, au-delà desquelles il n'y a rien de plus, c'est-à-dire l'action, les mœurs, et les sentiments. . . . . . .
. . . .
. . . .

Un tout est ce qui a un commencement, un milieu, et une fin. Le commencement est ce qui n'est point obligé d'être après une autre chose, et après quoi il y a ou il y doit avoir d'autres choses. La fin, au contraire, est ce qui est nécessairement ou qui a coutume d'être après une autre chose, et après quoi il n'y a plus rien. Le milieu est ce qui est après une autre chose, et après quoi il y a encore d'autres choses.

Il faut qu'une fable bien constituée ne commence et ne finisse point au hasard, mais qu'elle soit selon les règles que nous en venons de donner. . . . . .
. . . .
. . . .

Voilà pourquoi la poésie est quelque chose de plus philosophique et de plus parfait que l'histoire. La poésie est occupée autour du général, et l'histoire ne regarde que le détail. J'appelle le général ce qu'il est convenable qu'un tel homme dise ou fasse vraisemblablement ou nécessairement : et c'est là ce que traite la poésie, jetant son idée sur les noms qui lui plaisent, c'est-à-dire empruntant les noms de tels ou de tels pour les faire agir ou parler selon son idée. L'histoire, au contraire, ne traite que le détail ; par exemple, ce qu'a fait Alcibiade, ou ce qui lui est arrivé. . . . .
. . . .
. . . .

Le prologue est toute cette partie de la tragédie qui précède l'entrée du chœur. L'épisode est toute cette partie de la tragédie qui est entre deux cantiques du chœur ; l'exode, toute cette partie de la tragédie après laquelle le chœur ne chante plus. Les parties du chœur sont, 1° l'entrée, πάροδος, c'est-à-dire lorsque le chœur parle tout entier la première fois ; la seconde, le repos, στάσιμον, c'est-à-dire ce chant du chœur qui est sans anapeste et sans trochée, et où le chœur demeure fixe en sa place ; et enfin la lamentation, κόμμος, ce chant lugubre du chœur et des acteurs ensemble. . . . .
. . . .
. . . .

Puis donc qu'il faut que la constitution d'une excellente tragédie soit, non pas simple, mais composée, et pour ainsi dire nouée, et qu'elle soit une imitation de choses terribles et dignes de compassion (car c'est là le propre de la tragédie), il est clair, premièrement, qu'il ne faut point introduire des hommes vertueux qui tombent du bonheur dans le malheur : car cela ne seroit ni terrible ni digne de compassion, mais bien cela seroit détestable et digne d'indignation.

Il ne faut pas non plus introduire un méchant homme qui, de malheureux qu'il étoit, devienne heureux : car il n'y a rien de plus opposé au but de la tragédie, cela ne produisant aucun des effets qu'elle doit produire ; c'est-à-dire qu'il n'y a rien en cela de naturel ou d'agréable à l'homme, rien qui excite la terreur ni qui émeuve la compassion. Il ne faut pas non plus qu'un très méchant homme tombe du bonheur dans le malheur : car il y a bien à cela quelque chose de juste et de naturel ; mais cela ne peut exciter ni pitié ni crainte : car on n'a pitié que d'un malheureux qui ne mérite point son malheur, et on ne craint que pour ses semblables. Ainsi cet événement ne sera ni terrible ni digne de compassion.

Il faut donc que ce soit un homme qui soit entre les deux, c'est-à-dire qui ne soit point extrêmement juste et vertueux, et qui ne mérite point aussi son malheur par un excès de méchanceté et d'injustice. Mais il faut que ce soit un homme qui, par sa faute, devienne malheureux, et tombe d'une grande félicité et d'un rang très considérable dans une grande

misère : comme OEdipe, Thyeste, et d'autres personnages illustres de ces sortes de familles. . . .
. . . .
. . . .

Puis donc que c'est par l'imitation que le poëte peut produire en nous ce plaisir qui naît de la compassion et de la terreur, il est visible que c'est de l'action et pour ainsi dire du sein de la chose que doit naître ce plaisir.

Voyons maintenant quelles sortes d'événements peuvent produire cette terreur et cette pitié. Il faut de nécessité que ce soient des actions qui se passent entre amis ou entre ennemis, ou entre des gens qui ne soient ni l'un ni l'autre. Si un ennemi tue un ennemi, nous ne ressentons aucune pitié ni à lui voir faire cette action, ni lorsqu'il se prépare à la faire. Il n'y a que le moment même où nous lui voyons répandre du sang, où nous pouvons ressentir cette simple émotion que la nature ressent en voyant tuer un homme. Nous n'aurons point non plus une grande pitié pour des gens indifférents qui voudront se tuer les uns les autres. Il reste donc que ces événements se passent entre des personnes liées ensemble par les nœuds du sang et de l'amitié : comme, par exemple, lorsqu'un frère ou tue ou est près de tuer son frère, un fils son père, une mère son fils, ou un fils sa mère; et ce sont de ces événements que le poëte doit chercher.

On ne peut changer et démentir les fables qui sont reçues : on ne peut point faire, par exemple, que Clytemnestre ne soit point tuée par Oreste ; qu'Ériphile ne soit point tuée par Alcméon. Il faut donc que le poëte ou invente lui-même un sujet nouveau, ou qu'il songe à bien traiter ceux qui sont déja inventés. Expliquons ce que nous entendons par bien traiter. On peut faire, comme faisoient les anciens, que ceux qui agissent, agissent avec connoissance de cause ; comme Euripide fait que Médée tue ses enfants, qu'elle connoît pour ses enfants : ou on peut faire en sorte que ceux qui commettent une action de cette nature la commettent, à la vérité, mais sans savoir ce qu'ils font, et qu'ils reconnoissent ensuite la personne contre qui ils l'ont commise : par exemple, OEdipe dans Sophocle. Il est vrai que, dans cette tragédie, l'action s'est faite hors de la tragédie, c'est-à-dire long-temps avant la reconnoissance : mais, dans la tragédie même, Alcméon, chez le poëte Astydamas, tue sa mère avant que de la connaître; et Télégonus blesse son père avant que de le connaître, dans la tragédie d'Ulysse blessé. Il y a encore une troisième manière, qui est de faire que celui qui va commettre quelque action horrible par ignorance, reconnoisse, avant l'action même, l'horreur de son action. Et il n'y a que ces trois manières ; car il faut de nécessité ou que l'action s'achéve ou qu'elle ne s'achéve point ; et que ceux qui agissent, ou connoissent ou ignorent ce qu'ils veulent faire.

La plus mauvaise de ces trois manières, c'est lorsqu'un homme veut faire une action horrible avec connoissance de cause, et qu'il ne l'achéve pourtant pas : car il n'y a rien en cela que de scélérat, et il n'y a point de tragique, n'y ayant point de sang répandu. Aussi il arrive peu qu'on représente rien de cette nature. On en peut voir un exemple dans l'Antigone, où Hémon veut tuer son père Créon, et ne le tue point. La seconde de ces trois manières, et qui est meilleure que l'autre dont je viens de parler, c'est lorsqu'un homme agit avec connoissance, et qu'il achéve l'action ; mais le meilleur de bien loin, c'est lorsqu'un homme commet quelque action horrible sans savoir ce qu'il fait, et qu'après l'action il vient à reconnoître ce qu'il a fait : car il n'y a rien là de méchant et de scélérat, et cette reconnoissance a quelque chose de terrible et qui fait frémir.

Cette dernière manière est infiniment la meilleure. En voici des exemples : dans le Cresphonte, Mérope, mère de Cresphonte, le veut faire mourir, et ne le tue point, parcequ'elle le reconnoît pour son fils. Dans Iphigénie, la sœur reconnoît son frère, et ne le tue point ; et dans Hellé, le fils reconnoît sa mère au moment qu'il l'alloit livrer.

C'est pour cela que l'on a souvent dit que les tragédies ne mettent sur la scène qu'un petit nombre de familles : car les poëtes qui cherchoient à traiter des actions de cette nature en sont redevables à la fortune, et non pas à leur invention. Ainsi ils sont contraints de revenir à ces mêmes familles, où ces sortes d'événements se sont passés. Voilà tout ce qu'on peut dire de la constitution de l'action et de la fable, et de la nature dont les fables doivent être.

Venons maintenant aux mœurs. Il y a quatre choses qu'il faut y chercher : 1° qu'elles soient bonnes. Un personnage a des mœurs lorsqu'on peut reconnoître, ou par ses actions ou par ses discours, l'inclination et l'habitude qu'il a au vice ou à la vertu. Ses mœurs seront mauvaises si son inclination est mauvaise, et elles seront bonnes si cette inclination est bonne. Les mœurs, ou le caractère, se rencontrent en toutes sortes de conditions : car une femme peut être bonne, un esclave peut l'être aussi, quoique d'ordinaire la femme soit d'une moindre bonté que l'homme, et que l'esclave soit presque absolument mauvais. La seconde qualité que doivent avoir les mœurs, c'est d'être convenables : car la valeur tient rang parmi les mœurs, mais elle ne convient pas aux mœurs d'une femme, qui naturellement n'est point brave et intrépide. Troisièmement, elles doivent être semblables (c'est-à-dire que les personnages qu'on imite doivent avoir au théâtre les mêmes mœurs que l'on sait qu'ils avoient durant leur vie); et cette qualité de semblables est différente des deux premières, qui sont d'être bonnes et convenables. En quatrième lieu, il faut qu'elles soient uniformes : car, quoique le personnage qu'on représente paroisse quelquefois changer de volonté et de discours, il faut néanmoins qu'il soit toujours le même dans le fond, que tout parte d'un même principe, et qu'il soit inégalement égal et uniforme.

On peut apporter pour exemples de mauvaises mœurs qui le sont sans nécessité, le Ménélas de l'Oreste ; de mœurs messéantes, et qui ne conviennent pas au personnage, les lamentations d'Ulysse dans la Scylla, et les discours philosophiques de Ménalippe ; et de mœurs inégales et qui se démentent, l'Iphigénie en Aulide : car Iphigénie timide, et qui a peur de mourir, ne ressemble en rien à l'Iphigénie qui s'offre généreusement à la mort, et qui veut mourir malgré tout le monde.

Or, il faut toujours chercher dans les mœurs, aussi bien que dans la constitution de la fable, ou le nécessaire, ou le vraisemblable : c'est-à-dire qu'il faut que celui qui parle ou qui agit fasse et dise tout nécessairement ou vraisemblablement ; qu'une chose n'arrive point après l'autre que par nécessité, ou parcequ'il est vraisemblable qu'elle arrive ainsi.

Il est donc manifeste que le dénouement de la fable doit être tiré de la fable même, et non point du secours d'une machine, comme dans Médée et dans l'embarquement des Grecs après la prise de Troie. Le secours d'une machine ne peut être bon que pour les choses qui sont hors de la fable, ou qui se sont passées devant la fable (comme sont les choses qu'il est impossible que l'homme sache sans le secours des dieux), ou pour les choses qui doivent arriver après la fable, et qu'on ne peut savoir que par révélation ou par prophétie : car nous accordons aux dieux la connoissance de toutes choses. Il ne faut pas non plus qu'il y ait rien d'absurde et de peu vraisemblable dans l'action ; cela ne se souffre que dans les choses qui sont hors de la tragédie : ce qu'on peut voir dans l'OEdipe de Sophocle [1].

La tragédie étant une imitation des mœurs et des personnes les plus excellentes, il faut que nous fassions comme les bons peintres qui, en gardant la ressemblance dans leurs portraits, peignent en beau ceux qu'ils font ressembler. Ainsi le poëte, en représentant un homme colère ou un homme patient, ou de quelque autre caractère que ce puisse être, doit non seulement les représenter tels qu'ils étoient, mais il les doit représenter dans un tel degré d'excellence, qu'ils puissent servir de modéle ou de colère ou de douceur, ou d'autre chose. C'est ainsi qu'Agathon et Homère ont su représenter Achille.

Le poëte doit observer toutes ces choses, et prendre garde sur-tout de ne rien faire qui choque les sens qui jugent de la poésie, c'est-à-dire les oreilles et les yeux : car il y a plusieurs manières de les choquer ; j'en ai parlé dans d'autres discours où je traite de cette matière.

Nous avons dit ce que c'est que reconnoissance. Il y en a de plusieurs sortes. La première, qui est la plus grossière, et dont la plupart se servent faute d'invention, est celle qui se fait par les signes. De ces signes les uns sont naturels et attachés dès la naissance à la personne, comme cette lance dont

---

[1] Peut-être il veut dire qu'il n'étoit pas vraisemblable que l'on n'eût point fait une recherche plus exacte des meurtriers de Laïus. Cette absurdité se peut souffrir, selon Aristote, parcequ'elle est dans des choses qui précèdent la tragédie. (*Note de Racine.*)

les enfants de la terre sont marqués (c'étoit une famille de Thèbes), ou de petites étoiles, comme dans le Thyeste de Carcinus. Les autres sont acquis et venus depuis; et de ceux-là il y en a qui sont encore attachés au corps de la personne, comme sont les cicatrices; ou sont tout-à-fait extérieurs, comme les colliers, et ce petit berceau dans la Tyro.

On peut faire même de bonnes ou de médiocres reconnoissances avec ces sortes de signes. Ulysse, par exemple, à la faveur de sa cicatrice, est reconnu d'une façon par sa nourrice, et d'une autre façon par les porchers : car il y a moins d'art dans cette dernière, où Ulysse découvre exprès sa cicatrice pour se faire reconnoître et pour vérifier son discours. Au lieu que dans l'autre, c'est sa nourrice qui le reconnoît d'elle-même en voyant cette cicatrice. Ainsi, il n'y a point de dessein dans cette reconnoissance; il y a, au contraire, une surprise qui fait une péripétie; et les reconnoissances de cette nature sont bien meilleures que ces autres qui se font avec dessein. . . . .
. . . .
. . . .

La plus belle des reconnoissances est celle qui, étant tirée du sein même de la chose, se forme peu-à-peu d'une suite vraisemblable des affaires, et excite la terreur et l'admiration : comme celle qui se fait dans l'OEdipe de Sophocle et dans l'Iphigénie : car qu'y a-t-il de plus vraisemblable à Iphigénie, que de vouloir faire tenir une lettre dans son pays?

Ces reconnoissances ont cet avantage par-dessus toutes les autres, qu'elles n'ont point besoin de marques extérieures et inventées par le poëte, de colliers et autres sortes de signes. Les meilleures, après celles-ci, sont celles qui se font par raisonnement. . . . .
. . . .
. . . .

Homère est admirable par beaucoup de choses, mais sur-tout en ce qu'il est le seul des poëtes qui sache parfaitement ce qui convient au poëte ; car le poëte doit rarement parler comme poëte : il n'imite point lorsqu'il parle, mais lorsqu'il fait parler les autres. Tous les autres poëtes parlent par-tout et n'imitent presque jamais. Homère, au contraire, lorsqu'il a dit quelques paroles pour préparer ses personnages, amène aussitôt ou un homme, ou une femme, ou quelqu'autre personnage, qui parlent chacun selon leurs mœurs et leur caractère : car tout a son caractère chez lui, et il n'y a point de personnage sans caractère. . . . .
. . . .
. . . .

On demandera peut-être laquelle imitation est la plus parfaite, ou celle qui se fait par le poëme épique, ou celle qui se fait par la tragédie. Ceux qui donnent l'avantage au poëme épique disent que la meilleure des imitations est celle qui se fait avec le moins d'embarras, et qui ne se propose que les honnêtes gens pour spectateurs. Ils appellent une imitation qui se fait avec embarras, celle qui veut tout imiter, et qui, craignant de n'être pas assez entendue et de ne point faire son effet, s'efforce de s'imprimer elle-même, s'agite, et emprunte le secours du geste et du mouvement des acteurs [1].

Tels sont ces mauvais joueurs de flûte, qui tournent autour d'eux-mêmes pour mieux représenter un disque, une pierre qui tourne, et qui ne se fient pas à la cadence de leur chant, et ceux encore qui, pour exprimer l'action de Scylla qui attire à elle les vaisseaux, attirent à eux celui qui chante auprès d'eux, *soit le maître de musique ou quelqu'autre.*

La tragédie, disent-ils, ressemble en cela aux acteurs modernes, et elle est, à l'égard du poëme épique, ce que ces nouveaux acteurs sont à l'égard des anciens : car Mynisque, ancien acteur, accusant Callipides de faire trop de gestes, l'appeloit un singe. On disoit la même chose du comédien Pindare.

Au lieu que le poëme épique, n'ayant que les hon-

---

[1] Le Commentaire n'a rien entendu à ce passage*. (*Note de Racine.*)

* Cette observation, que Racine a mise en marge, est parfaitement juste; mais lui-même a plutôt paraphrasé que traduit ce passage, dont le texte est obscur et paroît altéré. Voici une traduction plus littérale :

« L'imitation épique vaut-elle mieux que l'imitation tragique? C'est une « question qu'on peut proposer. Si l'imitation la plus simple, la moins « chargée, celle qui n'a pour spectateurs que les honnêtes gens, mérite « la préférence, l'épique doit l'emporter; car l'imitation tragique, qui se « pique de tout imiter, est fort chargée : le poëte s'y donne un grand mou- « vement; et, dans la crainte qu'on n'y soit pas assez sensible, il appellera « à son secours une foule d'ornements (tels que le chant, le geste, les dé- « corations, les costumes, et tous les prestiges du théâtre.) » (G.)

nétes gens pour spectateurs, n'a point besoin de tous ces secours empruntés, dont la tragédie se sert pour faire son effet sur ses spectateurs, qui sont d'ordinaire une vile populace : et de là on conclut qu'elle est la moindre imitation, puisqu'elle se fait avec le plus d'embarras.

Je réponds à cela, premièrement[1] :

---

[1] Ici Racine a cessé de traduire, page 299 des *Commentaires* de P. Victorius sur le premier livre de la Poétique d'Aristote. (G.)

FIN DU CINQUIÈME VOLUME.

TABLE DES MATIÈRES

CONTENUES DANS CE VOLUME.

Lettre de Racine à l'auteur des Hérésies imaginaires et des Deux Visionnaires. Page 3
Première Réponse, par M. Dubois. 14
Seconde Réponse, par M. Barbier d'Aucourt. 37
Préface de Racine. 59
Seconde Lettre de Racine. 65

Avertissement sur l'Histoire de Port-Royal. (G.) 79
ABRÉGÉ DE L'HISTOIRE DE PORT-ROYAL. Première partie. 85
    Seconde partie. 194

MÉMOIRE pour les religieuses de Port-Royal. 263
FRAGMENTS sur Port-Royal. 269
Épitaphe de mademoiselle de Vertus. 277
RÉFLEXIONS PIEUSES sur quelques passages de l'Écriture-Sainte. 280
EXTRAIT du Traité de Lucien. 284

Avertissement sur les Fragments historiques. 291
FRAGMENTS HISTORIQUES. 295
  Le cardinal de Richelieu, ibid. — Le cardinal Mazarin, ibid. — M. Colbert, 300. — M. Fouquet, 301. — M. de Turenne, 302. — M. de Schomberg, 305. — Prédictions de Campanella, 309. — Voyage du roi, 310. — Bons mots du roi, 313. — Patience du roi, 314. —

Anecdotes, 315.—Catherine de Médicis, 322.—Pierre de Marca, 323.—Fra Paolo, 327.—De Wit, 329.—Les Turcs, 330.—Vienne, 332.—Pologne, 333.—Hollande, 335.—Portugal, 336.

Avertissement sur le Précis historique des Campagnes de Louis XIV. (G.) 351

Précis historique des campagnes de louis xiv. 357

Relation du siège de Namur. 409

Lettre de Racine à Boileau, en lui envoyant le Banquet de Platon. 453

Le banquet de platon. 457

Fragments du premier livre de la Poétique d'Aristote. 483

FIN DE LA TABLE.

www.ingramcontent.com/pod-product-compliance
Lightning Source LLC
Chambersburg PA
CBHW051137230426
43670CB00007B/844